DES INSTITUTIONS JUDICIAIRES

ET

DE LA JUSTICE DE PAIX

EN HAÏTI

MANUEL THÉORIQUE ET PRATIQUE DE LA JUSTICE DE PAIX

EN MATIÈRE CIVILE, JUDICIAIRE ET EXTRAJUDICIAIRE

CONTENANT

L'Indication des règles de compétence et des diverses attributions
des Juges de paix, de leurs Suppléants, Greffiers et Huissiers

LES FORMULES DE TOUS LES ACTES A L'USAGE DE LA JUSTICE DE PAIX

ET SUIVI

D'une Table alphabétique de Formules et d'une Table alphabétique et analytique des matières.

PAR

Dalbemar JEAN JOSEPH

Membre de la Société de Législation de Port-au-Prince
Ministre plénipotentiaire d'Haïti à Sto-Domingo et Commissaire spécial à Rome
Ancien Représentant du Peuple, Juge au Tribunal civil du Cap-Haïtien, Sénateur de la République
Secrétaire d'État de la Justice
Bâtonnier de l'Ordre des Avocats de la Juridiction du Cap-Haïtien
Directeur de l'École nationale de Droit de Port-au-Prince, Président du Tribunal de cassation
Conseiller d'État.

2ᵉ ÉDITION, revue, corrigée et augmentée

TOME SECOND

PARIS

IMPRIMERIE ET LIBRAIRIE GÉNÉRALE DE JURISPRUDENCE
MARCHAL ET BILLARD
IMPRIMEURS-ÉDITEURS, LIBRAIRES DE LA COUR DE CASSATION
Maison principale : Place Dauphine, 27
Succursale : Rue Soufflot, 7

1897

DES INSTITUTIONS JUDICIAIRES

ET

DE LA JUSTICE DE PAIX

EN HAÏTI

PARIS. — IMPRIMERIE L. BAUDOIN, 2, RUE CHRISTINE.

DES INSTITUTIONS JUDICIAIRES

ET

DE LA JUSTICE DE PAIX

EN HAÏTI

MANUEL THÉORIQUE ET PRATIQUE DE LA JUSTICE DE PAIX
EN MATIÈRE CIVILE, JUDICIAIRE ET EXTRAJUDICIAIRE

CONTENANT

**L'Indication des règles de compétence et des diverses attributions
des Juges de paix, de leurs Suppléants, Greffiers et Huissiers**

LES FORMULES DE TOUS LES ACTES A L'USAGE DE LA JUSTICE DE PAIX

ET SUIVI

D'une Table alphabétique de Formules et d'une Table alphabétique et analytique des matières

PAR

DALBEMAR JEAN JOSEPH

Membre de la Société de Législation de Port-au-Prince
Ministre plénipotentiaire d'Haïti à Sto-Domingo et Commissaire spécial à Rome
Ancien Représentant du Peuple, Juge au Tribunal civil du Cap-Haïtien, Sénateur de la République
Secrétaire d'État de la Justice
Bâtonnier de l'Ordre des Avocats de la Juridiction du Cap-Haïtien
Directeur de l'École nationale de Droit de Port-au-Prince, Président du Tribunal de cassation
Conseiller d'État.

2ᵉ ÉDITION, revue, corrigée et augmentée

TOME SECOND

PARIS

IMPRIMERIE ET LIBRAIRIE GÉNÉRALE DE JURISPRUDENCE

MARCHAL ET BILLARD

IMPRIMEURS-ÉDITEURS, LIBRAIRES DE LA COUR DE CASSATION

Maison principale : Place Dauphine, 27
Succursale : Rue Soufflot, 7

1897

LIVRE II

(*Suite*)

IIe PARTIE. — CHAPITRE II

**De la Procédure devant les Tribunaux civils
applicable en Justice de paix.**

VOIES EXTRAORDINAIRES POUR ATTAQUER LES JUGEMENTS

De la Tierce opposition.

Art. 410. — Une partie peut former tierce opposition a
un jugement qui préjudicie à ses droits, et lors duquel ni
elle ni ceux qu'elle représente n'ont été appelés, encore
qu'ils eussent dû l'être. (C. civ. 54, 89, 955, 956, 1136 ;
C. pr. 411 et suiv., 770, 911.)

I. — La tierce opposition repose sur ce principe que nul ne peut être
condamné sans avoir fait ou pu faire entendre ses moyens de défense.
Les jugements de justice de paix sont susceptibles de tierce opposition.

II. — Sirey, sous l'art. 474 du Code de procédure français correspondant à notre article, rappelle que « c'est un point sur lequel les
auteurs présentent des théories fort diverses, que celui de savoir si la
partie à qui on oppose un jugement hors duquel elle n'a été ni partie
ni représentée est nécessairement obligée, pour écarter l'autorité de ce
jugement, d'y former tierce opposition; ou si, au contraire, elle peut
se borner à repousser le jugement, en disant qu'il est à son égard *res
inter alios judicata?* »

III. — Et après avoir rapporté les différentes opinions et distinctions
professées par les auteurs : « Quant à nous, conclut-il, nous pensons
qu'il est des cas où la tierce opposition est le seul remède efficace à une
exécution dommageable dont on est menacé, et qu'alors elle est non seu-

lement possible, mais même nécessaire ; qu'en un mot la tierce opposition, *facultative* en général, est cependant *nécessaire* ou *obligatoire* dans certains cas particuliers, si l'on ne veut pas perdre l'avantage que présentent les choses dans la situation où elles se trouvent. Cette opinion paraît justifiée par les expressions mêmes de l'art. 474 qui déclare, non que la partie *doit*, mais qu'elle *peut* former tierce opposition. »

IV. — Par arrêt du 13 février 1837, notre Tribunal de cassation a jugé que, « pour être admis à former tierce opposition, il ne suffit pas qu'on n'ait pas été partie au jugement, mais il faut encore *qu'on ait dû l'être* ».

D'abord la jurisprudence française était aussi dans ce sens ; mais il y a longtemps qu'elle a adopté la doctrine contraire. Ainsi déjà, par arrêt du 22 août 1827, suivi de beaucoup d'autres, il avait été jugé que, « pour être recevable à former tierce opposition, il suffit que le jugement ou l'arrêt attaqué *préjudicie* au tiers opposant, et que ce tiers opposant n'ait été ni appelé ni représenté dans l'instance ; *il n'est pas nécessaire qu'il ait dû être appelé*. (V. Sirey, 18 et 19, sous l'art. 474.)

Cette différence actuelle de solution s'explique par la différence des textes ; notre article 410 finit par ces mots : *encore qu'ils eussent dû l'être*, qui ne sont pas dans le texte français (art. 474.) C'est en 1835, lors de la revision de notre Code, que, pour lever, sans doute, toute incertitude, cette addition a été faite au texte de 1825 sur ce point semblable à la loi française.

V. — Les copropriétaires ou communiers d'un immeuble à propos duquel est intervenu un jugement au possessoire contre l'un d'eux, sont recevables à y former tierce opposition. (Sirey, 57, sous l'art. 474.)

VI. — Celui qui a épuisé contre un jugement la voie de cassation est non recevable à l'attaquer par voie de tierce opposition : se pourvoir en cassation, c'est reconnaître qu'on a été partie ou valablement représenté au jugement. (*Ibid.*, 7.)

VII. — La tierce opposition peut être formée pendant vingt ans. Elle ne se prescrit pas par dix ans. (*Ibid.*, 96 et 97.)

VIII. — On ne peut former tierce opposition devant le juge de paix jugeant au civil contre une décision qu'il a rendue comme juge de police. (Bioche, *Dictionnaire des Juges de paix*, mot *Tierce Opposition*, 7.)

Art. 411. — La tierce opposition formée par action principale sera portée au tribunal qui aura rendu le jugement attaqué. (C. pr. 426.)

La tierce opposition incidente à une contestation dont un tribunal est saisi sera formée par requête à ce tribunal, s'il est égal ou supérieur à celui qui a rendu le jugement. (C. pr. 336, 337, 403, 412, 429.)

ART. 412. — S'il n'est égal ou supérieur, la tierce opposition incidente sera portée par action principale au tribunal qui aura rendu le jugement. (C. pr. 411.)

I. — La tierce opposition est donc principale ou incidente : *principale*, lorsqu'elle n'est précédée d'aucune contestation entre le tiers opposant et celui qui a obtenu le jugement attaqué; *incidente*, lorsqu'elle est formée contre un jugement produit dans une contestation, par une partie qui en tire argument en faveur de sa prétention. (ALLAIN, II, n° 3174.)

II. — Principale, elle se forme à la justice de paix, par exploit de citation; incidente, elle se forme par conclusions verbales et à l'audience. (A. CARRÉ.) Conforme arrêt du 9 août 1814, Colmar (S., 12, sous l'art.).

III. — De nombreux arrêts, après quelques variations toutefois, ont jugé que la tierce opposition à un jugement confirmé par arrêt, doit être portée devant la Cour qui a rendu l'arrêt confirmatif, et non devant le tribunal qui a rendu le jugement confirmé. (SIREY, 1, sous les art. 475-476.)

Les derniers arrêts cités en ce sens, dans la Table du Répertoire du *Journal du Palais*, sont du 14 nov. 1865, Aix, et du 5 juin 1866, Douai.

IV. — Par conséquent, la tierce opposition à une sentence de juge de paix confirmée par jugement du tribunal civil, devra être portée devant ce dernier.

FORMULE N° 109. — Citation en tierce opposition.

L'an..., le...
A la requête de A...
J'ai, N..., huissier...
Signifié et déclaré au sieur B... et au sieur C..., demeurant tous deux à..., que ledit sieur A... se rend, par ces présentes, tiers opposant à l'exécution du jugement contradictoirement rendu entre lesdits sieur B... et C...,
à la justice de paix de..., le... 189 ; (*si le jugement a été signifié au tiers opposant, on mentionne la date de la signification et le nom de l'huissier qui l'a faite*).

Et à mêmes requête et demeure que dessus, j'ai, huissier susdit et soussigné, donné citation auxdits sieurs B... et C..., à comparaître à l'audience du tribunal de paix de la commune de..., le..., à... heure, pour...

Attendu que, par le jugement susénoncé, ledit sieur B... a obtenu..., etc.;

Attendu que le requérant, n'ayant pas été partie dans le jugement dont s'agit, quoique ayant dû être appelé, a droit de l'attaquer par la voie de la tierce opposition;

Attendu, au fond, etc.;

Voir recevoir le requérant tiers opposant à l'exécution du jugement susénoncé; ce faisant, voir dire et ordonner que. . . . .

. . . .; s'entendre faire défense d'exécuter ledit jugement en ce qui touche l'intérêt du requérant, à peine de tous dommages-intérêts, et pour, en outre, répondre et procéder comme de raison à fin de dépens.

Et afin que les susnommés n'en ignorent, je leur ai, à chacun séparément, laissé copie de la présente citation, au domicile du sieur B..., en parlant à..., et au domicile du sieur C..., en parlant à...

Dont acte. Le coût est de...

REMARQUE. — Lorsque la partie condamnée n'a pas exécuté le jugement, ou a seulement commencé cette exécution, et qu'il importe d'empêcher cette exécution, on met cette partie en cause, comme c'est indiqué dans la formule. Si, au contrire, le jugement a été pleinement exécuté, ou si la tierce opposition n'est pas de nature à empêcher qu'il le soit, la mise en cause de la partie condamnée est inutile. (**CHAUVEAU ADOLPHE,** IX, 1726.)

ART. 413. — Le tribunal devant lequel le jugement attaqué aura été produit pourra, suivant les circonstances, passer ou surseoir. (C. pr. 383, 414, 427, 789.)

I. — Le juge de paix, selon l'article 412, ne connaît pas de la tierce opposition incidente contre un jugement de tribunal civil qui est opposé à une partie plaidant devant lui. Mais il lui appartient de décider, en vertu de l'article 413, s'il y a lieu de surseoir à la décision de la demande principale.

ART. 414. — Les jugements passés en force de chose jugée, portant condamnation à délaisser la possession d'un immeuble, seront exécutés contre les parties condamnées, nonobstant la tierce opposition et sans y préjudicier. (C. civ. 1135-3°, 1136, 1827; C. pr. 33, 35, 432.)

Dans les autres cas, les juges pourront, suivant les circonstances, suspendre l'exécution du jugement. (C. pr. 134, 413.)

I. — Lorsqu'un tribunal est sans juridiction pour connaître de la tierce opposition formée par une partie à une décision produite par l'adversaire comme titre constitutif de ses droits, il doit absolument s'abstenir de statuer sur le fond de la contestation, et renvoyer d'office les parties devant qui de droit. (SIREY, 1, sous les art. 477-478 C. pr.)

ART. 415. — La partie dont la tierce opposition sera rejetée sera condamnée à une amende de dix gourdes, sans préjudice des dommages-intérêts de la partie, s'il y a lieu. (C. civ. 939, 948, 1168; C. pr. 135, 950.)

[C'est-à-dire cinq gourdes, en vertu de la loi de 1877, qui règle en monnaie forte les amendes, etc.]

FORMULE N° 110. — Jugement qui prononce un sursis jusqu'à ce qu'il ait été statué sur la tierce opposition.

Le tribunal, etc.

Attendu que le jugement contre lequel ledit sieur A... s'est pourvu par voie de tierce opposition est un élément essentiel du débat; que la cause ne peut être jugée au fond, avant que, par la décision à intervenir sur la tierce opposition, il apparaisse que le jugement dont il s'agit peut ou ne peut pas recevoir son exécution à l'égard du sieur A...;

Sursoit à statuer jusqu'après jugement de la tierce opposition formée contre le jugement dont s'agit, tous droits, moyens et dépens réservés.

FORMULE N° 111. — Jugement qui suspend l'exécution du jugement attaqué.

Le tribunal, etc.

Attendu que le jugement dont le sieur B... poursuit l'exécution a été attaqué par le sieur A..., qui s'est porté tiers opposant, suivant acte... (*énoncer l'acte de tierce opposition*); que, sans préjuger en rien les droits et moyens des parties, la gravité des motifs allégués à l'appui de la tierce opposition est suffisante pour que le tribunal doive ordonner la discontinuation des poursuites,

Dit et ordonne que l'exécution du jugement susénoncé sera et demeurera suspendue jusqu'après la décision à intervenir sur la tierce opposition du sieur A...

Dépens réservés.

FORMULE N° 112. — Jugement qui rejette la tierce opposition.

Entre le sieur A..., etc., demandeur en tierce opposition, comparant, etc., d'une part;

Le sieur B..., etc., demandeur originaire, défendeur à la tierce opposition, comparant, etc., d'autre part;

Et le sieur C..., etc., défendeur originaire et défendeur à la tierce opposition, comparant, etc., encore d'autre part;

Conclusions...

Point de fait...

Point de droit...

Le tribunal, etc., jugeant en... ressort,

Attendu (*motifs*);

Sans s'arrêter ni avoir égard à la tierce opposition formée par le sieur A..., au jugement du..., laquelle est déclarée nulle (non recevable *ou* mal fondée);

Ordonne que ledit jugement sera exécuté selon sa forme et teneur; condamne le sieur A... à l'amende de cinq gourdes, et en... de dommages-intérêts envers le sieur B...; le condamne, en outre, aux dépens.

FORMULE N° 113. — Jugement qui admet la tierce opposition.

Le tribunal, etc.

Attendu, etc.

Reçoit le sieur A..., tiers opposant à l'exécution du jugement du...

Faisant droit sur sa tierce opposition,

Attendu, etc.

Ordonne que ledit jugement sera considéré comme nul et non avenu à l'égard du sieur A..., tout en conservant ses effets à l'égard des autres parties; condamne le sieur B... aux dépens.

REMARQUE. — La tierce opposition ne profite généralement qu'au tiers opposant; la position reste la même par rapport à ceux qui ont été parties dans le jugement attaqué; il n'y a d'exception que pour le cas où il est absolument impossible d'exécuter séparément et le jugement dont est tierce opposition et celui qui le rétracte. (CHAUVEAU ADOLPHE, Q. 1733.)

De la Requête civile.

[Les décisions rendues par les juges de paix peuvent-elles donner ouverture à requête civile?

Controversé. — Nous avons rapporté (page 37) plutôt l'opinion de ceux qui sont pour la négative. Mais l'affirmative étant soutenue par des auteurs graves et par un arrêt de la Cour de cassation de France, du 10 février 1868, cité dans la *Table complémentaire du Journal du Palais*, nous reproduisons ici les articles du Code suivis de quelques courtes explications sur cette procédure et les formules données par Mullery.]

Art. 416. — Les jugements définitifs, rendus contradictoirement par les tribunaux civils, et les jugements par défaut qui ne sont plus susceptibles d'opposition, pourront être rétractés sur la requête de ceux qui y auront été parties ou dûment appelés, pour les causes ci-après :

1º S'il y a eu dol de la part de la partie au profit de laquelle le jugement a été prononcé, ou de la part soit de son défenseur, soit de son mandataire ;

2º S'il a été prononcé sur choses non demandées ;

3º S'il a été adjugé plus qu'il n'a été demandé ;

4º S'il a été omis de prononcer sur l'un des chefs de la demande ;

5º S'il y a contrariété de jugements définitifs entre les mêmes parties et sur les mêmes moyens, dans les mêmes tribunaux ;

6º Si, dans un même jugement, il y a des dispositions contraires ;

7º Si, dans le cas où la loi exige la communication au ministère public, cette communication n'a pas eu lieu, et que le jugement ait été rendu contre celui pour qui elle était ordonnée ;

8º Si l'on a jugé sur pièces reconnues ou déclarées fausses, depuis le jugement auquel elles ont servi de base ;

9º Si, depuis le jugement, il a été recouvré des pièces décisives, et qui avaient été retenues par le fait de la partie, de son défenseur ou de son mandataire.

Art. 417. — L'État, les établissements publics, les mineurs, les interdits et les successions vacantes, seront encore reçus à se pourvoir, s'ils n'ont été défendus, ou s'ils ne l'ont été valablement.

Art. 418. — S'il n'y a ouverture que contre un chef de

jugement, il sera seul rétracté, à moins que les autres n'en soient dépendants.

Art. 419. — La requête civile sera signifiée avec assignation, dans les quarante-cinq jours, à l'égard des majeurs, du jour de la signification, à personne ou domicile, du jugement attaqué.

Art. 420. — Le délai de quarante-cinq jours ne courra contre les mineurs que du jour de la signification du jugement, faite, depuis leur majorité, à personne ou domicile.

Art. 421. — Lorsque le demandeur est absent du territoire de la République, pour un service de terre ou de mer, ou employé dans les négociations extérieures pour le service de l'État, il aura, outre le délai ordinaire de quarante-cinq jours depuis la signification du jugement, le délai d'une année.

Art. 422. — Ceux qui demeurent hors du territoire de la République auront, outre le délai de quarante-cinq jours depuis la signification du jugement, le délai des ajournements réglé par l'article 83 ci-dessus.

Art. 423. — Si la partie condamnée est décédée dans les délais ci-dessus fixés pour se pourvoir, ce qui en restera à courir ne commencera, contre la succession, qu'après la signification du jugement fait au domicile du défunt, et à compter de l'expiration des délais pour faire inventaire et délibérer, si le jugement a été signifié avant que ces derniers délais fussent expirés.

Cette signification pourra être faite aux héritiers collectivement et sans désignation des noms et qualités.

Art. 424. — Lorsque les ouvertures de requête civile seront le faux, le dol ou la découverte de pièces nouvelles, les délais ne courront que du jour où, soit le faux, soit le dol, auront été reconnus, ou les pièces découvertes, pourvu que, dans ces deux derniers cas, il y ait preuve par écrit du jour, et non autrement.

ART. 425. — S'il y a contrariété de jugements, le délai courra du jour de la signification du dernier jugement.

ART. 426. — La requête civile sera portée au même tribunal où le jugement attaqué aura été rendu.

ART. 427. — Si une partie veut attaquer par la requête civile un jugement produit dans une cause pendante en un tribunal autre que celui qui l'a rendu, elle se pourvoira devant le tribunal qui a rendu le jugement attaqué ; et le tribunal saisi de la cause dans laquelle il est produit pourra, suivant les circonstances, passer outre ou surseoir.

ART. 428. — La requête civile sera formée par assignation au domicile de la partie qui a obtenu le jugement attaqué.

ART. 429. — Si la requête civile est formée incidemment devant un tribunal compétent pour en connaître, elle le sera par requête ; mais si elle est incidente à une contestation portée dans un autre tribunal que celui qui a rendu le jugement, elle sera formée par assignation devant les juges qui ont rendu le jugement.

ART. 430. — La requête civile d'aucune partie autre que celle qui stipule les intérêts de l'État ne sera reçue si, avant que cette requête ait été présentée, il n'a été consigné une somme de vingt gourdes pour amende, dix gourdes pour les dommages-intérêts de la partie, sans préjudice de plus amples dommages-intérêts, s'il y lieu : la consignation sera de moitié si le jugement est par défaut ou par forclusion.

[C'est maintenant la moitié des chiffres mentionnés pour l'amende et les dommages-intérêts, en vertu de la loi de 1877.]

ART. 431. — La quittance du greffier sera signifiée en tête de la demande.

Art. 432. — La requête civile n'empêchera pas l'exécution du jugement attaqué ; nulles défenses ne pourront être accordées ; celui qui aura été condamné à délaisser un immeuble ne sera reçu à plaider sur la requête civile qu'en rapportant la preuve de l'exécution du jugement au principal.

Art. 433. — Toute requête civile sera communiquée au ministère public.

Art. 434. — Aucun moyen autre que les ouvertures de requête civile ne sera discuté à l'audience, ni par écrit.

Art. 435. — Le jugement qui rejettera la requête civile condamnera le demandeur à l'amende et aux dommages-intérêts ci-dessus fixés, sans préjudice de plus forts dommages-intérêts, s'il y a lieu.

Art. 436. — Si la requête civile est admise, le jugement sera rétracté en tout ou en partie, selon qu'il y aura lieu ; les sommes consignées seront rendues, et les objets des condamnations qui auront été perçus en vertu du jugement seront restitués.

Lorsque la requête civile aura été entérinée pour raison de contrariété de jugement, le jugement, qui entérinera la requête civile, ordonnera que le premier jugement sera exécuté selon sa forme et teneur.

Art. 437. — Aucune partie ne pourra se pourvoir en requête civile, soit contre le jugement déjà attaqué par cette voie, soit contre le jugement qui l'aura rejetée, soit contre celui rendu sur le rescisoire, à peine de nullité et de dommages-intérêts, même contre le défendeur qui, ayant occupé sur la première demande, occuperait sur la seconde.

I. — La requête civile comporte deux instances qui ont chacune, dans la pratique, une dénomination spéciale ; on appelle instance ou débat sur le *rescindant* l'instance en requête civile, c'est-à-dire l'instance qui tend à faire rétracter le jugement attaqué par la requête civile ; et lorsque la requête civile a été admise ou entérinée, ce qui est tout un, d'après l'article 436, une nouvelle instance s'engage, qu'on appelle instance sur le *rescisoire*.

II. — Ainsi le rescisoire, c'est l'instance qui a pour but, après la rétractation obtenue par la requête civile, de faire statuer, par les juges que la loi détermine, sur le fond même de l'affaire qui, maintenant, se trouve indécise.

III. — Le principe général est que le rescindant, lors même que le demandeur triomphe, laisse entière la question du fond. Il suit de là que, pour faire admettre ou entériner la requête civile, enfin pour faire rétracter le jugement qu'elle attaque, on ne doit point en principe plaider le fond de l'affaire. La question actuelle, la question du rescindant, est uniquement de savoir si, en un mot, on est dans l'un des cas indiqués par les articles 416 et 417.

IV. — Il est donc défendu de cumuler le rescindant et le rescisoire. Ainsi il a été jugé par notre Tribunal de cassation qu'il suit de l'article 434 du Code de procédure civile que la requête civile doit être jugée préalablement, sauf à admettre les parties à discuter ensuite le fond. — Arrêt du 9 nov. 1840. (L. P., sous l'art. 434.)

V. — Une décision qui prononce *ultrà petita* ne donne ouverture qu'à requête civile et non à cassation, à moins qu'elle ne renferme en même temps une violation de loi ou un excès de pouvoirs. (SIREY, 19-20, sous l'art. 480. Supplément.)

FORMULE N° 114. — Acte de consignation à fin de requête civile.

Aujourd'hui, etc., a comparu au greffe du tribunal de paix de..., et par-devant nous, greffier, soussigné, le citoyen A... (*profession et demeure*), lequel nous a déclaré qu'il se pourvoit en requête civile contre un jugement de ce tribunal, rendu le..., entre lui et le citoyen B..., etc., signifié le... Et, conformément à l'article 430 du Code de procédure, il a déposé en nos mains la somme de quinze gourdes pour amende et dommages-intérêts ; dont quittance. Lecture faite au comparant, il a signé avec nous.

(Signatures du comparant et du greffier.)

FORMULE N° 115. — Demande en requête civile par citation.

L'an..., etc., à la requête de..., j'ai..., huissier, etc., donné citation au citoyen B..., etc., à comparaître à l'audience du tribunal de paix de..., le..., à... heure..., pour entendre dire : — Attendu qu'à l'audience du..., ledit citoyen B... n'avait demandé ni la condamnation aux dépens, ni la contrainte par corps contre le requérant; qu'en condamnant ce dernier aux dépens et en prononçant la contrainte par corps contre lui par le jugement du..., le tribunal, sur le premier chef, a prononcé sur chose non demandée, et sur le second, a adjugé plus qu'il n'a été demandé; en conséquence, la requête civile du requérant contre ledit jugement sera entérinée; ce faisant, les dispositions qui prononcent la contrainte par corps et les dépens seront rétractées, la remise des sommes consignées sera ordonnée, et ledit citoyen B... condamné aux dépens. — Et afin qu'il n'en ignore, je lui ai, à domicile et en parlant à..., laissé copie de la quittance ci-dessus en tête du présent exploit. Dont acte. Le coût est de...

FORMULE N° 116. — Jugement sur la requête civile.

Entre le citoyen A..., etc., demandeur *ou* défendeur originaire et demandeur en requête civile, comparant, etc., d'une part;

Et le citoyen B..., etc.

Après les conclusions, les points de fait et de droit :

Attendu que, par jugement du..., le tribunal a condamné le demandeur aux dépens et qu'il a été ordonné d'exécuter, même par corps, les condamnations contre lui prononcées;

Attendu que le défendeur, alors demandeur originaire, n'avait demandé ces condamnations ni dans la citation, ni dans ses conclusions à l'audience; partant, le tribunal a, d'une part, jugé sur chose non demandée, et de l'autre part, accordé plus qu'il n'a été demandé; — en conséquence, il y a deux ouvertures à requête, aux termes des numéros 2 et 3 de l'article 416 du Code de procédure civile;

Par ces motifs, le tribunal entérine la requête civile du demandeur contre le jugement du...; rétracte de ce jugement la disposition qui prononce la contrainte par corps contre le demandeur et celle qui le condamne aux dépens; maintient le surplus de ses dispositions, pour être exécuté selon sa forme et teneur; ordonne la remise de la somme déposée au greffe, et condamne le défendeur aux dépens, etc.

De la Prise à partie.

Art. 438. — Les juges et le ministère public peuvent être pris à partie dans les cas suivants (C. pr. 58-7°, 89-5°, 118, 375 et suiv., 439 et suiv.; C. instr. crim. 385) :

1° S'il y a dol, fraude ou concussion, qu'on prétendrait

avoir été commis, soit dans le cours de l'instruction, soit lors des jugements (C. civ. 909 ; C. pr. 135) ;

2° Si la prise à partie est expressément prononcée par la loi (C. instr. crim. 61, 64, 94, 146, 192, 302, 380 et suiv.) ;

3° Si la loi prononce la responsabilité, à peine de dommages-intérêts (C. civ. 1829 ; C. pr. 20) ;

4° S'il y a déni de justice (C. civ. 9 ; C. pr. 439, 440, 948-2° ; C. pén. 146).

I. — Le mot *juges* comprend toutes les personnes qui rendent la justice, dans toutes les juridictions : juges de paix, juges des tribunaux de commerce, juges des tribunaux civils, membres du Tribunal de cassation. (V. à l'art. 440.)

II. — En droit, et en matière d'arbitrage forcé, les arbitres sont de véritables juges ; comme tels, ils ne sont pas à l'abri d'être pris à partie. — Cass., 20 déc. 1859. (L. P., 9, sous l'art. 438.)

III. — Les arbitres volontaires, qui ne tiennent leurs pouvoirs que du consentement des particuliers et dans les limites qu'ils ont fixées, ne sont pas soumis à la prise à partie. Ce sont des mandataires qui répondent de leur dol ou de leurs fautes (art. 1755 et 1756 C. civ.) ; on les actionne, s'il y a lieu, en dommages-intérêts dans la forme ordinaire. (BOITARD, 756.)

IV. — La faute même grossière, mais non accompagné de dol ou de fraude, ne donne pas lieu à la prise à partie. (SIREY, 5, sous l'art. 505.)

V. — Jugé, en effet, par notre Tribunal de cassation, qu'en principe la faute même grave d'un juge, dépouillée de la fraude ou de l'intention de nuire, ne saurait être assimilée au dol. — 16 sept. 1861. — *Ibid.*, 14 août 1826 ; — 22 sept. 1834 ; — 12 févr. 1838 ; — 27 mai 1839 ; — 8 sept. 1856. (L. P., 9, 1, 2, 3, 4, 7.)

V. *suprà*, page 66, pour la définition du dol.

VI. — Le greffier ne peut pas être pris à partie en matière civile. (Cass. de France, 25 décembre 1807 ; — THOMINE, BIOCHE.) — S'il en est autrement en matière criminelle (C. instr. crim. 146 et 302), c'est une dérogation, dit Bioche (*Prise à partie*, 7), à l'ancienne législation qu'il est difficile de justifier, qu'il convient par cela même de ne pas étendre.

Art. 439. — Il y a déni de justice, lorsque les juges refusent de répondre les requêtes, ou négligent de juger les affaires en état ou en tour d'être jugées. (C. civ. 9 ; C. pr. 438-4°, 440 ; C. pén. 146.)

I. — A ces deux cas de déni de justice il faut ajouter ce troisième, prévu par l'article 9 du Code civil : « Le juge qui, sous prétexte du « silence, de l'obscurité ou de l'insuffisance de la loi, refusera de juger, pourra être poursuivi comme coupable de déni de justice. » (V. Boitard, 757.)

II. — Le juge de paix qui, au mépris des récusations à lui notifiées statue sur la contestation qui lui est soumise, sans statuer également sur la demande en sursis formée devant lui, se rend coupable tout à la fois de dol et de déni de justice : il peut dès lors être pris à partie. (Sirey, 1, sous l'art. 506, citant un arrêt du 23 mars 1825, Amiens.)

Art. 440. — Le déni de justice sera constaté par deux réquisitions faites au juge en la personne des greffiers, et signifiées de trois en trois jours au moins pour les juges de paix et de commerce, et de huitaine en huitaine au moins pour les autres juges. Tout huissier requis sera tenu de faire ces réquisitions, à peine d'interdiction. (C. pr. 39, 950.)

Après les deux réquisitions, le juge pourra être poursuivi en prise à partie. (C. instr. crim. 380.)

I. — Pour sauvegarder le caractère et la dignité du magistrat, dit Boitard, le législateur donne aux actes qui sont adressés aux juges le nom de réquisitions, et les lui fait parvenir par l'intermédiaire du greffier et non par une signification directe.

II. — Lorsqu'une prise à partie a été dirigée simultanément contre un substitut du commissaire du gouvernement et un juge de paix, cette action ne pouvant se diviser, on ne peut, en suivant le délai de trois jours à l'égard du juge de paix, répéter la seconde réquisition au substitut du commissaire du gouvernement dans le délai de trois jours ; car, dans ce cas, le déni de justice n'aurait pas été légalement constaté et ne pourrait pas donner lieu à la prise à partie. — *Sic* Cass., 11 févr. 1823. (L. P., 1, sous l'art.)

III. — La loi, en permettant de prendre les juges à partie, exige des formalités indispensables. Or des protestations faites au juge de paix ne suffisent pas, si cela n'a pas été de trois jours en trois jours, et dans la personne du greffier. — Cass., 11 juin 1826. (*Ibid.*, 2.)

IV. — Doit être déclarée dénuée de fondement et rejetée la demande de prise à partie formée contre un juge de paix, laquelle ne s'étaye que d'irrégularités commises par ce magistrat dans les divers actes qu'il a rédigés au préjudice du demandeur, sans que celui-ci justifie son action par un ou plusieurs des éléments de la prise à partie. — Cass. 8 mai 1854. (*Ibid.* 4.)

FORMULE N° 117. — **Réquisition préalable à la prise à partie.**

L'an..., le..., à la requête de..., j'ai..., huissier..., requis le citoyen N..., juge de paix de la commune de... (*ou bien* MM. les juge et suppléants de la commune de..., *s'il s'agit d'une cause en dernier ressort*), en la personne du citoyen X..., greffier dudit tribunal, de procéder au jugement de la cause pendante entre le requérant et le citoyen B..., suivant citation en date du..., et j'ai audit greffier laissé copie du présent exploit, en parlant à sa personne, qui a visé mon original. Dont acte. Le coût est de...

Art. 441. — Toutes demandes en prise à partie seront portées au Tribunal de cassation. (C. pr. 942 et suiv.)

I. — Il y a une permission préalable à obtenir du tribunal devant lequel la prise à partie sera portée.

II. — A cet effet et pour le mode de procéder à l'instruction et au jugement de la prise à partie, voir *infrà* les articles 942 et suivants, à la suite desquels se trouve la formule de requête à présenter au tribunal de cassation, formule n° 165.

Exécution des Jugements.

(Voir tome Ier, pages 37 sur les voies d'exécution des jugements,
214 et 222 sur les art. 22 et 25 C. pr.)

Des Réceptions de Cautions.

Art. 442. — Le jugement qui ordonnera de fournir caution fixera le délai dans lequel elle sera présentée, et celui dans lequel elle sera acceptée ou contestée. (C. civ. 1775, 1806 et suiv.; C. pr. 22, 142, 138, 433 et suiv., 466, 730, 731, 882 et suiv., 956.)

I. — Les articles 22 et 928 prévoient deux cas de réception de caution, en justice de paix : lors de l'exécution provisoire d'un jugement à charge d'appel qui peut être ordonnée moyennant caution, ou lorsque le créancier veut poursuivre l'exécution d'un jugement en dernier ressort contre lequel il y a pourvoi en cassation.

II. — La caution peut et doit être reçue à l'audience sous les formalités des articles 443 et suivants. (SIREY, 248, sur la loi des justices de paix). V. *suprà* notes 9 et 10, sous l'article 22.

III. — Mais, si elle n'est pas présentée à l'audience, on procède d'après le présent titre, c'est-à-dire que : 1° le jugement fixe le délai pour la présentation, et l'acceptation ou la contestation de la caution ; 2° la caution est présentée par exploit signifié à personne ou à domicile ; 3° l'autre partie déclare, dans le délai qui lui est accordé, si elle l'accepte ou la refuse ; dans le cas d'acceptation ou si la partie ne conteste pas dans le délai, la caution fait sa soumission au greffe ; si la partie conteste dans le délai, l'incident est porté à l'audience.

IV. — La solvabilité d'une caution ne s'estime qu'en égard à ses propriétés foncières, excepté en matière de commerce, ou *lorsque la dette est modique*. (Art. 1784 C. civ.). La loi, dit MULLERY, ne définit pas la *dette modique ;* mais la jurisprudence comprend dans cette classe les valeurs qui sont de la compétence du tribunal de paix. En effet, poursuit cet auteur, exiger l'établissement de la solvabilité de la caution par des propriétés foncières, ce serait ou en écarter la discussion du tribunal de paix, ou attribuer à ce tribunal la connaissance des droits hypothécaires ou d'autres questions immobilières que la loi lui refuse.

V. — Du reste, la caution dont la solvabilité est contestée est non recevable à intervenir dans l'instance pour établir elle-même sa solvabilité : la partie qui a fourni la caution a seule qualité à cet effet. (SIREY, 4, sous les art. 517 à 522.)

VI. — Celui qui ne peut pas trouver une caution est reçu à donner à sa place un gage en nantissement suffisant, porte l'article 1807 du Code civil.

FORMULE N° 118. — Présentation de caution par citation.

L'an..., etc., à la requête de..., j'ai..., huissier, etc., signifié et déclaré au citoyen B..., etc., que le requérant, pour satisfaire au jugement du tribunal de paix de... rendu entre les parties le... et dont l'exécution est ordonnée, présente pour sa caution la personne du citoyen C..., propriétaire, demeurant à...; en conséquence, j'ai sommé ledit citoyen B... d'accepter ou de contester ladite caution, dans le délai de..., fixé par ledit jugement, lui déclarant que, faute par lui de ce faire dans ledit délai et icelui-ci passé, ladite caution fera sa soumission.

A ce qu'il n'en ignore, je lui ai laissé copie du présent exploit, à son domicile et parlant à... Dont acte. Le coût est de... ·

Si la partie répond sur-le-champ, l'huissier le constate en ajoutant, après « le parlant à » : lequel a répondu qu'il accepte *ou* refuse la caution.

FORMULE N° 119. — Réponse de la partie adverse par acte séparé.

L'an..., etc., j'ai, huissier, etc., signifié et déclaré au citoyen A..., etc., que le requérant accepte *ou* refuse la personne du citoyen C..., qui lui a été présentée pour caution par acte du..., etc.

FORMULE N° 120. — Jugement sur contestation d'une caution.

Entre A... et B..., etc.

Par jugement de la justice de paix de la commune de..., en date du..., enregistré, le citoyen A... a obtenu différentes condamnations contre le citoyen B..., qu'il a été admis à faire exécuter nonobstant appel, en donnant caution ;

Par exploit de N..., huissier, etc., en date du..., il a fait citer ledit citoyen B... à comparaître à ces jour, lieu et heure, devant nous, pour entendre donner acte à lui, demandeur, de la présentation qu'il fait du citoyen C..., propriétaire, demeurant à..., pour caution de l'exécution provisoire dudit jugement signifié avec commandement, le..., et dont ledit B... a fait appel téméraire le...

A l'audience, le demandeur a conclu à ce qu'il plaise au tribunal lui donner acte de ce qu'il présente le citoyen C... pour caution de l'exécution provisoire des condamnations portées à son profit par ledit jugement, laquelle caution consent à faire sa soumission ainsi que de droit.

Le défendeur a comparu et a dit qu'il s'oppose à la réception de la caution présentée, attendu que (*motifs du refus*).

A quoi le demandeur a répondu que la position de la caution présentée est suffisante pour répondre du principal et des frais adjugés contre le citoyen B... (*et si c'est nécessaire, ajouter*), et pour en justifier il a produit *tel et tel acte.*

Le tribunal, parties entendues, statuant par jugement en premier ressort :

Attendu que l'exécution provisoire est ordonnée et que la solvabilité de la caution présentée est connue et suffisante (*ou bien*) et d'ailleurs justifiée par les pièces produites,

Reçoit ledit citoyen C... pour caution pure et simple de l'exécution provisoire du jugement susénoncé du...; ordonne qu'il fera sa soumission au greffe dans les vingt-quatre heures; et condamne B... aux dépens liquidés à..., non compris les coût et levée du présent.

Ainsi jugé et prononcé à..., etc.

FORMULE N° 121. — Soumission de la caution.

Aujourd'hui..., etc., a comparu au greffe du tribunal de paix de... le citoyen C..., propriétaire, demeurant à..., lequel a déclaré se rendre caution du citoyen A..., en exécution du jugement du..., par lequel le citoyen B... est condamné à (*énoncer le dispositif du jugement*); en conséquence, le comparant a fait sa soumission à telle fin que de droit; dont acte requis par le comparant, qui a signé avec nous, après lecture, *ou déclaré*, etc.

De la Liquidation des dépens et frais.

Art. 468. — Les grands fonctionnaires et les membres du Corps législatif sont, comme les autres citoyens, passibles de toutes les poursuites et condamnations judiciaires, pour le payement de leurs dettes, et de tous dépens, dommages-intérêts en matière civile.

I. — C'est l'application de la règle consacrée à l'article 13 de la Constitution, que les Haïtiens sont égaux devant la loi.

II. — Cependant la contrainte par corps ne peut être exercée contre les membres du Corps législatif pendant la durée de leur mandat. (Art. 86 de la Constitution.)

III. — Et en matière criminelle, les articles 87 et 88 de la Constitution règlent le mode de poursuites à exercer, quand il y a lieu, contre les membres du Corps législatif; comme les articles 148 et 149 de la Constitution et 380 et suivants du Code d'instruction criminelle règlent la manière de poursuivre les juges et officiers du ministère public.

IV. — Les articles 400 et suivants du Code d'instruction criminelle concernent la manière dont seront reçues les dépositions de certains fonctionnaires de l'État : grands fonctionnaires, généraux actuellement en service, commandants d'arrondissement, employés en mission, agents accrédités par le président d'Haïti près les Puissances étrangères.

Règles générales sur l'Exécution forcée des jugements et actes.

ART. 469. — Nul jugement ni acte ne pourront être mis à exécution, s'ils ne portent le même intitulé que les lois et ne sont terminés par un mandement aux officiers de justice, ainsi qu'il est dit article 149. (C. civ. 1102; C. pr. 158, 159, 165, 453, 470 et suiv., 909, 913.)

I. — C'est la même disposition qui se trouve à l'article 145 de la Constitution, et c'est ce qui s'appelle *expédition en forme exécutoire*, ou *formule exécutoire*, ou *grosse*.

II. — On appelle aussi *voie parée* cette force exécutive qui appartient à certains actes, à raison de la qualité du fonctionnaire (notaire) qui les a délivrés, et qui permet de les exécuter tels qu'ils sont, sans recourir aux tribunaux. C'est une clause par laquelle le débiteur d'une obligation hypothécaire consent à ce que, à défaut de payement à l'échéance, le créancier pourra faire vendre publiquement les immeubles hypothéqués, sans remplir les formalités prescrites pour la saisie immobilière. (V. E. CLERC, *Du Notariat*, 1re partie, titre IV, n° 218.)

III. — Le pouvoir de conférer à un acte l'exécution parée est une émanation de l'autorité publique. Il n'est délégué qu'aux tribunaux et aux notaires. (BIOCHE, *Exécution*, 11.)

IV. — La signification du jugement qui ne contient pas copie entière de ce jugement, surtout de la formule exécutoire qui le termine, ne fait pas courir le délai d'appel. (*Ibid.*, Jugement du Tribunal de paix, 84.)

V. — Cependant, il a été jugé que la formule exécutoire d'un jugement n'est requise que sur l'expédition de la minute. L'omission de cette formalité sur la copie signifiée n'entraîne pas nécessairement nullité de la signification et de ce qui a suivi (par exemple, d'une enquête faite en vertu de ce jugement). En tout cas, la nullité qui résulterait du défaut de cette formule est couverte si les parties ont exécuté le jugement sans faire aucune réserve expresse. (SIREY, 10, sous l'art. 545.)

VI. — Pour procéder à l'exécution forcée, il faut aussi que le jugement expédié en forme exécutoire soit signifié au débiteur. Si le jugement est par défaut, il faut attendre l'expiration des délais de l'opposition. (Arg. de l'art. 158 C. pr.; V. BIOCHE, MULLERY.)

ART. 470. — Les jugements rendus par les tribunaux

étrangers et les actes reçus par les officiers étrangers ne sont point exécutoires en Haïti. (C. civ. 1890, 1895.)

Néanmoins, si des dispositions contraires à ce principe venaient à être établies, soit dans des lois politiques, soit dans des traités, lesdits actes et jugements ne pourront être mis à exécution qu'après avoir été légalisés par le Grand-Juge de la République, et revêtus d'une ordonnance d'*exequatur* par le doyen du tribunal civil dans le ressort duquel l'exécution sera poursuivie.

I. — C'est une conséquence directe de l'article précédent basé sur le principe de la souveraineté de l'État. La formule exécutoire est l'ordre intimé aux agents de la force publique par le pouvoir souverain ou en son nom. Or la force publique haïtienne ne saurait recevoir d'ordre que du pouvoir haïtien; la puissance exécutoire, pour elle, manque aux jugements rendus par des tribunaux étrangers. (V. BOITARD.)

ART. 471. — Les jugements rendus et les actes passés en Haïti seront exécutoires dans toute la République, sans *visa* ni *pareatis*, encore que l'exécution ait lieu hors du ressort du tribunal par lequel les jugements ont été rendus ou dans le territoire duquel les actes ont été passés. (C. civ. 707; C. instr. crim. 84.)

I. — C'est dans le même ordre d'idées que cet article et les deux précédents sont conçus. Le jugement, étant rendu au nom du souverain dont l'autorité embrasse toute la République, est nécessairement exécutoire, sans aucune distinction, dans tout le territoire de la République.

II. — Et voici comment, à l'article 547, Code français, que reproduit tout simplement notre article, Boitard explique le soin qu'on a pris en France d'énoncer formellement ce principe de force exécutoire sans *visa* ni *pareatis* : « En effet, dit-il, l'agglomération successive de diverses provinces, la conservation ou la réserve faite par plusieurs d'entre elles de leurs privilèges, enfin la diversité et la jalousie des juridictions avaient introduit un principe directement contraire à celui de l'article 547. En général, un arrêt émané d'un parlement n'était exécutoire de droit que dans la juridiction de ce parlement; pour l'exécuter dans une autre province, il fallait, ou le faire revêtir d'un *pareatis* émané du grand sceau, d'un ordre émané de la chancellerie centrale, intimé au nom du roi, et lui donnant la puissance exécutoire; ou bien, à défaut de ce premier *pareatis,* il en fallait un de la chancellerie du parlement dans le ressort duquel on voulait exécuter. En d'autres termes, un parlement, quoique jugeant au nom du roi, ne pouvait imprimer à son arrêt une force exécutoire en dehors de son ressort ; il fallait ou un ordre du roi, de la chancellerie centrale, ou au moins un *pareatis* de l'autorité locale. C'est ce que l'article 547 a pour but d'abroger. »

Art. 472. — 'Les jugements qui prononceront une main-levée, une radiation d'inscription hypothécaire, un paye-ment, ou quelque autre chose à faire par un tiers ou à sa charge, ne seront exécutoires par les tiers ou contre eux, même après les délais de l'opposition, que sur le certificat de la partie poursuivante ou de son défenseur, contenant la date de la signification du jugement faite à la personne, ou au domicile réel de la partie condamnée, et sur l'attestation du greffier constatant qu'il n'existe point d'opposition contre le jugement. (C. civ. 955, 1135, 1727, 1924 ; C. pr. 85, 150, 160, 161, 164.)

Sur le certificat qu'il n'existe aucune opposition sur le registre du greffe, les séquestres, conservateurs et autres seront tenus de satisfaire au jugement. (C. civ. 1723, 1727, 1728, 1924 et suiv.)

[Applicable en cas d'exécution des jugements de juge de paix. (SIREY, BIOCHE.)]

FORMULE N° 122. — Certificat de la partie poursuivante touchant un jugement à exécuter par un tiers.

Je, N..., soussigné, propriétaire, demeurant à..., demandeur *ou* défen-deur dans l'instance qui a existé devant le tribunal de paix de..., entre le soussigné et le citoyen B..., certifie que le jugement contradictoirement rendu (*ou* rendu par défaut) contre ledit B... par ledit tribunal en date du..., enregistré, a été signifié audit citoyen B..., par exploit de..., huis-sier, en date du..., enregistré. En foi de quoi j'ai délivré le présent cer-tificat.

(Signature.)

FORMULE N° 123. — Attestation du greffier.

Je, soussigné, greffier du tribunal de paix de..., atteste qu'il n'existe sur le registre du greffe aucune mention d'opposition ou d'appel contre le jugement rendu le..., par ledit tribunal entre le citoyen N... et le citoyen B...

En foi de quoi, j'ai délivré le présent certificat; conformément à l'article 472 du Code de procédure civile.

Fait au greffe, le...

(Signature du greffier.)

ART. 473. — Il ne sera procédé à aucune saisie mobilière ou immobilière, qu'en vertu d'un titre exécutoire, et pour choses liquides et certaines; si la dette exigible n'est pas d'une somme en argent, il sera sursis, après la saisie, à toutes poursuites ultérieures, jusqu'à ce que l'appréciation en ait été faite. (C. civ. 1102, 1135-3°, 1136; C. pr. 302 et suiv., 448, 451, 452, 467, 469, 474, 480, 504 et suiv., 585 et suiv.)

I. — Choses *liquides* et *certaines*. Une dette est *certaine* quand son existence est reconnue ou établie par un titre ou un jugement. Elle est *liquide* lorsqu'on en connaît non seulement l'existence, mais aussi la quotité. Ainsi un jugement vous a condamné à payer des dommages-intérêts, sauf à les régler plus tard par état; la dette est certaine, le jugement constate qu'il y a de votre part obligation; elle n'est pas liquide, car le *quantum* en reste encore inconnu.

II. — Il faut encore, pour donner suite à la saisie, que la dette exigible soit d'une somme en argent, ou bien évaluée, appréciée en argent. — S'il s'agit, par exemple, d'une dette de denrées, de tant de livres de café, de tant de gallons de rhum, — la dette est liquide sans doute, et cette qualité suffit pour autoriser la saisie. Mais elle ne suffit pas pour autoriser à vendre. Il faudra, au préalable, avoir fait apprécier en argent la valeur de la dette. Connaître d'abord la quotité précise de la dette : 1,000 livres de café, et sa valeur pécuniaire : 80 gourdes, selon l'estimation qui en serait faite à 8 gourdes les 100 livres.

III. — Les articles 350 et 353 du Code de procédure civile de 1825 (correspondant aux art. 469 et 473 du Code actuel) sont relatifs aux règles générales pour l'exécution forcée des jugements; ils ne peuvent être invoqués pour la cassation des jugements ou actes qui n'auraient pu seulement être exécutés sans être revêtus des formes prescrites par lesdits articles. (Cass., 16 juin 1836 ; — L. P., sous l'art. 473.)

ART. 474. — La contrainte par corps, pour objet susceptible de liquidation, ne pourra être exécutée qu'après que la liquidation aura été faite en argent. (C. civ. 1825 et suiv. ; C. pr. 133, 444, 473, 680.)

ART. 475. — Si les difficultés élevées sur l'exécution des jugements ou actes requièrent célérité, le tribunal du lieu y statuera provisoirement et renverra la connaissance du fond au tribunal d'exécution. (C. pr. 58-2°, 82, 401, 694, 703, 704, 961.)

I. — En principe, la connaissance des difficultés relatives à l'exécution d'un jugement appartient au tribunal qui a rendu ce jugement ; — mais il arrive fréquemment que, dans le cours d'une voie d'exécution, il s'élève de ces incidents qui exigent une prompte solution, promptitude absolument impossible s'il fallait porter ces difficultés devant le tribunal, souvent éloigné, auquel appartient la connaissance de l'exécution. De là l'attribution exceptionnelle donnée par l'article au tribunal du lieu, mais pour rendre une décision provisoire, en renvoyant le fond au premier tribunal. (V. BOITARD, 807 et 808.)

II. — Le tribunal qui a rendu un jugement est seul compétent pour l'interpréter exclusivement à celui devant lequel serait poursuivie l'exécution de ce jugement. (SIREY, 5, sous l'art. 553.)

III. — On se rappelle que, contrairement à la législation française, l'article 25 de notre Code donne aux juges de paix la connaissance de l'exécution des jugements qu'ils prononcent en dernier ressort.

IV. — Donc, en cas de contestation sur l'exécution, il faut considérer si le jugement est en dernier ressort ou s'il est à charge d'appel. Dans le premier cas, on s'adresse au tribunal de paix ; dans le second, au tribunal civil ; car le juge de paix est sans attribution pour connaître de l'exécution de son jugement rendu à charge d'appel. Néanmoins, ajoute Mullery, il ne faut pas confondre l'exécution avec les actes préliminaires pour parvenir à l'exécution, comme la présentation et la réception de caution, etc.

ART. 476. — L'officier insulté dans l'exercice de ses fonctions dressera procès-verbal de rébellion, et il sera procédé suivant les règles établies par le Code d'instruction criminelle. (C. pr. 685; C. instr. crim. 13 et suiv., 46, 48; C. pén. 170.)

FORMULE N° 124. — Procès-verbal de rébellion dressé par l'officier insulté dans l'exercice de ses fonctions.

L'an..., le..., heure de...

Je... (*immatricule de l'huissier*) soussigné, agissant à la requête du citoyen A..., propriétaire, domicilié à..., m'étant transporté à..., au domicile du citoyen B..., charpentier, pour y amener à exécution, par voie de saisie de ses meubles et effets mobiliers, un jugement passé en force de chose jugée, rendu le..., au profit dudit citoyen A..., par le tribunal de paix de..., enregistré, assisté des citoyens (*noms, professions, domiciles*), témoins voulus par la loi; j'y ai trouvé ledit B..., qui, à mon aspect, est entré dans une violente colère et m'a prodigué les insultes les plus outrageantes, me traitant de *brigand, insolent, polisson, voleur*, prétendant que j'apportais dans l'exercice de mes fonctions la rigueur la plus impitoyable, si les débiteurs n'avaient le soin de modérer mon ardeur par des remises d'argent ou des cadeaux ruineux, et opposant la menace à toutes mes exhortations pacifiques. — Au lieu de céder à mes avertissements réitérés et de rétracter les injures et les insultes qu'il avait proférées, ledit B..., dont l'exaspération était montée au plus haut degré, saisissant une hache, a déclaré qu'il allait m'en frapper, si je ne me hâtais de sortir de sa demeure. Devant un pareil oubli de toute mesure, et pour échapper aux conséquences possibles de l'aveugle fureur qui animait ledit B..., je me suis retiré avec mes témoins déjà désignés, protestant contre la conduite dudit citoyen B...; et j'ai dressé le présent procès-verbal de rébellion, conformément à l'article 476 du Code de procédure civile, — qui sera transmis à M. le Commissaire du Gouvernement près le tribunal civil de ce ressort, pour avoir telles suites que de droit; sous la réserve la plus expresse de tous mes droits pour obtenir la réparation civile du préjudice que ledit B... m'a causé par ses insultes et imputations calomnieuses.

(Signature de l'huissier.)

ART. 477. — La remise de l'acte ou du jugement à l'huissier vaudra pouvoir pour toutes exécutions autres que la saisie immobilière et l'emprisonnement, pour lesquels il sera besoin d'un pouvoir spécial. (C. civ., 1135, 1137, 1749, 1751; C. pr. 483, 585 et suiv., 680 et suiv.)

I. — L'huissier chargé par le créancier de faire commandement de payer a pouvoir suffisant pour toucher la somme due. (SIREY, sous l'art. 1239 C. civ.)

II. — Jugé ainsi que l'huissier porteur du titre et qui a ainsi pouvoir de mettre ce titre à exécution a, par cela même, pouvoir suffisant pour toucher la somme due et en donner quittance, sauf désaveu de la part du créancier, s'il a excédé ce pouvoir. (*Ibid.*, 7.)

III. — L'huissier procédant à une saisie peut, sans pouvoir spécial, subroger aux droits du saisissant le tiers qui paie la somme due par le saisi. (*Ibid.*, 2, sous l'art. 556 C. pr.)

IV. — La validité d'une sommation ne peut être contestée par cela seul que l'huissier n'a pas exhibé les pièces constituant son pouvoir : il suffit que l'huissier en fût porteur (*Ibid.*, 3), surtout si l'exhibition des pièces n'avait pas été réclamée dans le moment par le débiteur.

V. — Le pouvoir spécial, en cas de saisie immobilière ou d'emprisonnement, est exigé à peine de nullité. Cette nullité résultant d'un défaut d'attributions, d'un défaut de qualité dans l'huissier, est de droit, peut et doit être prononcée par les juges, encore qu'elle ne soit pas expressément écrite dans la loi. (V. BOITARD, 810.) Solution qui, après une longue controverse, dit Sirey (Supplément), est aujourd'hui généralement adoptée.

VI. — Il est à remarquer que le pouvoir spécial n'est pas exigé pour le commandement à fin de saisie, mais seulement pour le procès-verbal de saisie.

VII. — Jugé que le pouvoir de mettre le titre à exécution, *par tous les moyens convenables*, ou *dans toutes les formes exécutoires*, vaut pouvoir pour pratiquer une saisie immobilière ou exercer la contrainte par corps.

VIII. — Un pouvoir spécial est nécessaire pour la recommandation d'un débiteur incarcéré, aussi bien que pour son emprisonnement.

IX. — Mais pour l'arrestation ou recommandation provisoire d'un étranger, il n'est pas nécessaire d'un pouvoir spécial : l'ordonnance du doyen du tribunal civil suffit.

X. — Il faut faire enregistrer le pouvoir spécial, de façon qu'il ait date certaine avant l'exécution.

FORMULE N° 125. — **Pouvoir spécial donné à l'huissier pour exercer la contrainte par corps.**

Je soussigné, A..., demeurant à..., donne pouvoir à N..., huissier du tribunal de paix de..., de, pour moi, en mon nom et à ma requête, mettre à exécution la contrainte par corps prononcée à mon profit contre le citoyen B..., par jugement du tribunal de..., en date du..., enregistré et signifié; de faire à cet effet tous commandements, toutes perquisitions légales; introduire tous référés; à l'effet de quoi j'ai remis audit huissier la grosse du jugement susénoncé.

A..., le...

(Signature de la partie.)

Des Saisies-Arrêts ou Oppositions.

Art. 478. — Tout créancier peut, en vertu de titres authentiques ou privés, saisir-arrêter entre les mains d'un tiers les sommes et effets appartenant à son débiteur, ou s'opposer à leur remise. (C. civ. 1085, 1102, 1103, 1107, 1711, 1859, 1860; C. pr. 58, 469, 479 et suiv., 508 et suiv., 715, 717 et suiv., 724 et suiv.; C. comm. 194 et suiv.)

I. — La saisie-arrêt, écrit Mullery, est un acte conservatoire par lequel un créancier met sous la main de la justice les sommes et autres objets mobiliers appartenant à son débiteur et qui se trouvent en des mains tierces.

II. — On a beaucoup discuté, dit Sirey sous l'article 557 du Code de procédure civile, sur le point de savoir si la saisie-arrêt doit être considérée comme un simple acte conservatoire ou comme un véritable acte d'exécution. A vrai dire, elle a l'un et l'autre de ces caractères, selon l'aspect sous lequel on l'envisage; et comme le fait remarquer Bioche, la saisie-arrêt est tout à la fois mesure conservatoire dans son principe et un acte d'exécution dans ses effets. (V. aussi dans ce sens BOITARD, 815.)

III. — Dans la procédure en saisie-arrêt, il y a toujours trois parties: le créancier, qui est le *saisissant;* le débiteur qui est le *saisi;* et la personne détentrice des objets saisis, qui est le *tiers saisi.*

IV. — En principe, la saisie-arrêt ne peut avoir lieu que pour une créance certaine et actuelle.

V. — Il suit de là qu'une saisie-arrêt ne peut pas avoir lieu pour une créance conditionnelle, avant l'événement de la condition. (V. BoiTARD, 816, *in fine.*)

VI. — Ni pour sûreté d'une créance non encore échue ou exigible.

VII. — Dans le cas de créance non liquide, et même alors qu'il y a titre, la saisie ne peut avoir lieu qu'après évaluation provisoire par le juge, selon le second alinéa de l'art. 480.

VIII. — Est nulle la saisie-arrêt formée par un étranger, en vertu d'un acte fait en pays étranger, — et non rendu exécutoire par un tribunal haïtien.

IX. — L'article, en permettant à un créancier de saisir-arrêter entre les mains d'un tiers, n'a prévu ni empêché qu'il pût le faire en ses propres mains. Or....., la saisie-arrêt peut avoir lieu en ses propres mains. (Cass., 3 juillet 1826; — L. P., sous l'art. 478; — V. aussi SIREY, 36 et suiv., sous l'art. 557 C. pr.)

En général, quand on sera à la fois créancier et débiteur d'une même personne, on n'aura pas besoin d'avoir recours à cette voie de saisie-arrêt, la compensation pourra se faire; mais il est des cas où la compensation n'est pas possible, comme, par exemple, lorsque je suis votre créancier pour une somme d'argent, 200 gourdes, et en même temps votre débiteur pour des espèces autres que du numéraire : 25 sacs de café, sans évaluation pécuniaire.

X. — La jurisprudence a consacré en principe que les créanciers de l'État ne peuvent pas saisir-arrêter les sommes dues à l'État pour sûreté de leurs droits et créances. On s'est fondé sur la solvabilité du trésor public qui ôte tout intérêt à cette saisie-arrêt, et notamment sur la crainte d'entraver, d'arrêter, par des oppositions inattendues, les nécessités du service public et la marche du Gouvernement. (BoiTARD, 817, 3e alinéa.)

XI. — Le principe a été également appliqué aux fonds des communes. On s'est fondé également, dit l'auteur cité....., sur ce que, le budget des communes étant arrêté périodiquement, il n'est pas permis aux parties d'en changer la destination à l'aide de saisies-arrêts ou oppositions. (Avis du Conseil d'État de France, 12 août 1807; 11 mai 1813.)

V. *infrà*, nos annotations I, II et III, sous l'art. 502.

XII. — Divers arrêts de tribunaux français (cités par SIREY, 36 *bis*, sous l'art. 557), ont décidé que le créancier d'un gouvernement étranger ne peut saisir-arrêter en France des sommes ou valeurs appartenant à ce gouvernement. Une pareille saisie est nulle, et les tribunaux français sont incompétents pour connaître de la réclamation du créancier saisissant (1).

Art. 479. — S'il n'y a pas de titre, le juge du domicile du débiteur, et même celui du domicile du tiers saisi, pourront, sur requête, permettre la saisie-arrêt et opposition. (C. civ. 91 et suiv.; C. pr. 486 et suiv., 961.)

Art. 480. — Tout exploit de saisie-arrêt ou opposition, fait en vertu d'un titre, contiendra l'énonciation du titre et de la somme pour laquelle elle est faite; si l'exploit est fait en vertu de la permission du juge, l'ordonnance énoncera la somme pour laquelle la saisie-arrêt ou opposition est faite; et il sera donné copie de l'ordonnance en tête de l'exploit. (C. civ. 1102, 1103, 1107; C. pr. 69, 71, 78, 79.)

Si la créance pour laquelle on demande la permission de saisir-arrêter n'est pas liquide, l'évaluation provisoire en sera faite par le juge. (C. pr. 473.)

L'exploit contiendra aussi élection de domicile dans le

---

(1) A propos de l'emprunt Domingue :

« La Société du Crédit général français, ayant appris que des capitaux importants avaient été déposés par la République d'Haïti chez MM. Perquer et fils, négociants du Havre, a formé opposition entre les mains de ces Messieurs. — Le Gouvernement d'Haïti a fait alors assigner la Société du Crédit général français devant le juge des référés, en demandant que la somme dont MM. Perquer sont dépositaires pût lui être payée, malgré l'opposition. — L'affaire a été appelée le 18 octobre. Me Déglise, avoué du Gouvernement haïtien, a opposé qu'il était de principe qu'on ne peut former opposition sur un gouvernement étranger. — Me Milliot a répondu, au nom de la Société du Crédit général français, que les capitaux en litige étaient destinés au payement des coupons arriérés et il a combattu le système de ses adversaires, qui développaient dans l'assignation la thèse suivante : Un gouvernement ne pourrait exister si ses créanciers avaient le droit, par des actes quelconques, d'entraver sa situation financière. Me Milliot pense que ce principe est inadmissible.

« Le juge des référés, estimant que les sommes appartenant à des gouvernements étrangers ne peuvent être frappées d'opposition, a autorisé le Gouvernement haïtien à toucher les capitaux déposés entre les mains de MM. Perquer, malgré l'opposition de la Société du Crédit général français. » (*Courrier des États-Unis*, octobre 1876.)

lieu où demeure le tiers saisi, si le saisissant n'y demeure pas ; le tout à peine de nullité. (C. civ. 94, 98 ; C. pr. 950.)

I. — L'*énonciation*, mais non la notification du *titre*. (BOITARD, 818.)

II. — *De la somme pour laquelle elle est faite.* C'est ce qu'on appelle, en général, *le montant des causes de la saisie.*

III. — Il a été jugé que l'ordonnance portant permission de pratiquer les *saisies requises*, sans autres explications, est valable, si elle est placée à la suite d'une requête en permis de saisir qui indique la somme pour laquelle la saisie était demandée. (SIREY, 1, sous l'art. 569.)

IV. — L'omission de l'évaluation provisoire à faire par le juge, quand la créance n'est pas liquide, entraînerait nullité, d'après les derniers mots de l'article. (BOITARD, *loco citato*.)

V. — Les formes générales de l'exploit, c'est-à-dire la date, les désignations d'huissier, de parties et de demeure, sont réglées par l'article 6.

ART. 481. — La saisie-arrêt ou opposition entre les mains de personnes non demeurant en Haïti ne pourra point être faite au domicile des officiers du ministère public; elle devra être signifiée à personne ou domicile. (C. pr. 78, 79-6°, 83, 551.)

[Contrairement au § 6 de l'art. 79, d'après lequel les ajournements donnés aux personnes non demeurant en Haïti sont signifiés au domicile du ministère public.]

ART. 482. — La saisie-arrêt ou opposition formée entre les mains des trésoriers, receveurs, dépositaires ou administrateurs des caisses ou deniers publics, en cette qualité, ne sera pas valable, si l'exploit n'est fait à leur personne, et s'il n'est visé par eux sur l'original, ou, en cas de refus, par le ministère public. (C. pr. 490, 501, 960.)

ART. 483. — L'huissier qui aura signé la saisie-arrêt ou opposition sera tenu, s'il en est requis, de justifier de l'existence du saisissant à l'époque où le pouvoir de saisir a été donné, à peine d'interdiction et des dommages-intérêts des parties. (C. civ. 939, 1168, 1751, 1767; C. pr. 81, 477, 950, 952.)

I. — L'huissier est ainsi tenu de prouver qu'il a saisi-arrêté à la requête non d'un être imaginaire, mais d'une personne réelle qu'il peut désigner et retrouver et contre laquelle le créancier pourra demander des dommages-intérêts, en démontrant que cette saisie-arrêt n'était fondée sur aucun droit. (BOITARD, 821.)

FORMULE N° 126. — Requête pour être autorisé à saisir-arrêter.

A Monsieur le Juge de paix de...

Le sieur A..., propriétaire, demeurant à...

A l'honneur de vous exposer qu'il est créancier du sieur B..., d'une somme de... (*indiquer les causes de la créance pour laquelle on saisit*).

Pourquoi il vous plaira, Monsieur le Juge, l'autoriser à former entre les mains du sieur C..., débiteur de B.., (ou des locataires et fermiers de B..,), demeurant à..., opposition sur ledit sieur B... pour sûreté de la créance susnommée et des intérêts et accessoires d'icelle, laquelle créance il convient d'évaluer à la somme de...

Présenté à..., le...

(Signature.)

FORMULE N° 127. — Ordonnance du Juge de paix.

Vu la requête qui précède, autorisons le sieur A..., demeurant à..., à former entre les mains de C..., demeurant à..., opposition sur le sieur B..., pour sûreté de la somme principale de... et des intérêts et accessoires d'icelle, à laquelle nous évaluons provisoirement la créance du requérant.

Fait et délivré en notre cabinet, à..., le...

(Signature du juge de paix.)

FORMULE N° 128. — Exploit de saisie-arrêt.

L'an..., etc., et le...

A la requête du citoyen A... (*profession et demeure*), pour lequel domicile est élu à..., *chez tel;*

Et en vertu d'un billet, *ou* d'un jugement du tribunal de paix de..., en date du..., *ou bien encore* d'une permission de M. le juge de paix de..., en date du..., dont il est avec celle des présentes donné copie.

J'ai, N..., huissier (*immatricule*) soussigné, signifié et déclaré au sieur C..., commerçant, demeurant à..., en son domicile où étant et parlant à...

Que le requérant s'oppose formellement par les présentes à ce que ledit
sieur C..., se dessaisisse ou se libère de toutes sommes, deniers, valeurs ou
objets quelconques qu'il a ou aura, doit ou devra en capital et intérêts au
citoyen B..., à quelque titre ou pour quelque cause que ce soit, sans que
par justice il en soit autrement ordonné, à peine, par ledit sieur C..., de
payer deux fois et d'être personnellement responsable des causes de la présente opposition; lui déclarant que cette opposition est faite pour obtenir
payement de la somme de..., en principal, intérêts et frais, montant de
l'obligation contenue dans l'acte susénoncé; *ou* montant des condamnations
prononcées contre le citoyen B... par le jugement susénoncé; *ou bien encore*
pour les causes énoncées dans ladite requête, — sous la réserve de tous
autres droits, actions, intérêts et frais de mise à exécution.

En conséquence, je lui ai, audit domicile, parlant comme ci-dessus, laissé
copie (tant des requête et ordonnance portant permission de saisir-arrêter que)
du présent exploit; dont acte. Le coût est de...

Saisie-arrêt entre les mains des trésoriers, receveurs, etc.

...Signifié et déclaré à M..., en sa qualité de trésorier particulier de l'arrondissement financier de..., demeurant à..., dans les bureaux duquel où
étant et parlant à..., qui a visé le présent original,

Que le requérant s'oppose à ce qu'il se dessaisisse, etc.

Visa :

Visé par nous..., sous le numéro du registre des oppositions, le présent
original, dont copie nous a été remise, ainsi que du titre qui y est énoncé.

A..., le...

(Signature du trésorier.)

Art. 484. — Dans les trois jours de la saisie-arrêt ou
opposition, si elle est portée devant un tribunal de paix, et
dans les huit jours, si elle est portée devant un tribunal
civil, outre un jour pour cinq lieues de distance entre le
domicile du tiers saisi et celui du saisissant, et un jour pour
cinq lieues de distance entre le domicile de ce dernier et
celui du débiteur saisi, le saisissant sera tenu de dénoncer
la saisie-arrêt ou opposition au débiteur saisi, et de l'assigner de validité. (C. civ. 91 et suiv.; C. pr. 69, 71, 79, 486,
553, 729, 954, 964.)

I. — Le délai n'est pas franc. Ainsi, la saisie étant faite le 1er, la
demande en validité aura lieu le 4 au moins, sauf le délai de distance; à
peine de nullité, selon l'art. 486.

Ce délai de distance se règle comme suit : par exemple, une saisie-
arrêt pratiquée aux mains de quelqu'un domicilié à Milot, distant de

cinq lieues du Cap-Haïtien, à la requête d'une personne domiciliée en cette dernière ville, contre un débiteur domicilié à l'Acul-du-Nord, distant également de cinq lieues du Cap-Haïtien, sera dénoncée au débiteur saisi dans le délai de trois jours, outre deux autres jours pour les deux délais de distance. C'est-à-dire que, faite le 1ᵉʳ, elle sera dénoncée le 6 au moins.

II. — En exigeant que la saisie-arrêt soit dénoncée au débiteur saisi, la loi ne prescrit pas, à peine de nullité, qu'il lui en soit donné *copie littérale*. Ainsi la dénonciation peut être déclarée valable, quoiqu'elle ne contienne ni les noms, ni l'immatricule de l'huissier qui a fait la saisie. (SIREY, 4, sous l'art. 563.)

III. — Il n'est pas nécessaire non plus que copie de l'ordonnance du juge en vertu de laquelle a été formée une saisie-arrêt soit donnée au saisi dans l'exploit de dénonciation de la saisie. (*Ibid.*, 5.)

FORMULE N° 129. — Demande en validité.

L'an... et le...

A la requéte de...

J'ai, N..., huissier, etc., soussigné, signifié, dénoncé et avec celle des présentes, donné copie de l'acte d'opposition ci-dessus au citoyen B..., demeurant à..., en son domicile, parlant à... avec citation de comparaître à l'audience du tribunal de paix de..., le..., à... heure..., pour...

Attendu que la dette est constante, voir déclarer bonne et valable l'opposition formée à la requête du citoyen A... sur le citoyen B..., entre les mains du sieur C..., par exploit du..., enregistré; en conséquence, voir dire et ordonner que les sommes dont ledit sieur C..., tiers saisi, se reconnaîtra ou sera jugé débiteur envers le citoyen B..., seront versées entre les mains du demandeur en déduction ou jusqu'à concurrence de la somme à lui due, en principal, intérêt et frais, et résultant de *telle* obligation *ou* des condamnations prononcées par *tel* jugement.

A quoi faire payer et vider ses mains jusqu'à ladite concurrence sera le tiers saisi contraint, quoi faisant, déchargé, et ledit citoyen B... condamné aux dépens.

Et j'ai, au susnommé, en son domicile et parlant comme dessus, laissé copie de l'opposition susénoncée, ensemble du présent exploit, dont acte.

Le coût est de...

ART. 485. — Dans un pareil délai, outre celui en raison des distances, à compter du jour de la demande en validité, cette demande sera dénoncée à la requête du saisissant, au tiers saisi, qui ne sera tenu de faire aucune déclaration avant que dénonciation lui ait été faite. (C. pr. 484, 489 et suiv., 954.)

I. — Même observation qu'à l'article précédent pour le délai. (Note I.)

II. — Faute de cette déclaration, la saisie ne sera pas nulle, mais les payements faits sans égard à la saisie seront valables. (Art. 486.) Cependant, par la dénonciation faite même après les délais, le tiers saisi perd de nouveau le droit de payer, pourvu, bien entendu, que cette déclaration arrive avant que le tiers saisi ait payé dans les mains du saisi. (BOITARD, 822, *in fine.*)

FORMULE N° 130. — **Dénonciation de la demande en validité.**

L'an..., le...
A la requête de...
J'ai, N..., huissier...
Signifié, dénoncé et avec celle du présent exploit donné copie au sieur C..., demeurant à..., en son domicile, où étant, parlant à...
De l'acte ci-dessus contenant demande en validité de l'opposition faite entre ses mains sur le citoyen B..., par exploit en date du...
Si la saisie est faite sans titre, en vertu d'une permission du juge, ou si elle est faite en vertu d'un titre privé, on ne cite pas le tiers saisi en déclaration avant le jugement sur la validité (art. 489) ; mais si elle est faite en vertu d'un titre authentique, on continue comme suit :
Et à même requête que dessus, j'ai donné citation audit sieur C... pour comparaître, le... à... heure..., au greffe du tribunal de paix de..., pour y faire la déclaration de ce qu'il peut devoir, à quelque titre que ce soit, au citoyen B... et y déposer tous titres ou autres pièces justificatives à l'appui de sa déclaration ; le prévenant que, faute de ce faire, il sera réputé débiteur pur et simple des causes de la saisie et, comme tel, contraint à payer au requérant le montant de sa créance contre le saisi, avec intérêts, frais et dépens ; dont acte. Le coût est de...

ART. 486. — Faute de demande en validité, la saisie ou opposition sera nulle ; faute de dénonciation de cette demande au tiers saisi, les payements par lui faits jusqu'à la dénonciation sont valables. (C. pr. 484 et suiv., 950.)

C'est la sanction des deux articles précédents. Nullité de la saisie dans le premier cas, validité des payements dans le second cas.

ART. 487. — En aucun cas, il ne sera nécessaire de faire

précéder la demande en validité par une citation en conciliation. (C. pr. 58, 59, 491.)

Art. 488. — La demande en validité et la demande en mainlevée formée par la partie saisie seront portées devant le tribunal du domicile de la partie saisie. (C. pr. 69, 491.)

I. — Le débiteur saisi peut prendre l'initiative, et porter la question devant le tribunal. Il est possible qu'à raison de la lenteur des délais de distance, par exemple, le débiteur saisi qui trouve la saisie-arrêt mal fondée veuille faire lever immédiatement l'opposition qui l'empêche de toucher ce qui lui est dû ; alors, sans attendre l'expiration des délais, il formera lui-même contre le saisissant une demande en mainlevée, toujours devant le tribunal de son domicile : car, même en prenant l'initiative d'assigner, il ne fait au fond que se défendre. (V. BOITARD, 825.)

II. — La demande en validité de saisie-arrêt doit être portée au domicile du saisi, quand même un autre tribunal eût été désigné par la Cour de cassation pour connaître des affaires du saisi qui sont de la compétence du tribunal de sa demeure. — Cass., 2 août 1852. (L. P., sous l'art. 488.)

III. — Cependant la validité d'une saisie-arrêt ne doit être jugée par le juge du domicile du saisi qu'autant que cette contestation n'est pas connexe à une action principale déjà portée ailleurs. (SIREY, sous l'art. 567 C. pr.).

IV. — Il en est de même en cas de litispendance. (*Ibid.*)

V. — C'est devant le tribunal de la succession, et non devant celui du domicile personnel de l'héritier qu'on doit porter la demande en validité d'une saisie-arrêt faite sur des sommes appartenant au défunt, lors même que la succession aurait été acceptée bénéficiairement. (*Ibid.*)

VI. — Si, dans le titre en vertu duquel on a saisi, une élection de domicile a été faite, on devra alors porter soit la demande en validité, soit la demande en mainlevée, devant le tribunal que les parties elles-mêmes ont désigné à l'avance. (BOITARD, 825.)

VII. — Au-dessus de la compétence du juge de paix, toute demande relative à la validité ou aux effets d'une saisie-arrêt doit être portée devant les tribunaux civils, encore que la saisie ait eu pour objet d'assurer les prétentions d'un marchand contre un autre marchand, et que les relations du tiers saisi avec la partie saisie soient commerciales. (*Ibid.*, nombre d'arrêts et auteurs cités.)

VIII. — *Id.*, et cela encore que la saisie ait été autorisée par le doyen du tribunal de commerce. (*Ibid.*)

IX. — Dans ce cas, le tribunal civil ne peut statuer sur la validité de la saisie qu'après jugement du tribunal de commerce constatant l'existence et le *quantum* de la créance. (*Ibid.*)

FORMULE N° 131. — Demande en mainlevée de saisie-arrêt.

On donne citation dans la forme ordinaire à comparaître pour :

Attendu que l'opposition formée par le citoyen... sur le requérant est nulle; qu'en effet (*exposer les moyens de nullité invoqués contre l'opposition*); voir déclarer nulle et de nul effet l'opposition formée sur le requérant entre les mains de..., à la requête de..., par exploit du..., ensemble la procédure qui s'en est suivie. — En conséquence, voir ordonner la mainlevée pure et simple de ladite opposition, et autoriser le requérant à toucher des mains du tiers saisi les sommes à lui dues; et s'entendre condamner aux dépens, sous toutes réserves, — Et j'ai..., etc.

FORMULE N° 132. — Jugement qui accorde mainlevée de l'opposition.

Le tribunal..., etc. — Attendu... (*motifs*).

Par ces motifs, déclare nulle la saisie-arrêt pratiquée entre les mains du sieur C... à la requête du citoyen A..., par exploit en date du,..; prononce, en conséquence, mainlevée de ladite saisie-arrêt; ordonne que le tiers saisi pourra valablement se libérer entre les mains du citoyen B... (*partie saisie*). — Et condamne le citoyen A... (*créancier saisissant*) aux dépens liquidés à...

ART. 489. — Le tiers saisi ne pourra être assigné en déclaration, s'il n'y a titre authentique ou jugement qui ait déclaré la saisie-arrêt ou l'opposition valable. (C. civ. 1102, 1135-3°, 1136; C. pr. 469, 478, 490 et suiv.)

ART. 490. — Les fonctionnaires publics, dont il est parlé à l'article 482 ne seront point assignés en déclaration; mais ils délivreront un certificat constatant s'il est dû à la partie saisie, et énonçant la somme, si elle est liquide. (C. pr. 473, 480, 482, 494.)

I. — Cette distinction s'applique non seulement aux caissiers du Gouvernement, mais encore à ceux des communes, fabriques d'église et autres établissements publics ; mais non aux notaires, encanteurs, huissiers, etc., pour les saisies faites en leurs mains sur les deniers dont ils seraient détenteurs en raison de leur ministère ; il faut procéder à leur égard selon les règles du Code de procédure. (Sirey, sous l'art. 569.)

FORMULE N° 133. — Certificat.

Je soussigné..., certifie qu'il est dû au citoyen B..., par la caisse de..., pour... etc.

En foi de quoi, j'ai délivré le présent certificat, à..., le...

(Signature.)

Art. 491. — Le tiers saisi sera assigné, sans citation préalable en conciliation, devant le tribunal qui doit connaître de la saisie ; sauf à lui, si la déclaration est contestée, à demander son renvoi devant son juge. (C. pr. 57, 58-7°, 169, 487, 488, 550.)

I. — La faculté accordée au tiers saisi de demander son renvoi devant son juge naturel en cas de contestation de sa déclaration n'est applicable qu'au cas où la contestation porte sur le fond même de la déclaration. Elle n'a pas lieu dans le cas où la nullité de la déclaration est demandée pour irrégularité de forme. (Sirey, sous l'art. 570 C. pr.)

II. — La faculté de la demande en renvoi du tiers saisi est couverte par les plaidoiries au fond. (*Ibid.*)

III. — Dans le cas de renvoi du tiers saisi devant son juge naturel, il est sursis au jugement de la validité de la saisie. (Boitard, 830, *in fine.*)

Art. 492. — Le tiers saisi assigné fera sa déclaration, et l'affirmera au greffe du tribunal qui doit connaître de la saisie-arrêt, s'il est sur les lieux ; sinon, devant le juge de paix de son domicile, sans qu'il soit besoin, dans ce cas, de réitérer l'affirmation au greffe dudit tribunal. (C. civ. 91 ; C. pr. 458, 485, 493 et suiv., 550.)

Art. 493. — La déclaration et l'affirmation pourront être faites par procuration spéciale. (C. civ. 1751 ; C. pr. 127, 458, 492, 493, 495, 959.)

I. — La procuration à l'effet de faire la déclaration peut être sous seing privé ; il n'est pas nécessaire qu'elle soit en forme authentique. (Sirey, sous l'art. 572 C. pr.)

II. — L'affirmation n'a pas besoin d'être faite sous serment. (*Ibid.*)

Art. 494. — La déclaration énoncera les causes et le montant de la dette ; les payements à compte, si aucuns ont été faits ; l'acte ou les causes de libération, si le tiers saisi n'est plus débiteur ; et, dans tous les cas, les saisies-arrêts ou oppositions formées entre ses mains. (C. pr. 485, 490, 491, 493 et suiv.)

Art. 495. — Les pièces justificatives de la déclaration seront annexées à cette déclaration ; le tout sera déposé au greffe, et l'acte de dépôt sera signifié par un simple acte. (C. pr. 85, 490, 952.)

I. — Le tiers saisi est tenu de faire sa déclaration, alors même qu'il serait libéré, ou n'a jamais rien dû. (Sirey, sous les art. 573 et 574.)

II. — Et est irrégulière la déclaration faite par le tiers saisi qu'il ne doit rien à la partie saisie, sans expliquer s'il en était ainsi au moment de la saisie. (*Ibid.*)

FORMULE N° 134. — Déclaration du tiers saisi et acte de dépôt.

Aujourd'hui, etc., a comparu au greffe du tribunal de paix de..., le sieur C... (*profession et demeure*), lequel a dit que, pour satisfaire à la citation en date du..., à la requête du citoyen A..., par suite de la saisie-arrêt formée entre les mains du comparant par exploit du..., il déclare et affirme qu'il doit *ou* ne doit pas au citoyen B..., etc.

Et pour justifier la présente déclaration, il nous a déposé comme pièces justificatives : 1° une quittance en date du...; 2°..., etc., pour être communiquées audit citoyen A...

Desquels comparution, déclaration et acte de dépôt nous avons donné acte audit comparant, qui a signé avec nous, greffier, après lecture...

FORMULE N° 135.
Signification de la déclaration du tiers saisi et acte de dépôt.

L'an..., etc., à la requête du sieur C..., etc.

J'ai, N..., huissier... soussigné, signifié et donné copie au citoyen A..., etc., en son domicile étant et parlant à...

De l'expédition en due forme de la déclaration affirmative et acte de dépôt des pièces à l'appui, faits par le requérant, pour satisfaire à la citation à lui donnée à la requête dudit citoyen B..., par exploit du...

Dont acte. Le coût est de...

ART. 496. — S'il survient de nouvelles saisies-arrêts ou oppositions, le tiers saisi les dénoncera au premier saisissant, par extrait contenant les noms et élection de domicile des saisissants, et les causes des saisies-arrêts ou oppositions. (C. civ. 98 ; C. pr. 478, 480, 484, 490, 550, 715.)

I. — La sanction de cet article serait pour le tiers saisi de répondre envers le saisissant de tous dommages résultant du défaut de dénonciation; et non pas d'être constitué débiteur pur et simple des causes de la saisie.

FORMULE N° 136. — **Dénonciation du tiers saisi au premier saisissant.**

L'an..., et le...

A la requête du sieur... (*nom, prénoms, profession du tiers saisi*), demeurant à...

J'ai..., N... huissier... soussigné,

Signifié et déclaré au citoyen A... (*nom, prénoms, profession, domicile*), premier saisissant sur le citoyen B... (*profession, domicile*) entre les mains du requérant, au domicile dudit citoyen A..., où étant et parlant à...

Que, par exploit de..., huissier de..., en date du..., le sieur D..., commerçant, demeurant à..., et pour lequel domicile a été élu chez M..., demeurant à... (*lieu du domicile du tiers saisi*), a formé opposition entre les mains du requérant sur ledit citoyen B..., pour obtenir payement de la somme de..., à lui due en vertu de... (*énoncer le titre*), etc.

(*S'il y a plus d'une nouvelle opposition, les relater toutes dans la même forme par ordre de dates.*)

ART. 497. — Si la déclaration n'est pas contestée, il ne sera fait aucune autre procédure, ni de la part du tiers saisi, ni contre lui. (C. pr. 952.)

ART. 498. — Le tiers saisi qui ne fera pas sa déclaration, ou qui ne fera pas les significations ordonnées par les articles ci-dessus sera déclaré débiteur pur et simple des causes de la saisie.

I. — *Ordonnées par les articles ci-dessus.* C'est-à-dire les articles 492, 494 et 495. (V. Cass., 15 oct., 19 nov. 1818; — L. P., sous l'art. 498.)

II. — Aucun délai fatal n'est fixé au tiers saisi pour faire sa déclaration affirmative (ou la régulariser), en sorte qu'elle peut avoir lieu en tout état de cause, et tant qu'il n'a pas été définitivement, et par jugement passé en forme de chose jugée, déclaré débiteur pur et simple des causes de la saisie. (SIREY, sous l'art. 577 C. pr. —V. aussi les deux arrêts de notre Tribunal de cassation cités à la note précédente.)

III. — Mais il a été jugé que, si, en thèse générale, le tiers saisi est recevable à faire sa déclaration affirmative après le délai accordé par la loi en ce que ce délai n'est que comminatoire, il en est autrement lorsqu'un jugement contradictoire et définitif a ordonné que le tiers saisi serait tenu de faire sa déclaration dans un certain délai, à défaut de quoi il serait réputé débiteur pur et simple des causes de la saisie. En ce cas, le défaut de déclaration dans le délai fixé emporte déchéance. (SIREY, sous l'art. 577.)

IV. — A défaut de déclaration, le tiers saisi doit être déclaré débiteur pur et simple des sommes pour lesquelles la saisie a été faite, encore bien que ces sommes fussent plus fortes que celles qu'il devait réellement. (*Ibid.*)

V. — Si le tiers saisi ne doit rien au saisi, il doit en faire (tout de même) la déclaration et les significations voulues, sinon il encourra la rigueur de la loi. (MULLERY.)

ART. 499. — Si la saisie-arrêt ou opposition est formée sur effets mobiliers, le tiers saisi sera tenu de joindre à sa déclaration un état détaillé desdits effets. (C. civ. 439 et suiv.; C. pr. 509.)

ART. 500. — Si la saisie-arrêt ou opposition est déclarée valable, il sera procédé à la vente et distribution du prix, ainsi qu'il sera dit au titre X *de la Distribution par contribution.* (C. civ. 1860; C. pr. 568 et suiv.)

I. — Le créancier saisissant a-t-il un droit acquis au versement dans ses mains de la totalité de la somme saisie, à l'exclusion de nouvelles saisies survenues postérieurement au jugement de validité de la première saisie? — La question, très controversée, semble avoir été résolue et fixée enfin dans ce sens que le jugement de validité d'une saisie-arrêt n'emporte, au profit du saisissant, attribution exclusive des sommes saisies, que du jour où il a acquis l'autorité de la chose jugée à l'égard du tiers saisi. — Arrêts de la Cour de cassation de France, 5 août 1856, 20 nov. 1860 et 13 fév. 1865. (V. les notes de SIREY, sous l'art. 579 C. pr.; — BOITARD, note après le n° 883.)

FORMULE N° 137. — **Jugement qui statue à la fois sur la saisie-arrêt et sur la déclaration affirmative.**

Le tribunal..., etc.,

E n ce qui touche la saisie-arrêt :

Attendu qu'elle est régulière en la forme et juste au fond; qu'elle est fondée sur un titre authentique;

En ce qui touche la déclaration affirmative :

Attendu que cette déclaration est sincère et véritable; qu'elle a été faite suivant les prescriptions de la loi et accompagnée des pièces justificatives;

(S'il y a eu des contestations, les mentionner avec les motifs de la décision.)

Par ces motifs, déclare valable la saisie-arrêt pratiquée par le citoyen A..., entre les mains du sieur C..., sur le citoyen B...

Donne acte au sieur C... *(le tiers saisi)* de la déclaration affirmative par lui faite, déclare régulière ladite déclaration; ordonne, en conséquence, le payement entre les mains du citoyen A... *(le saisissant)* des sommes et valeurs dont ledit sieur C... s'est reconnu détenteur; dit que, moyennant ce payement, ledit sieur C... sera valablement libéré envers le citoyen B... *(le saisi)*;

Condamne le citoyen B... *(le saisi)* aux dépens envers toutes les parties qui pourront les employer, savoir : le saisissant, comme accessoires de sa créance, et le tiers saisi comme frais privilégiés à prélever sur la somme par *lui due*, etc.

FORMULE N° 138. — **Jugement sur la demande en validité, quand la saisie-arrêt est faite sans titre ou en vertu d'un titre non exécutoire.**

Le tribunal, etc.;

Attendu, etc.;

Condamne le citoyen B... à payer au citoyen A..., la somme de...

Et, pour en faciliter le payement, déclare bonne et valable la saisie-arrêt pratiquée par le citoyen A..., entre les mains du sieur C..., sur le citoyen B...

En conséquence, ordonne que le tiers saisi sera cité en déclaration, et que

les sommes et effets dont il se reconnaîtra ou sera jugé débiteur envers le
saisi seront remis au citoyen A..., en déduction ou jusqu'à concurrence de
ladite somme de..., avec intérêts, frais et dépens ; à quoi faire ordonne que
le tiers saisi sera contraint ; quoi faisant, déchargé ; et condamne B... aux
dépens liquidés à...

ART. 501. — Les pensions, indemnités, traitements et
appointements dus par l'État ne pourront être saisis que
pour un tiers de leur montant. (C. pr. 482, 490, 502, 503.)

I. — Le principe qui rend insaisissable les deux tiers des pensions
tient à un intérêt d'humanité. La pension est accordée comme un droit
alimentaire, et à titre de nécessité présumée pour le fonctionnaire qui a
cessé d'utiliser ses services à l'État. — Il faut qu'au moins en partie,
elle soit à l'abri des saisies.

II. — A l'égard des indemnités, traitements et appointements, le motif
de l'insaisissabilité tient à l'intérêt du service public, qui serait entravé
si l'on pouvait saisir, au moins en totalité, ces traitements du fonctionnaire débiteur. (V. BOITARD, 835.)

ART. 502. — Sont insaisissables :

1° Les choses déclarées insaisissables par la loi ;
2° Celles déclarées insaisissables par le donateur ;
3° Les provisions alimentaires adjugées par justice ;
4° Les sommes et objets disponibles déclarés insaisissables par le testateur ;
5° Les sommes et pensions pour aliments, encore que le
testament ou l'acte de donation ne les déclare pas insaisissables. (C. civ. 191, 247, 256, 499, 724, 725, 745, 835-1°,
925 ; C. pr. 503, 513, 514, 892.)

I. — Les sommes dues à l'État ne peuvent, en aucun cas, être saisies
par ses créanciers entre les mains de ses débiteurs, quels qu'ils soient.
C'est là un principe des plus certains. (SIREY, sous les art. 581-582
C. pr. — V. aussi *suprà* nos annotations X et suiv., sous l'art. 478.)

II. — Il en est de même des sommes dues aux communes. (SIREY,
loco citato.)

III. — Ainsi que de celles dues à des établissements de bienfaisance, tels que les hospices et autres établissements publics, et de celles dues aux fabriques d'église. (*Ibid.*)

IV. — *Quid* des fonds destinés aux entrepreneurs de travaux publics pour le compte de l'État, tant que les travaux ne sont pas terminés et reçus, sauf pour les créances provenant du salaire des ouvriers et pour fournitures de matériaux et autres objets servant à la construction des travaux? (V. SIREY, sous les art. 581-582 pour l'insaisissabilité.)

Pour décider dans ce sens de l'insaisissabilité, n'y a-t-il pas même raison que pour les appointements des fonctionnaires ou les créances de l'État : la nécessité de ne pas entraver le service public?

V. — Des papiers saisis sur un prévenu pendant le cours d'une instruction criminelle et déposés au greffe ne peuvent être saisis-arrêtés par un créancier du prévenu dans le but d'empêcher que le greffier ne s'en dessaisisse après l'instruction, au préjudice du créancier saisissant. SIREY, *loco citato*.)

ART. 503. — Les provisions alimentaires ne pourront être saisies que pour cause d'aliments; les dons et legs mentionnés aux numéros 2, 3 et 4 du précédent article pourront être saisis par des créanciers postérieurs à l'acte de donation ou à l'ouverture du legs; et ce, en vertu de la permission du doyen et pour la portion qu'il déterminera. (C. civ. 724, 743; C. pr. 513, 514.)

I. — *Les pensions alimentaires* ne *pourront être saisies que pour cause d'aliments.* — Il faut entendre par *aliments* : la nourriture, le logement, les vêtements, et même les visites des médecins et chirurgiens et les médicaments. (SIREY, sous les art. 581-582 C. pr.)

II. — La saisie d'une pension alimentaire ne peut être autorisée par le juge que pour une portion seulement; il ne lui est pas permis d'autoriser la saisie pour la totalité de la pension. (*Ibid.*)

Des Saisies-exécutions.

ART. 504. — Toute saisie-exécution sera précédée d'un commandement à la personne ou au domicile du débiteur, fait au moins six heures avant la saisie, et contenant notification du titre, s'il n'a été déjà notifié. (C. civ. 1102, 1135-3°, 1136, 1859, 1860, 1985, 2012; C. pr. 58-7°, 78, 149, 469, 473,

505 et suiv., 518 et suiv., 585 et suiv., 680 et suiv., 704 et suiv., 717 et suiv., 910, 954; C. comm., 195.)

I. — Par la saisie-exécution, le créancier fait d'abord mettre sous la main de justice, puis vendre les meubles corporels de son débiteur, afin de se faire payer sur le prix. Le législateur a dû, dans cette matière, d'une part, prendre en considération l'intérêt légitime du créancier qui poursuit la réalisation de son droit, et, d'autre part, établir des garanties protectrices de la propriété, afin que le débiteur ne fût pas trop promptement dépouillé de sa chose. (BOITARD, 840.)

II. — La saisie-exécution, à la différence de la saisie-arrêt, ne peut être faite qu'en vertu d'un titre exécutoire. Ce titre exécutoire peut être un jugement ou une obligation notariée. Dans le dernier cas, le créancier n'a qu'à se faire délivrer une grosse par le notaire, en vertu de laquelle il fera procéder à la saisie. (MULLERY.)

III. — Doit être déclarée nulle la saisie-exécution faite le lendemain de la signification d'un jugement du tribunal de paix, sans donc attendre le délai d'appel, si l'exécution provisoire n'a pas été ordonnée par ledit jugement. (Cass., 8 nov. 1852; — L. P., sous l'art. 504.)

Bien entendu, croyons-nous, pourvu que l'appel ait été interjeté dans le délai. Car nous avons vu, note V, sous l'article 22, que c'est l'acte d'appel qui est suspensif, et non pas seulement le délai d'appel.

IV. — Il faut au moins six heures d'intervalle entre le commandement et le procès-verbal de saisie; mais le créancier est libre d'accorder un délai plus long. Ainsi, après un commandement fait aujourd'hui, la saisie pourrait être pratiquée demain, dans trois jours, huit jours, un mois, un an, en un mot, tant qu'il n'y a pas lieu de présumer que le saisissant a renoncé à ses poursuites. La saisie-exécution diffère, à cet égard, de la saisie immobilière, qui doit être faite après les trente jours, mais dans les deux mois qui suivent le commandement, article 586. (V. BOITARD, 840.)

V. — *A la personne ou au domicile du débiteur.* C'est-à-dire à domicile réel; mais s'il y avait eu élection de domicile, pour l'exécution du contrat qui motive la saisie, le commandement serait valablement signifié au domicile élu. (*Ibid.*)

ART. 505. — Il contiendra élection de domicile jusqu'à la fin de la poursuite, dans la commune où doit se faire l'exécution, si le créancier n'y demeure, et le débiteur pourra faire à ce domicile élu toutes significations, même d'offres réelles. (C. civ. 98, 1044-6°, 1050; C. pr. 69, 78, 710 et suiv.)

I. — Cette élection de domicile est attributive de juridiction au tribunal du lieu de la saisie, qui devient ainsi compétent pour statuer sur les demandes en mainlevée ou en nullité de la saisie. (BOITARD, 841.)

II. — Il y a controverse sur la question de savoir si l'élection de domicile est prescrite à peine de nullité. Boitard, entre autres, regarde cette formalité comme substantielle. Son omission entraînerait donc, à son avis, nullité. Sirey cite plusieurs arrêts contre.

III. — Dans tous les cas, la nullité pourrait être réparée par une élection de domicile faite postérieurement dans le procès-verbal de saisie. (SIREY, sous l'art. 584 C. pr.; BOITARD, 841.)

IV. — La faculté accordée au débiteur, par l'article, de faire des offres au domicile élu, ne s'étend pas au cas où la convention des parties détermine un autre lieu pour le payement. C'est à ce lieu que les offres doivent être faites, à peine de nullité. (SIREY, sous l'art. 584.)

ART. 506. — L'huissier sera assisté de deux témoins, Haïtiens, ayant la jouissance et l'exercice de leurs droits civils et politiques, non parents ni alliés des parties ou de l'huissier, jusqu'au degré de cousin germain inclusivement, ni leurs domestiques; il énoncera sur le procès-verbal leurs noms, professions et demeures; les témoins signeront l'original et les copies. La partie poursuivante ne pourra être présente à la saisie. (C. civ. 595 et suiv.; C. pr. 519.)

I. — L'huissier ne se présente pas seul pour opérer la saisie; il est assisté de deux témoins du sexe masculin, réunissant les conditions énumérées dans l'article. « Ces témoins, continue BOITARD, 813, portent dans la pratique le nom de *recors*, du mot latin *recordari*, se souvenir; ils sont là pour se rappeler les faits qui se passent sous leurs yeux, et les attester plus tard, s'il y a lieu. »
Nous verrons que ce terme de *recors* est employé dans l'article 683.

II. — Les personnes qui ne savent pas signer ne peuvent être témoins d'une saisie, car l'article exige leur signature. (MULLERY.)

III. — Le saisissant ne doit assister à la saisie ni par lui-même, ni par un représentant. (BOITARD.)

IV. — L'inobservation des formalités prescrites par l'article entraîne-t-elle nullité de la saisie? Controversé. — CARRÉ, entre autres, Q. 2014, distingue entre les formalités substantielles et les formalités accidentelles. (V. SIREY, sous l'art. 585 C. pr.)

ART. 507. — Les formalités des exploits seront observées dans les procès-verbaux de saisie-exécution; ils contiendront itératif commandement, si la saisie est faite en la demeure du saisi. (C. civ. 91 et suiv.; C. pr. 69, 71, 78, 79, 473, 504, 508, 522.)

I. — Quand la saisie se fait hors de la demeure du saisi, il n'est pas nécessaire, à peine de nullité, de lui faire l'itératif commandement, bien qu'il se trouve présent sur les lieux de la saisie. (SIREY, sous l'art. 586.)

ART. 508. — Si les portes sont fermées, ou si l'ouverture en est refusée, l'huissier pourra établir gardien aux portes pour empêcher le divertissement; il se retirera sur-le-champ, sans assignation, devant le juge de paix ou, à son défaut, devant l'officier chargé de la police, en présence de qui l'ouverture des portes, même celle des meubles fermants, sera faite, au fur et à mesure de la saisie.

Le juge de paix ou l'officier qui se transportera ne dressera point de procès-verbal; mais il signera celui de l'huissier, lequel ne pourra dresser du tout qu'un seul et même procès-verbal. (C. pr. 507, 512, 727, 810; C. instr. crim. 22, 26, 36 et suiv., 73 à 77, 84, 85, 90, 91.)

I. — Lorsque l'huissier chargé d'une saisie ne trouve personne au domicile du saisi, et que les portes sont fermées, s'il les ouvre pour s'introduire au domicile du saisi, sans être assisté d'un officier public, la saisie est nulle, bien que l'ouverture des portes ait été faite sans fracture ni efforts. (SIREY, sous l'art. 587 C. pr.)

II. — La présence d'un officier public est nécessaire quand il s'agit d'ouvrir de force le domicile du débiteur; c'est là un fait qui ne touche pas seulement à un intérêt privé, mais qui concerne un intérêt général. Il s'agit de suspendre, à l'égard du débiteur, dans les cas exceptionnels où la loi le permet, un droit constitutionnel, l'inviolabilité du domicile; la présence de l'huissier, organe des intérêts privés, ne suffit pas. Il faut la présence d'un officier public représentant l'autorité elle-même; la loi délègue à cet effet le juge de paix, l'officier de police. (BOITARD, 844.)

III. — Si cet officier public n'obtient pas l'ouverture des portes par sa présence et ses injonctions, il pourra requérir la force armée et faire enfoncer les portes. Il faut que la formule exécutoire reçoive son effet. (*Ibid.*)

IV. — La saisie ne peut être déclarée nulle sur le motif que l'officier de police, appelé pour l'ouverture des portes, serait parent du saisissant au degré de cousin germain. (SIREY, sous l'art. 587.)

ART. 509. — Le procès-verbal contiendra la désignation détaillée des objets saisis; s'il y a des marchandises, elles seront pesées, mesurées ou jaugées, suivant leur nature; on indiquera en outre les qualités. (C. pr. 499, 510, 511, 587, 683, 843.)

ART. 510. — L'argenterie sera spécifiée par pièces et poinçons, et elle sera pesée. (C. pr. 543.)

I. — On appelle poinçon les marques à l'aide desquelles l'autorité publique fait contrôler le titre et le taux de l'argenterie, et donne le moyen d'en connaître la valeur.

ART. 511. — S'il y a des deniers comptants, il sera fait mention du nombre et de la qualité des espèces; l'huissier les déposera au greffe du tribunal, entre les mains du greffier, à moins que le saisissant et la partie saisie, ensemble les opposants, s'il y en a, ne conviennent d'un autre lieu et d'un autre dépositaire; auquel cas l'huissier sera tenu de déférer à leur réquisition. (C. civ. 925, 1043, 1045, 1723, 1728-4°, 1729, 1730 ; C. pr. 712.)

ART. 512. — Si le saisi est absent, et qu'il y ait refus d'ouvrir aucune pièce ou meuble, l'huissier en requerra l'ouverture ; et, s'il se trouve des papiers, il requerra l'apposition des scellés par le juge de paix ou l'officier appelé pour l'ouverture. (C. pr. 502, 507, 508, 514, 796 et suiv.)

I. — L'ouverture des pièces ou meubles fermés doit être requise dans la forme prescrite par l'article 508. (SIREY.)

II. — Ne peuvent être saisis, les effets obligatoires, c'est-à-dire les titres

de créance, trouvés dans les papiers du saisi. (SIREY, sous les art.
592-593.) Boitard enseigne que le droit de créance, qui est une chose
incorporelle, n'est pas susceptible d'une saisie-exécution qui ne s'applique
qu'aux meubles corporels ; que les créanciers du saisi peuvent seulement
s'opposer à ce que le débiteur de leur débiteur, le saisi, paye en d'autres
mains que celles du saisissant ; — en un mot, ils peuvent, à l'égard de la
créance appartenant à leur débiteur, former une saisie-arrêt, mais non
une saisie-exécution (845).

ART. 513. — Ne pourront être saisis (C. pr. 502, 514) :

1° Les objets que la loi déclare immeubles par destination (C. civ. 426, 428, 429, 1885-3°, 1900 ; C. pr. 585 et suiv.) ;

2° Le coucher nécessaire des saisis, ceux de leurs enfants
vivant avec eux ; les habits dont les saisis sont vêtus et cou-
verts (C. pr. 514) ;

3° Les livres relatifs à la profession du saisi ;

4° Les machines et instruments servant à l'enseignement
pratique ou exercice des sciences et arts ;

5° Les équipements des militaires, suivant l'ordonnance
et le grade ;

6° Les outils des artisans, nécessaires à leurs occupations
personnelles ;

7° Les provisions nécessaires à la consommation du saisi
et de sa famille pendant un mois ;

8° Enfin, une vache et sa suite, ou trois brebis et leurs
suites, ou deux chèvres et leurs suites, au choix du saisi.
(C. pr. 515.)

ART. 514. — Lesdits objets ne pourront être saisis pour
aucune créance, même celle de l'État, si ce n'est pour aliments fournis à la partie saisie, ou sommes dues aux fabricants ou vendeurs desdits objets, ou à celui qui aura prêté
pour les acheter, fabriquer ou réparer ; pour fermages, soit
en nature, soit en argent, des terres à la culture desquelles ils
sont employés ; loyer des manufactures, moulins, pressoirs,
usines dont ils dépendent, et loyers des lieux servant à
l'habitation personnelle du débiteur. (C. civ. 1869.)

Les objets spécifiés sous les numéros 2, 5 et 7 du précédent article ne pourront être saisis pour aucune créance.

I. — On entend par coucher *nécessaire* les parties du lit indispensables au repos ; par exemple, le bois de lit, matelas, lit de plumes, draps, couverture, traversin et même rideaux suivant l'âge ou l'état de santé du saisi. Mais est saisissable tout ce qui n'est que de luxe, comme ciels de lit, housses, courtes-pointes, dômes et tentures de tapisserie. (SIREY, sous les art. 592-593 C. pr.).

II. — C'est aux tribunaux d'apprécier si l'on doit laisser un coucher pour chacun des époux et chacun des enfants ; à l'égard de ces derniers, il est certain que l'on doit laisser des couchers séparés pour les garçons et pour les filles ; et même autant de lits qu'il y a d'enfants, quoiqu'ils soient du même sexe (*Ibid.*) ; à moins que le saisi ne soit dans l'usage de coucher plusieurs enfants dans le même lit. (BOITARD.)

III. — Les habits dont le débiteur est revêtu sont insaisissables, alors même qu'il en serait revêtu sans nécessité. (SIREY, *loco citato.*) — Naturellement les vêtements et linge de corps qui ne sont pas sur le débiteur peuvent être compris dans la saisie.

IV. — La saisie ne pourrait pas comprendre les objets d'équipement, quand même le militaire ne les porterait pas sur lui au moment de la saisie. L'équipement peut être nécessaire à la défense de l'État. On reconnaît également, dit aussi Boitard, 850, l'insaisissabilité des décorations et des armes d'honneur du militaire en activité ou en retraite ; ces objets ont plus de valeur morale pour lui que de valeur vénale pour les créanciers.

V. — On ne peut saisir un manuscrit chez l'auteur. (SIREY.)

Ce n'est pas le manuscrit même que les créanciers voudraient faire vendre pour se payer sur le prix, c'est le droit de le reproduire, de le multiplier par l'impression. Or la saisie-exécution ne saurait atteindre une chose incorporelle, le droit de publication... D'autre part, on ne saurait admettre qu'un législateur permette la saisie et la vente, la publication forcée de pensées que le débiteur ne comptait peut-être jamais soumettre à l'épreuve de la publicité. Un homme a écrit le journal de ses pensées, et ce journal contient sur lui-même, sur sa famille, sur ses amis, des jugements qu'il n'a écrits que pour lui ; permettrait-on de publier malgré lui ses secrets ? Encore, peut-on autoriser malgré l'auteur la publication d'un livre qui contient peut-être l'esquisse de sa pensée plutôt que sa pensée elle-même ?

Voyez Boitard, n° 852, qui fait une belle discussion de la question : l'insaisissabilité des produits de l'intelligence, des objets qui constituent ce qu'on appelle la propriété littéraire, la propriété artistique et la propriété industrielle, ce droit exclusif que la loi accorde à l'auteur d'un livre, d'une pièce de théâtre, etc., de publier son livre, de le reproduire en autant d'exemplaires et d'éditions qu'il le juge convenable.

VI. — La loi récente du 6 octobre 1885 définit (art. 1er) les œuvres littéraires et artistiques ; et (art. 5 et 6) en garantit la propriété exclusive à l'auteur, ou à son épouse devenue veuve, durant leur vie ; aux enfants pendant vingt ans ; aux autres héritiers ou propriétaires s'il n'y a pas d'enfants, pendant dix ans. Après quoi, les ouvrages tombent dans le domaine public.

En France, le droit de l'auteur ou de la veuve a la même durée qu'ici ; ses héritiers ou ayants cause en jouissent après sa mort.

VII. — Si les animaux déclarés insaisissables par le n° 8 ont été donnés à cheptel par le saisi, ils deviennent saisissables..., bien entendu après partage. (SIREY.)

VIII. — La saisie n'est pas nulle par cela seul qu'elle comprendrait des objets déclarés insaisissables : il y a lieu seulement à la distraction des objets indûment saisis. (*Id.*)

IX. — Si la vente de ces objets a eu lieu, le saisissant ou l'huissier est passible de dommages-intérêts.

ART. 515. — En cas de saisie d'animaux et d'ustensiles servant à l'exploitation des terres, le juge de paix pourra, sur la demande du saisissant, le propriétaire et le saisi entendus ou appelés, établir un gérant à l'exploitation. (C. civ. 928, 1536, 1729 ; C. pr. 513-8°.)

I. — L'article 515 s'applique à l'exploitation des moulins, pressoirs et usines. (SIREY, sous l'art. 594 ; BOITARD.)

ART. 516. — Le procès-verbal contiendra indication du jour de la vente. (C. pr. 523, 526, 534, 535, 955.)

I. — Toutefois, fait observer Boitard, l'omission de l'indication de la vente n'entraînerait pas nullité du procès-verbal ; seulement, le saisissant devrait, pour réparer cette omission, signifier au saisi un nouvel acte contenant fixation du prix de la vente. Et dans ce cas, les huit jours d'intervalle qui, aux termes de l'article 534, doivent séparer la vente de la signification de la saisie ne courraient que du jour de la signification de ce nouvel acte. (V. aussi SIREY, sous l'art. 595.)

Art. 517. — Si la partie saisie offre un gardien solvable et qui se charge volontairement et sur-le-champ, il sera établi par l'huissier. (C. civ. 928, 1729, 1826-4°; C. pr. 508, 519, 524 et suiv., 685, 719, 721, 723, 728, 803; C. pén. 331.)

Art. 518. — Si le saisi ne présente gardien solvable et de la qualité requise, il en sera établi un par l'huissier. (C. pr. 517.)

Art. 519. — Ne pourront être établis gardien, le saisissant, son conjoint, les parents et alliés jusqu'au degré de cousin germain, inclusivement, et ses domestiques; mais le saisi, son conjoint, ses parents, alliés et domestiques pourront être établis gardiens, de leur consentement et de celui du saisissant. (C. civ. 595 et suiv., 925; C. pr. 506, 719, 721.)

I. — L'un des témoins assistant l'huissier peut être établi gardien. (SIREY, sous les art. 596-598 C. pr.)

II. — Ne peut être constitué gardien un agent diplomatique étranger : son caractère public et l'inviolabilité de son domicile ne permettent pas qu'il soit soumis à la contrainte par corps.

III. — Il en est de même d'un mineur, d'une femme que la contrainte du corps n'atteint pas. (Art. 1832, 1833 C. civ.; — SIREY; BOITARD.)

IV. — Le gardien choisi par l'huissier est libre aussi d'accepter ou de refuser la mission qui lui est déférée.

V. — Est nulle la saisie lors de laquelle le saisissant a été établi gardien. (SIREY.) Cependant controversé.

VI. — Le gardien n'a droit à un salaire que tout autant qu'il a veillé avec soin à la conservation des objets confiés à sa garde. Si donc il détourne ou laisse détourner partie des objets saisis, il ne peut prétendre à aucun salaire, même en tenant compte de la valeur des objets détournés. (Arg. de l'art. 524 C. pr.)

Art. 520. — Le procès-verbal sera fait sur les lieux; il sera signé par le gardien en l'original et la copie; s'il ne sait signer, il en sera fait mention, et il lui sera laissé copie du procès-verbal. (C. pr. 522, 532, 545, 547, 587, 683, 710, 813.)

I. — La saisie n'est pas nulle par cela seul qu'elle a été interrompue pendant deux jours, si ces deux jours étaient fériés. (SIREY, sous l'art. 599 C. pr.)

II. — La remise au gardien d'une copie du procès-verbal de saisie-exécution est une formalité substantielle dont l'inobservation emporte nullité… Et il y a également nullité, si la copie remise au gardien n'est pas revêtue de la signature de l'huissier, en ce qu'une telle copie doit alors être considérée comme n'existant pas. (*Ibid.*)

ART. 521. — Ceux qui, par voies de fait, empêcheraient l'établissement du gardien, ou qui enlèveraient et détourneraient des effets saisis, seront poursuivis conformément aux dispositions du Code d'instruction criminelle; l'huissier en dressera procès-verbal. (C. pr. 170, 324, 426, 776; C. instr. crim. 13, 46, 48 et suiv.; C. pén. 170 et suiv., 331.)

ART. 522. — Si la saisie est faite au domicile de la partie, copie lui sera laissée sur-le-champ du procès-verbal signée des personnes qui auront signé l'original; si la partie est absente, copie sera remise au juge de paix ou à l'officier qui, en cas de refus de portes, aura fait faire ouverture, et qui visera l'original. (C. civ. 91, 507, 508, 520, 525, 960.)

ART. 523. — Si la saisie est faite hors du domicile et en l'absence du saisi, copie lui sera notifiée dans le jour, outre un jour par cinq lieues; sinon les frais de garde et de délai pour la vente ne courront que du jour de la notification. (C. civ. 1729; C. pr. 78, 507, 524, 534, 954.)

I. — Lorsqu'une saisie-exécution dure plusieurs séances, il n'est pas nécessaire de laisser au saisi une copie du procès-verbal à chaque séance; il suffit de lui donner copie entière du procès-verbal à la fin de la saisie. (SIREY, sous les art. 601-602.)

II. — Si l'huissier se présente pour saisir et ne trouve que des choses insaisissables, ou que le débiteur loge dans une maison garnie dont aucun meuble ne lui appartient, l'huissier doit dresser, dans ce cas, un procès-verbal de *carence*, du mot latin *carere*, manquer; l'huissier constate que la matière saisissable manque. (BOITARD, 84.)

III. — Quelquefois même, le créancier saisissant, sachant bien qu'il n'y a rien à saisir chez le débiteur, y envoie cependant un huissier pour y dresser un procès-verbal de carence.

C'est une exécution qui, par conséquent, empêche, par exemple, un jugement par défaut de tomber en péremption lorsqu'il doit être exécuté dans les six mois de son obtention, aux termes de l'art. 159 du Code de procédure. Mais il est à noter que cet art. 159 n'est pas applicable en justice de paix. (Doctrine et jurisprudence unanimes.)

Art. 524. — Le gardien ne peut se servir des choses saisies, les louer ou prêter, à peine de privation des frais de garde et de dommages-intérêts, au payement desquels il sera contraignable par corps. (C. civ. 928, 939, 1168, 1697, 1729, 1829.)

Art. 525. — Si les objets saisis ont produit quelques profits ou revenus, il est tenu d'en compter, même par corps. (C. civ. 1757, 1829 ; C. pr. 133, 452 et suiv., 524.)

I. — L'art. 1729 du Code civil est ainsi conçu : « L'établissement d'un « gardien judiciaire produit, entre le saisissant et le gardien, des obliga- « tions réciproques.

« Le gardien doit apporter pour la conservation des objets saisis, les « soins d'un bon père de famille.

« Il doit les représenter, soit à la décharge du saisissant pour la vente, « soit à la partie contre laquelle les exécutions ont été faites, en cas de « mainlevée de la saisie.

« L'obligation du saisissant consiste à payer au gardien le salaire fixé « par la loi. »

Art. 526. — Il peut demander sa décharge, si la vente n'a pas été faite au jour indiqué par le procès-verbal, sans qu'elle ait été empêchée par quelque obstacle ; et, en cas d'empêchement, la décharge peut être demandée un mois après la saisie, sauf au saisissant à faire nommer un autre gardien. (C. pr. 516, 534, 535.)

I. — Si le gardien ne demande pas sa décharge, elle n'a pas lieu de plein droit. (Boitard.)

Art. 527. — La décharge sera demandée contre le saisissant et le saisi, par une assignation en référé devant le juge du lieu de la saisie ; si elle est accordée, il sera préalable-ment procédé au récolement des effets saisis, parties appe-lées. (C. pr. 528, 532, 533, 537, 704 et suiv.)

I. — L'exploit par lequel un gardien d'objets saisis demande à être déchargé de ses fonctions ne peut être signifié au domicile élu par le saisissant dans le commandement à fin de saisie ; il doit l'être à per-sonne ou domicile réel, selon la règle générale : l'élection de domicile n'est établie qu'en faveur du saisi. (SIREY, sous l'art. 606.)

II. — Le *récolement* est la comparaison du procès-verbal de saisie avec les objets saisis qui y sont mentionnés. Il a pour but de vérifier s'il y a eu détournement des objets saisis, ou si, au contraire, ils sont tous représentés. (BOITARD, 860.)

ART. 528. — Il sera passé outre, nonobstant toutes récla-mations de la part de la partie saisie, sur lesquelles il sera statué en référé. (C. pr. 704 et suiv.)

I. — Cependant, si les réclamations du saisi sont fondées sur des moyens de recours contre le jugement en vertu duquel la saisie a été pratiquée, comme l'opposition si le jugement est par défaut, et l'appel s'il est en premier ressort, ces réclamations arrêteront les poursuites, à moins que le tribunal n'ait ordonné l'exécution provisoire du jugement. (BOITARD, 861.)

II. — Le saisi peut demander la nullité de la saisie, soit comme irré-gulière en la forme, soit comme mal fondée, si la dette n'existe pas ou si elle est éteinte. Mais ces demandes en nullité, qui se placent entre la saisie et la vente, ne tombent pas sous l'application de l'art. 528. Elles empêcheront la vente jusqu'à ce qu'elles aient été rejetées par un juge-ment définitif en dernier ressort. Si la demande en nullité est admise, la saisie tombe, et il ne peut plus être question de la vente. (*Ibid.*)

ART. 529. — Celui qui se prétendra propriétaire des objets saisis ou de partie d'iceux pourra s'opposer à la vente par exploit signifié au gardien ; cet exploit sera en outre dénoncé au saisissant et au saisi, avec assignation libellée contenant l'énonciation des preuves de propriété ; le tout à peine de nullité ; il y sera statué par le tribunal du lieu de la saisie, comme en matière sommaire. (C. civ. 454, 455,

1693, 1869-1° et 4°, 2044 ; C. pr. 69, 71, 78, 79, 401 et suiv., 530, 724 et suiv., 950 ; C. comm. 568 et suiv.)

Le réclamant qui succombera sera condamné, s'il y échet, aux dommages-intérêts du saisissant. (C. civ. 939, 1168 ; C. pr. 134.)

I. — L'article 529 du Code de procédure civile trace en termes formels la voie à suivre pour revendiquer les objets saisis dont on se prétend propriétaire. Cette voie est tout à fait distincte de la saisie-revendication accordée au propriétaire pour réclamer la chose qui se trouve dans les mains d'un tiers. — Or, s'agissant d'objets frappés d'une saisie-exécution, la voie de l'opposition à la vente est celle qu'on est tenu de prendre lors de la saisie, non celle de la saisie-revendication. (Cass., 15 mars 1852 ; — L. P., sous l'article.)

II. — La peine de nullité portée par l'article 529 contre l'acte de revendication d'objets saisis sur un tiers n'est pas restreinte au défaut d'énonciation, dans l'exploit des preuves de propriété ; elle s'étend aussi au défaut d'assignation au saisissant et au saisi. L'omission de cette dernière formalité rend l'opposition nulle et comme non avenue : le saisissant peut, sans s'y arrêter, procéder à la vente. Toute assignation donnée après cette vente est sans effet. (SIREY, sous l'art. 608.)

III. — Le saisissant ne peut être assigné par le tiers revendiquant au domicile élu dans le commandement qui a dû précéder la saisie : l'exception posée par l'article 565 est seulement en faveur du débiteur saisi. (*Ibid.*)

ART. 530. — Les créanciers du saisi, pour quelque cause que ce soit, même pour loyers, ne pourront former opposition que sur le prix de la vente ; leurs oppositions en contiendront les causes ; elles seront signifiées au saisissant et à l'huissier chargé de la vente, avec élection de domicile dans le lieu où la saisie est faite, si l'opposant n'y est pas domicilié : le tout à peine de nullité des oppositions, et de dommages-intérêts contre l'huissier, s'il y a lieu. (C. civ. 91, 98, 939, 1168, 1859, 1860, 1869-1° ; C. pr. 78, 81, 135, 139, 531, 536, 950.)

I. — Le propriétaire de la maison ou de l'appartement occupé par le saisi ne jouit pas, quant à l'opposition, d'un droit plus étendu que les autres créanciers... Il ne peut donc empêcher ni la saisie ni la vente ; seulement, quand viendra le moment de la distribution du prix, il fera valoir, pour primer les autres créanciers, le privilège que lui accorde l'art. 1869-1° du Code civil. (BOITARD, 867.)

ART. 531. — Le créancier opposant ne pourra faire aucune poursuite, si ce n'est contre la partie saisie, et pour obtenir condamnation ; il n'en sera fait aucun contre lui, sauf à discuter les causes de son opposition, lors de la distribution des deniers. (C. pr. 473, 478, 480, 568 et suiv., 952.)

ART. 532. — L'huissier qui, se présentant pour saisir, trouverait une saisie faite et un gardien établi, ne pourra pas saisir de nouveau; mais il pourra procéder au récolement des meubles et effets sur le procès-verbal, que le gardien sera tenu de lui présenter ; il saisira les effets omis, et fera sommation au premier saisissant de vendre le tout dans la huitaine; le procès-verbal de récolement vaudra opposition sur les deniers de la vente. (C. pr. 78, 527, 533, 537, 565, 592, 629.)

I. — L'huissier envoyé par un second créancier ne peut procéder à une nouvelle saisie des objets compris dans la première saisie. C'est de cela qu'on disait autrefois ou qu'on dit encore : *Saisie sur saisie ne vaut.* (V. *suprà*, tome Ier, p. 39.)

II. — Mais saisie sur saisie peut valoir comme procès-verbal de récolement. (SIREY, sous l'art. 611.)

III. — Quand une saisie a été faite sans établissement de gardien, il peut être procédé au nom d'un autre créancier, à une seconde saisie et à la vente même des objets déjà saisis; l'article 532 est en ce cas sans application. (*Ibid.*)

ART. 533. — Faute par le saisissant de faire vendre dans le délai ci-après fixé, tout opposant ayant titre exécutoire pourra, sommation préalablement faite au saisissant, et sans former aucune demande en subrogation, faire procéder au récolement des effets saisis, sur la copie du procès-verbal de saisie, que le gardien sera tenu de représenter, et, tout de suite, à la vente. (C. civ. 1102, 1135-1°, 1136 ; C. pr. 469, 527, 537, 631 et suiv.)

I. — Il s'agit ici de la *subrogation aux poursuites*, c'est-à-dire la substitution d'un créancier à un autre dans la poursuite de la saisie.

Art. 534. — Il y aura au moins huit jours entre la signification de la saisie au débiteur et la vente. (C. pr. 516, 523, 526, 535, 538.)

I. — Ce délai de huitaine est franc, c'est-à-dire que le jour de la signification et celui de la vente ne doivent pas être compris. (Sirey, sous l'art. 613; Boitard.)

II. — Ce délai n'est pas invariable, mais seulement un minimum fixé. Le saisissant pourrait indiquer un jour plus éloigné pour la vente (Boitard, 871.)

Art. 535. — Si la vente se fait à un jour autre que celui indiqué par la signification, la partie saisie sera appelée avec un jour d'intervalle, outre un jour pour cinq lieues, en raison de la distance du domicile du saisi et du lieu où les effets seront vendus. (C. pr. 516, 523, 526, 534, 954.)

Art. 536. — Les opposants ne seront point appelés. (C. pr. 530, 532.)

Art. 537. — Le procès-verbal de récolement qui précédera la vente ne contiendra aucune énonciation des effets saisis, mais seulement de ceux en déficit, s'il y en a. (C. pr. 527, 532, 533.)

Art. 538. — La vente sera faite au lieu de la saisie, à moins que le tribunal n'ait désigné un lieu plus avantageux. — Dans tous les cas, elle sera annoncée la veille et le jour même au son du tambour ou d'une clochette :

1° Au lieu où sont les effets et dans celui où se fera la vente, s'ils sont différents ;

2° Au marché ou dans une place publique du lieu. (C. pr. 539 et suiv., 569, 833 et suiv.)

Art. 539. — La publication indiquera les lieu, jour et heure de la vente, et la nature des objets sans détail particulier. (C. pr. 538, 540, 542, 557, 558, 596, 597, 614, 639, 734, 851.)

Art. 540. — Cette publication sera constatée par exploit. (C. pr. 78.)

Art. 541. — S'il s'agit d'arbres coupés ou abattus, le saisissant pourra les faire travailler, en tout ou en partie, afin d'en faciliter la vente, laquelle devra se faire sur les lieux où ils se trouveront.

[*La simple lecture de ces articles suffit pour en faire comprendre le sens et la portée.*]

Art. 542. — S'il s'agit de canots, barges et autres bâtiments de mer, du port de dix tonneaux et au-dessous, il sera procédé à leur adjudication sur les ports, quais ou embarcadères où ils se trouveront, et ce, dans les formes prescrites aux articles précédents. (C. civ. 434; C. pr. 523, 534, 539, 954.)

I. — L'art. 204 du Code de commerce contient une disposition différente : *l'adjudication sera faite à l'audience*, etc.; mais le Code de procédure étant postérieur (1835) au Code de commerce promulgué le 28 mars 1826, c'est notre article qui restera en vigueur.

Art. 543. — La vaisselle d'argent, les bagues et joyaux de la valeur de 60 gourdes au moins, ne pourront être vendus qu'après les publications ci-dessus prescrites, et deux expositions, soit au marché, soit dans l'endroit où sont lesdits effets : sans que néanmoins, dans aucun cas, lesdits objets puissent être vendus au-dessous de leur valeur réelle, s'il s'agit de vaisselle d'argent, ni au-dessous de l'estimation qui en aura été faite par des gens de l'art, s'il s'agit de bagues et joyaux. (C. pr. 510.)

Art. 544. — Lorsque la valeur des effets saisis excédera le montant des causes de la saisie et des oppositions, il ne sera procédé qu'à la vente des objets suffisant à fournir somme nécessaire pour le payement des créances et frais. (C. civ. 1868-1°; C. pr. 137, 952.)

Art. 545. — Le procès-verbal constatera la présence ou

le défaut de comparution de la partie saisie. (C. pr. 520, 533, 547.)

[*Les termes de ces articles sont assez clairs pour n'exiger aucune explication.*]

Art. 546. — L'adjudication sera faite au plus offrant, en payant comptant; faute de payement, l'effet sera revendu sur-le-champ à la folle enchère de l'adjudicataire. (C. civ. 1434; C. pr. 547, 564, 620, 623, 640 et suiv.)

I. — L'officier public qui procède à la vente ne peut se rendre adjudicataire.

II. — Si l'adjudicataire ne peut payer, il a fait une *enchère folle;* on remet donc immédiatement la chose en vente sur sa folle enchère. Si le prix de cette revente est supérieur à celui de la première, cette augmentation profite au créancier et au saisi; mais, si le prix de la revente est inférieur au prix offert par le fol enchérisseur (ce qui arrive le plus souvent), ce dernier est tenu de la différence. (Boitard, 874.)

III. — Mais non par corps. Le *fol enchérisseur* n'est pas tenu *par corps* de la différence de son prix d'avec celui de la seconde adjudication : il n'en est pas comme en matière d'adjudication sur saisie immobilière. (Art. 648; — Sirey, sous l'art. 624 C. pr.; Boitard, *loco citato*, etc.)

IV. — Et l'on ne peut, en vertu seulement du procès-verbal de vente, contraindre le fol enchérisseur à payer la différence : il faut pour cela un jugement, partie appelée. (Sirey.)

Art. 547. — Les huissiers sont personnellement responsables, même par corps, du prix des adjudications, et feront mention, dans leurs procès-verbaux, des noms et domiciles des adjudicataires; ils ne pourront recevoir d'eux aucune somme au-dessus de l'enchère, à peine de concussion. (C. civ. 1170, 1699, 1826-3°; C. pr. 139, 545, 546, 569, 951.)

I. — La responsabilité des officiers ministériels, pour le prix des ventes, dure vingt ans. (Par analogie à ce que dit Sirey sous l'art. 625 C. pr.)

II. — Le procès-verbal doit désigner les adjudicataires, encore que ceux-ci payent comptant. (*Ibid.*)

III. — Ceux qui, dans les adjudications de la propriété, de l'usufruit ou de la location des choses mobilières ou immobilières, d'une entreprise, d'une fourniture, d'une exploitation ou d'un service quelconque, auront entravé ou troublé la liberté des enchères ou des soumissions, par voies de faits, violences ou menaces, soit avant, soit pendant les enchères ou les soumissions, seront punis d'un emprisonnement de quinze jours au moins et de trois mois au plus.

Les mêmes peines auront lieu contre ceux qui, par dons ou promesses, auront écarté les enchérisseurs. (C. pén. 344.)

FORMULE N° 139. — Commandement tendant à saisie-exécution.

L'an... et le..., à... heure...

En vertu de la grosse en forme exécutoire d'un jugement du tribunal de..., en date du..., dûment signé, scellé, enregistré et signifié (*ou* d'un acte portant obligation, reçu par M°..., notaire, etc., dont il est avec celle des présentes donné copie),

Et à la requête du citoyen A... (*profession et demeure*) (*si le saisissant ne demeure pas dans la commune où se fait l'exécution, ajouter :* pour lequel domicile est élu, jusqu'à la fin de la poursuite, en la demeure de *tel ; ou bien* au greffe du tribunal...*).

J'ai, N..., huissier, etc., soussigné, fait commandement au nom de la République, la loi et la justice, au citoyen B..., demeurant à..., en son domicile, où étant, parlant à...

De, présentement et sans délai (*ou* vingt-quatre heures pour tout délai), payer au requérant ou à moi, huissier, porteur des pièces, la somme totale de quatre-vingt-quatre gourdes, composée, savoir : de 1° celle de quatre-vingts gourdes de capital, et 2° celle de quatre gourdes pour intérêts et frais liquidés par ledit jugement, sans préjudice de tous autres dus, droits, actions, intérêts, frais, dépens et mises d'exécution,

Lequel, en parlant comme dessus, ayant refusé de payer, je lui ai déclaré que (*ou* lui déclarant que, faute par lui de payer la somme dans ledit délai), il y serait contraint par toutes voies de droit, et notamment par la saisie-exécution de ses meubles et effets ; à ce que le susdit n'en ignore ; et je lui ai, domicile et parlant comme dessus, laissé copie du présent exploit, dont le coût est de...

Si le débiteur payait sur-le-champ, il faudrait finir l'acte comme suit :

Lequel m'ayant compté ladite somme, ainsi que le coût du présent acte, je lui ai remis ladite grosse, dont quittance ; et domicile et parlant comme dessus, laissé copie du présent exploit, dont le coût est de...

FORMULE N° 140. — Procès-verbal de saisie-exécution.

L'an..., le..., à... heure...

En vertu de la grosse... (*Comme au modèle ci-dessus.*)

Et à la requête de...   (*Id.*)

Je, N..., huissier, etc., en continuant les poursuites et diligences ci-devant faites, portant refus de payer, ai fait itératif commandement au nom de la République, la Loi et Justice, au citoyen B..., commerçant, demeurant à..., où je me suis expressément transporté avec les témoins ci-après nommés, en son domicile étant, parlant à...

De, présentement et sans délai, payer au citoyen A.... ou à moi, huissier, etc. (*Comme au modèle qui précède.*)

Lequel a refusé de payer; pourquoi je lui ai déclaré que j'allais, à l'instant, procéder à la saisie-exécution de ses meubles, effets et marchandises; et de suite, en présence de mes témoins ci-après nommés, j'ai saisi-exécuté et mis sous la main de la justice ce qui suit :

Premièrement, dans une pièce au rez-de-chaussée, ayant son entrée par la rue..., 1° douze chaises peintes en jaune avec dorures; 2° deux tables d'acajou; 3° une commode de bois de noyer et à deux tiroirs, etc.

Deuxièmement, dans une autre pièce au premier étage : 1°...; 2°..., etc. [*Désigner avec détail tout ce que l'on saisit; peser, mesurer ou jauger les marchandises suivant nature; indiquer les qualités* (art. 509); *spécifier l'argenterie par pièces ou poinçons et les peser* (art. 510); *mentionner le nombre et la qualité des espèces, s'il y a des deniers comptants* (art. 511)...]

Qui sont tous les meubles, effets et marchandises trouvés dans lesdits lieux, et que nous avons saisis ; pour la garde desquels j'ai sommé le citoyen B..., en parlant comme dessus, de me donner bon et valable gardien pour se charger de tout ce qui est ci-dessus saisi, ce qu'il a refusé de faire ; pourquoi j'ai établi en garnison réelle, en ladite maison, la personne de..., demeurant à..., lequel présent s'est chargé et rendu gardien de tous les objets saisis, et a promis de tout représenter, quand et à qui par justice il sera ordonné, comme dépositaire judiciaire, à la charge de ses frais de garde, qu'il ne pourra répéter contre moi, mais bien contre le saisissant; et j'ai signifié que la vente de tous les objets présentement saisis aurait lieu à la huitaine franche, échéant le...,·à... heure; et j'ai, audit citoyen B... et au gardien ci-dessus nommé, en parlant comme dessus, laissé à chacun séparément copie du présent procès-verbal, après avoir vaqué, par double vacation, depuis huit heures du matin jusqu'à midi sonné.

Le tout fait en présence du gardien susnommé, et assisté de... (*noms, demeures et professions des deux témoins*), tous deux témoins, qui ont signé avec le gardien et moi, huissier;

Le coût du présent procès-verbal est de...

Cas de l'article 508, *refus d'ouvrir les portes ou les meubles fermants :*

L'ouverture des portes *ou* de *tel* meuble m'ayant été refusée, j'ai établi les citoyens (*noms, professions et demeures*), gardiens provisoires aux portes, lesquels présents ont promis de bien et fidèlement veiller à ce qu'il ne soit rien enlevé et diverti, et ont signé, etc.

Ce fait, je me suis retiré devant M. le juge de paix de... *ou le citoyen...*, suppléant du juge de paix..., lequel, sur ma réquisition de se transporter sur le lieu pour ordonner l'ouverture de la porte *ou des meubles susénoncés (en cas de refus de la part du juge, l'huissier le constate et ajoute)* : contre lequel refus j'ai, pour mon requérant, fait toutes réserves et protestations, et me suis alors retiré devant l'officier chargé de la police, le citoyen..., lequel, sur ma réquisition à l'effet susdit, y a obtempéré et s'est transporté avec moi à ladite maison et a fait ouvrir les portes par le sieur..., serrurier, demeurant à...; et nous avons signé, etc.

En conséquence, j'ai saisi et mis sous la main de la justice les objets suivants :

Dans un tiroir de l'armoire, ayant trouvé la somme de cent vingt gourdes en vingt-cinq billets de deux gourdes, cinquante pièces en argent de une gourde et cent pièces en argent de vingt centimes, j'ai retenu ladite somme pour être déposée au greffe (*ou bien :* les parties étant convenues de les déposer entre les mains du sieur..., j'ai remis cette somme audit sieur..., qui le reconnaît, à la charge de la représenter, etc.)

Cas de l'article 512, scellés sur les papiers, lorsqu'il s'en trouve :

Dans un autre tiroir, *ou tel endroit*, ayant trouvé plusieurs papiers, et attendu l'absence du saisi, Monsieur le juge *ou* l'officier de police les a renfermés dans une malle (*désigner la malle, sa longueur, sa largeur, sa couleur, etc.*); la clef de laquelle m'a été remise pour être déposée entre les mains du greffier du tribunal de paix ; ensuite, sur les extrémités de trois bandes de papier portant sur l'ouverture de ladite malle, le juge *ou* l'officier de police a apposé son sceau, dont l'empreinte est portée sur le présent procès-verbal et sur les copies.

Lesquels meubles, effets et marchandises ci-dessus énoncés sont ceux trouvés dans ledits lieux, et que nous avons saisis, pour la garde desquels, etc. (*comme ci-dessus pour finir, sauf la remise de la copie, qui est faite, pour le saisi absent, au juge ou à l'officier de police qui, en outre, vise l'original, article 522*).

Dépôt des effets au greffe :

Et le... etc., à... heure de..., je, huissier susdit et soussigné, me suis transporté au greffe du tribunal de paix de..., et j'ai remis au citoyen R..., greffier : 1° la somme de cent vingt gourdes en vingt-cinq billets de deux gourdes, cinquante pièces d'argent de une gourde et cent pièces de vingt centimes; 2° la clef de la malle sur laquelle les scellés ont été apposés comme il est dit ci-dessus; 3° un extrait du procès-verbal constatant le présent dépôt, ainsi que le reconnaît ledit greffier, qui a signé avec moi. Dont acte.

Cas de rebellion. — (V. formule n° 124, *ou bien :*)

En ce moment de la saisie, le citoyen... (*nom, profession et demeure*) ayant commis telle voie de fait, etc., je me suis retiré devant M. le commandant de la commune, et, sur l'exhibition de la grosse dudit jugement *ou acte*, il a envoyé, à ma réquisition, quatre hommes de police commandés par le citoyen..., commissaire *ou*..., pour prêter main-forte à l'exécution ; et étant revenu sur le lieu, j'ai continué à procéder.

Si la saisie-exécution est faite en vertu d'un jugement par défaut, et que la partie saisie déclare former opposition (1), *après le préambule*, on ajoute :

Au moment de procéder à la saisie, le citoyen B... (partie saisie) a déclaré que, le jugement en vertu duquel je procède étant par défaut, et étant encore dans le délai, il s'opposait formellement à son exécution pour les causes et moyens qu'il déduira ultérieurement, se réservant de réitérer ladite opposition dans les formes et délais voulus par la loi, et a ledit citoyen B... signé après lecture de la présente déclaration (*ou bien :* requis de signer, a déclaré ne savoir).

(Signature du saisi.)

Vu l'opposition qui précède, et attendu qu'elle est recevable quant à présent, j'ai suspendu ladite saisie et me suis retiré, en faisant, dans l'intérêt du saisissant, les plus expresses réserves de tous ses droits, etc.

Cas de référé :

Au moment de procéder à ladite saisie, s'est présenté M..., huissier..., qui m'a notifié, à la requête de..., demeurant à..., se disant propriétaire des objets que j'allais saisir, opposition à ladite saisie avec sommation de comparaître immédiatement, en référé, devant M. le juge de paix de..., pour voir statuer sur cette opposition ; en conséquence, j'ai suspendu ladite saisie après avoir établi gardien provisoire le citoyen..., l'un des témoins déjà nommés, pour empêcher le divertissement jusqu'après la décision à intervenir ; et je me suis transporté à... (*au local du tribunal ou chez le juge*), où j'ai trouvé ledit sieur..., opposant. Après avoir entendu ledit sieur..., et, pour le saisissant, moi, huissier soussigné, Monsieur le juge... a rendu l'ordonnance suivante :

(*Transcrire ici l'ordonnance.*)

Si l'ordonnance accueille les moyens de l'opposant, la mainlevée est ainsi conçue :

En conséquence, je, huissier soussigné, suis revenu au domicile du sieur... (*ou autre lieu où sont les meubles*), où, après avoir relevé le citoyen... de sa garde provisoire, j'ai déclaré n'y avoir lieu de continuer mon procès-verbal de saisie, sous la réserve la plus expresse de tous les droits du requérant, et notamment de se pourvoir contre ladite ordonnance de référé ou au principal.

---

(1) Lorsque l'exécution est commencée avant l'expiration du délai de l'opposition, le condamné peut la former soit par déclaration sur les commandements, procès-verbaux de saisie ou tout autre acte d'exécution, à la charge par l'opposant de la renouveler dans les trois jours. (Arg. C. pr. 28 et 163.)

Et de tout ce qui précède, j'ai rédigé le présent procès-verbal clos à... heure, dont, en parlant comme il a été dit, j'ai laissé copie audit sieur..., partie saisie et au gardien, chacun séparément, en présence du gardien et de..., témoins, avec moi soussignés.

Le coût du présent, etc.

Au cas contraire :

En conséquence, je, huissier..., suis revenu, etc., où, après avoir relevé, etc., j'ai procédé à la continuation de la saisie, ainsi qu'il suit : *(énumération des objets saisis)*. Et de tout ce qui précède j'ai rédigé le présent, etc.

FORMULE N° 141. — Procès-verbal de carence.

Le préambule comme à la formule suprà, n° 140.

Lequel a refusé de payer; pourquoi je lui ai déclaré que j'allais à l'instant procéder à la saisie-exécution de ses meubles, effets et marchandises, et en effet je me disposais, en présence de mes témoins ci-après nommés, à mettre sous la main de justice les objets mobiliers garnissant le domicile du citoyen B...; mais, après avoir visité les diverses pièces qui composent ledit domicile, je n'ai trouvé que... *(énoncer le peu de meubles trouvés)*.

Et, attendu qu'une partie de ces meubles, tels que lits..., etc., ne peuvent être saisis, étant réservés par la loi;

Attendu que le surplus du mobilier ci-dessus décrit est d'une valeur modique et insuffisante pour acquitter les frais à faire afin de parvenir à la vente, j'ai laissé lesdits objets sans les saisir et converti le présent en procès-verbal de carence pour valoir et servir au requérant ce qu'il appartiendra (et notamment d'exécution du jugement par défaut, en vertu duquel je procède, et en empêcher la péremption) (1), sous réserve, pour le requérant, de se pourvoir par toutes autres voies.

Et j'ai audit citoyen B..., en parlant comme ci-dessus, laissé copie du présent procès-verbal clos à... heures de...

Le tout fait en présence des citoyens... *(noms, professions et demeures des deux témoins)*, tous deux témoins, qui ont signé avec moi le présent procès-verbal; dont acte.

Le coût est de...

FORMULE N° 142. — Citation à l'effet de nommer un gérant
à l'exploitation d'une ferme dont les bestiaux et ustensiles ont été saisis.

L'an..., etc., le..., à la requête de..., j'ai, N..., huissier..., soussigné, cité :

---

(1) Il est bien entendu que cette péremption pour défaut d'exécution dans les six mois d'un jugement par défaut n'a pas lieu pour les jugements des tribunaux de paix. (Voir *suprà*, note XIX, sous l'art. 27 C. pr.)

1° Le citoyen B..., cultivateur, partie saisie, demeurant à..., en son domicile et parlant à...;

2° Et le sieur D..., planteur, propriétaire de la ferme de..., située à..., demeurant à..., en son domicile et parlant à...,

A comparaître le..., heure de..., par-devant M. le juge de paix de..., au lieu ordinaire de ses audiences, à..., pour, attendu qu'au nombre des objets saisis à la requête du citoyen A..., sur le citoyen B..., fermier du sieur D..., par procès-verbal du..., enregistré, se trouvent les animaux et ustensiles servant à l'exploitation de ladite ferme, ce qui rend nécessaire l'établissement d'un gérant pour son exploitation, voir, conformément aux termes de l'article 515 du Code de procédure civile, nommer par M. le juge de paix un gérant à ladite exploitation, si les parties ne s'accordent sur ce choix; lequel gérant tiendra état de toutes les recettes et dépenses qu'il fera, pour en rendre compte à qui de droit, et sera, d'ailleurs, soumis à toutes les charges des gardiens judiciaires;

Déclarant aux susnommés que, faute par eux de comparaître, il sera procédé à ladite nomination, tant en absence que présence, et s'entendre, en outre, en cas de contestation, condamner aux dépens, qui seront passés en frais de poursuite;

Et j'ai, à chacun des sieurs B... et D..., et auxdits domiciles, parlant comme ci-dessus, laissé copie du présent, dont le coût est de...

REMARQUE. — *Sur cette citation intervient un jugement dans la forme ordinaire.*

FORMULE N° 143. — Opposition à la vente d'objets saisis qui n'appartiennent pas à la partie saisie.

L'an..., le..., à la requête de...

J'ai..., huissier...

Signifié et déclaré au citoyen C..., cultivateur, demeurant à..., établi gardien à la saisie faite sur le citoyen B..., à la requête de A..., par procès-verbal du..., dans l'habitation dudit citoyen B..., veillant à la garde desdits meubles et effets (*ou bien* en son domicile susindiqué où étant et parlant à...) :

Que le requérant s'oppose formellement à la vente des effets ci-après désignés et saisis par le procès-verbal ci-dessus énoncé, savoir :

1° (*Énoncer les objets revendiquées*) ;

2° ..., etc.

Ladite opposition fondée sur ce que lesdits objets appartiennent au requérant,

Déclarant audit citoyen E... que tout ce qui sera fait au préjudice de la présente opposition, et notamment l'enlèvement ou la vente desdits objets, serait frappé de nullité et donnerait lieu à des dommages-intérêts au profit du requérant,

Et je lui ai audit lieu, en parlant comme ci-dessus, laissé copie du présent exploit, dont le coût est de...

(*Cet exploit est dénoncé au saisissant et au saisi*) avec citation à comparaître à l'audience du tribunal de,.., etc. (*si la saisie a été faite en vertu d'un jugement à charge d'appel, la demande sera portée au tribunal civil*), pour voir dire : Attendu que les objets désignés audit acte appartiennent au requérant, ainsi qu'il résulte (*de telle preuve*); — que lesdits effets seront distraits de ladite saisie et remis au requérant; et, en outre, pour répondre et procéder aux fins de dépens. Dont acte. Le coût est de...

FORMULE N° 144. — Opposition au prix de la vente d'objets saisis.

L'an..., à la requête de..., j'ai..., huissier...

Signifié et déclaré :

1° Au citoyen A... (*profession*), poursuivant la vente des meubles saisis à sa requête au préjudice du citoyen B... (*profession*), ledit citoyen A..., demeurant à..., en son domicile, en parlant à...;

2° Au citoyen N..., huissier du tribunal de paix de paix de..., chargé de procéder à la vente desdits objets saisis, — demeurant à..., en son domicile, en parlant à...;

Que le requérant s'oppose à ce que les deniers à provenir de la vente des meubles et effets saisis sur ledit citoyen B..., par procès-verbal du..., soient versés à son préjudice entre les mains du saisissant ou de tout autre créancier opposant; déclarant que ladite opposition est faite pour sûreté et avoir payement de la somme de..., due au requérant par ledit citoyen B..., pour... (*causes de la créance*), ainsi qu'il en sera justifié; et que, faute par les susnommés d'avoir égard à la présente opposition, ils seront passibles de tous dommages-intérêts, et tenus personnellement de payer la somme à raison de laquelle elle est formée.

Si l'opposant ne demeure pas dans la commune, on y fait élection de domicile :

Aux fins de la présente opposition, le requérant fait élection de domicile chez le citoyen...

Et afin que les susnommés n'en ignorent, je leur ai, auxdits domiciles, parlant comme dessus, laissé séparément à chacun d'eux copie du présent exploit, dont le coût est de...

REMARQUE. — *Lorsque l'opposant n'a point de titre authentique, après cette opposition, il doit faire les poursuites de droit pour obtenir condamnation contre le débiteur.*

FORMULE N° 145. — Procès-verbal de récolement à la requête
d'un second créancier saisissant.

(Même préambule que pour le procès-verbal de saisie-exécution, *suprà*,
formule n° 140.)

Lequel. a refusé de payer. Mais, au moment où j'allais procéder à la saisie
de ses meubles, effets et marchandises, le sieur... (*nom, prénoms, profession*),
demeurant à..., gardien établi, m'a représenté la copie d'un procès-verbal
de saisie-exécution pratiquée le..., sur les meubles et effets dudit citoyen
B..., à la requête du citoyen A..., et par le ministère de N..., huissier.

J'ai alors, conformément à l'article 532 du Code de procédure civile et en
présence de mes témoins ci-après nommés, procédé au récolement des meubles,
effets et marchandises saisis, sur la copie dudit procès-verbal qui m'a été
représentée (*désigner sommairement les effets*).

Et sur la représentation desdits meubles, effets et marchandises, m'étant
assuré qu'il n'y avait aucun autre objet à saisir dans ladite maison, j'ai laissé
et maintenu le sieur..., gardien des effets saisis, lequel s'est obligé à en faire
la représentation aussitôt qu'il en sera requis légalement.

*Si des meubles ont été omis lors de la première saisie, l'huissier du second
saisissant constate cette omission en ces termes :*

Et sur la représentation desdits meubles, effets et merchandises, m'étant
assuré que les objets ci-dessous avaient été omis dans la première saisie, j'ai,
à l'instant, saisi lesdits objets ainsi qu'il suit :

1°...
2°...

Desquels objets j'ai confié la garde au sieur..., demeurant à..., gardien
déjà établi, qui s'en est chargé et a promis de les représenter à la première
réquisition, à la charge de ses frais de garde, etc.

La dénonciation au premier saisissant se fait ainsi :

L'an..., etc., signifié, dénoncé et avec celle des présentes donné copie du
procès-verbal ci-dessus..., au citoyen..., etc., parlant à..., avec sommation
de faire procéder dans le délai de... jours, à la vente des effets saisis, sinon
proteste le requérant d'y faire procéder lui-même, etc.

FORMULE N° 146. — Sommation à la partie saisie d'être présente à la
vente lorsqu'elle n'a pas eu lieu au jour indiqué par le procès-verbal
de saisie.

L'an..., à la requête de..., j'ai..., huissier, etc., fait sommation au
citoyen B..., partie saisie, etc., de se trouver en son domicile (*endroit où se
fait la vente*), le..., heure de..., pour, faute par lui d'avoir payé au requérant le montant de sa créance en principal, intérêts et frais, être présent au

récolement, enlèvement et vente des meubles, effets et marchandises saisis sur lui par procès-verbal du ministère de..., huissier..., en date du..., lui déclarant qu'il sera procédé auxdites formalités tant en son absence qu'en sa présence.

Et je lui ai, audit domicile, parlant comme ci-dessus, laissé copie du présent, dont le coût est de...

FORMULE N° 147. — Sommation au saisi d'assister à l'estimation des bijoux saisis sur lui.

L'an..., à la requête de..., j'ai..., huissier, etc.,

Fait sommation au citoyen B..., etc.

De comparaître le..., à... heure de..., au tribunal de paix de..., pour y assister, si bon lui semble, à l'estimation des bijoux saisis sur lui, laquelle estimation sera faite par le sieur..., bijoutier expert choisi par le requérant, sauf audit B... à se procurer un autre expert, s'il le juge convenable ; lui déclarant que l'estimation sera faite, tant en absence que présence, et je lui ai, à domicicile et en parlant à..., laissé copie du présent, etc.

Le procès-verbal de l'estimation est rédigé comme suit :

Aujourd'hui..., etc., à... heure de..., par-devant nous, N..., juge de paix de la commune de..., assisté de notre greffier, — a comparu, en la salle d'audience du tribunal, le citoyen A..., etc., demeurant à..., lequel nous a requis de recevoir le serment du sieur..., expert par lui choisi pour procéder à l'estimation des bijoux, etc., saisis sur le citoyen B..., par procès-verbal du... (*Si la partie saisie fait défaut, on le constate. Si elle se présente et qu'elle propose un autre expert, les parties doivent s'accorder ; sinon le juge désigne l'expert.*)

En conséquence, le sieur... a prêté en nos mains le serment de bien et fidèlement procéder à l'estimation desdits effets ; lesquels, ayant été présentés par le sieur..., gardien d'iceux, ont été estimés par ledit expert, en notre présence, ainsi qu'il suit : 1°...; 2°... (*désigner les objets et le prix de l'estimation de chacun*).

En foi de quoi, nous avons dressé le procès-verbal, etc.

FORMULE N° 148. — Annonce, Vente par autorité de justice, ou Vente par suite de saisie-exécution.

On fait savoir à tous ceux qu'il appartiendra que, le..., à... heure de..., il sera procédé (*en tel lieu, telle rue*), à la vente, au plus offrant et dernier enchérisseur, des effets mobiliers consistant en tables, chaises, armoires, etc. (*énoncer sommairement les objets à vendre*), vaisselle d'argent, montre d'or, et autres bijoux actuellement exposés (*en tel lieu*).

Les susdits objets ont été saisis à la requête de A..., etc., sur B..., etc.

A la charge par les adjudicataires de payer comptant le montant de leurs adjudications sous peine de folle enchère.

Fait à..., le..., etc.

Cette annonce est dressée par le saisissant ou par l'huissier; elle est visée par le juge de paix et par le commandant de la commune.

La publication se constate ainsi :

L'an..., etc., à la requête de..., j'ai..., huissier, etc. (après avoir fait exposer en *tel* lieu, rue, etc., les bijoux, etc., saisis sur le citoyen B...), publié l'annonce ci-dessus au son de caisse *ou de clochette*, dans les endroits indiqués par la loi, afin que de son contenu personne n'en ignore; dont acte.

FORMULE N° 149. — Procès-verbal de vente.

L'an..., heure de...,

En vertu de la grosse exécutoire d'un jugement... *ou* d'une obligation... en date du..., et en conséquence des publications faites à la date d'hier et d'aujourd'hui, annonçant la vente des effets saisis sur le citoyen B..., à la requête du citoyen A..., par procès-verbal du..., etc.,

Je..., huissier... soussigné, me suis transporté dans la maison sise à..., rue..., etc., et j'ai procédé au récolement desdits effets confiés à la garde du sieur...; les ayant tous vérifiés, je les ai trouvés dans le même état et en même quantité qu'ils sont désignés audit procès-verbal de saisie (*s'il y a des objets manquants ou détériorés* : excepté telle chose, etc., sur quoi j'ai fait pour le requérant toutes réserves et protestations et pour le surplus) et j'ai donné décharge au gardien.

Procédant à... heure..., à la réception des enchères, en présence *ou* absence du citoyen B..., partie saisie. — Les objets ci-après désignés ont été exposés, criés et adjugés au plus offrant et dernier enchérisseur ainsi qu'il suit :

1° Une table d'acajou..., adjugée au sieur Jean Louis, domicilié à..., moyennant la somme de dix gourdes, cinquante centimes. 10 50

2° Une glace..., adjugée au citoyen Paul, demeurant à..., moyennant la somme de neuf gourdes. . . . . 9 »

3° . . . . 5 »

4° . . . . 14 »
                                             ————— 38 50

    Prélèvement de frais :

Au gardien pour... jours. . . . . 0 »

Au tambour. . . . . 0 »

Procès-verbal, etc. 0 » 10 »
                                                  28 50

Net produit de la vente s'élevant à la somme de... gourdes qui a été par moi remise au saisissant.

Ce fait, j'ai annoncé au public que la vente était terminée, et j'ai clos le présent procès-verbal, auquel j'ai vaqué depuis ladite heure de... jusqu'à celle de... et j'ai signé avec..., etc.

Lorsque la vente est arrêtée comme ayant atteint le chiffre des sommes dues (art. 544 C. pr.), on termine ainsi :

Et, attendu que le chiffre de la vente a atteint la somme due en principal, intérêts et frais, au saisissant et aux créanciers opposants (*ou bien* et qu'il n'y a pas d'opposition), j'ai arrêté ladite vente, et j'ai laissé ledit citoyen..., partie saisie, qui le reconnaît, en possession de tous les autres effets saisis et non vendus ; en conséquence, j'ai clos le présent, etc.

Lorsque la vente est renvoyée, ce renvoi est indiqué en ces termes :

Et, attendu qu'il est nuit et qu'il ne se présente plus d'enchérisseur, j'ai renvoyé la continuation de la vente à..., le..., heure de..., et j'ai signé avec..., etc.

Nota. — *C'est en vertu d'une loi spéciale, que nous n'avons pas en Haïti, que l'officier public français, chargé de procéder à la vente, doit être assisté de deux témoins sachant signer et domiciliés. C'est pourquoi, comme Mullery, nous ne faisons pas figurer des témoins dans notre formule.*

La revente à la folle enchère par l'adjudicaire qui ne paye pas a lieu sur-le-champ (art. 546), en ces termes :

Ledit sieur Jean Louis n'ayant pas acquitté le montant de son enchère, la table d'acajou a été remise en vente à sa folle enchère et adjugée au sieur..., moyennant la somme de..., ledit sieur Jean Louis demeurant passible de la somme de..., différence entre le prix de la vente et celui de la revente.

En cas d'opposition :

Vu l'opposition faite par les citoyens..., j'ai retenu ladite somme de..., pour être déposée au greffe conformément à l'article 569 du Code de procédure civile.

De la Distribution par Contribution.

D'après l'article 583 de notre Code (disposition qui ne se trouve pas dans la loi française), « si la somme à distribuer ne s'élève pas au delà de trois cents gourdes, la distribution par contribution sera faite par le juge de paix, et les formalités prescrites par les articles 568 à 582 seront observées, à l'exception de l'article 580 », lequel a trait à un rapport du juge-commissaire et à des conclusions du ministère public.

Mais nous pensons qu'il arrivera très rarement dans la pratique, à cause de la modicité de la somme à distribuer, qu'on ait recours, en justice de paix, à la contribution judiciaire, — procédure très compliquée, pour cette juridiction, — procédure où il est question de *productions, dires* et *contredits; consignation, collocation, privilège, état de distribution, affirmation de créances, mandement aux créanciers,* etc.

Certes, on s'en tiendra toujours à la contribution amiable, qui fait, du reste, l'objet de l'article 568.

Nous nous bornerons donc à transcrire les articles du Code, après lesquels viendront quelques brèves observations et la formule.

Art. 568. — Si les deniers arrêtés ou le prix des ventes ne suffisent pas pour payer les créanciers, le saisi et les créanciers seront tenus, dans la huitaine, de convenir de la distribution par contribution. (C. civ. 925, 1860, 2218; C. pr. 478, 500, 546, 547, 567, 569 et suiv., 653 et suiv., 880; C. comm. 211, 407, 552.)

Art. 569. — Faute par le saisi et les créanciers de s'accorder dans ledit délai, l'huissier qui aura fait la vente sera tenu de consigner au greffe du tribunal compétent, dans les deux jours suivants, outre les distances, et à la charge de toutes les oppositions, le montant de la vente, déduction faite de ses frais, d'après la taxe qui aura été faite par le juge sur la minute du procès-verbal : il sera fait mention de cette taxe dans les expéditions. (C. civ. 1043, 1045, 1868-1°; C. pr. 77, 470 et suiv., 547, 571, 712.)

Art. 570. — Il sera tenu au greffe un registre des contributions, sur lequel un juge sera commis par le doyen, sur la réquisition du saisissant, ou, à son défaut, de la partie la plus diligente; cette réquisition sera faite par simple note portée sur le registre. (C. pr. 654 et suiv., 677.)

Art. 571. — Après l'expiration des délais portés aux articles 568 et 569, et en vertu de l'ordonnance du juge commis, les créanciers seront sommés de produire, et la partie saisie de prendre communication des pièces produites, et de contredire, s'il y a lieu. (C. pr. 190, 656 et suiv.)

Art. 572. — Dans le mois de la sommation, les créanciers opposants, soit entre les mains du saisissant, soit entre celles de l'huissier qui aura procédé à la vente, produiront,

à peine de forclusion, leurs titres entre les mains du juge
commis, avec acte contenant demande en collocation. (C. civ.
1102, 1103, 1107, 1135-3°, 1136 ; C. pr. 85, 149, 190, 571, 576,
658, 950, 954.)

Art. 573. — Le même acte contiendra la demande à fin
de privilège ; néanmoins, le propriétaire pourra appeler la
partie saisie et le créancier le plus diligent en référé devant
le juge-commissaire, pour faire statuer préliminairement
sur son privilège, pour raison des loyers à lui dus. (C. civ.
1862, 1868, 1869 ; C. pr. 704 et suiv., 717.)

Art. 574. — Les frais de poursuite pour la contribution
seront prélevés par privilège, avant toute créance autre que
celle pour loyers dus au propriétaire. (C. civ. 1868-1°,
1869-1°; C. pr. 137, 573, 624, 717 et suiv.)

Art. 575. — Le délai ci-dessus fixé expiré, et même
auparavant, si les créanciers ont produit, le juge-commissaire dressera, en suite de son procès-verbal, l'état de distribution sur les pièces produites ; le poursuivant dénoncera,
par un simple acte, la clôture du procès-verbal, aux créanciers produisants et à la partie saisie, avec sommation d'en
prendre communication et de contredire sur le procès-
verbal du juge-commissaire dans la quinzaine. (C. pr. 85,
190, 950, 954.)

Art. 576. — Faute par les créanciers et la partie saisie de
prendre communication entre les mains du juge-commissaire dans ledit délai, ils demeureront forclos, sans nouvelle
sommation ni jugement ; il ne sera fait aucun dire, s'il n'y
a lieu à contester. (C. pr. 572, 660 ; C. comm. 507, 586.)

Art. 577. — S'il n'y a point de contestation, le juge-
commissaire clora son procès-verbal, arrêtera la distribution des deniers, et ordonnera que le greffier délivrera
mandement aux créanciers, en affirmant par eux la sincérité
de leurs créances. (C. pr. 458, 492, 493, 581, 582, 663, 671.)

ART. 578. — S'il s'élève des difficultés, le juge-commissaire renverra à l'audience; elle sera poursuivie par la partie la plus diligente, sur un simple acte, sans autre procédure. (C. pr. 84, 93, 662, 952.)

ART. 579. — Le créancier contestant, celui contesté, la partie saisie et le premier opposant, seront seuls en cause; le poursuivant ne pourra être appelé en cette qualité. (C. pr. 565, 573, 581, 664.)

ART. 581. — Après la signification du jugement à personne ou domicile, le juge-commissaire clora son procès-verbal, ainsi qu'il est prescrit par l'article 577. (C. pr. 582, 667.)

ART. 582. — Huitaine après la clôture du procès-verbal, le greffier délivrera les mandements aux créanciers en affirmant par eux la sincérité de leurs créances par-devant lui. (C. civ. 577, 671.)

ART. 583. — Si la somme à distribuer ne s'élève pas au delà de trois cents gourdes, la distribution par contribution sera faite par le juge de paix, et les formalités prescrites par les articles ci-dessus seront observées, à l'exception de l'article 580.

ART. 584. — Les intérêts des sommes admises en distribution cesseront du jour de la clôture du procès-verbal de distribution, s'il ne s'élève pas de contestation; en cas de contestation, du jour de la signification du jugement qui aura statué. (C. civ. 1675; C. pr. 577, 580, 582, 667, 762.)

I. — Les règles de la distribution par contribution sont données pour le cas où le montant des créances dépasse le chiffre produit par la vente dans les saisies immobilières. Il faut alors procéder à une répartition des deniers au prorata des créances. Mais, si la somme produite suffit pour désintéresser tous les créanciers, chacun recevra ce qui lui est dû, et le surplus s'il en reste, sera remis au saisi.

II. — La contribution, dit BOITARD à ce propos (887), est donc en général la distribution proportionnelle des deniers provenant d'une saisie mobilière, entre les créanciers *chirographaires* ou *cédulaires*. Ces deux termes sont synonymes. Ils indiquent les créanciers qui n'ont pas d'hypothèque ou de privilège. Ils sont employés par opposition aux créanciers hypothécaires ou privilégiés.

III. — Le créancier qui, sans de justes motifs, met obstacle à une distribution à l'amiable, doit supporter les frais de la distribution faite en justice. (SIREY, sous l'art. 656; BOITARD, 895.)

IV. — La distribution par contribution doit être poursuivie devant le tribunal du lieu de la saisie et de la vente, et non devant le tribunal du domicile de la partie saisie. (SIREY, sous l'art. 658.)

V. — Dans le cas de deux ou plusieurs saisies faites contre le même débiteur, et qui donneraient lieu à une distribution dans des différents tribunaux, il devient nécessaire de réunir les procédures, et de les continuer devant le tribunal qui a été le premier saisi de l'une de ces poursuites. (*Ibid.*)

VI. — L'affirmation des créances n'a pas besoin d'être faite avec serment.

FORMULE N° 150. — Procès-verbal de distribution par contribution.

Aujourd'hui..., etc.,
Et par-devant nous, juge de paix, etc.,
Ont comparu : 1° le citoyen A... (*profession et demeure*), poursuivant la vente faite le..., des meubles saisis à sa requête au préjudice de B..., etc.;
2° Le citoyen F..., etc., créancier opposant au prix de la vente desdits objets...;
3° Le citoyen G..., etc., autre créancier opposant, etc.,
Lesquels nous ont dit qu'en conséquence des poursuites et diligences ci-dessus mentionnées, il a été procédé à la vente des meubles, effets et marchandises dudit sieur B..., par le ministère de..., huissier, et par procès-verbal du..., et à la requête de...; qu'il existe..., oppositions faites par les citoyens F... et G... susdits, au prix de la vente; que le produit de cette vente, s'élevant à la somme de..., ne suffit pas pour payer les créanciers saisissants et opposants; et qu'il s'agit en conséquence de procéder à la contribution desdits deniers qui ont été déposés à cet effet au greffe de ce tribunal.
Et ont signé.
(Signatures des comparants.)
Desquels comparution et dire avons donné acte aux parties.

Il résulte donc que la somme à distribuer s'élève à. . . . . . . 000 »

dont il faut déduire comme dettes privilégiées, pour *tels* et *tels*

frais faits par . . . . 00 »

pour *telle* ou *telle* créance privilégiée. . . . . 00 »

000 »

Il reste pour les créanciers non privilégiés . . . . 000 »

En comparant cette dernière somme à celle de..., montant des créances non privilégiées, on voit qu'il y a insuffisance; et comme tous les créanciers susnommés sont au même rang sans cause de préférence, il y a lieu de faire la distribution de cette somme de..., par contribution au centime la gourde.

Les calculs faits établissent qu'il revient à chaque créancier... pour cent de sa créance, et que la répartition de la somme à distribuer produit les résultats résumés dans le tableau suivant :

CRÉANCIERS.	SOMMES DUES.	SOMMES à PAYER.	SOMMES qui resteront DUES.	OBSER- VATIONS.
ARTICLE PREMIER.				
Le sieur...	$	$	$	
Il lui est dû...............	200	200 »		
Son dividende est de	100		100 »	
Il lui reste dû............	100			100 »
ART. 2.				
Le sieur...				
Il lui est dû...............	100	100 »		
Son dividende est de	50		50 »	
Il lui reste dû............	50			50 »
(Ainsi de suite.)				
RÉCAPITULATION.				
TOTAL des sommes dues......	300	200 »		
TOTAL du dividende........	150		150 »	
Il reste dû aux créanciers.....	150			150 »

Ces résultats ainsi présentés, les créanciers du citoyen B..., susnommés, ont déclaré les trouver justes et exacts et approuver, dans toutes ses parties, l'état de répartition ci-dessus.

En conséquence, le greffier a immédiatement compté aux créanciers qui le reconnaissent : 1° au sieur... la somme de... (*indiquer la somme remise à chaque créancier privilégié ou ordinaire*), desquelles sommes payées les susnommés donnent quittance, — sous la réserve expresse par les sieurs... (*créanciers ordinaires*) de faire valoir leurs titres que nous leur avons rendus, pour le surplus de leurs créances ; quant au sieurs, créanciers privilégiés, ils ont, en donnant quittance de l'entier montant de leurs créances, — remis leurs titres au citoyen B...

Dont acte fait et passé aux jour, mois et an que dessus, en présence de toutes les parties, qui l'ont signé avec nous et le greffier, après lecture.

De l'Emprisonnement.

I. — Nous avons vu, page 38, tome 1er, que l'exécution forcée se poursuit sur la personne et sur les biens du débiteur condamné.

II. — L'emprisonnement est cette contrainte exercée sur la personne pour forcer le débiteur à payer. (MULLERY.)

III. — En effet, outre le droit de faire saisir les meubles et les immeubles de son débiteur, pour les faire vendre et se faire payer sur le prix, le créancier peut quelquefois procéder par une voie plus rigoureuse, celle de la contrainte par corps, qui s'exécute par l'emprisonnement du débiteur. L'incarcération du débiteur ne procure pas d'argent au créancier d'une manière aussi directe que la saisie des meubles ou des immeubles du débiteur. Mais on veut le contraindre à payer sur ses biens insaisissables, s'il en a; s'il n'en a pas, le créancier espère que sa femme, ses parents, ses alliés payeront pour lui, afin de le faire sortir de prison. (BOITARD, 1043.)

IV. — Les art. 1825 et suivants du Code civil et 133 du Code de procédure civile déterminent les cas où, en matière civile, la contrainte par corps peut avoir lieu. Hors ces cas, il est défendu aux juges de la prononcer, aux notaires et greffiers de recevoir des actes dans lesquels elle serait stipulée, et aux citoyens de consentir pareils actes, le tout à peine de nullité, dépens, dommages et intérêts. (Art. 1829 C. civ.)

V. — Elle ne peut être prononcée contre les personnes ayant soixante ans révolus, les femmes, ni les filles que dans les cas de stellionat (art. 1832 C. civ.); et encore, dans les cas de stellionat même, elle ne peut être prononcée contre les femmes mariées que lorsqu'elles sont séparées de biens, ou qu'elles ont des biens dont elles se sont réservé la libre administration, et à raison des engagements qui concernent ces biens. (Art. 1833 C. civ.)

VI. — Dans aucun cas, pour dettes civiles, elle ne peut être prononcée contre les mineurs (art. 1830 C. civ.), ni en général contre toutes personnes, pour une somme moindre de cent gourdes (art. 1831, C. civ.)

VII. — Mais en matière commerciale, elle a lieu pour toutes dettes, quel qu'en soit le chiffre, et contre toutes personnes, à l'exception des septuagénaires, dit l'art. 7 du décret de 1843.

A ce propos, l'art 700-4° du Code de procédure ayant, de même que l'art. 1832 du Code civil, déterminé l'âge de 60 ans pour échapper à la contrainte par corps, il s'est élevé, pour savoir laquelle des deux dispositions devait être appliquée quant à l'âge requis : soixante ans ou soixante-dix ans, — une discussion dans laquelle on a raisonné ainsi :

Le Code de procédure ayant été remis en vigueur par une loi de 1845, ses dispositions doivent être considérées comme postérieures à celles du décret de 1843, qui se trouverait par là abrogé ou modifié en cette partie. Dans cette opinion donc, c'est l'âge de soixante ans qu'il faudrait adopter. (V. *infrà*, notre annotation n° V sous l'art. 700.)

VIII. — Cette digression nous amène à rappeler ici quelques dates de notre législation sur la contrainte par corps. — Après la loi du 7 juin 1805 (art. 4, titre IX), celle du 24 août 1808 régla la contrainte par corps (titre III, art. 18) en matière de commerce; mais cette dernière fut abrogée par l'art. 130 de la loi organique du 13 février 1826. — Et ainsi qu'il résulte d'un arrêt du Tribunal de cassation du 11 octobre 1830 (1), — de cette époque de 1826 au 27 mai 1834, il n'y eut pas de loi sur la contrainte par corps en matière de commerce : les débiteurs commerçants purent « jouir du droit commun », c'est-à-dire rester soumis aux seules dispositions du Code civil pour la contrainte par corps. — Cependant le Grand-Juge provisoire Voltaire fit, le 27 juillet 1827, une circulaire aux commissaires du Gouvernement, comme suit : « Attendu que c'est par erreur que l'on a pensé ici que la loi du « 13 février 1826 sur l'organisation judiciaire et la police des tribunaux « abroge les dispositions de l'art. 18 de la loi du 24 août 1808, relative- « ment aux cas où la contrainte par corps doit exister en matière de « commerce, je vous informe, citoyen commissaire, que, pour éviter « toutes fausses interprétations, lesdites dispositions doivent continuer « à avoir leur effet. — En conséquence, vous communiquerez la pré- « sente au tribunal près duquel vous militez. » (N° 1108 des *Lois et Actes* de L. P.)

---

(1) L. P. sous l'art. 1837 C. civ.

Que penser de cette circulaire, en présence du texte clair et formel de l'art. 130 de cette loi du 13 février 1826 : « Art. 130. — La présente « loi abroge les dispositions de *toutes* les lois relatives à l'organisation « judiciaire, à l'exception de celles de ces dispositions qui déterminent « la quotité des appointements des magistrats. » — Or la loi du 24 août 1808 était relative à l'organisation judiciaire. C'est pourquoi l'arrêt cité n'a pas, avec raison, tenu compte de la circulaire du Grand-Juge.

Quoi qu'il en soit, la loi du 27 mai 1834 vint établir la contrainte par corps pour toutes dettes, — civiles aussi bien que commerciales, — et quelle qu'en fût la somme. Cette loi fut à son tour abrogée par l'art. 1er du décret du Gouvernement provisoire (22 février 1843), qui, supprimant ainsi la contrainte par corps pour dettes civiles, la maintient, — art. 7, — pour dettes commerciales. Voici le texte de cet article : « Art. 7. — La contrainte par corps aura lieu contre toute personne pour dettes résultant des actes de commerce définis par l'article 621 du Code de commerce; mais elle ne pourra être prononcée contre les septuagénaires, et le jugement de condamnation devra en fixer la durée, qui sera d'un an au moins et de trois ans au plus. »

Plusieurs fois depuis, des essais ont été faits, sans succès, pour l'abolition de la contrainte par corps en matière commerciale. Et tout récemment (1885), un projet ayant cela pour objet a été même voté par la Chambre des députés, mais repoussé au Sénat au moyen d'un contre-projet qui n'a pas été non plus accepté par la Chambre. En 1886, même essai infructueux, c'est-à-dire le même projet voté encore par la Chambre et rejeté par le Sénat. En 1890, un autre projet a été préparé par une commission de législation instituée par le secrétaire d'État de la Justice.

IX. — La contrainte par corps, même dans les cas où elle est autorisée par la loi, ne peut être appliquée qu'en vertu d'un jugement (art. 1834 C. civ.). C'est la justice seule qui a droit de disposer de la liberté individuelle des citoyens. (MULLERY.)

X. — Il a été jugé que « aucune loi n'autorise à prononcer la con- « trainte par corps pour les dépens en matière commerciale, bien qu'elle doive l'être pour le principal. — Cass., 2 mai 1859. (L. P., 1, sous l'art. 1829 C. civ.); Bulletin des arrêts du Tribunal de cassation, no 2, arrêt no 7. — Conformes divers arrêts cités par le *Journal du Palais*, Répertoire, art. *Contrainte par corps*, 424.

XI. — La contrainte par corps ne peut être prononcée contre une mère condamnée comme civilement responsable. Cass., 5 mars 1855 (L. P., 2, sous l'art. 1832 C. civ.), la contrainte par corps étant une voie rigoureuse qui ne peut être étendue à d'autres qu'à ceux nommément désignés par la loi.

XII. — Il en est de même au cas de l'époux d'un commerçant, lequel époux ne serait pas commerçant lui-même : bien que soumis au payement des dettes contractées par sa femme commune en biens et exerçant le commerce avec son autorisation, le mari n'est pas cependant, comme la femme elle-même, contraignable par corps. — Cass., 22 sept. 1857. (L. P., 2, sous l'art. 7 du décret du 22 mai 1843; voir son Code de procédure civile, p. 201.)

XIII. — A l'égard de l'étranger, l'art. 8 du décret du 23 mai 1843 dispose que « tout jugement qui interviendra au profit d'un Haïtien contre un étranger emportera, de plein droit, la contrainte par corps pour trois ans. Avant le jugement de condamnation, mais après l'échéance ou l'exigibilité de la dette, le doyen du tribunal civil dans le ressort duquel se trouvera l'étranger pourra, s'il y a de suffisants motifs, ordonner son arrestation provisoire, sur la requête du créancier haïtien. Dans ce cas, le créancier sera tenu de se pourvoir en condamnation dans la huitaine de l'arrestation du débiteur, faute de quoi celui-ci pourra demander son élargissement. L'arrestation provisoire n'aura pas lieu, ou cessera, si l'étranger justifie qu'il possède sur le territoire haïtien un établissement de commerce d'une valeur suffisante pour assurer le payement de la dette, ou s'il fournit pour caution un Haïtien reconnu solvable.

XIV. — Le mode d'exercice de la contrainte par corps ou de l'emprisonnement se règle uniquement par la loi en vigueur à l'époque de la poursuite. Cela est incontestable et résulte de la force même des choses.

Art. 680. — Aucune contrainte par corps ne pourra être mise à exécution qu'un jour après la signification, avec commandement, du jugement qui l'a prononcée. (C. civ. 1836, 1935, 2012; C. pr. 133, 150, 473, 504, 548, 585, 681 et suiv., 954; C. comm. 175.)

Cette signification sera faite par un huissier commis par ledit jugement ou par le juge du lieu où se trouve le débiteur, savoir : par le doyen du tribunal civil, si le jugement émane d'un tribunal civil; et par le juge de paix, si le jugement a été rendu par une justice de paix. (C. pr. 156.)

La signification contiendra aussi élection de domicile dans la commune où siège le tribunal qui a rendu ce jugement, si le créancier n'y demeure pas. (C. civ. 98, 1825, 1829.)

I. — Les formalités dont il s'agit, bien que non applicables en matière correctionnelle, doivent être observées au cas d'emprisonnement poursuivi par une partie civile, pour le recouvrement des dommages-intérêts et restitutions prononcées à son profit contre le prévenu par un tribunal correctionnel. Notamment, il y a nécessité, à peine de nullité, que la signification avec commandement qui doit précéder l'emprisonnement ou la recommandation soit faite par un huissier commis (1).

II. — N'y aurait-il pas même motif pour pareille poursuite en simple police?

III. — Quand une sentence arbitrale a été suivie d'une opposition à l'ordonnance d'*exequatur* et d'un jugement de débouté d'opposition, le commandement préalable à l'exercice de la contrainte par corps doit, à peine de nullité, contenir signification non seulement de la sentence arbitrale, mais encore du jugement qui rejette l'opposition.

IV. — La contrainte par corps, prononcée par un jugement par défaut, maintenue sur opposition par un jugement contradictoire, ne peut être valablement exercée qu'après la signification du jugement contradictoire; la signification du jugement par défaut seul ne suffirait pas pour la validité de l'emprisonnement.

V. — Mais, lorsqu'un jugement par défaut prononçant la contrainte par corps a été signifié avec commandement, il peut, après que la partie condamnée y a formé opposition, être mis à exécution sur la seule signification du jugement de débouté d'opposition, et sans nouveau commandement.

VI. — La signification du jugement, faite avec le commandement par un huissier non commis, doit être renouvelée lors du commandement. Le commandement, dit MULLERY, doit être accompagné de la copie du jugement, quand même ce jugement aurait été précédemment signifié.

VII. — La copie du jugement signifié au débiteur doit être *entière* et non *partielle*. Ainsi, est nulle la signification du jugement qui, en prononçant la contrainte par corps contre le défendeur, a assujetti le demandeur à fournir caution, si la copie signifiée ne contient pas cette dernière disposition.

----

(1) Les décisions rapportées ici sont conformes à celles qu'ont données la jurisprudence et la doctrine françaises avant l'abolition de la contrainte par corps, en France, par la loi du 22 juillet 1867.

VIII. — Le commandement doit être signifié à la personne ou au domicile du débiteur. En conséquence, on a décidé qu'il est nul, lorsqu'il est signifié au débiteur, en parlant à son épouse, dans un lieu où il n'avait qu'une résidence momentanée.

IX. — L'emprisonnement est nul, si la copie du commandement remise au débiteur ne contient pas la date du jour où il a été fait. Peu importe que la date soit dans l'original.

Huissier commis. — Délai.

X. — La contrainte par corps exercée en vertu d'un jugement par défaut, par un huissier commis pour signifier ce jugement, n'est point valable. Il faut que l'huissier soit *spécialement* choisi pour procéder.

XI. — Mais l'huissier commis pour mettre à exécution une contrainte par corps est virtuellement commis pour signifier le jugement prononçant cette contrainte.

XII. — Lorsque le jugement ne porte pas commise d'huissier ou que l'huissier se trouve empêché, on présente la grosse au juge de paix de la commune où se trouve le débiteur, et sur la réquisition verbale du créancier, ce magistrat commet l'huissier pour faire le commandement. (MULLERY.)

XIII. — Le juge à qui l'on demande de commettre un huissier pour signifier un jugement prononçant la contrainte par corps ne peut s'y refuser sous prétexte que le jugement reposerait sur une fausse interprétation de la loi.

XIV. — L'ordonnance qui contiendrait un tel refus doit être attaquée par la voie de l'appel, sans qu'il soit d'ailleurs nécessaire de mettre en cause, devant le tribunal d'appel, le débiteur condamné.

XV. — L'ordonnance qui commet un huissier n'a pas besoin d'être rédigée en minute et signée par le greffier; la signature du juge suffit.

XVI. — D'ailleurs la commise de l'huissier n'est exigée que pour faire le commandement; — après ce préalable, tout huissier requis pourra procéder à l'exécution, pourvu qu'il ait un pouvoir spécial de la partie ou de son mandataire. (Art. 477 C. pr.)

XVII. — Le jour qui doit être laissé entre le commandement au débiteur et l'emprisonnement doit s'entendre d'un jour franc, à partir de la fin du jour où a été fait le commandement, et non pas seulement d'un laps de temps de vingt-quatre heures, à compter du moment où le commandement a été fait. Ainsi, le commandement signifié aujourd'hui ne peut être suivi de l'emprisonnement qu'après-demain.

ART. 681. — Le débiteur ne pourra être arrêté :

1° Avant le lever et après le coucher du soleil;

2° Les jours de fêtes légales (C. civ: 131, 159, 184; C. pr. 73, 706, 726 ; C. pén. 22);

3° Dans les édifices consacrés au culte, mais seulement pendant les exercices religieux;

4° Dans le lieu et pendant la tenue des séances des autorités constitutives (C. pr. 103 et suiv.);

5° Dans une maison quelconque, même dans son domicile, à moins qu'il n'en eût été ainsi ordonné par le juge de paix du lieu, lequel juge de paix devra, dans ce cas, se transporter dans la maison avec l'officier ministériel. (C. civ. 91.)

I. — Le débiteur arrêté avant le coucher du soleil peut être écroué après, lorsque la prison est tellement éloignée du lieu de l'arrestation qu'il ne peut y être conduit de jour, c'est-à-dire avant le coucher du soleil.

II. — La loi n'a pas voulu que l'arrestation d'un débiteur troublât, par la dispute ou les rixes qu'elle peut occasionner, les personnes qui participent à des exercices religieux dans un édifice consacré à leur culte. Mais ce n'est pas le lieu lui-même qui est considéré comme un asile. (V. BOITARD, 1050.) Ainsi, on peut arrêter dans les lieux consacrés au culte, dans tous les temps où les exercices religieux n'y sont pas célébrés. Mais on doit alors observer les formalités prescrites par le n° 5 de l'art. 681 pour les arrestations à opérer dans une maison.

III. — Il en est de même dans les lieux où se tiennent les autorités constitués, avant ou après les séances.

IV. — L'arrestation d'un débiteur est annulable si, pour y parvenir, l'huissier a pénétré dans le domicile du débiteur arrêté, sans être accompagné du juge de paix et sans en avoir préalablement obtenu la permission par une ordonnance, encore que le juge, sur la demande que l'huissier lui a faite, se soit transporté immédiatement dans la maison où l'arrestation a eu lieu.

V. — Mais l'huissier, qui, voulant procéder à l'arrestation d'un débiteur dans une maison, est obligé d'aller requérir, à cet effet, l'assistance de juge de paix, peut établir préalablement garnison à la porte de la maison, pour prévenir l'évasion du débiteur. (SIREY. — *Contrà*, CHAUVEAU.)

VI. — Un débiteur ne peut être arrêté sans l'assistance du juge de paix, dans une cour close dépendant de son domicile : toutes les dépendances que l'article 275 du Code pénal considère comme maison habitée doivent être réputées domicile du débiteur, dans le sens de l'article 681.

VII. — L'arrestation d'un débiteur ne peut non plus avoir lieu sans l'assistance du juge de paix, dans les magasins d'un établissement où le débiteur est employé, bien que l'entrée n'en soit point refusée à l'officier ministériel chargé d'opérer l'arrestation. Peu importe que ce débiteur habite dans la maison même où sont situés ces magasins.

VIII. — L'huissier des mains duquel s'est échappé un débiteur arrêté ne peut pas, sans l'assistance du juge de paix, s'introduire dans la maison où ce débiteur s'est refugié, pour y opérer de nouveau son arrestation.

IX. — D'après THOMINE, en cas d'absence ou d'empêchement du juge de paix et de ses suppléants, l'huissier devrait se retirer devant le doyen du tribunal civil qui commettrait un juge de paix voisin.

D'autres pensent que l'huissier pourrait s'adresser directement au juge de paix le plus voisin.

X. — Cette assistance de juge du paix, à l'arrestation d'un débiteur dans une maison, est un acte de juridiction gracieuse.

ART. 682. — Le débiteur ne pourra plus être arrêté lorsque, appelé comme témoin devant un tribunal civil, correctionnel ou criminel, ou devant un juge d'instruction, il sera porteur d'un sauf-conduit. (C. comm. 467 et suiv.; C. instr. crim. 263, 264; C. pén. 307.)

Le sauf-conduit pourra être accordé par le juge devant lequel les témoins ont été entendus. Les conclusions du ministère public seront nécessaires. (C. pr. 89, 90, 118.)

Le sauf-conduit réglera la durée de son effet, à peine de nullité. (C. pr. 950.)

En vertu du sauf-conduit, le débiteur ne pourra être

arrêté, ni le jour fixé pour sa comparution, ni pendant le temps nécessaire pour aller et revenir. (C. pr. 38, 267, 954.)

I. — Le sauf-conduit accordé hors du cas prévu par l'article est nul de plein droit. Ainsi l'exécution de la contrainte par corps ne peut être suspendue par un sauf-conduit accordé au débiteur non appelé en témoignage.

II. — Jugé cependant qu'un sauf-conduit peut être accordé à un plaignant appelé devant un tribunal pour lui donner des renseignements utiles à former sa conviction. (SIREY) ce qui équivaudrait à un témoignage. — (CHAUVEAU est contre.)

III. — On a agité en France la question de savoir si les tribunaux de commerce et de paix peuvent donner des sauf-conduits. — La négative a prévalu. — Selon un avis du Conseil d'État, si les parties ont à faire entendre, devant ces tribunaux ou ces juges, des témoins en état de contrainte par corps, elles doivent s'adresser au président du tribunal civil. Là-dessus Chauveau fait remarquer que l'avis du Conseil d'État n'a pas été inséré au *Bulletin des Lois*, ce qui lui ôte toute force obligatoire, mais il doit subsister comme raison écrite. (BOITARD, 1051.)

IV. — Y a-t-il lieu d'appliquer cette décision ici à l'égard des témoins à entendre par le tribunal de simple police ? — « Cependant, ajoute BOITARD, *loco citato*, j'inclinerais à accorder au juge de paix, considéré comme juge de police, le droit d'accorder un sauf-conduit pour comparution devant cette juridiction. Dans ce cas, en effet, le juge de paix peut prendre les conclusions du commissaire de police chargé, devant le tribunal de simple police, des fonctions du ministère public. »

Et à plus forte raison il en pouvait être ainsi chez nous, où le juge de paix, en quelque sorte, à des pouvoirs plus étendus, puisqu'il connaît de l'exécution des jugements, ce qui lui est refusé en France. (V. *suprà*, note XVIII, sous l'art. 44.)

ART. 683. — Le procès-verbal d'emprisonnement contiendra, outre les formalités ordinaires des exploits :

1° Itératif commandement ;

2° Élection de domicile dans la commune où le débiteur sera détenu, si le créancier n'y demeure pas ; l'huissier sera assisté de deux recors ayant les qualités prescrites pour les

témoins en l'article 506, au titre des *Saisies-exécutions.*
(C. civ. 98 ; C. pr. 71, 506, 509, 587, 687, 689, 694, 813.)

(Voir *suprà* les annotations de l'article 506.)

I. — L'élection de domicile attribue compétence pour les demandes en
nullité et en élargissement. (Art. 694, 695, 703.)

II. — Le procès-verbal d'emprisonnement doit, à peine de nullité,
contenir mention des noms des recors qui ont assisté l'huissier; il ne
suffirait pas qu'ils eussent signé le procès-verbal et que leurs noms
fussent mentionnés dans l'acte d'écrou.

Art. 684. — S'il s'est écoulé une année entière depuis le
commandement, il sera fait un nouveau commandement par
un huissier commis à cet effet. (C. pr. 680.)

I. — La péremption du commandement entraine la péremption de la
commission donnée à l'huissier; en conséquence, le débiteur ne peut être
incarcéré ni recommandé qu'après un nouveau commandement signifié
par un huissier nouvellement commis à cet effet.

Art. 685. — En cas de rébellion, l'huissier dressera procès-verbal et pourra établir garnison aux portes, pour
empêcher l'évasion, et requérir la force armée ; et le débiteur sera poursuivi conformément aux dispositions du Code
d'instruction criminelle. (C. pr. 476, 681-5° ; C. instr. crim.
50 et suiv., 149, 170 et suiv.)

I. — Le simple refus d'obéir aux ordres de l'huissier ne constitue pas
une rébellion tombant sous le coup de la loi pénale; il faut un acte de vio-
lence, une voie de fait, une résistance ouverte.
Voir *suprà* les notes IV et suivantes de l'article 681, pour l'assistance
nécessaire du juge de paix lors d'une arrestation dans une maison.

Art. 686. — Si le débiteur requiert qu'il en soit référé, il
sera conduit sur-le-champ devant le doyen du tribunal civil
ou le juge de paix du lieu où l'arrestation aura été faite,
lequel statuera en état de référé; si l'arrestation est faite
hors des heures de l'audience, le débiteur sera conduit chez
le doyen ou le juge de paix. (C. pr. 687, 688, 704.)

I. — Cet article a pour but d'éviter des surprises qui occasionneraient, par erreur, l'arrestation d'une autre personne que le débiteur, ou d'empêcher de donner suite à une arrestation irrégulière en la forme. Toute personne arrêtée a donc le droit de se faire conduire en référé, et si elle prouve, par exemple, qu'elle n'est pas le débiteur contre qui la contrainte par corps a été prononcée, que les formes de l'arrestation n'ont pas été accomplies, ou qu'elle était porteur d'un sauf-conduit régulier, elle devra être relâchée. — Mais le juge du référé ne peut examiner les causes de la condamnation; tout son pouvoir se borne à statuer provisoirement sur la régularité des formes de l'arrestation, par exemple, sur l'heure, le lieu de l'arrestation, ou même sur la prétention élevée par le débiteur qu'il a payé le montant de la condamnation. (BOITARD, 1055; sur l'irrégularité de la copie du commandement, V. SIREY, sous l'art. 785.)

II. — *Quid* si le débiteur arrêté avait soixante ans révolus? — C'est-à-dire est-ce en référé ou par une demande en élargissement devant le tribunal que le débiteur sexagénaire se ferait mettre en liberté? — Si, dans l'opinion concédée à la note précédente *in fine*, le débiteur peut, en référé, se faire relâcher en prouvant qu'il a payé, il le pourra aussi en prouvant qu'il a commencé sa soixantième année. Car, pour le payement, c'est en argumentant, entre autres, de l'article 700 que le juge du référé ordonnera la relaxation; or, cet article 700 prescrit l'élargissement du débiteur qui a payé aussi bien que de celui qui a commencé sa soixantième année. (2° et 4°.)

Peut-être faudrait-il distinguer entre celui qui aurait eu déjà ses soixante ans révolus lors du prononcé du jugement et celui qui aurait, seulement depuis, commencé sa soixantième année. — Alors le référé ne pourrait avoir lieu que pour ce dernier cas, — en ce qu'il est de principe que le juge des référés ne saurait statuer sur des exceptions nées avant le jugement. Il ne peut connaître que des faits postérieurs à ce jugement.

III. — Le débiteur peut demander à être conduit en référé tant que l'emprisonnement n'est pas effectué. (BOITARD.) Il en a encore le droit même arrivé dans la prison, tant que l'acte d'écrou n'est pas signé; le refus d'obtempérer à cette réquisition entraîne la nullité de l'emprisonnement. (SIREY, sous l'art. 786.)

IV. — Lors de la recommandation d'un débiteur emprisonné, comme lors de l'emprisonnement, si le débiteur demande à être conduit en référé, il y a obligation, à peine de nullité, d'obtempérer à sa demande. (*Ibid.*) Seulement, comme on objecte que le geôlier manquerait à ses devoirs en laissant sortir le débiteur sans ordre de la justice, même sous la garde et la responsabilité de l'huissier, on s'est arrêté à permettre au débiteur d'introduire le référé, mais par le ministère et l'intermédiaire d'un avocat ou d'un fondé de pouvoir qui fera valoir ses moyens. (Boi-tard, 1059.)

V. — Le juge des référés ne peut être appelé à connaître des difficultés relatives à l'emprisonnement d'un débiteur que sur la demande de celui-ci. Spécialement, il ne peut, sur la demande du créancier, prescrire des mesures pour l'arrestation du débiteur. (Sirey, *loco citato*.)

VI. — Celui qui, par erreur provenant de l'identité de son nom, a été emprisonné peut être privé des dommages-intérêts, pour n'avoir pas réclamé d'être conduit en référé. (*Ibid.*)

VII. — *Devant le doyen du tribunal civil ou le juge de paix du lieu*... Dans les lieux où siège un tribunal civil, peut-on indifféremment conduire en référé devant l'un ou l'autre de ces magistrats? — D'abord il faut distinguer le cas de l'exécution d'un jugement de tribunal de paix en dernier ressort, et celui de l'exécution d'autres jugements, soit de tribunal de paix à charge d'appel, soit de tribunaux supérieurs. — Dans ce dernier cas, le référé sera porté devant le doyen dans le chef-lieu de la juridiction et devant le juge de paix dans les autres communes.

Mais s'il s'agit de l'exécution d'une sentence de juge de paix en dernier ressort, c'est au juge de paix qu'on devra s'adresser même dans les villes où siège un tribunal civil : l'article 25 du présent Code attribue formellement aux juges de paix la connaissance de l'exécution de leurs jugements de ce degré.

VIII. — De graves praticiens, cependant, soutiennent l'opinion qu'au chef-lieu de la juridiction, c'est toujours au doyen qu'il faut s'adresser ; en ce que le juge de paix n'est compétent qu'exceptionnellement, — à défaut du doyen qui, lui, est le juge naturel des référés, — qui a plénitude de juridiction en matière de référé.

Ceci est bien conforme au système français qui refuse absolument au juge de paix le droit de connaître de l'exécution des jugements et ne leur donne aucun pouvoir de référé. Dans ce système, la disposition de l'article pourrait être considérée comme une dérogation à un principe général, — lequel principe devrait prévaloir toutes les fois que le motif de cette dérogation (l'éloignement du siège du doyen) ne se présenterait pas.

Tandis que chez nous, la règle posée par un article de loi, c'est le pouvoir donné aux juges de paix de connaître de l'exécution de leurs jugements en dernier ressort (art. 25) ; — d'où il suit que la disposition de l'article actuel ne peut être considérée que comme une application de cette règle, quant à ce qui regarde les jugements de tribunal de paix sans appel.

Une troisième opinion est qu'on pourrait indifféremment s'adresser au doyen ou au juge de paix. J'inclinerais à ne pas repousser cette opinion, tout en accordant une faculté seulement pour le doyen et le droit pour le juge de paix, à propos des sentences de justice de paix en dernier ressort.

ART. 687. — L'ordonnance sur référé sera consignée sur le procès-verbal de l'huissier et sera exécutée sur-le-champ. (C. pr. 683, 686, 694.)

ART. 688. — Si le débiteur ne requiert pas qu'il en soit référé, ou si, en cas de référé, le juge ordonne qu'il soit passé outre, le débiteur sera conduit dans la prison du lieu, ou, s'il n'y en a pas, dans celle du lieu le plus voisin ; l'huissier et tous autres qui conduiraient, recevraient ou retiendraient le débiteur dans un lieu de détention non légalement désigné comme tel, seront poursuivis comme coupables de détention arbitraire. (C. pr. 686, 687, 694 ; C. instr. crim. 450 et suiv. ; C. pén. 91, 289 et suiv.)

I. — Il peut arriver que la prison la plus voisine soit encore assez éloignée pour que l'huissier ne puisse y conduire le débiteur dans la journée. Dans ce cas, on admet que l'huissier devra faire désigner, par l'autorité locale, un lieu où le débiteur passera la nuit et sera gardé à vue. (BOITARD, 1055.)

II. — Et un emprisonnement n'est pas nul par cela seul que l'huissier a fait avec le débiteur, une station momentanée dans une auberge sur la route.

ART. 689. — L'écrou du débiteur énoncera :

1° Le jugement ;

2° Les noms et domicile du créancier ;

3° L'élection de domicile, s'il ne demeure pas dans la commune ;

4° Les noms, demeure et profession du débiteur ;

5° Enfin, mention de la copie qui sera laissée au débiteur, parlant à sa personne, tant du procès-verbal d'emprisonne-

ment que de l'écrou; il sera signé de l'huissier. (C. pr. 683,
690 et suiv., 703, 806 et suiv.; C. instr. crim. 444 et suiv.)

I. — Le débiteur arrivé à la prison est écroué. — L'écrou est le procès-verbal de la remise du débiteur au gardien de la prison ou geôlier.
Ce procès-verbal est transcrit sur le registre de la geôle, il charge le
geôlier de la garde du débiteur et en décharge l'huissier. (Bot-
TARD, 1056.)

II. — On peut faire le procès-verbal d'écrou à la suite du procès-verbal d'emprisonnement, et transcrire le tout sur le registre de la geôle.
Dans ce cas, le procès-verbal d'écrou est évidemment l'œuvre de l'huissier. (*Ibid.*)

III. — Mais le procès-verbal d'écrou peut être fait par acte séparé.
L'huissier ou le geôlier pourra indifféremment rédiger le procès-verbal
d'écrou. (*Ibid.*) Jugé qu'il suffit que l'écrou soit signé de l'huissier.

IV. — Le procès-verbal d'écrou doit, à peine de nullité, énoncer le
domicile du créancier non domicilié dans le lieu de l'exécution; la mention de ce domicile au procès-verbal d'emprisonnement ne suffit pas.

V. — *Idem* pour l'élection de domicile, si le créancier ne demeure pas
dans la commune.

VI. — Mais le domicile réel du créancier est suffisamment indiqué,
dans un écrou, par ces expressions : *habitant de tel endroit.*

VII. — Les procès-verbaux d'emprisonnement et d'écrou doivent, à
peine de nullité, être dressés et notifiés le jour même de l'arrestation;
l'huissier ne peut scinder cette opération sous prétexte que l'heure est
trop avancée pour la terminer. Ainsi est nul l'emprisonnement, si les
procès-verbaux n'ont été notifiés que le lendemain de l'arrestation.

VIII. — Jugé encore que l'emprisonnement est nul si la copie du procès-verbal de l'huissier n'a été remise au débiteur que le lendemain de
l'incarcération, encore bien que l'arrestation ait été faite à une heure
avancée et suivie d'un référé qui s'est prolongé très tard : ces circonstances ne sauraient justifier le défaut de remise de la copie du procès-
verbal... Peu importe que, le jour même de l'incarcération, copie de
l'acte d'écrou, énonçant ces mêmes circonstances comme obstacle à la
remise, ait été laissée au détenu.

IX. — L'huissier doit, à peine de nullité, remettre au débiteur, copie
tant du procès-verbal d'emprisonnement que de l'acte d'écrou; il ne suf-

lirait pas de faire, sur la copie du procès-verbal d'emprisonnement, une simple mention de l'acte d'écrou.

X. — L'écrou doit, de plus, et à peine de nullité, contenir mention que copie du procès-verbal d'emprisonnement a été remise au débiteur; il ne suffirait pas que le fait de remise de la copie fût constaté par le procès-verbal d'emprisonnement lui-même.

XI. — Et si la mention que la copie a été laissée au débiteur avait été omise dans l'écrou, cette mention ne pourrait être réparée par une signification faite après la détention effectuée.

XII. — Jugé que le défaut de mention, dans l'acte d'écrou, qu'il en a été donné copie au débiteur, *parlant à sa personne*, entraîne nullité, lors même que la signification de la copie aurait eu lieu. (*Ibid.*, 17.) C'est nécessairement en parlant à la personne du débiteur que la notification doit être faite.

XIII. — Les nullités qui se rencontrent dans la copie du procès-verbal d'écrou entraînent la nullité de l'emprisonnement, encore que l'original ne soit pas infecté de ces nullités.

XIV. — Et, *vice versa*, lorsque l'acte d'écrou ne contient pas toutes les énonciations prescrites par la loi, l'emprisonnement est nul, même alors que ces énonciations se trouveraient dans la copie du procès-verbal d'emprisonnement et de l'acte d'écrou signifié au débiteur.

Art. 690. — Le gardien ou geôlier transcrira, sur son registre, le jugement qui autorise l'arrestation; faute par l'huissier de représenter ce jugement, le geôlier refusera de recevoir le débiteur et de l'écrouer. (C. pr. 680, 688, 689, 694.)

I. — Ici la transcription du jugement est bien l'œuvre du geôlier. (Boitard.)

II. — Dans la transcription du jugement sur le registre du geôlier, n'est pas absolument comprise la formule exécutoire; il suffit qu'il y ait transcription des parties constitutives du jugement d'après l'art. 148. (Sirey, sous l'art. 790.)

Art. 691. — Le créancier ne sera point tenu de fournir des aliments au débiteur. (C. pr. 680, 688, 689, 694.)

I. — Le Code de procédure de 1825 (paraît-il) obligeait le créancier à fournir des aliments au débiteur; c'est en 1835 que l'article fut rédigé tel qu'il est, dans le Code refait. Le décret du 22 mai 1843 fit revivre le Code de 1825 et fixa (art. 9) à vingt-cinq centimes par jour la somme destinée à pourvoir aux aliments des débiteurs détenus, et devant être consignée d'avance pour trente jours au moins. Enfin la loi du 4 août 1845 remit en vigueur le Code de 1835 avec notre article tel qu'il est.

Art. 692. — Le débiteur pourra être recommandé par ceux qui auraient le droit d'exercer contre lui la contrainte par corps. Celui qui est arrêté comme prévenu d'un délit peut aussi être recommandé ; et il sera retenu par l'effet de la recommandation, encore que son élargissement ait été prononcé et qu'il ait été acquitté du délit. (C. civ. 1829; C. pr. 133, 474, 693 et suiv.)

Art. 693. — Seront observées pour les recommandations les formalités ci-dessus prescrites pour l'emprisonnement; néanmoins, l'huissier ne sera pas assisté de recors. (C. pr. 680, 689, 696.)

I. — La recommandation est un acte d'exécution. C'est pourquoi les mêmes formalités sont édictées pour la recommandation comme pour l'emprisonnement, sauf la présence des recors évidemment inutile ici. L'huissier fait venir le débiteur entre les deux guichets de la prison pour y recevoir la copie du procès-verbal de recommandation et du procès-verbal d'écrou, sauf à remettre la copie au geôlier si le débiteur refuse de venir. (Boitard.)

II. — S'il demande le référé, V. *suprà*, note IV, sous l'art. 686.

III. — L'arrestation provisoire d'un étranger peut être suivie de recommandation, comme l'emprisonnement de tout autre débiteur. (Sirey, sous l'art. 792.)

IV. — L'huissier doit être muni d'un pouvoir spécial pour la recommandation comme pour l'emprisonnement.

V. — En cas de recommandation, l'acte d'écrou doit contenir mention, à peine de nullité, de la remise au débiteur de la copie tant de la recommandation que de l'écrou.

Art. 694. — A défaut d'observation des formalités prescrites ci-dessus, le débiteur pourra demander la nullité de l'emprisonnement, et la demande sera portée au tribunal du lieu où il est détenu ; si la demande en nullité est fondée sur des moyens du fond, elle sera portée devant le tribunal de l'exécution du jugement. (C. pr. 58-5°, 475, 695 et suiv.)

I. — La loi distingue deux sortes de nullités de l'emprisonnement, les nullités de forme et les nullités de fond. Il y a nullité du fond lorsque la créance est éteinte par une libération survenue depuis le jugement de condamnation comme la novation, la compensation de la créance survenue depuis le jugement. Quant aux nullités de forme, elles consistent dans l'inobservation des formalités prescrites pour l'emprisonnement. (Boitard, 1060.)

II. — En matière de contrainte par corps, tout absolument est de rigueur : l'omission de la moindre formalité prescrite par la loi doit profiter au débiteur incarcéré et déterminer les tribunaux à prononcer la nullité de l'emprisonnement.

III. — La demande en nullité d'un emprisonnement ne peut être repoussée par une fin de non-recevoir prise de l'acquiescement du débiteur ; on n'acquiesce point à une mesure qui tend à la privation de la liberté individuelle.

Art. 695. — Dans tous les cas, la demande pourra être formée à bref délai, en vertu de la permission du juge, et l'assignation donnée, par huissier commis, au domicile élu par l'écrou ; la cause sera jugée, sans instruction écrite. (C. civ. 98 ; C. pr. 11, 58, 82, 83, 89, 90, 118, 401 et suiv., 467, 689-3°, 702, 703.)

I. — La procédure d'une demande en nullité d'emprisonnement se règle par les lois existantes à l'époque où la demande est formée, non par celles qui existaient à l'époque où l'emprisonnement a eu lieu.

II. — L'assignation en nullité de l'emprisonnement donnée au domicile élu et à bref délai ne comporte pas d'augmentation de délai à raison de la distance du domicile réel.

Le procès sur la liberté d'une personne est toujours une affaire urgente.

Art. 696. — La nullité de l'emprisonnement, pour quelque cause qu'elle soit prononcée, n'emporte point la nullité des recommandations. (C. pr. 692, 693.)

Art. 697. — Le débiteur dont l'emprisonnement est dé-claré nul, ne peut être arrêté pour la même dette qu'un jour au moins après sa sortie. (C. pr. 694, 954.)

(C'est un jour franc.)

Art. 698. — Le débiteur sera mis en liberté, en consi-gnant entre les mains du geôlier de la prison les causes de son emprisonnement, et les frais de la capture. (C. civ. 1021 et suiv., 1044, 1868-1°; C. pr. 137, 700.)

Art. 699. — Si l'emprisonnement est déclaré nul quant au fond, le créancier pourra être condamné en des dommages-intérêts envers le débiteur ; si l'emprisonnement est déclaré nul pour vice de forme, l'huissier pourra être condamné en des dommages–intérêts, tant envers le créancier qu'envers le débiteur. (C. civ. 939, 1168 ; C. pr. 135, 694, 954.)

(Voir les distinctions entre les nullités de fond et les nullités de forme, note I, sous l'art. 694.)

Art. 700. — Le débiteur légalement incarcéré obtiendra son élargissement :

1° Par le consentement du créancier qui l'a fait incar-cérer et des recommandants, s'il y en a (C. civ. 904) ;

2° Par le payement ou la consignation des sommes dues, tant au créancier qui a fait emprisonner qu'au recomman-dant, des intérêts échus, des frais liquidés et de ceux d'em-prisonnement (C. civ. 1022, 1043 ; C. pr. 698, 699, 702) ;

3° Par le bénéfice de cession (C. civ. 1051 et suiv., 1712 ; C. pr. 787 et suiv. ; C. comm. 506 et suiv.) ;

4° Et enfin, si le débiteur a commencé sa soixantième année et si, dans ce dernier cas, il n'est pas stellionataire. (C. civ. 1825, 1832, 1833 ; C. pr. 794 ; C. comm. 605 ; C. pén. 53 à 55.)

I. — Les art. 694 à 699 concernent les demandes en nullité de l'emprisonnement; les articles 700 à 703 concernent les demandes en élargissement, c'est-à-dire la mise en liberté du débiteur pour des causes postérieures à l'arrestation.

II. — Dans la demande en nullité, le débiteur allègue que l'emprisonnement est injuste ou irrégulier; tandis que la demande en élargissement se concilie très bien avec l'idée d'un emprisonnement fondé en droit et régulier en la forme, au moment où il a été opéré. (Boïtard, 1064.)

III. — Le débiteur qui, emprisonné à la requête de son créancier, a été mis en liberté du consentement de ce créancier, ne peut être réincarcéré pour la même dette, à moins qu'il ne soit survenu à ce sujet une convention expresse. Il ne suffirait pas que le créancier s'en fût réservé la faculté dans une mainlevée de l'écrou, si rien ne prouve que le débiteur ait connu cette réserve et l'ait acceptée.

IV. — Il ne suffit pas, pour obtenir son élargissement, que le débiteur fasse offre de cession : il faut que le bénéfice en ait été accordé.

V. — En matière commerciale, le débiteur condamné devrait, pour être à l'abri de la contrainte par corps ou obtenir son élargissement, avoir soixante-dix ans, selon l'art. 7, du décret du 22 mai 1843, ainsi conçu : « La contrainte par corps aura lieu contre toute personne pour « dettes résultant des actes de commerce; mais elle ne pourra être pro- « noncée contre les septuagénaires, et le jugement de condamnation « devra en fixer la durée, qui sera d'un an au moins et de trois ans au « plus. »

Mais la question a été soulevée (voir *suprà*, note VII, sous le titre *de l'Emprisonnement*), à savoir si, même en matière commerciale, il ne faut pas considérer plutôt l'âge de soixante ans, fixé par l'art. 700 du Code de procédure; en ce que la loi de 1845, en remettant en vigueur le Code de procédure de 1835, lui a attribué, du même coup, une nouvelle date, — 1845, — postérieure au décret de 1843, qui s'en trouve ainsi modifié ou abrogé en tout ce qui est contraire à la loi postérieurement rétablie.

On sait d'ailleurs qu'en pareille matière et en cas de doute, le sens le plus généreux doit être toujours préféré.

VI. — Sauf cette modification touchant l'âge, l'article du décret précité conserve toute sa force; en conséquence, le débiteur pour fait de commerce obtiendra encore sa mise en liberté par l'expiration du temps fixé par le jugement.

VII. — Enfin l'élargissement sera également obtenu par le débiteur en général, si la créance est éteinte pendant la durée de l'emprisonnement par un moyen quelconque d'extinction de la dette, autre que le payement dont parle l'article.

Art. 701. — Le consentement à la sortie du débiteur pourra être donné, soit devant notaire, soit devant le juge de paix, sur le registre d'écrou. (C. civ. 1102; C. pr. 689, 700-1°, 703.)

Art. 702. — La consignation de la dette sera faite entre les mains du geôlier, sans qu'il soit besoin de la faire ordonner; si le geôlier refuse, il sera assigné à bref délai devant le tribunal du lieu, en vertu de permission : l'assignation sera donnée par l'huissier commis. (C. pr. 82, 88, 475, 695, 698, 700-2°, 703.)

Art. 703. — Les demandes en élargissement seront portées au tribunal dans le ressort duquel le débiteur est détenu. Elles seront formées à bref délai, au domicile élu par l'écrou, en vertu de permission du juge, sur requête présentée à cet effet; elles seront jugées, sans instruction écrite, à la première audience, préférablement à toutes autres causes, sans remise ni tour de rôle. (C. pr. 82, 88 à 90, 118, 401 et suiv., 467, 475, 689-3°, 695.)

I. — Devant quel tribunal, tribunal de paix quelquefois ou toujours tribunal civil? Peut-être la solution doit être analogue à ce qui est dit *suprà*, notes VII et VIII, sous l'article 686. L'article 25 donne aux juges de paix le droit de connaître de l'exécution des jugements qu'ils prononcent en dernier ressort.

FORMULE N° 151. — Commise d'huissier à l'effet de signifier le jugement qui prononce la contrainte par corps.

Nota. — *Lorsque le jugement ne porte pas commise d'huissier, ou lorsque l'huissier commis se trouve empêché, on présente la grosse au juge de paix de la commune où se trouve le débiteur, et sur la réquisition verbale du créancier, ce magistrat met en marge ou au bas de la grosse :*

En vertu de l'article 680 du Code de procédure, et sur la réquisition de la partie poursuivante, nous, jugé de paix de..., commettons l'huissier *tel* pour signifier le présent jugement, avec commandement, au citoyen..., demeurant *ou* qui se trouve en ce moment dans la commune, etc.

FORMULE N° 152. — Signification d'un jugement qui prononce la contrainte par corps, avec commandement.

L'an..., etc., à la requête de A... (*profession et demeure, avec élection de domicile dans la commune, si le créancier n'y demeure pas*), j'ai..., huissier, etc., soussigné, commis par le jugement *ou* commis pour signifier le jugement ci-après énoncé, signifié et, avec ces présentes, donné copie au citoyen B..., demeurant à..., en son domicile parlant à...,

De la grosse d'un jugement contradictoirement rendu entre les parties par le tribunal de paix de..., en date du..., dûment signé, scellé, collationné et enregistré, portant condamnation par corps contre ledit citoyen B..., de la somme de cent quarante gourdes, au profit du requérant; à ce que du contenu audit jugement le susnommé n'ignore;

Et en vertu de la grosse d'icelui, étant en forme exécutoire, à pareilles requête, demeure et élection de domicile que dessus, j'ai, huissier susdit et soussigné, fait commandement au nom de la République, la Loi et Justice, audit citoyen B..., en son domicile, parlant comme dessus.

De, dans vingt-quatre heures pour tout délai, payer audit citoyen A... la somme de cent quarante gourdes, montant des condamnations prononcées par le jugement susénoncé, et pour les causes y portées, sans préjudice de tous autres dus, droits, intérêts, frais, dépens et mise d'exécution.

Et, faute par le susnommé de satisfaire au présent commandement, je lui ai déclaré qu'en exécution du jugement susénoncé, il y serait contraint par corps, et je lui ai, en son domicile et parlant comme dessus, laissé copie dudit jugement et du présent exploit, dont le coût est de...

(*Voir la formule du pouvoir spécial donné à l'huissier pour faire l'empri-sonnement, n° 25, sous l'art. 477 C. pr.*)

FORMULE N° 153. — Procès-verbal d'emprisonnement et d'écrou.

L'an..., le lundi quinze mars, neuf heures du matin, en vertu de la grosse d'un jugement du tribunal de paix de..., en date du..., dûment enregistré, collationné, scellé, étant en forme exécutoire et signifié avec le commande·ment au sieur B..., ci-après nommé, par exploit de N..., huissier commis à cet effet,

Et à la requête du citoyen A... (*profession et demeure, avec élection de domi-cile dans la commune, si le créancier n'y demeure pas*), je..., huissier, etc., assisté des recors ci-après nommés,

(*Si l'arrestation doit se faire dans une maison :*) me suis transporté chez

M..., juge de paix de la commune de..., en sa demeure *ou* en son bureau, où étant arrivé, j'ai exhibé et présenté à M. le magistrat la grosse du jugement susénoncé, portant condamnation par corps contre le citoyen B... (*profession et demeure*); et, après lui avoir exposé que ledit citoyen B... se tenait enfermé en sa demeure, ce qui empêchait d'exercer contre lui la contrainte par corps prononcée par ledit jugement, je l'ai requis de se transporter avec nous au domicile de B... pour que nous puissions mettre à exécution ladite contrainte par corps; sur quoi M. le juge de paix a rendu l'ordonnance suivante :

« Nous, juge de paix de..., attendu que N..., huissier, nous a présenté « la grosse en forme exécutoire d'un jugement emportant contrainte par « corps, rendu au profit du citoyen A... contre le citoyen B...;

« Attendu que la signification dudit jugement avec commandement a été « faite par un huissier commis, aux termes de la loi, le...;

« Attendu que rien n'empêche l'exécution de ladite contrainte par corps, « disons que nous allons nous transporter avec ledit citoyen N..., huissier, « et ses recors, en la demeure dudit citoyen B..., et nous avons signé. »

(Signature du juge de paix.)

Et de suite, accompagné de mondit sieur..., juge de paix, et toujours assisté de mes recors, je me suis transporté en la demeure du citoyen B... (*profession*), demeurant à..., où étant et parlant à sa personne, ainsi qu'il m'a dit être et se nommer, je lui ai fait itératif commandement au nom de la République, la Loi et Justice, de présentement payer au requérant ou à moi, pour lui porteur de pièces, la somme de..., montant des condamnations prononcées contre ledit citoyen B..., même par corps, au profit du requérant, par le jugement susénoncé et pour les causes y portées, sans préjudice de tous autres dus, droits, actions, intérêts, frais, dépens et mise d'exécution.

Lequel, parlant comme dessus, a refusé de payer; pourquoi je lui ai déclaré, de par la loi, que je l'arrêtais et qu'il était mon prisonnier; et l'ai sommé de me suivre à l'instant en prison pour y être écroué;

Sur quoi, ledit citoyen B... ayant requis qu'il en fût référé devant M. le juge de paix de..., je l'ai conduit devant ce magistrat qui, après que nous lui avons expliqué le sujet de notre transport et avoir entendu ledit citoyen B..., a rendu l'ordonnance suivante :

« Nous..., juge de paix de..., au principal, renvoyons les parties à se « pourvoir et cependant, dès à présent et par provision, Attendu..., etc., « Ordonnons que le citoyen B... soit mis provisoirement en liberté, *ou bien* « ordonnons qu'il soit passé outre à l'exécution et procédé à l'emprisonnement « de B..., etc. »

En conséquence (*si la mise en liberté est ordonnée*), j'ai remis ledit citoyen B... en liberté et je lui ai donné copie du présent procès-verbal en parlant à sa personne.

Le tout fait en présence et assistance de E... et R..., etc., recors, etc. (*Voir à la fin.*)

(*S'il est ordonné de passer outre :*) En conséquence, j'ai, toujours assisté de mes recors ci-après nommés, conduit ledit citoyen B... en la maison d'arrêt de..., où étant arrivés à... heure de..., je lui ai, entre les deux guichets, comme lieu de liberté, réitéré le commandement de payer ci-devant fait, auquel il a refusé de satisfaire.

Pourquoi je lui ai déclaré que j'allais à l'instant l'écrouer sur le registre de ladite maison à ce destiné ; et de fait, en vertu de la grosse du jugement susénoncé, que j'ai représentée au geôlier, et fait transcrire sur le registre de la geôle, et à pareilles requête, demeure et élection de domicile que dessus, j'ai écroué ledit citoyen B..., toujours parlant à sa personne entre les deux guichets, comme lieu de liberté, sur le... registre, folio...; et ai remis et laissé sa personne à la charge et garde du citoyen L..., geôlier de la prison de..., lequel présent et moi parlant à sa personne, a promis se charger du citoyen B..., et le représenter quand il en sera légalement requis ;

Et j'ai audit citoyen B..., audit lieu et parlant comme dessus, laissé copie du présent procès-verbal contenant arrestation, emprisonnement et écrou de la personne dudit B...

Le tout fait en présence et assistance des citoyens E... (*profession et demeure*) et F... (*profession et demeure*), tous deux Haïtiens et recors avec moi amenés, qui ont signé *ou* déclaré ne savoir signer ; dont acte que le geôlier a également signé avec moi. Le coût est de...

Remarque. — *Quand l'acte d'écrou se fait séparément, on termine le procès-verbal comme suit :*

En conséquence, j'ai, toujours assisté de mes recors ci-après nommés, conduit ledit citoyen B... en prison ; et après avoir fait transcrire la grosse dudit jugement sur le registre de la geôle, j'ai remis la personne dudit citoyen B... à la charge et garde du citoyen L..., geôlier de la prison de..., etc.

Et j'ai audit citoyen B..., et audit lieu, en parlant comme dessus, laissé copie du présent procès-verbal. Le tout fait en présence et assistance des citoyens E... et F..., etc., recors, etc., qui ont signé avec moi. Le coût est de...

Puis on ouvre le procès-verbal d'écrou par le même préambule que dessus, et on le finit ainsi :

En foi de quoi j'ai dressé le présent acte d'écrou, et j'en ai remis copie avec celle du procès-verbal d'emprisonnement audit citoyen B..., en parlant à sa personne. Dont acte. (*Et le geôlier signe avec l'huissier.*)

FORMULE N° 154. — Procès-verbal de recommandation.

L'an, etc.   (*Comme au modèle précédent.*)

En vertu de la grosse, etc.   (*Id.*)

Et à la requête de, etc.   (*Id.*)

J'ai, N..., huissier (*immatricule de l'huissier*), fait itératif commandement,

au nom de la République, la Loi et Justice, au citoyen B... (*profession et demeure*), et actuellement détenu pour..., en la maison d'arrêt de..., où je me suis transporté, en parlant à la personne dudit sieur B..., amené à cet effet entre les deux guichets, comme lieu de liberté,

De, présentement et sans délai, payer au citoyen A..., etc. (*Comme au modèle précédent.*)

Lequel, parlant comme dessus, ayant refusé de payer, je lui ai déclaré que j'allais l'écrouer et le recommander sur le registre de ladite maison d'arrêt, à l'effet de ne recouvrer sa liberté qu'après avoir entièrement acquitté la somme susdite.

Et de fait, en vertu de la grosse du jugement susénoncé que j'ai représentée au geôlier, et fait transcrire sur le registre de la geôle, j'ai recommandé et écroué la personne dudit citoyen B... sur le registre, folio..., et l'ai laissé à la charge et garde du citoyen L..., geôlier de la prison de..., auquel j'ai déclaré que ledit citoyen B... sera retenu pour la somme ci-dessus énoncée à dater du jour où il sera dégagé des causes pour lesquelles a lieu son emprisonnement primitif; lequel dit geôlier, présent et moi parlant à sa personne, a promis se charger dudit B..., et le représenter quand il en sera légalement requis.

Et j'ai, audit citoyen B..., lieu et parlant comme dessus, et audit citoyen L..., geôlier, parlant comme dessus, laissé à chacun séparément copie du présent procès-verbal, contenant recommandation et écrou de la personne dudit B... Dont acte que le geôlier a signé avec moi. Le coût est de...

(Signatures de l'huissier et du geôlier.)

[*Consulter la remarque du modèle précédent pour l'acte d'écrou, qui se fait séparément.*]

Sur les Procédures diverses.

Des offres de payement et de la consignation.

ART. 710. — Tout procès-verbal d'offres désignera l'objet offert, de manière qu'on ne puisse y en substituer un autre; et si ce sont des choses fongibles, il en contiendra l'énumération et la qualité. (C. civ. 1043; C. pr. 351, 711 et suiv.)

ART. 711. — Le procès-verbal fera mention de la réponse, du refus ou de l'acceptation du créancier, et s'il a signé, refusé ou déclaré ne pouvoir signer. (C. civ. 1043.)

ART. 712. — Si le créancier refuse les offres, le débiteur peut, pour se libérer, consigner la somme ou la chose offerte, en observant les formalités prescrites par l'article 1045 du Code civil. (C. civ. 1045, 1050 ; C. pr. 301, 560 ; C. comm. 206.)

S'il s'agit d'une somme, la consignation s'en fera au greffe du tribunal ; s'il s'agit de tout autre objet, elle se fera au lieu indiqué par le juge, sur la demande du débiteur.

Art. 713. — La demande qui pourra être intentée, soit en validité, soit en nullité des offres ou de la consignation, sera formée d'après les règles établies pour les demandes principales ; si elle est incidente, elle le sera par requête. (C. pr. 58-7°, 69, 71, 78, 79, 336, 337, 403.)

Art. 714. — Le jugement qui déclarera les offres valables ordonnera, dans le cas où la consignation n'aurait pas encore eu lieu, que, faute par le créancier d'avoir reçu la somme ou la chose offerte, elle sera consignée ; il prononcera la cessation des intérêts du jour du dépôt. (C. civ. 1043, 1045, 1046, 1675.)

Art. 715. — La consignation volontaire ou ordonnée sera toujours à la charge des oppositions, s'il en existe, et en les dénonçant aux créanciers. (C. pr. 478 et suiv., 494, 496 et suiv.)

Art. 716. — Le surplus est réglé par les dispositions du Code civil, relatives aux offres de payement et à la consignation. (C. civ. 1043 à 1050.)

I. — Joignez les articles 1043 à 1050 du Code civil.

Lorsque le créancier refuse de recevoir en payement, dit l'article 1043 du Code civil, le débiteur peut lui faire des offres réelles et, au refus du créancier de les accepter, consigner la somme ou la chose offerte.

II. — Mais pourquoi le créancier refuserait-il le payement? Parce que, répond Boitard, 1072, la somme offerte lui paraît insuffisante, ou parce que le débiteur exige dans la quittance des conditions que le créancier n'accepte pas.

III. — Le débiteur qui veut se libérer, ajoute le même auteur, doit encore avoir recours aux offres réelles et à la consignation, sans que le créancier refuse de recevoir, lorsque les créanciers du créancier ont formé des saisies-arrêts entre les mains du débiteur. Il peut tenir à se libérer sans attendre l'issue d'une instance en saisie-arrêt.

IV. — Le débiteur doit faire des offres *réelles*, c'est-à-dire présenter matériellement au créancier la chose ou la somme offerte, et être prêt à la lui remettre si les offres sont acceptées.

V. — Si c'est une somme d'argent qui est offerte, le procès-verbal doit contenir l'énumération et la qualité des espèces, indiquer, par exemple, non seulement quel est le montant des offres, mais combien de pièces d'or, combien de pièces d'argent de 1 gourde, de 50 centimes, de 20 centimes, etc., ont été offertes.

VI. — L'offre d'une somme en billets de banque est valable, quand la loi décide que ces billets seront reçus comme monnaie légale.

VII. — Le procès-verbal est fait ordinairement par un huissier. Toutefois on reconnaît généralement que les notaires pourraient aussi dresser ces sortes de procès-verbaux; l'article 1044, § 7°, du Code civil exige seulement que ce soit un officier ministériel ayant caractère pour ces sortes d'actes. (BOITARD, 1073.)

VIII. — Par l'article 1044, § 6°, du Code civil, on voit que les offres peuvent être faites à domicile aussi bien qu'à la personne. Celui-là à qui la copie sera laissée au domicile et en l'absence du créancier, répondra vraisemblablement, dit BOITARD, qu'il n'a pas mission de recevoir les offres. L'officier ministériel constate cette réponse sur son procès-verbal, déclare qu'il la considère comme un refus. — Si le créancier a l'intention d'accepter, dès que la copie sera parvenue, il ira trouver l'officier ministériel, et lui déclarera son acceptation.

IX. — La sommation prescrite par l'article 1045-1° du Code civil, indicative du jour, de l'heure et du lieu de la consignation des offres réelles, est valablement signifiée au domicile élu par le créancier pour l'exécution du contrat; il n'est pas nécessaire qu'elle soit signifiée à son domicile réel.

X. — Des offres faites à la barre du tribunal sont valables, sans besoin de consignation effective des valeurs offertes : il n'en est pas comme des offres réelles faites par exploit. Peu importe, au surplus, que ces offres à la barre aient été elles-mêmes précédées d'offres réelles non suivies de consignation; l'inefficacité dont celles-ci se trouveraient frappées est sans influence sur les secondes.

XI. — L'assignation en validité d'offres peut être donnée au domicile élu pour le payement, et auquel doivent être faites les offres. (SIREY, 3, sous l'art. 815.)

XII. — Et l'assignation en nullité d'offres pour cause d'insuffisance est aussi valablement donnée au domicile élu dans l'acte d'offres. (*Ibid.*)

XIII. — Le juge de paix est compétent pour connaître d'offres réelles, si ces offres se rattachent à une contestation rentrant dans sa compétence. (*Ibid.*)

XIV. — Mais lorsque la demande en validité d'offres est faite *sauf à parfaire*, elle constitue une demande d'une valeur indéterminée qui doit être portée non devant le juge de paix, mais devant le tribunal civil. (*Ibid.*)

FORMULE N° 155. — Procès-verbal d'offres réelles.

L'an..., etc., à la requête de..., etc., j'ai..., huissier, etc., offert réellement et à deniers découverts, au citoyen B..., etc., en son domicile et parlant à..., la somme de cent dix gourdes en vingt-cinq billets de caisse de la valeur de deux gourdes chacun et soixante billets de la valeur d'une gourde chacun, le tout ayant cours dans la République, pour libérer le requérant des condamnations contre lui prononcées en faveur dudit citoyen B... par jugement du..., etc., savoir : cent gourdes pour le principal, cinq gourdes pour les frais liquidés, deux gourdes et demie pour les intérêts échus et deux gourdes et demie pour les frais non liquidés, sauf à cet égard à parfaire ou diminuer d'après la taxe. (*Ou bien :* la somme de..., etc., le tout ayant cours dans la République, savoir : cent gourdes pour ouvrages et travaux faits par ledit B... pour le requérant dans la maison où celui-ci demeure et pour lesquels ledit B... demande une somme de cent vingt gourdes par son exploit de citation de..., huissier, en date du...; 2° deux gourdes cinquante centimes pour les intérêts de ladite somme de cent gourdes; 3° et sept gourdes cinquante centimes pour les frais et dépens qui ont pu être faits jusqu'à présent, à la requête dudit B..., et sauf à cet égard à parfaire ou diminuer d'après la taxe qui sera faite desdits frais et dépens.)

Les présentes offres sont faites à la charge pour le citoyen B... de les recevoir et de m'en donner bonne et valable quittance et décharge.

Lequel susnommé, en parlant comme ci-dessus, ayant répondu

Si le créancier accepte et qu'il n'y ait pas d'opposition :

Qu'il est prêt à recevoir ladite somme, je lui ai remis à l'instant les cent dix gourdes susénoncées, ainsi qu'il le reconnaît; en conséquence, il a déclaré décharger le requérant et m'a remis la grosse, etc.

Si le créancier refuse :

Qu'il refuse de recevoir ladite somme, je lui ai déclaré que j'allais en faire la consignation ; en conséquence, je l'ai sommé, domicile et parlant comme dessus, de se présenter le..., à... heure de..., au greffe du tribunal de paix de cette commune pour voir opérer ladite consignation.

En foi de quoi j'ai dressé le présent procès-verbal, et le citoyen B... ayant signé *ou* refusé de signer, je lui ai, en parlant comme dessus, laissé copie du présent, sous toutes réserves de droit pour ma partie. Dont acte. Le coût est de...

En cas d'offres faites par un tiers saisi qui ne veut pas attendre l'issue de l'instance en saisie-arrêt :

Les présentes offres sont faites, à la charge par ledit citoyen B... de les accepter, et la consignation opérée, de m'en donner bonne et valable quittance et décharge ; plus, mainlevée pure et simple, entière et définitive et en bonne forme, d'une opposition formée sur ledit B..., ès main de l'offrant, à la requête du sieur L..., par exploit de N..., huissier, en date du...

Lequel susnommé, en parlant comme dessus, ayant répondu qu'il accepte *ou* qu'il refuse lesdites offres, j'ai, huissier susdit et soussigné, faisant toutes réserves de droit pour ma partie, et à pareilles requête et demeure que dessus, sommé ledit B..., domicile et parlant comme dessus, de comparaître demain..., à neuf heures du matin (défaut à dix heures du matin) au greffe du tribunal de cette commune, pour être présent, si bon lui semble, au dépôt qu'y effectuera le requérant, de la somme présentement offerte et des intérêts courus jusqu'au jour dudit dépôt, à la charge de l'opposition susénoncée, lui déclarant qu'il y sera procédé tant en absence que présence, et qu'il sera dressé du tout procès-verbal, conformément à la loi.

En foi de quoi, etc.

FORMULE N° 156. — Procès-verbal de consignation.

L'an..., à la requête de..., je..., huissier, me suis transporté au greffe du tribunal de..., à l'effet de consigner la somme de..., aux risques du citoyen B..., par suite d'offres réelles à lui faites par procès-verbal du...

Le citoyen B..., présent, ayant refusé de recevoir ladite somme (*ou bien* n'ayant pas comparu quoique dûment sommé à cet effet), j'ai remis au citoyen..., greffier, qui le reconnaît, la somme de..., consistant en... billets, etc.; le tout ayant cours dans la République, pour le compte du citoyen B..., qui en retirant ladite somme sera tenu de décharger le requérant, de lui remettre la grosse du jugement, etc., et de payer tous les frais des offres et consignation ; et ce, sous la responsabilité spéciale dudit greffier. — En foi de quoi j'ai dressé le présent procès-verbal que le greffier a signé avec moi et dont copie a été remise audit greffier et audit citoyen B... (*s'il est présent*).

En cas d'absence, la signification lui est faite en ces termes :

L'an..., à la requête..., j'ai..., signifié et donné copie du procès-verbal de consignation ci-dessus au citoyen B..., demeurant à..., en son domicile, parlant à..., afin qu'il n'en ignore, le sommant de retirer, si bon lui semble, la somme déposée, en satisfaisant toutefois aux conditions dudit dépôt; dont acte, etc.

Remarque. — Si les offres sont faites en exécution d'un jugement à charge d'appel, la demande en nullité ou la demande en validité doit être portée au tribunal civil.

De la Saisie-gagerie et de la Saisie foraine.

Art. 717. — Les propriétaires, principaux locataires et fermiers de maisons ou biens ruraux, soit qu'il y ait bail, soit qu'il n'y en ait pas, peuvent, un jour après le commandement, et sans permission du juge, faire saisir-gager, pour loyers et fermages échus, les effets et fruits étant dans lesdites maisons ou bâtiments ruraux, et sur les terres. (C. civ. 1483, 1485, 1499-2°, 1869-1°, 2012; C. pr. 473, 504, 548, 573, 574, 585, 680, 718.)

Ils peuvent même faire saisir-gager à l'instant, en vertu de la permission qu'ils en auront obtenue, sur requête, par ordonnance du juge.

Ils peuvent aussi faire saisir les meubles qui garnissaient la maison ou les bâtiments ruraux, lorsqu'ils ont été déplacés sans leur consentement; et ils conservent sur eux leur privilège, pourvu qu'ils aient fait la revendication, conformément à l'article 1869 du Code civil.

Art. 718. — Peuvent les effets des sous-fermiers et sous-locataires, garnissant les lieux par eux occupés, et les récoltes des terres qu'ils sous-louent, être saisis-gagés pour les loyers et fermages dus par le locataire ou fermier de qui ils tiennent; mais ils obtiendront mainlevée en justifiant qu'ils ont payé sans fraude, sans que néanmoins ils puissent opposer des payements faits par anticipation. (C. civ. 1488, 1524, 1369-1°.)

Art. 719. — La saisie-gagerie sera faite en la même forme que la saisie-exécution : le saisi pourra être constitué gardien. (C. civ. 928, 1729; C. pr. 504 et suiv., 517 et suiv., 721, 728.)

I. — La saisie-gagerie est la mise sous la main de justice d'effets, meubles et fruits appartenant aux locataires ou fermiers, à la requête des propriétaires ou principaux locataires pour sûreté des loyers ou fermages. (Boitard.) — C'est un moyen prompt et facile donné aux propriétaires ou principaux locataires de conserver ces objets garnissant les lieux loués ou qui en ont été enlevés, afin d'exercer sur eux le privilège que leur accorde la loi. (Art. 1869-1º C. civ.)

II. — *Faire saisir-gager à l'instant, en vertu de la permission...* C'est-à-dire sans le commandement préalable. (Sirey, sous l'art. 819 C. pr.; Boitard, 1082.) La garantie de la sommation préalable, dit ce dernier, est remplacée par celle de l'autorisation du juge, qui ne devra l'accorder qu'en cas d'urgence ou de péril en la demeure.

III. — Si les causes de la saisie-gagerie rentrent dans la compétence du juge de paix, c'est à ce magistrat qu'il faut s'adresser pour l'autorisation comme pour la validité. (Sirey, *loco citato;* Boitard, 1082, 1088.)

IV. — Est nulle la saisie-gagerie lors de laquelle le saisissant a été établi gardien. (Sirey, sous l'art. 821.)

V. — Il n'est pas nécessaire, comme au cas de saisie-exécution (art. 516), d'indiquer le jour de la vente (*Ibid.*), — puisque la vente, dans le cas où elle doit avoir lieu, ne pourra être faite qu'après le jugement sur la validité de la saisie (art. 722). (Mullery.)

Art. 720. — Tout créancier, même sans titre, peut, sans commandement préalable, mais avec permission du juge, faire saisir les effets trouvés en la commune qu'il habite, appartenant à son débiteur forain. (C. pr. 479, 721 et suiv., 724.)

Art. 721. — Le saisissant sera gardien des effets, s'ils sont en ses mains; sinon, il sera établi un gardien. (C. civ. 928, 1729; C. pr. 517 et suiv., 719.)

1. — Le débiteur forain est celui qui habite *foras*, ou dehors, c'est-à-dire étranger à la commune où est domicilié le créancier. Il est bien

entendu que le mot *étranger* s'applique ici à l'Haïtien ou autre qui n'habite pas la commune.

II. — Lorsque le saisissant n'a pas les effets en ses mains, l'huissier ne peut lui en confier la garde. Il ne peut non plus la confier au saisi. (SIREY, 1 et 2, sous l'art. 823.)

ART. 722. — Il ne pourra être procédé à la vente, sur les saisies énoncées au présent titre, qu'après qu'elles auront été déclarées valables; le saisi, dans le cas de l'article 719, le saisissant dans le cas de l'article 721, ou le gardien, s'il en a été établi, seront condamnés par corps à la représentation des effets. (C. civ. 1825, 1826-4°; C. pr. 133, 534, 538 et suiv., 723.)

ART. 723. — Seront, au surplus, observées les règles ci-dessus prescrite pour la saisie-exécution, la vente et la distribution des deniers. (C. pr. 504 et suiv., 508 et suiv., 722.)

I. — Le tribunal compétent pour connaître de la saisie est celui du lieu de cette saisie; et ce sera le tribunal de paix, si les causes de la saisie rentrent dans sa compétence. (SIREY, sous l'art. 824; BOITARD, 1088.)

II. — Un jugement de validité de la saisie est nécessaire, même alors que cette saisie a été faite en vertu d'un titre exécutoire. (SIREY.)

FORMULE N° 157. — Commandement qui précède une saisie-gagerie.

L'an..., en vertu de l'article 717 du Code de procédure civile; et à la requête de A... (*profession et demeure, avec élection de domicile dans la commune, si le saisissant n'y demeure pas*), j'ai (*immatricule de l'huissier*) soussigné, fait commandement au nom de la République, la Loi et Justice, au citoyen B..., locataire sans bail, d'un appartement au rez-de-chaussée de la maison sise en cette ville de..., rue..., propriété du requérant, où demeure ledit citoyen B..., en son domicile étant et parlant à...

De payer audit sieur A..., ou à moi, huissier, la somme totale de quatre-vingt-dix gourdes pour trois mois échus le..., des lieux qu'il occupe à raison de trente gourdes par mois, sans préjudice de tous autres dus, droits, actions, intérêts et frais.

Lequel, en parlant comme dessus, a refusé de payer; pourquoi je lui ai déclaré qu'il y serait contraint par toutes voies de droit, et notamment par la saisie-gagerie des meubles et effets dans les lieux par lui occupés; et à ce qu'il n'en ignore, je lui ai, etc.

FORMULE N° 158. — Requête à fin de saisir à l'instant et sans commandement préalable les meubles et effets garnissant les lieux occupés par le locataire.

A Monsieur le Juge de paix de...

Le citoyen A..., propriétaire, demeurant à..., expose bien humblement que le citoyen B...,.l'un de ses locataires sans bail, en la maison sise en cette ville, rue...; sa propriété, lui doit trois mois de loyers échus le..., et formant une somme de quatre-vingt-dix gourdes;

Qu'il vient d'apprendre que ledit B... se dispose à faire enlever quelques-uns des meubles et effets garnissant les lieux, pour les soustraire, sans doute, aux poursuites de l'exposant;

A ces causes, il vous plaira permettre à l'exposant, pour sûreté, conservation et avoir payement des loyers qui lui sont dus par ledit sieur B..., de faire saisir-gager à l'instant tous les meubles et effets se trouvant dans les lieux et appartenant audit B..., dans ladite maison, rue...; vu l'urgence, permettre aussi l'enregistrement de votre ordonnance ensemble avec l'exploit qui s'ensuivra. Et vous ferez justice.

(Signature de la partie.)

FORMULE N° 159. — Permission du juge.

Au nom de la République,

Nous..., juge de paix de...

Vu la requête qui précède, permettons, en vertu de l'article **717** du Code de procédure, au citoyen A... de faire procéder à la saisie-gagerie sur le citoyen B..., ainsi qu'il est requis; et, vu l'urgence, permettons l'enregistrement de notre présente ordonnance, ensemble avec l'exploit qui sera donné à l'effet que dessus.

Donné à..., le...

FORMULE N° 160. — Requête à fin de saisir les effets du débiteur forain.

A Monsieur le Juge de paix de...

Le citoyen A..., marchand, patenté au n°..., demeurant en cette ville, expose qu'il est créancier du citoyen B..., demeurant à Léogane, de la somme de..., pour *telle cause,* etc.

Que, ledit B..., actuellement en cette ville, étant sur le point de retourner à Léogane, il devient urgent de saisir, dans le plus court délai, les effets qui lui appartiennent et qui sont dans *tel endroit* de cette ville.

A ces causes, il vous plaira permettre au requérant, pour sûreté, conservation et avoir payement de sa créance, de saisir à l'instant les effets appartenant au citoyen B..., et étant dans *tel endroit* chez *tel,* etc.

FORMULE N° 161. — Citation en validité de saisie-gagerie.

L'an..., à la requête de A... (*profession et demeure, avec élection de domicile, s'il ne demeure pas dans la commune*).

J'ai (*immatricule de l'huissier*), soussigné, cité le citoyen B..., locataire sans bail, d'un appartement au rez-de-chaussée, où il demeure, en son domicile étant et parlant à...

A comparaître le..., à heure de..., par-devant M. le Juge de paix de..., pour..., attendu que le citoyen A... a loué au citoyen B..., moyennant le prix de trente gourdes par mois, un appartement, etc.

Se voir condamner, ledit citoyen B..., à payer au requérant la somme de quatre-vingt-dix gourdes pour trois mois de loyers des lieux dont s'agit, échus le..., avec les intérêts de ladite somme tels que de droit, et pour faciliter le payement, voir déclarer bonne et valable la saisie-gagerie faite sur ledit citoyen à la requête dudit citoyen A..., par procès-verbal de N..., huissier, en date du..., enregistré, et voir pareillement dire et ordonner qu'aux requête, poursuite et diligence du demandeur, il sera procédé à la vente, au plus offrant et dernier enchérisseur, desdits meubles et effets saisis, et ce, dans les formes établies par la loi ; et à l'effet de tout ce que dessus, voir aussi dire et ordonner que le gardien établi sera tenu de représenter lesdits meubles et effets ; à quoi il sera contraint, même par corps, pour les deniers à provenir de la vente, être remis au citoyen A..., de préférence à tous autres créanciers, attendu la nature de son privilège, en déduction ou jusqu'à due concurrence de sa créance en principal, intérêts, frais, dépens, mise d'exécution et accessoires, et pour, en outre, répondre et procéder comme de raison, à fin de dépens.

Et j'ai, au susnommé, en son domicile, et parlant comme dessus, laissé copie du présent exploit, dont le coût est de...

REMARQUE. — *Cette demande, étant l'exercice d'une action personnelle, se porte au tribunal du domicile de la partie saisie.*

De la Saisie-Revendication.

ART. 724. — Il ne pourra être procédé à aucune saisie-revendication qu'en vertu d'ordonnance du juge, rendue sur requête : et ce, à peine de dommages-intérêts, tant contre la partie que contre l'huissier qui aura procédé à la saisie. (C. civ. 939, 1168, 1693, 1869-1°, 2044, 2045 ; C. pr. 81, 139, 479, 529, 635, 720, 725 et suiv.; C. comm. 570 et suiv.)

ART. 725. — Toute requête à fin de saisie-revendication désignera sommairement les effets. (C. pr. 529, 626, 717.)

ART. 726. — Le juge pourra permettre la saisie-revendication, même les jours de fêtes légales. (C. pr. 13, 73, 681, 706, 958; C. comm. 131, 159, 184 ; C. pén. 22.)

ART. 727. — Si celui chez lequel sont les effets qu'on veut revendiquer refuse les portes ou s'oppose à la saisie, il en sera référé au juge; et cependant il sera sursis à la saisie, sauf au requérant à établir garnison aux portes. (C. pr. 508, 704 et suiv.)

ART. 728. — La saisie-revendication sera faite en la même forme que la saisie-exécution, si ce n'est que celui chez qui elle est faite pourra être constitué gardien. (C. civ. 928, 1729; C. pr. 504 et suiv., 517 et suiv., 719, 721.)

ART. 729. — La demande en validité de la saisie sera portée devant le tribunal du domicile de celui sur qui elle est faite; et si elle est connexe à une instance déjà pendante, elle le sera au tribunal saisi de cette instance. (C. civ. 91 ; C. pr. 484, 955.)

I. — La saisie-revendication est, en général, l'action par laquelle une personne se prétend propriétaire d'une chose possédée par un tiers et demande que la possession en soit retirée à ce dernier. (BOITARD, 1089.)

II. — Mais notre droit reconnaît, outre cette revendication de propriété (art. 2044 C. civ.), une revendication de la possession à titre de gage, comme dans le cas de l'art. 1869-1° C. civ., et 717 C. pr.

III. — Ainsi le demandeur pourra former une saisie-revendication, soit qu'il se prétende propriétaire, dans les cas où la revendication des meubles est admise, soit qu'il veuille les faire réintégrer dans les lieux loués pour être affectés au gage de sa créance.

IV. — L'autorisation pour procéder à la saisie-revendication doit être donnée par le juge du lieu où est domicilié le détenteur des objets revendiqués. (SIREY, 1, sous l'art. 826.)

V. — Le jugement sur la demande en validité porte naturellement sur la forme et le fond. Pour avoir définitivement gain de cause, « il ne suffit pas à une partie de remplir toutes les formalités tracées par la loi en matière de saisie. La permission du juge de saisir-revendiquer ne peut avoir pour effet de lier le tribunal *dans son appréciation*. Il peut donner mainlevée sur l'objet saisi, s'il reconnaît que les droits du saisissant ne sont pas fondés. » (Cass., 19 août 1850; — L. P., sous l'art. 725 C. pr.)

FORMULE N° 162. — Requête afin d'avoir permission de saisir-revendiquer.

A Monsieur le Juge de paix de...

Le citoyen..., etc.,

Expose que B..., l'un de ses locataires, etc., est débiteur envers lui d'une somme de..., pour trois mois de loyers échus le...;

Que ledit B..., ayant déménagé à l'insu de l'exposant, a transporté, le..., en une chambre dépendante d'une maison appartenant au sieur D..., sise en cette ville, rue..., la totalité des meubles qui, auparavant, garnissaient les lieux occupés par B... en la maison de l'exposant;

Pourquoi il vous plaira, Magistrat, permettre au requérant de faire saisir-revendiquer en ladite chambre, etc., les meubles dudit citoyen B..., qui y ont été transportés, etc.

Cassation des jugements en matière civile et en matière de commerce.

Des ouvertures en cassation.

ART. 918. — Les demandes en cassation des jugements définitifs rendus en dernier ressort par les tribunaux de paix, ne pourront avoir lieu que pour cause d'incompétence ou d'excès de pouvoir.

I. — C'est à cause de l'importance minime des affaires que les juges de paix décident en dernier ressort que la loi n'autorise pas aussi le pourvoi en cassation contre leurs jugements, comme elle le fait à l'égard de ceux des tribunaux civils et de commerce pour *vices de formes, violation de la loi, fausse application de la loi, fausse interprétation de la loi.* (Art. 917.)

Cependant on a décidé en France, comme le rapporte TARBÉ, p. 374, que malgré la disposition de l'art. 15 (loi de 1838) le procureur général a le droit de se pourvoir, dans l'intérêt de la loi, contre un jugement du juge de paix qui présente une contravention formelle à la loi, autre que l'excès de pouvoir.

II. — *Pour cause d'incompétence ou d'excès de pouvoir.* Au premier aspect, dit BOITARD, ces deux expressions *incompétence, excès de pouvoir* se confondent, et en effet, dans l'énumération de l'art. 917, on s'est borné à employer le mot *excès de pouvoir*... Quand un tribunal connaît d'une affaire pour laquelle il est incompétent, il est vrai de dire, à la lettre, que ce tribunal excède, dépasse ses pouvoirs; et réciproquement, quand un tribunal excède les pouvoirs que lui a tracés la loi, quand il dépasse les limites dans lesquelles son autorité est renfermé, il est vrai de dire, dans le sens général du mot, qu'il commet un fait d'incompétence. Cependant, dans le langage exact et technique, on sépare ces deux mots : *incompétence* ou *excès de pouvoir.* L'art. 918 les emploie comme distincts.

III. — Ainsi on dira spécialement qu'il y a incompétence lorsqu'un tribunal aura connu d'une affaire dont la loi attribuait la connaissance et le jugement à un autre tribunal. Cette incompétence constitue bien une ouverture de cassation, sauf cependant à distinguer entre l'incompétence *ratione personæ* et l'incompétence *ratione materiæ.*

IV. — Car il faut se rappeler que l'incompétence *ratione personæ* ne donnera lieu à cassation qu'autant que les parties n'y auront pas renoncé, ne l'auront pas couverte, et cette exception est ouverte ou abandonnée par cela seul qu'elle n'est pas opposée dès le début de la procédure. (BOITARD.)

V. — Quant aux excès de pouvoir, disait en France M. BARTHE, garde des sceaux, en présentant à la Chambre des Pairs le projet de la loi de 1838 sur les justices de paix, ils consistent non dans les actes par lesquels le juge de paix aurait empiété sur les attributions d'une autre juridiction, mais dans ceux par lesquels il aurait fait ce qui ne serait permis à aucune juridiction établie, comme, par exemple, s'il avait disposé par voie réglementaire, fait un statut de police, taxé des denrées, défendu l'exécution d'une loi, contrarié des mesures prises par l'administration. Dans ces circonstances, toujours rares, mais importantes, l'ordre général est troublé, l'annulation de l'acte illégal ne peut être demandée à une autorité trop élevée. (*Voir* ALLAIN, tome II, nᵒ 3170.)

VI. — Spécialement le juge de paix commet un excès de pouvoir lorsque, en dehors de ses attributions, il condamne un huissier à l'amende. (BIOCHE, *Dictionnaire des Juges de Paix :* — Cass. 4.)

VII. — ...Lorsque, en matière d'action *possessoire*, il cumule le possessoire et le pétitoire (*Ibid.*), puisque ce n'est permis à aucun tribunal.

VIII. — Il a été jugé qu'un juge de paix commet un excès de pouvoir, lorsque, après avoir statué sur une demande, il y statue une seconde fois, sur une citation nouvelle donnée par le demandeur qui a déclaré se désister du premier jugement rendu à son profit...; peu importe qu'un nouveau chef de conclusions ait été ajouté à la seconde. (Cour de cassation de France, 22 avril 1830, arrêt cité : *Ibid.* ; — Jugement du trib. de paix, 129.)

IX. — Il a été jugé aussi par notre Tribunal de cassation que, s'il ne résulte qu'un moyen de requête civile de ce qu'un tribunal a omis de prononcer sur un chef de demande, il en est autrement de l'omission de statuer sur un moyen de défense ou sur une exception du défendeur. Dans ce dernier cas, il y a violation du droit de la défense, et partant, excès de pouvoir. — (27 sept. 1858, — L. P., 66, sous l'art. 917 C. pr. ; — V. aussi note 69 : Cass., 9 mai 1859 (1) ; — Note 73 : Cass., 19 août 1861 (2) ; — Notes 75 et suiv., etc.)

X. — Mais la partie qui a comparu volontairement devant la justice de paix pour y plaider de nouveau sur une question déjà décidée par un premier jugement, a, par là, renoncé à se prévaloir contre l'excès de pouvoir commis par le juge de paix. (Cass., 24 oct. 1831, — L. P., 1, sous l'art. 918.)

XI. — Lorsque, par un premier jugement, le juge de paix a jugé une contestation sur laquelle il a rendu encore un jugement contre lequel on se pourvoit, et qu'il résulte de ce dernier jugement que la demanderesse avait acquiescé à la nouvelle action de son adversaire, puisqu'elle a fait choix d'un expert pour l'estimation de l'ouvrage qui faisait l'objet du litige, — l'exception de la chose jugée étant une de celles auxquelles les parties peuvent renoncer, et que le juge n'est point tenu de suppléer d'office, il s'ensuit que le jugement attaqué n'est vicié ni d'incompétence

---

(1) *Bulletin des arrêts du Tribunal de cassation*, nᵒ **2**, arrêt nᵒ **15**.
(2) *Ibid.*, nᵒ **31**, arrêt nᵒ **284**.

ni d'excès de pouvoir, et qu'aux termes de l'article 918 du Code de procédure civile, il n'est point susceptible de recours en cassation. (Cass., 7 juillet 1851, — L. P., 5, sous l'art. 918.)

XII. — Le rejet par le juge de paix d'un moyen de prescription, par appréciation du fond du procès, peut être un mal-jugé, mais ne constitue pas un excès de pouvoir. (Bioche, *loco citato*, 128.)

XIII. — Le défaut de motifs ou de publicité n'est point un excès de pouvoir qui donne ouverture à cassation contre le jugement d'un tribunal de paix. (*Ibid.*, 130.)

XIV. — On peut toujours se pourvoir contre un jugement définitif rendu en dernier ressort. Peu importe qu'il soit mal à propos qualifié en premier ressort. (*Ibid.*, 9.)

Art. 919. — Les jugements interlocutoires qui préjugent le fond, et les jugements rendus en matière de compétence, peuvent être attaqués par la voie de cassation, mais le pourvoi ne suspendra pas le jugement du fond, sauf à la partie qui succombera à se pourvoir contre ce dernier jugement.

I. — Il s'ensuit qu'on n'est pas astreint à attaquer les jugements interlocutoires ensemble avec les jugements définitifs. — Il est facultatif de diriger le pourvoi séparément, uniquement contre les jugements interlocutoires. (V. L. P., 5, sous l'article : — Cass., 17 avril 1860 ; — Bulletin des arrêts du trib. de cass. de la République, n° 13, arrêt n° 110.)

II. — En général, l'exécution, même volontaire, des jugements préparatoires ne peut être opposée comme fin de non-recevoir à un pourvoi de cassation. (Cass., 14 fév. 1831, — L. P., sous l'art. 919.) Le jugement interlocutoire, rapporte Bioche au mot *Cassation*, n° 11, s'il ne cause aucun préjudice irréparable à la partie condamnée, doit être *ici* assimilé au jugement préparatoire.

Art. 920. — La contrariété de jugements rendus entre les mêmes parties sur les mêmes moyens en différents tribunaux donne ouverture à cassation.

I. — Bioche, dans son Dictionnaire des Juges de paix, au mot *Jugement du tribunal de paix*, — mentionne (110) cette ouverture de cassation. Il en résulte, semble-t-il, que, selon lui, l'article est applicable aussi aux jugements de justice de paix.

II. — *En différents tribunaux.* — Quand le cas se présente pour des jugements émanés du même tribunal, il constitue une ouverture de requête civile. (Art. 416.)

Art. 921. — L'acquiescement positif d'une partie à un jugement la rend non recevable à se pourvoir en cassation contre ce même jugement.

I. — Acquiescer à un jugement, c'est consentir volontairement et sans restriction à son exécution. Selon le vœu du législateur, il faut nécessairement que cette volonté soit positive et clairement exprimée. — Dès lors, le payement fait avec des réserves ne constitue nullement un acquiescement formel au jugement. (Cass., 4 juin 1860 : — L. P., 9, sous l'art. 921 ; — Bulletin officiel n° 16, arrêt n° 140.)

II. — Et même quelquefois sans réserves. Ainsi, de ce que le demandeur en renvoi a plaidé contradictoirement avec son adversaire par suite du rejet de son déclinatoire, il ne s'ensuit nullement qu'il ait renoncé à sa demande en renvoi ni qu'il y ait de sa part un acquiescement, qui ne saurait exister sans une volonté expresse. (Cass., 18 juin 1860 : — *Ibid.*, 10 ; — Bulletin n° 17, arrêt n° 147.)

III. — Ni quand la partie acquitte le montant des condamnations prononcées contre elle, pour obéir seulement aux ordres de la justice, et afin d'éviter les poursuites rigoureuses qui pourraient être exercées contre elle. (Cass., 8 mars 1830 : — *Ibid.*, 1 ; — V. aussi notes 2, 3, 7, 8.)

IV. — De même, la partie qui ne satisfait que sur poursuites, aux condamnations prononcées contre elle par un jugement exécutoire par provision, n'acquiesce pas à ce jugement. Elle ne fait alors qu'obéir à la justice et céder à la force. (BIOCHE, *Acquiescement*, 38.)

V. — Mais il a été jugé que l'acquittement des frais sur simple commandement, et sans nulle réserve ni protestations quelconques, constitue un acquiescement positif au jugement, et rend le débiteur inhabile à se pourvoir en cassation contre ledit jugement. (Cass., 6 mai 1839 : — L. P., 6, sous l'art 921 ; — *Contrà*, Cass., 28 février 1835 : — L. P., 2.) — Voir un arrêt de la Cour de cassation de France, 25 août 1810, d'où il résulte que l'exécution sans réserves d'un jugement en dernier ressort, faite sur les poursuites de l'adversaire, par exemple le payement des frais, ne rend pas le pourvoi en cassation non recevable. (BIOCHE, *loco citato*, 50.)

VI. — Enfin, pour enlever tout doute sur son intention, quand on ne veut pas acquiescer à un jugement qu'on est cependant obligé d'exécuter en tout ou en partie, il est prudent de faire ses réserves, — de déclarer formellement qu'on obéit aux ordres de la justice, *contraint et forcé*.

Des Délais pour se pourvoir.

Art. 922. — Les parties, leurs héritiers ou ayants cause auront trente jours pour faire leur déclaration de pourvoi, à dater de la signification du jugement à personne ou domicile.

Ce délai emportera déchéance; il courra contre toutes personnes, sauf le recours des personnes incapables contre ceux qui auraient dû agir pour elles. (C. pr. 929, 954.)

I. — *Trente jours.* — Le jour où commence ce délai doit être mis à l'écart, ne pouvant être compris dans les trente jours. Ainsi le jugement attaqué ayant été signifié le 27 mars, le pourvoi formé le 26 avril est régulier. (Cass., 17 oct. 1833; Cass., 7 juillet 1857 : — L. P., 12 et 16, sous l'article.) Mais le jugement ayant été signifié le 10 décembre, l'acte déclaratif du pourvoi dressé le 11 janvier au lieu de l'être le 9 entraîne la déchéance. (Cass., 16 sept. 1861; — Bulletin no 34, arrêt no 302.)

La fin de non-recevoir résultant de la tardiveté d'un pourvoi en cassation est d'ordre public et doit être suppléé d'office par le tribunal de cassation. — V. Rép. Dalloz au mot *Cassation*, nos 130, 131, 473, 474.

II. — Lorsqu'il s'agit d'un jugement par défaut, le délai de l'art. 922 est suspendu pendant le temps que la voie de l'opposition reste ouverte à la partie défaillante (trois jours, dit l'art. 28 C. pr.; — Cass., 12 août 1830 : — L. P., 10.)

III. — La déclaration du pourvoi faite avant la signification du jugement attaqué est nulle. (Cass., 26 mars 1838 : — *Ibid.*, 2.)

IV. — D'après la doctrine consacrée par les arrêts du Tribunal de cassation, la signification du jugement attaqué qui est réputée bonne et valable est celle qui est faite au domicile réel et non au domicile élu. (Cass., 12 nov. 1838 : — *Ibid.*, 4; — V. aussi note 2 : Cass., 26 mars 1838.)

V. — Lorsque, dans le doute, une partie prend simultanément les deux voies de l'appel et du recours en cassation contre un jugement de tribunal de paix qui serait peut-être en dernier ressort mais qualifié de premier ressort, — il n'y a pas positivement conflit. Il en résulte seulement que l'un des deux recours demeurera non avenu. Si donc le Tribunal de cassation reconnaît que le jugement attaqué est en dernier ressort et que le pourvoi est motivé sur l'incompétence et l'excès de pouvoir, il ne saurait déclarer la partie non recevable en son recours par le motif que cette partie se serait aussi pourvue en appel. — En effet, il pourrait advenir que la décision du tribunal d'appel rejetant le pourvoi parce que le jugement serait en dernier ressort, cette décision serait rendue trop tard pour que la partie se trouvât dans le délai de pourvoi en cassation. (V. Cass., 21 avril 1856 : — L. P., 15.)

VI. — Il est de règle que personne ne peut se pourvoir pour et au nom des parties sans être muni d'un mandat spécial par lequel la partie qui veut recourir à cette voie déclare formellement sa volonté à cet effet. L'absence de ce mandat spécial s'oppose à ce qu'il soit constaté si le demandeur a eu réellement la volonté de recourir à la voie extraordinaire de la cassation contre le jugement. (Cass., 8 août 1848 : — *Ibid.*, 13, sous l'art. 927 ; — V. aussi note 14.)

VII. — Les parties qui ne peuvent pas, conformément aux art. 922 et 926 combinés, se présenter elles-mêmes pour se pourvoir en cassation sont bien autorisées, d'après les règles du droit commun, à se faire représenter par un mandataire spécial. Mais, bien que la ratification ultérieure d'un acte lui donne la même force que s'il avait été consenti par le ratifiant lui-même, l'art. 922 fixant un délai pour se pourvoir en cassation, il est évident que la déchéance frappe également toute ratification qui n'aurait pas été faite dans le délai de la loi. (Cass., 16 sept. 1850 ; — *Ibid.*, 10, sous l'art. 926.)

VIII. — Si la déclaration de pourvoi a été faite sans procuration, il faut, pour sa validité, qu'elle soit ratifiée par les parties dans le délai du pourvoi... Mais, comme il n'entre nullement dans les attributions des juges de paix de recevoir et de délivrer des procurations, et comme ces actes ne peuvent être délivrés que par les notaires, seuls officiers publics ayant le caractère légal pour cet objet, il est évident que, si la procuration d'une partie pour se pourvoir en cassation a été reçue et délivrée par un juge de paix, cet acte ne peut être considéré comme une procuration authentique, n'ayant pas été reçu par l'officier public désigné par la loi pour le recevoir ; il ne peut non plus même être considéré comme procuration sous signature privée, n'ayant pas été signé par les mandants ; partant, cette procuration, ne portant aucun caractère légal, est nulle et de nul effet. (Cass., 17 déc. 1855 : — *Ibid.*, sous l'art. 922.)

Art. 925. — Le ministère public près les tribunaux civils et le ministère public près le Tribunal de cassation auront, même après l'expiration des délais, la faculté de se pourvoir contre les jugements, dans l'intérêt seul de la loi, et sans que les parties puissent, dans ce cas, profiter de son action ou en souffrir de préjudice. (C. pr. 923.)

Dans l'intérêt seul de la loi. — C'est-à-dire pour maintenir aux yeux des tribunaux et des citoyens l'unité d'interprétation dans la législature. (Boitard.)

De la Forme du pourvoi.

Art. 926. — Les parties et le ministère public près les tribunaux civils qui veulent se pourvoir en cassation contre un jugement, doivent en faire la déclaration au greffe du tribunal qui a rendu le jugement.

Le ministère public près le Tribunal de cassation devra faire sa déclaration de pourvoi au greffe du Tribunal de cassation.

Art. 927. — Il sera tenu au greffe de chaque tribunal un registre de déclarations de pourvoi en cassation; toute déclaration de pourvoi y sera inscrite, et il y sera fait mention du jugement, de sa date, de celle de sa signification, des noms et qualités des parties, du défenseur que le pourvoyant aura constitué, s'il en a constitué un. L'acte sera signé par le pourvoyant, ou mention sera faite qu'il ne sait ou ne peut signer.

Sur le registre du greffe du Tribunal de cassation, il sera de plus fait mention du tribunal qui aura rendu le jugement. (C. pr. 71.)

Voir *suprà*, sous l'art. 922, notes VI, VII et VIII, pour les déclarations faites par un mandataire.

I. — La forme du pourvoi en cassation est la même pour les tribunaux de paix que pour les tribunaux civils et de commerce. Selon l'esprit des art. 926 et 927 du Code de procédure civile, la déclaration de pourvoi est un acte du greffe, et, par conséquent, ne peut être attribuée qu'aux greffiers. Or la déclaration faite contre un jugement de la justice de paix et reçue par le juge suppléant, au lieu de l'avoir été par le greffier chargé de l'inscrire sur le registre à ce destiné, doit être considérée comme non avenue.— Cass., 2 mars 1840. (L. P., 6, sous l'art. 927.)

II. — Une déclaration de pourvoi est un acte introductif de toute demande en cassation. Par conséquent, les personnes soumises au droit de patente ne peuvent se dispenser d'en insérer le numéro dans ledit acte, à peine de nullité. — Cass., 13 sept. 1847. (L. P., 6, sous l'art. 926.)

Bien entendu, dans les causes touchant l'industrie pour laquelle la patente est exigée. — De plus, la loi actuelle dispose que, en cas d'omission, la production de la patente devant les tribunaux équivaudra à l'accomplissement de la formalité.

Voir *infrà* note IV, sous l'article 929.

III. — L'expédition de la déclaration de pourvoi doit être faite sur timbre de 20 centimes. C'est un acte fait, il est vrai, au greffe d'un tribunal inférieur, mais destiné au Tribunal de cassation. — Voir cass., 15 oct., 19 nov., 17 déc. 1849; 4 mars 1850. (L. P., 8 et 9, sous l'art. 926.)

IV. — Le demandeur en cassation qui produit un certificat constatant que l'administration n'était point pourvue de timbres (de la quotité voulue), lorsque l'acte fut signifié, n'encourt aucune déchéance. Et ce certificat, qui n'est pas revêtu de la formalité de l'enregistrement, ne cesse pas d'être un acte régulier, en ce que l'article 7 de la loi sur l'enregistrement le dispense de cette formalité. — Cass., 18 déc. 1863. (L. P., 69, sous l'art. 929.)

V. — De ce qu'un jugement peut avoir plusieurs chefs distincts de condamnation, il s'ensuit que la partie qui se croit lésée dans ses droits peut se pourvoir en cassation contre un ou plusieurs chefs de ce jugement sans l'attaquer dans son entier. — Cass., 29 janvier 1838. (L. P., 2, sous l'art. 926.) — (V. dans ce sens d'une cassation partielle, les arrêts du 2 mai et du 28 nov. 1859, nos 7472 du *Bulletin des arrêts* du trib. de cass. — *Id. J. du Palais*, Contrainte par corps, 428.)

VI. — Le pourvoi en cassation exercé par plusieurs parties ayant un intérêt même et encore indivis, ne peut être rejeté comme non recevable, sur le motif qu'il serait irrégulier à l'égard de l'une ou de quelques-unes de ces parties. Cette règle est d'autant plus incontestable qu'il est de principe que, lorsque la cassation d'un jugement est prononcée sur le pourvoi d'une partie ayant avec une autre un intérêt même et indivis, la cassation profite à celle-ci alors même qu'elle ne s'est point pourvue. — Cass., 17 août 1857. (L. P., 18, sous l'art. 927.)

Art. 928. — Le pourvoi de cassation n'est pas suspensif; néanmoins l'exécution du jugement attaqué ne pourra être poursuivie qu'après avoir fourni bonne et valable caution. (C. civ. 1835.)

Les discussions sur la caution offerte et sa réception seront portées au tribunal qui aura rendu le jugement attaqué. (C. pr. 442 et suiv.)

I. — Cette disposition n'est pas contraire au pouvoir, laissé à la prudence des juges en général, d'ordonner l'exécution provisoire avec ou sans caution. — Art. 142 C. pr. (V. tous les arrêts cités par L. P., sous l'art. 928.) Il est vrai que le juge de paix, lui, ne peut accorder l'exécution provisoire que toujours à charge de donner caution. (Art. 22.)

II. — Le pourvoi en cassation ne suspend pas la contrainte par corps. (Art. 1835 C. civ.)

Du Mode de procéder et de l'Arrêt.

Art. 929. — Dans la huitaine de la déclaration du pourvoi, outre un jour par chaque cinq lieues de distance, si la signification a lieu à domicile, le demandeur fera signifier au défendeur, à personne ou domicile, un acte contenant ses moyens, avec assignation de fournir ses défenses au greffe du Tribunal de cassation dans les deux mois. (C. civ. 98; C. pr. 69, 71-1°.)

Le délai de huitaine emportera déchéance contre le demandeur, sauf le recours prévu au second alinéa de l'article 922.

I. — Par ces expressions *dans la huitaine*, il est évident que, cette huitaine n'étant pas franche, la signification de l'acte contenant moyens doit se faire le neuvième jour (au plus tard), après la rédaction de l'acte de recours par le greffier du tribunal dont émane le jugement dénoncé. L'inobservation de ces principes constitue une déchéance. — Cass., 10 mars 1836, 8 nov. 1839. (L. P., 42 et 55, sous l'art. 929.) *Bulletin* n° 8, arrêt n° 66.

II. — Ainsi, la déclaration faite le 1ᵉʳ, la signification dont s'agit aura lieu le 9 au plus tard.

III. — De ce que la déclaration de pourvoi, dit un autre arrêt, a été faite le 16 et la signification des moyens du demandeur le 27 du même mois, à une distance de quatre lieues seulement, il résulte que cette signification a été faite deux jours trop tard, et qu'elle est par conséquent frappée de nullité. — Cass., 25 août 1836. (L. P., 4, sous l'art.) C'est plutôt trois jours trop tard.

IV. — La requête contenant les moyens de cassation d'un guildivier doit contenir le numéro de sa patente. L'omission de cette formalité, étant irréparable aux termes des articles 926, 927 et 929 du Code de procédure civile, rend le pourvoi inadmissible. — Cass., 25 sept. 1848. (L. P., 27, sous l'art.)

Mais la loi actuelle, celle du 24 octobre 1876 sur les impositions directes, permet en général de réparer l'omission de cette formalité, en produisant la patente elle-même devant les tribunaux ou toutes autres autorités, dit l'art. 32, deuxième alinéa. Ainsi ne pourrait-on pas, dans notre cas, admettre la production de la patente, au moins au greffe du Tribunal de cassation, mais faite en temps utile, c'est-à-dire dans les quarante-cinq jours prescrits par l'art. 930 ?

Il y a ici une certaine analogie avec la matière des arrêts cités *suprà*, notes VII et VIII, sous l'art. 922, qui admettent la faculté de ratifier une déclaration de pourvoi faite sans autorisation, pourvu que cette ratification ait lieu dans le délai du pourvoi.

V. — L'acte contenant les moyens de cassation et la signification de cet acte étant identiques, il est indifférent, aux termes de l'article 929 du Code de procédure civile, que le numéro de la patente du demandeur soit inséré dans l'un ou dans l'autre. — Cass., 27 nov. 1848. (L. P., 28.)

VI. — L'indication de la demeure du demandeur en cassation équivaut à la mention de son domicile, lorsque, du reste, il n'est point allégué qu'il ait son domicile ailleurs.— V. arrêt, Cass., 1er juillet 1853. (*Ibid.*, 34).

VII. — Doit être déchu de son pourvoi le demandeur en cassation qui, au lieu d'un acte contenant ses moyens, n'a fait signifier au défendeur que sa déclaration du pourvoi. — Cass., 21 février 1853. (*Ibid.*, 39.)

VIII. — La signification doit être faite au domicile réel et non au domicile élu. (V. *ibid.*, note 58 : Cass., 23 avril 1860. *Bulletin* n° 13, arrêt n° 115.)

IX. — En principe, l'instance en cassation est indépendante de celle engagée devant les premiers juges ; mais, quoique en droit l'acte contenant les moyens de cassation ne soit pas assujetti à toutes les formalités prescrites par l'article 71 du Code de procédure civile, il est incontestable qu'il lie l'instance en cassation et qu'il donne ouverture aux déchéances lorsqu'il est atteint d'un vice substantiel. — Cass., 16 sept. 1861. (*Ibid.*, 66. — *Bulletin* nº 34, arrêt nº 34.)

X. — Les copies d'exploit laissées aux parties leur tiennent lieu d'original, et les vices de forme qui auraient pu annuler l'exploit s'ils avaient été dans l'original l'annulent également quoiqu'ils ne se trouvent que dans la copie. — Cass., 23 mars 1835 (L. P., 2); — Cass., 31 mars 1862. (*Bulletin des arrêts*, nº 38, arrêt nº 341.)

Ce même arrêt du 31 mars 1862 a jugé aussi que : « il est de principe général que l'exploit de l'huissier doit être signé de lui; que cette formalité est substantielle; que de là il suit que son inobservance constitue un vice radical ».

XI. — Lorsqu'il s'agit d'un pourvoi formé devant le Tribunal de cassation contre le jugement d'un tribunal de paix autre que celui de la capitale, le demandeur, aux termes de l'article 64 de la Loi organique, peut faire signifier l'acte contenant ses moyens de cassation, par un huissier assermenté près le tribunal qui a rendu le jugement. — Cass., 6 octobre 1837. (L. P., sous l'art. 64 de la *Loi organique* et note 8, sous l'art. 929 C. pr.)

XII. — « Les huissiers militants près le Tribunal de cassation instrumentent exclusivement à tous autres pour les affaires de la compétence dudit tribunal, dans l'étendue seulement du lieu de sa résidence et concurremment avec les autres huissiers, dans tout le ressort du tribunal civil du lieu de cette résidence ». — Art. 64, *Loi organique*, et art. 5 de la loi sur l'organisation du Tribunal de cassation (1868).

XIII. — Jugé, en conséquence, qu'un huissier militant près la Cour de cassation ne peut, hors du ressort de la Cour impériale du Port-au-Prince, signifier valablement des moyens de cassation avec assignation. — Cass., 27 mars 1854. (L. P., 40, sous l'art. 929.)

XIV. — En principe, la partie qui est encore dans le délai prescrit par l'article 922 du Code de procédure civile a la faculté d'annuler la première signification du jugement par elle faite à son adversaire; et aucune loi ne défend qu'à partir de la seconde signification du même jugement, cette partie n'use du droit consacré par l'article 929. — Cass., 2 mai 1860. (*Ibid.*, 60. — *Bulletin* nº 14, arrêt nº 123.)

Art. 930. — Dans les quarante-cinq jours de la signification de ses moyens, le demandeur devra, à peine de déchéance, s'inscrire au greffe du Tribunal de cassation, et y déposer :

1° Une amende de cinq gourdes ;

2° L'acte dûment signifié, contenant ses moyens ;

3° L'acte de la déclaration de pourvoi ;

4° Une expédition signifiée ou une copie signifiée du jugement dénoncé ;

5° Les pièces à l'appui.

Il sera fait mention des pièces produites, au bas ou en marge de l'acte de dépôt.

I. — Le jour même à compter duquel la loi fait courir le délai de quarante-cinq jours doit être compris dans la supputation du temps dont se compose ce délai. — Cass., 24 sept. 1838. (L. P., 2, sous l'art. 930.) Il n'est pas franc.

II. — La signification des moyens ayant été faite le 11 mai 1846, et l'inscription le 16 juin suivant, il s'ensuit que cette formalité a été remplie dans le quarante-sixième jour, non compris la date de la signification. Les demandeurs sont donc déchus de leur pourvoi. — Cass., 26 mars 1849. (*Ibid.*, 8.)

III. — *Idem*, pour la signification des moyens, faite le 20 septembre et le dépôt fait le 5 novembre suivant, qui est le quarante-sixième jour de ladite signification. — Cass., 14 mars 1853. (*Ibid.*, 13.)

IV. — L'amende a été ainsi fixée à cinq gourdes par la loi du 17 novembre 1876, art. 2.

Art. 937. — Si le Tribunal de cassation annule le jugement dénoncé, il ordonnera la remise de l'amende et renverra la connaissance du fond au tribunal le plus voisin de celui qui aura rendu le jugement, sauf le cas de suspicion légitime dûment prouvée.

I. — L'arrêt du Tribunal de cassation qui prononce l'annulation d'un jugement remet les parties au même et semblable état où elles étaient *avant le procès*. — Cass., 1er avril 1837. (L. P., 1, sous l'art. 937.)

II. — Le renvoi d'une affaire, par suite de la cassation du jugement, a pour effet d'attribuer au tribunal auquel l'affaire est renvoyée, le pouvoir de connaître de toutes demandes, de toutes exceptions, de tous incidents qui peuvent se rattacher à l'affaire sur laquelle avait statué le jugement annulé. — Cass., 29 déc. 1862. (*Ibid.*, 6.)

Art. 938. — Si le jugement de ce second tribunal est attaqué par un deuxième recours en cassation fondé sur les mêmes moyens, l'affaire sera jugée sous la présidence du Grand-Juge, et, dans ce cas seulement, le Tribunal de cassation, après avoir entendu les parties, ou elles dûment appelées, rendra sur le fond un arrêt qui terminera le procès.

(Cet article est modifié et remplacé par l'art. 131 de la Constitution ci-dessous transcrite à la note 2.)

I. — Le Tribunal de cassation, par un arrêt du 30 mai 1859 (1), a décidé, après avoir toutefois soutenu l'opinion contraire (arrêt du 6 juillet 1852, sous le régime de la Constitution impériale), que « par le fait de la mise en vigueur de la Constitution de 1846, l'art. 938 du Code de procédure civile, qui admet le Grand-Juge à présider le Tribunal de cassation lors d'un second recours formé par les mêmes moyens, demeure nécessairement abrogé. Cette Constitution déclare en termes formels que les pouvoirs sont indépendants les uns des autres. De plus, le secrétaire de l'État de la Justice, fonctionnaire faisant essentiellement partie du pouvoir exécutif, n'est même point le Grand-Juge dont parle l'art. 938, fonctionnaire qui n'existait que d'après la Constitution de 1816. Donc le Tribunal de cassation doit se déclarer compétent pour statuer sur un second pourvoi fondé sur les mêmes moyens, et ce, sans l'assistance du secrétaire d'État de la Justice. »

II. — Depuis la Constitution de 1867, dont l'article 145 est le même que l'article 140 de la Constitution de 1879 et 131 de celle actuellement en vigueur, il n'est pas nécessaire que le second recours soit fondé sur les mêmes moyens, pour que le Tribunal de cassation, en cas d'admission du pourvoi, retienne l'affaire et prononce sur le fond.

Voici le texte constitutionnel :

Art. 131. — Ce tribunal ne connaît pas du fond des affaires. Néanmoins, en toutes matières autres que celles soumises au jury, lorsque, sur un second recours, une même

____

(1) *Bulletin des arrêts*, n° 4, arrêt n° 24.

affaire se présentera entre les mêmes parties, le Tribunal de cassation, admettant le pourvoi, ne prononcera point de renvoi, *et* statuera sur le fond, sections réunies.

[NOTA. — C'est aussi les mêmes dispositions qui se trouvaient aux art. 146 et 147 de la Constitution de 1843.]

ART. 939. — Aucun renvoi n'est ordonné lorsque la cassation est prononcée pour contrariété de jugements. Le tribunal ordonnera que, sans s'arrêter au second jugement, le premier sera exécuté selon sa forme et teneur. (C. pr. 416-5°, 920.)

Résumé de la procédure en cassation des jugements de justice de paix.

En résumé, la loi admet le pourvoi en cassation contre les jugements définitifs rendus en dernier ressort par le tribunal de paix, mais seulement pour incompétence ou excès de pouvoir. (Art. 918.)

BIOCHE, dans son *Dictionnaire des Juges de paix*, article *Jugement du tribunal de paix*, n° 110, semble l'admettre aussi pour contrariété de jugements. V. au surplus *suprà*, 2e alinéa de la note 1, sous l'article 918.

Le délai du pourvoi est de trente jours, à dater de la signification du jugement à personne ou domicile (922); c'est-à-dire, la signification ayant eu lieu le 1ᵉʳ janvier, la déclaration du pourvoi doit être faite au plus tard le 31, au greffe du tribunal qui a rendu le jugement (927).

Dans la huitaine de cette déclaration, outre le délai de distance, on signifie un acte sur timbre de vingt centimes, contenant les moyens avec assignation à la partie adverse de fournir ses défenses dans le délai de deux mois.

Et dans les quarante-cinq jours de la signification de ses moyens, le demandeur doit, à peine de déchéance, s'inscrire au greffe du Tribunal de cassation et y déposer l'amende de cinq gourdes et les pièces énoncées en l'article 930.

Le reste de la procédure appartient entièrement à l'instance devant le Tribunal de cassation.

Aucune voie n'est ouverte aux parties, pas même l'opposition, pour attaquer les arrêts rendus par le Tribunal de cassation, si ce n'est la tierce opposition, contre les arrêts de rejet, permise aux parties intéressées qui n'auraient pas été appelées. (V. art. 936 C. pr., et les arrêts cités dessous par L. P., notes 1 et 6 : — Cass., 6 oct. 1857; 9 avril 1861; 15 sept. 1862.)

Ces deux derniers arrêts ne se trouvent pas dans le *Bulletin officiel* publié sous la direction de M. E. Bourjolly.

FORMULE N° 163. — Déclaration de pourvoi en cassation.

Aujourd'hui...,

A comparu au greffe du tribunal de paix de..., et par-devant nous, greffier, soussigné, le citoyen A..., propriétaire, demeurant à..., lequel nous a déclaré se pourvoir en cassation contre un jugement de ce tribunal, rendu le..., entre lui et le citoyen B..., propriétaire, demeurant à..., signifié le...; et que pour occuper sur le pourvoi, il constitue Mᵉ L..., défenseur public près les tribunaux de Port-au-Prince. Dont acte requis par le comparant, qui a signé avec nous, après lecture.

(Signature du comparant.)
(Signature du greffier.)

FORMULE N° 164. — Moyens de cassation.

L'an..., etc.,

A la requête de A..., propriétaire, demeurant à... (*si le demandeur veut constituer un défenseur public qui réside à la capitale :*) lequel constitue Mᵉ L..., défenseur public au Port-au-Prince.

(*Sinon, il faut faire élection de domicile au Port-au-Prince, arg. de l'art.* 71 :) pour lequel domicile est élu au Port-au-Prince, chez *tel...*, j'ai, N..., huissier..., etc., signifié et déclaré au citoyen B..., demeurant à..., en son domicile et parlant à...

Que le requérant se pourvoit en cassation contre un jugement rendu entre les parties à la justice de paix de..., le...

Pour excès de pouvoir : en ce que le juge de paix a prononcé ledit jugement en dernier ressort, sans être assisté d'un suppléant.

En conséquence, j'ai donné assignation au citoyen B..., de fournir ses défenses au greffe du Tribunal de cassation, et de comparaître à la barre de ce tribunal, dans le délai de deux mois, à huit heures du matin, pour voir casser et annuler ledit jugement et renvoyer la cause à un autre tribunal pour être de nouveau jugée.

Et, afin que ledit B... n'en ignore, je lui ai laissé copie du présent exploit, dont acte. Le coût est de...

Du Mode de procéder à l'instruction et au jugement de la prise à partie.

(Voir *suprà*, les art. 438 et suiv., avec nos annotations.)

Art. 942. — Lorsqu'il y aura lieu à la prise à partie, il sera présenté au Tribunal de cassation une requête signée de la partie ou de son fondé de procuration authentique et spéciale, laquelle procuration sera annexée à la requête, ainsi que les pièces justificatives, s'il y en a, à peine de nullité. (C. civ. 1202, 1751 ; C. pr. 950.)

Il ne pourra être employé aucun terme injurieux contre les juges ou le ministère public, à peine, contre la partie, d'une amende de soixante gourdes, et contre son défenseur, si elle en a constitué, de telle injonction ou suspension qu'il appartiendra. (C. pr. 15, 94, 438 à 441, 257 ; C. pén. 322.)

I. — Cette amende est aujourd'hui de quinze piastres.

II. — La demande de prise à partie ouverte et dirigée par un défenseur public, au nom de sa cliente, en vertu d'une procuration générale et spéciale donnée postérieurement à la requête, doit être déclarée non recevable et le défenseur condamné personnellement à l'amende, en ce que cette procuration postérieure constate que le défenseur public avait antérieurement ouvert et dirigé l'action en prise à partie sans un pouvoir légale et spécial. — Cass., 11 fév. 1823. (L. P., 1, sous l'art. 942.)

III. — La requête par laquelle on demande au Tribunal de cassation à prendre à partie un juge de paix, étant le premier acte de recours, ne peut valider sans que la formation de l'enregistrement ait été préalablement remplie. — Cass., 23 sept. 1844; 24 fév. 1847 (*Ibid.*, 4 et 5.)

IV. — La prise à partie est une action civile que la loi ouvre à la partie qui se prétend lésée par le fait d'un magistrat qui a abusé de son ministère. Or toute action civile peut être dirigée contre les membres du Corps législatif, sans autorisation préalable; donc la prise à partie demandée contre un juge de paix aujourd'hui sénateur de la République, et relative à un fait qu'on lui impute d'avoir commis dans l'exercice de ses fonctions de magistrat, peut être ordonnée. — Cass., 13 juillet 1840 (*Ibid.*, 3.)

V. — Mais si cette prise à partie contre le juge de paix devenu sénateur a été présentée en même temps que la plainte faite pour dénoncer un fait prévu par la loi pénale, le Tribunal de cassation doit surseoir. Quant à la mise en accusation, le Tribunal est incompétent pour la prononcer, quoique le fait dont on se plaint ait eu lieu durant son exercice de juge de paix, et ce, aux termes des art. 90 du Code pénal, et 92, 95 et 131 (aujourd'hui 87) de la Constitution. Même arrêt.

Art. 943. — Le Tribunal de cassation admettra ou rejettera la requête.

Art. 944. — La requête devra être signifiée dans les deux mois de son admission, en la personne du greffier, soit aux juges, soit au ministère public pris à partie, qui seront tenus de fournir au greffe du Tribunal de cassation leurs défenses dans les deux mois de la signification.

Ils s'abstiendront de la connaissance du différend.

Ils s'abstiendront même, jusqu'au jugement définitif de la prise à partie, de toutes les causes que pourront avoir la partie, ou des parents en ligne directe, ou son conjoint, à peine de nullité des jugements. (C. civ. 595 et suiv.; C. pr. 52, 56, 375, 383, 950.)

I. — Cet article est pour le cas où la requête est admise, c'est-à-dire où l'autorisation est accordée par le Tribunal de cassation de poursuivre la prise à partie. — Le cas de rejet ou de refus d'autorisation est réglé par l'article suivant.

Art. 945. — Si la requête est rejetée, la partie sera condamnée à une amende de 100 gourdes au profit de la caisse du greffe. (C. pr. 387, 441, 950.)

I. — Cette amende est aujourd'hui de 50 piastres.

II. — Il a été jugé qu' « en droit, l'amende prévue par l'art. 945 est une peine qui a pour but la répression de téméraires accusations. Pour la prononcer, il faut que les tribunaux aient la conviction de l'injustice ou de la témérité de la prise à partie : ce qui ne peut s'acquérir que par l'examen des griefs qui l'appuient. Or, le Tribunal de cassation ayant déclaré ne pouvoir statuer sur les griefs portés dans une requête non enregistrée et les dispositions de la loi sur l'enregistrement s'opposant à l'examen de cette demande, le tribunal ne saurait faire l'application de l'art. 945, qui n'a nullement rapport au cas prévu par la loi sur l'enregistrement. (Cass., 27 mai 1847; — L. P., sous l'art 945.)

Voir n° 117, Formule de réquisition pour constater le déni de justice.

FORMULE N° 165. — Requête au Tribunal de cassation.

A Messieurs les Président et Juges composant le Tribunal de cassation de la République.

Le citoyen A..., propriétaire, demeurant à..., etc.,

A l'honneur de vous exposer ce qui suit (*exposer les faits*) :

Attendu qu'il résulte des faits qui précèdent que ledit sieur M..., juge de paix de..., se trouve dans le cas de l'article 438 du Code de procédure civile ;

Qu'en effet, un aussi long délai, sans qu'il ait été répondu ou donné suite à..., ne peut être considéré que comme un refus, et par conséquent comme un déni de justice de la part du sieur M...

A ces causes, l'exposant conclut à ce qu'il plaise au Tribunal,

Vu les deux actes de réquisition ci-jointe, ensemble les pièces à l'appui,

Vu pareillement les articles 438 et suivants du Code de procédure, permettre à l'exposant de prendre à partie mondit sieur M..., et de lui faire signifier l'arrêt à intervenir, avec assignation devant vous dans les délais de la loi, pour voir admettre la prise à partie, voir ordonner, en conséquence, que M. le juge M... s'abstiendra de procéder et de juger dans la cause dont il s'agit; s'entendre condamner en... gourdes de dommages-intérêts envers l'exposant et s'entendre, en outre, condamner aux dépens, sous toutes réserves.

Présenté au Palais de Justice, à Port-au-Prince, le...

Lorsque la prise à partie a pour objet de faire annuler un jugement, on conclut ainsi :

Déclarer nul et de nul effet le jugement du tribunal de paix de..., rendu contradictoirement entre le requérant et le sieur...; ce faisant, ordonner que les parties seront remises au même et semblable état où elles étaient avant ledit jugement, et, en conséquence, attendu qu'en exécution d'icelui, le requérant a payé, comme forcé et contraint, au sieur Pierre la somme de...; dire et ordonner que ledit sieur Pierre sera condamné à rendre et restituer, sans délai, ladite somme au requérant, avec les intérêts du jour du payement, et condamner mondit sieur M..., juge, aux dépens.

Remarque. — *Dans ce cas, il est nécessaire de mettre en cause la partie au profit de qui le jugement a été rendu, et, en conséquence, de l'assigner en déclaration d'arrêt commun. (V. formule n° 107.)*

FORMULE N° 166. — Signification de l'arrêt.

L'an..., à la requête du citoyen A..., propriétaire, domicilié à..., pour lequel domicile est élu au Port-au-Prince, chez *tel*, j'ai..., huissier, etc., signifié et avec celle du présent exploit donné copie à M. M..., juge de paix de la commune de..., demeurant à..., en la personne du citoyen X..., greffier de ce tribunal,

De l'arrêt d'admission rendu par le Tribunal de cassation de la République, sur la demande en prise à partie, présentée contre mondit sieur M..., juge, par le requérant; de laquelle il est aussi, avec ledit arrêt, donné copie; à ce que du tout mondit sieur M... n'ignore, je lui ai donné assignation, parlant comme dessus, de fournir ses moyens de défense au greffe du Tribunal de cassation, et de comparaître, dans le délai de deux mois, à la barre de ce tribunal, à huit heures du matin, pour y plaider aux fins de ladite demande et se voir condamner à... gourdes de dommages-intérêts, avec dépens envers le requérant, pour les causes portées audit arrêt; et j'ai audit sieur X..., greffier, en parlant à sa personne, laissé copie de l'arrêt avec la requête susmentionnée et du présent exploit; il a visé mon original; dont acte. Le coût est de...

Remarque. — *La copie de l'arrêt et l'exploit se font sur timbre de vingt centimes.*

FORMULE N° 167. — Requête contre une demande de prise à partie.

A Messieurs les Président et Juges composant le Tribunal de cassation.

M. M..., juge de paix de la commune de..., demeurant audit lieu, défendeur à la demande en prise à partie formée par le citoyen A... ci-après nommé et qualifié, et demandeur par la présente requête,

Contre le citoyen A..., demeurant à..., demandeur en prise à partie, et défendeur à la présente requête.

(On expose ici les faits et moyens.)

A ces causes, il plaira au tribunal déclarer le citoyen A... purement et simplement non recevable en sa demande en prise à partie, et, en tous cas, l'en débouter, même déclarer ladite demande injurieuse et vexatoire, et le condamner en l'amende prononcée par la loi, et en... gourdes de dommages-intérêts envers le requérant, M. M...., applicables, de son consentement, à l'hospice de..., et condamner, en outre, ledit sieur A... aux dépens.

N.-B. — *On décide que le tribunal, en adjugeant les dommages-intérêts, ne doit pas, quant à lui, indiquer la destination que leur désigne la partie intéressée.*

Dispositions générales.

Art. 950. — Aucune des nullités, amendes et déchéances prononcées dans le présent Code n'est comminatoire. (C. pr. 77, 247, 273 et suiv., 415, 416.)

I. — On appellerait *comminatoire*, dit Boitard, n° 1212, cette disposition où le législateur menacerait sans frapper, en laissant tacitement les tribunaux investis du pouvoir d'appliquer ou de pas appliquer la règle.

En présence de l'article 950, les tribunaux ne peuvent pas, sous prétexte d'équité, se relâcher de la rigueur de la loi, pour faire remise à une partie de la déchéance, de la nullité, de l'amende que sa négligence peut lui avoir fait encourir. Là où la nullité est écrite dans la loi, le juge, interprète des lois, doit la transcrire dans son jugement. *Dura lex, sed lex.*

II. — Mais aussi, dit l'art. 174, toute nullité d'exploit ou d'acte de procédure est couverte, si elle n'est proposée avant toute défense ou exception, autre que les exceptions d'incompétence.

Art. 951. — Aucun exploit ou acte de procédure ne pourra être déclaré nul, si la nullité n'en est pas formellement prononcée par la loi.

Dans le cas où la loi n'aurait pas prononcé la nullité, l'officier ministériel pourra, soit par omission, soit par contravention, être condamné à une amende, qui ne sera pas moindre de cinq gourdes, et n'excédera pas vingt gourdes. (C. instr. crim. 315.)

I. — Cet article ne parlant que des *exploits* et *actes de procédure*, sa disposition ne saurait être étendue à des actes d'une autre espèce. (Sirey, sous l'art. 1030.)

II. — Et même un acte purement de procédure peut être déclaré nul, encore que la nullité n'en soit pas formellement prononcée par la loi, si l'irrégularité reprochée vicie la *substance* de l'acte, si la nullité est substantielle (*Ibid.*), comme, par exemple, si l'acte a été signifié par un huissier non commis dans les cas où la loi exige un huissier commis, — ou si l'huissier a agi hors de son ressort.

ART. 952. — Les procédures et les actes nuls ou frustratoires, et les actes qui auront donné lieu à une condamnation d'amende seront à la charge des officiers ministériels qui les auront faits, lesquels, suivant l'exigence des cas, seront, en outre, passibles des dommages-intérêts de la partie, et pourront même être suspendus de leurs fonctions. (C. civ. 936, 939, 1168 ; C. pr. 81, 135, 139, 359, 448.)

ART. 954. — Le jour de la signification ni celui de l'échéance ne sont jamais comptés pour le délai général fixé pour les ajournements, les citations, sommations et autres actes faits à personne ou domicile; ce délai sera augmenté d'un jour à raison de cinq lieues de distance ; et quand il y aura lieu à voyage ou envoi et retour, l'augmentation sera double. (C. pr. 160.)

I. — Le jour de la signification, ou autrement dit dans la pratique *dies a quo ;* celui de l'échéance, *dies ad quem.*

II. — Quant au *dies a quo*, c'est une règle de raison, une règle générale qui empêche de le compter non seulement dans les actes déterminés par l'art. 954, mais dans toute espèce d'actes de signification, dans toute espèce de catégorie de délais. (BOITARD, 1216.)

III. — Pour les délais qui se composent d'un ou de plusieurs mois, ils doivent se compter de quantième à quantième, et non par le laps de trente jours. (SIREY, sous l'art. 1033.)

IV. — Et pour ceux indiqués dans la loi par les mots *huitaine, quinzaine, six semaines* et autres semblables, ils doivent toujours se compter du jour qui sert de point de départ au jour correspondant et portant le même nom de la semaine ou de l'une des semaines subséquentes, suivant l'étendue du délai. (*Ibid.*) Alors le délai n'est pas *franc.*

V. — Dans tant de jours. — « Genre de délai fixé par un nombre de « jours dans l'inclusion desquels l'acte doit être notifié. » Il a été jugé aussi que le délai par heures se compte *de momento ad momentum* et non *de die ad diem.* (*Ibid.*)

VI. — Quand la distance est moins de cinq lieues, il est certain qu'il n'y a à faire aucune augmentation de délai (1er alinéa de l'art. 10); mais si la distance est de plus de cinq lieues sans aller jusqu'à dix et même jusqu'à six, ces fractions de distance doivent, comme pour dix lieues, produire l'augmentation de délai. Ainsi jusqu'à cinq lieues, délai ordinaire ; après cinq lieues jusqu'à dix, délai ordinaire augmenté d'un jour ; à partir de dix lieues jusqu'à quinze, délai ordinaire augmenté de deux jours ; et ainsi de suite. (V. *suprà*, II, sous l'art. 10. — Voir aussi SIREY, *loco citato*, où est discutée la question, controversée avant la modification de l'article français.)

VII. — Quand l'exploit est remis à la personne elle-même trouvée hors de son domicile, il y a lieu à augmentation de délai à raison de la distance de son domicile. On doit présumer que le cité ne s'est pas muni de ses pièces ou papiers d'affaires dans le lieu où il est rencontré accidentellement. (*Suprà*, note III, sous l'art. 10 ; — Aussi SIREY, sous l'art. 1033.)

ART. 956. — Quand il s'agira de recevoir un serment, une caution, de procéder à une enquête, à un interrogatoire sur faits et articles, de nommer des experts, et généralement de faire une opération quelconque en vertu d'un jugement, et que les parties ou les lieux contentieux seront trop éloignés, les juges pourront commettre un tribunal voisin, un juge, ou même un juge de paix, suivant l'exigence des cas ; ils pourront même autoriser le tribunal à nommer soit un de ses membres, soit un juge de paix, pour procéder aux opérations ordonnées. (C. civ. 1143 et suiv., 1806 ; C. pr. 253, 255, 305, 325, 442 ; C. comm. 16 ; C. instr. crim. 76.)

ART. 957. — Les tribunaux, suivant la gravité des circonstances, pourront, dans les causes dont ils seront saisis, prononcer, même d'office, des injonctions, supprimer des écrits, les déclarer calomnieux, et ordonner l'impression et l'affiche de leurs jugements. (C. pr. 94 ; C. instr. crim. 394 ; C. pén. 322.)

I. — La faculté accordée aux tribunaux par l'art. 957 appartient à tous les tribunaux indistinctement, et conséquemment aux tribunaux de paix ; la disposition de l'art. 15 n'est point exclusive de l'application aux autres cas de la disposition du présent article. (SIREY, sous l'art. 1036 C. pr. — V. aussi note de L. P. sous l'art. 957 : Cass., 26 sept. 1836.)

ART. 958. — Aucune signification ni exécution ne pourra être faite avant le lever et après le coucher du soleil ; non plus que les jours de fêtes légales, si ce n'est en vertu de permission du juge, dans le cas où il y aurait péril en la demeure. (C. pr. 13, 73, 681, 704, 706, 726; C. comm. 131, 159, 184; C. pén. 22.)

I. — On ne peut, en vertu d'une permission du juge, faire des significations aux heures prohibées par l'art. 958; la disposition finale de cet article n'est relative qu'aux significations à faire les jours fériés. (SIREY, sous l'art. 1037; BOITARD, etc.)

II. — Les fêtes légales ne sont que celles qui ont été décrétées par la loi constitutionnelle de l'État. — Cass., 28 août 1837. (L. P., sous l'art. 958.) V. ce que nous disons des fêtes en général, *suprà*, art. 55, au chapitre *des Huissiers*.

III. — « Quoique le respect qu'on doit avoir pour le septième jour soit véritablement un hommage qu'une nation essentiellement religieuse rend à la religion, il est néanmoins constant que le dimanche ne peut être confondu avec les fêtes légales, qui ne sauraient être déterminées que par la loi. En supposant que l'usage eût admis le contraire, la signification d'une requête en opposition ne présenterait point une nullité, l'huissier seul serait répréhensible. D'où il suit, qu'en raisonnant différemment et en annulant, contrairement aux dispositions des articles 34, 73, 951 et 958 du Code de procédure civile, ce juge ne s'est nullement pénétré de l'intention du législateur, dont l'amour pour la religion est cependant incontestable. » — Cass., 4 juin 1860. (L. P., 2, sous l'art. 958.) Bulletin, n° 16, arrêt n° 140.

C'est *à fortiori* en justice de paix, par argument de l'art. 13 de ce Code, qui dispose que « les juges de paix jugeront tous les jours, même « les dimanches et fêtes. »

ART. 960. — Toutes significations faites à des personnes publiques préposées pour les recevoir seront visées par elles sans frais sur l'original.

En cas de refus, l'original sera visé par le ministère public près le tribunal civil de leur domicile. Les refusants pourront être condamnés, sur les conclusions du ministère public, à une amende qui ne pourra être moindre de cinq gourdes ni excéder vingt gourdes. (C. civ. 91; C. pr. 89, 90, 118, 950.)

1. — C'est pour éviter le conflit d'assertions entre l'officier ministériel

déclarant sur son original qu'il a remis l'exploit à tel personne et le fonctionnaire public qui prétend n'avoir pas reçu cet exploit, que la loi exige le visa. (BOITARD, 1221.)

II. — L'amende est aujourd'hui de deux gourdes et demie à dix gourdes.

III. — La disposition pénale de l'art 960 est-elle applicable seulement quand l'exploit est adressé directement à la personne publique qui refuse le visa ou aussi bien quand il s'agit du visa que les fonctionnaires doivent donner dans le cas prévu par les articles 9, 78 et autres semblables? — Controversé. — SIREY avec CARRÉ soutient la première opinion (sous l'art. 1039), BOITARD n'admet pas de distinction (1221), ni MULLERY.

ART. 961. — Tous actes et procès-verbaux du ministère de juge, seront faits au lieu où siège le tribunal; le juge y sera toujours assisté du greffier, qui gardera les minutes et délivrera les expéditions; en cas d'urgence, le juge pourra répondre, en sa demeure, les requêtes qui lui seront présentées; le tout, sauf l'exécution des dispositions portées au titre *des Référés*. (C. pr. 13, 93, 704, 706, 751.)

I. — Pour les juges de paix, ils peuvent donner audience chez eux, en tenant les portes ouvertes. (2e alinéa de l'art. 13.)

II. — Et quand on dit que le greffier assistera le juge, cela s'entend des actes qui seront déposés au greffe et dont il restera minute : il y a des actes dont il ne reste pas minute, telles sont les légalisations (BOITARD, 1222), les cédules.

CHAPITRE III.

De quelques dispositions de Code civil.

I. — Vices rédhibitoires.

On appelle *vices rédhibitoires* les défauts cachés de la chose vendue existant à l'époque de la vente et qui rendent la chose impropre à l'usage auquel on la destine ou qui diminuent tellement cet usage que l'acheteur ne l'aurait pas acquise ou n'en aurait donné qu'un moindre prix s'il les avait connus. (Art. 1426 C. civ.)

L'action que l'existence de ces défauts ouvre au profit de l'acheteur s'appelle action rédhibitoire.

Voici les principales dispositions du Code civil sur la matière, c'est-à-dire sur la *garantie des défauts de la chose vendue.*

Art. 1426. — Le vendeur est tenu de la garantie à raison des défauts cachés de la chose vendue qui la rendent impropre à l'usage duquel on la destine, ou qui diminuent tellement cet usage, que l'acheteur ne l'aurait pas acquise ou n'en aurait donné qu'un moindre prix s'il les avait connus.

Art. 1428. — Il (le vendeur) est tenu des vices cachés, quand même il ne les aurait pas connus; à moins que, dans ce cas, il n'ait stipulé qu'il ne sera obligé à aucune garantie.

Art. 1429. — Dans le cas des articles 1426 et 1428, l'acheteur a le choix de rendre la chose et de se faire restituer le prix, ou de garder la chose et de se faire rendre une partie du prix, telle qu'elle sera arbitrée par experts.

Art. 1430. — Si le vendeur connaissait les vices de la chose, il est tenu, outre la restitution du prix qu'il en a reçu, de tous les dommages et intérêts envers l'acheteur.

Art. 1431. — Si le vendeur ignorait les vices de la chose, il ne sera tenu qu'à la restitution du prix et à rembourser à l'acquéreur les frais occasionnés par la vente.

L'action rédhibitoire cesse : 1° si les vices étaient apparents et que l'acheteur eût pu s'en convaincre lui-même (C. civ. 1427); 2° dans les ventes par autorité de justice (art. 1434); 3° en cas de vente sans garantie (art. 1428); 4° et par un trop grand laps de temps écoulé depuis la vente, car l'article 1433 dispose que cette action doit être intentée par l'acquéreur, dans un bref délai, suivant la nature des vices rédhibitoires et l'usage du lieu où la vente a été faite.

En général, pour qu'il y ait vice rédhibitoire, il ne suffit pas qu'il existe un vice caché, ôtant de l'*agrément* ou de la *valeur* à l'objet vendu : il faut que le vice caché rende la chose plus ou moins impropre au service ou usage auquel elle est destinée. (Jurisprudence française.)

Et, à défaut d'usage constant dans une localité, les juges ont plein pouvoir pour décider dans quel délai l'action doit être intentée, en se rappelant que ce délai doit être bref. (*Idem.*)

La loi française, qui a, du reste, fixé le délai, — trente jours et neuf jours selon les cas, — a spécifié aussi les vices qui donnent ouverture à l'action rédhibitoire.

Les voici, tels qu'on les trouve dans trois lois :

Pour le cheval, l'âne ou le mulet, la fluxion périodique des yeux, l'épilepsie ou le mal caduc, la morve, le farcin, l'emphysème pulmonaire, les maladies anciennes de poitrine ou vieilles courbatures, l'immobilité, la pousse, le cornage chronique, le tic avec ou sans usure des dents, les hernies inguinales intermittentes, la boiterie intermittente pour cause de vieux mal ;

Pour l'espèce bovine, la phtisie pulmonaire ou pomme lière, l'épilepsie ou mal caduc, les suites de la non-délivrance après le part chez le vendeur; le renversement du vagin ou de l'utérus, après le part chez le vendeur ;

Pour l'espèce ovine, la clavelée : cette maladie reconnue chez un seul animal entraînera la rédhibition de tout le troupeau. La rédhibition n'aura lieu que si le troupeau porte la marque du vendeur. — Le sang-de-rate : cette maladie n'entraînera la rédhibition du troupeau qu'autant que, dans le délai de garantie, sa perte constatée s'élèvera au quinzième au moins des animaux achetés. — Dans ce dernier cas, la rédhibition n'aura lieu également que si le troupeau porte la marque du vendeur.

Pour l'espèce porcine, la ladrerie.

FORMULE Nº 168. — Citation à fin de résolution de la vente de l'animal atteint de vice rédhibitoire.

L'an..., à la requête de..., j'ai... signifié et, avec ces présentes, laissé copie au citoyen B..., etc. :

1º De l'ordonnance, en date du..., de M. le juge de paix de..., étant au bas de la requête à lui présentée le même jour, ladite ordonnance portant nomination, comme expert, de Y..., vétérinaire;

2º Du procès-verbal, en date du..., dressé par mondit sieur Y..., vétérinaire, expert nommé par l'ordonnance susdatée, constatant que le cheval dont sera ci-après parlé est atteint d'un vice rédhibitoire ;

Et à mêmes requête, etc., j'ai..., etc., cité ledit..., etc., pour, attendu que le cheval vendu au requérant par le citoyen... est attaqué de la maladie ou défaut de la *pousse*, l'un des vices rédhibitoires donnant lieu à la résolution de la vente, d'après l'article 1426 du Code civil;

Attendu que le demandeur s'est pourvu assez à temps pour faire constater ce vice ou défaut caché, et qu'il était antérieur à la vente, ainsi qu'il résulte du procès-verbal *susdaté*, dressé par ledit expert;

En conséquence, ouïr dire et ordonner que la vente faite par le citoyen..., au requérant, d'un cheval, etc., moyennant la somme de..., payée comptant, sera et demeurera résiliée ;

En conséquence, s'entendre, ledit citoyen..., condamner à rendre au demandeur la somme de..., pour le prix de ladite vente, comme aussi à payer et rembourser audit demandeur les frais de nourriture, logement et garde du cheval, ensemble les intérêts de toutes lesdites sommes, à compter du..., jour de la vente (du payement *ou* de la livraison), et, en outre, s'entendre condamner à payer au requérant la somme de..., à titre de dommages-intérêts, et aux dépens, dans lesquels entreront ceux de l'expertise; et j'ai, au susnommé, etc.

II. — Congé de location.

En matière de louage, on appelle *congé* la notification

faite soit par le bailleur au preneur, soit par le preneur au bailleur, qu'il entend faire cesser le bail à l'époque qu'il indique.

Voici les dispositions du Code civil qui y ont particulièrement trait :

ART. 1507. — Si le bail a été fait sans écrit, l'une des parties ne pourra donner congé à l'autre qu'en observant les délais fixés par l'usage des lieux.

ART. 1508. — Le bail cesse de plein droit à l'expiration du terme fixé, lorsqu'il a été fait par écrit, sans qu'il soit nécessaire de donner congé.

ART. 1509. — Si, à l'expiration des baux écrits, le preneur reste et est laissé en possession, il s'opère un nouveau bail dont l'effet est réglé par l'article relatif aux locations sans écrit.

(*Cette disposition forme la tacite reconduction.*)

ART. 1510. — Lorsqu'il y a congé signifié, le preneur, quoiqu'il ait continué sa jouissance, ne peut invoquer la tacite reconduction.

ART. 1519. — L'acquéreur qui veut user de la faculté réservée par le bail, d'expulser le fermier ou le locataire en cas de vente, est, en outre, tenu d'avertir le fermier au moins un an à l'avance, et le locataire au temps d'avance usité dans le lieu pour les congés.

ART. 1532. — S'il a été convenu, dans le contrat de louage, que le bailleur pourrait venir occuper la maison, il est tenu de signifier d'avance un congé aux époques déterminées par l'usage des lieux.

FORMULE N° 169. — Acte de congé.

L'an..., à la requête de..., j'ai..., etc., signifié et déclaré au citoyen B..., demeurant à..., locataire sans bail de deux chambres et un cabinet sis en cette ville, rue..., propriété du requérant, au domicile dudit B..., étant, parlant à...

Que le requérant lui donne congé, par ce présent, des lieux ci-dessus énoncés qu'il occupe comme locataire, pour le..., jour auquel ledit B... sera tenu de vider les lieux, les remettre en bon état de toutes réparations locatives avec les clefs, et de payer la somme de..., pour les loyers dus jusqu'alors. — Et j'ai au susnommé laissé copie, etc.

Si c'est le locataire qui donne congé au propriétaire :

L'an..., etc., à la requête de B... (*profession*), demeurant à..., locataire sans bail de..., propriété du citoyen ci-après nommé, j'ai..., huissier..., signifié et déclaré au citoyen A..., demeurant à..., en son domicile, parlant à...,

Que le requérant lui donne congé, par ce présent, des lieux susénoncés, pour le..., offrant de lui remettre les lieux vides et en bon état de toutes réparations locatives avec les clefs, et de lui payer la somme de..., etc.

REMARQUE. — *Quand c'est un nouvel acquéreur qui donne congé, il faut qu'il signifie, en même temps, son contrat d'acquisition, par extrait, afin de se faire connaître d'une manière légale.*

FORMULE N° 170. — Sommation au locataire de sortir et citation.

L'an..., à la requête de..., j'ai..., fait sommation au citoyen B..., etc.

De sortir à l'instant des chambres et cabinet dont ledit citoyen A... lui a donné congé, pour les jour et terme du..., par exploit de moi, huissier, en date du..., et de satisfaire, en conséquence, à toutes les obligations et charges dont les locataires sont tenus, notamment à me justifier à l'instant du payement de ses loyers, de faire les réparations locatives et remettre les clefs.

Lequel citoyen B..., en parlant comme dit est, ayant refusé de satisfaire à la présente sommation, j'ai, huissier susdit et soussigné, à pareilles requête et demande que dessus, cité ledit citoyen B..., parlant comme dit est, à comparaître le..., neuf heures du matin, par-devant M. le juge de paix de..., au lieu ordinaire de ses audiences pour, attendu que le congé a été donné en temps utile, voir dire et ordonner que le citoyen B... sera tenu de sortir des lieux par lui occupés, faire place nette, remettre les clefs, justifier du payement de ses loyers, faire faire de suite les réparations locatives, si aucuns il y a, sinon et à faute par ledit B..., de ce faire, que ledit citoyen A... sera et demeurera autorisé à l'expulser, mettre ses meubles et effets sur le carreau et à les séquestrer pour sûreté des loyers dus et des réparations locatives qui seraient à faire ;

Et j'ai, au susnommé, etc.

FORMULE N° 171. — Procès-verbal d'expulsion du locataire.

L'an..., le...

En vertu d'un jugement rendu par le tribunal de paix de... (*ou* d'une ordonnance rendue sur référé par...), le..., dûment enregistré et signifié, et à la requête de..., etc., j'ai..., huissier..., soussigné, fait sommation au citoyen B..., etc.

De présentement payer au requérant ou à moi, huissier, la somme de..., pour trois mois de loyers échus le..., et, après avoir satisfait à la présente sommation, d'évacuer les lieux à lui loués, mettre ses meubles et effets dehors, remettre les clefs et satisfaire aux obligations des locataires sortants; sinon et faute de ce faire, je lui ai déclaré qu'en exécution du jugement sus-énoncé, ledit B... sera expulsé et ses meubles et effets mis sur le carreau; et ensuite séquestrés, pour sûreté, conservation et avoir payement de ladite somme de..., et encore pour sûreté de la justification du payement des réparations locatives.

Lequel dit B... a refusé de satisfaire à tout ce que dessus; pourquoi je lui ai déclaré que nous allions procéder à son expulsion et séquestre; et, pour y parvenir, nous avons, en présence des témoins ci-après nommés, décrit tout ce qui s'est trouvé dans les lieux loués au citoyen B... et qui consiste, savoir :

Dans la première pièce, en entrant, une *armoire*, etc., qui sont tous les meubles et effets qui se sont trouvés dans les lieux occupés par ledit B..., et ensuite nous avons fait appeler des hommes de peine, à l'aide desquels lesdits meubles et effets ont été descendus dans la cour de la maison, en présence de nosdits témoins et du citoyen B...; et nous avons pareillement expulsé ledit B... des lieux dont s'agit, dans lesquels nous avons constaté qu'il y avait une penture détachée à telle porte, *telle* dégradation *du fait des occupants*, etc.; et ensuite tous les meubles et effets sont restés comme séquestrés, pour sûreté des créances et répétitions ci-devant énoncées, dans un cabinet au rez-de-chaussée de ladite maison, à la garde du citoyen P..., qui s'est chargé des-dits effets, pour en faire la représentation quand et ainsi qu'il appartiendra; et le citoyen B... nous a remis les clefs, au nombre de..., des lieux qu'il occupait; et il a été vaqué à tout ce que dessus, depuis l'heure de... jusqu'à celle de..., en présence et assisté des citoyens E... et F... (*profession et demeure*), tous deux témoins, qui ont signé avec le citoyen P..., gardien, tant le procès-verbal que les copies remises, à l'instant, l'une au citoyen B... et l'autre au sieur P..., gardien. Dont acte.

Le coût du procès-verbal est de...

CHAPITRE IV.

**Du Code de commerce et de la Procédure commerciale
à la Justice de paix.**

En parlant des fonctions de juge de paix, on dit souvent qu'elles sont modestes mais délicates et importantes. Délicates et importantes sont-elles, en effet, et bien plus chez nous que dans le pays qui nous sert de modèle ; car, en France, le juge de paix ne connaît d'aucune exécution de jugement (matière hérissée de difficultés), ni de faits de commerce.

Dans ce chapitre donc, nous nous trouverons en face de questions pour la solution desquelles nous n'aurons pas toujours le guide ordinaire de nos études : la jurisprudence et les auteurs français.

Quant à la jurisprudence haïtienne, à laquelle nous devrions pouvoir recourir, on sait bien quel est l'embarras de chacun sur ce point, devant la rareté de nos documents judiciaires disparus ou brûlés en très grande partie.

Nous en avons encore la substance, heureusement, dans les précieux ouvrages de M. Linstant Pradine. Et là, on peut voir que les arrêts recueillis sur les matières du Code de commerce sont en bien petit nombre ; et précisément, sur les points qui n'ont pas leur analogue en France, les arrêts manquent généralement.

C'est donc à la lumière des principes généraux qu'il faudra chercher à résoudre les difficultés, principes que nous devons encore, à l'occasion, retracer ou essayer de formuler.

« Dans son acception la plus générale, le mot *commerce*, rapporte G. Massé, citant Ricard, embrasse les communications de toute espèce qui peuvent exister entre les hommes. Si c'est le goût, le penchant qui les attire les uns vers les autres, c'est un commerce d'amitié ; si c'est pour échapper à l'ennui qu'ils se recherchent, c'est un commerce de plaisir ou d'amusement ; mais si c'est l'utile et le nécessaire qu'ils cherchent mutuellement, c'est un commerce d'*intérêt*.

« Employé, continue l'auteur, pour exprimer des rapports intéressés, le mot *commerce* a une signification générale qui s'applique à tous les contrats dont l'objet est la transmission d'une chose ou d'un droit. C'est en ce sens que, dans le langage juridique (art. 919, 1382 C. civ.), on dit qu'une chose est ou n'est pas dans le commerce, alors qu'il s'agit de choses qu'on peut ou qu'on ne peut pas acquérir, se transmettre ou échanger... Mais lorsque ces rapports intéressés ont lieu avec suite et fréquemment entre personnes dont, soit l'une ou l'autre, soit toutes les deux, se proposent un profit qui doit être le résultat des communications établies entre elles, alors ce commerce est d'une espèce particulière et constitue le commerce proprement dit. En ce sens plus restreint et plus usuel, le commerce consiste donc dans une *spéculation où l'on achète afin de revendre et où l'on vend ce que l'on a acheté pour le revendre.* » (*Le Droit commercial*, t. III.)

Il était nécessaire d'arriver à cette définition pour bien faire saisir, par exemple, le point de séparation qui existe entre la qualité d'artisan et la qualité de commerçant, c'est-à-dire entre le métier et le commerce, point de séparation qu'il est du reste très difficile quelquefois de caractériser.

Et spécialement pour le juge de paix, il faut qu'il sache faire cette distinction afin de savoir si la créance qu'on lui soumet est commerciale ou civile, et par conséquent s'il y a lieu ou non d'appliquer la contrainte par corps, et si la preuve testimoniale doit être admise au delà de seize gourdes ou non.

On a posé cette question : Quand le Code de commerce garde le silence, quelles sont les règles que doit suivre le juge pour la solution des difficultés qui lui sont soumises?

Répondons encore avec Massé, *Droit commercial*, t. I, 63 : « La loi civile étant la règle générale des actions des citoyens d'un État, et la loi commerciale n'étant que la règle particulière de certaines actions, on doit reconnaître en principe que, dans tous les cas où la loi particulière se tait, la loi générale ou le droit commun reprend son empire. *Casus omissus in statuto mercatorum*, dit Roccus, *remanet sub dispositione juris communis.* Ce principe est consacré et

reconnu par la loi commerciale et par la loi civile elles-
mêmes, puisqu'on voit la première se référer dans un grand
nombre de cas au droit commun, dont la seconde est l'ex-
pression, et que celle-ci, dans plus d'une circonstance, s'est
crue obligée d'avertir qu'elle n'entend pas déroger aux lois
particulières du commerce. » — Plus loin, 83 : « Le Code de
commerce..., loi générale du commerce..., est loin d'être
complet... ; et, dans un grand nombre de cas, il faut chercher, soit dans des lois particulières, soit dans d'autres
codes, les dispositions qu'il paraîtrait devoir contenir. »

Doctrine qui est celle de la plupart des jurisconsultes, et
celle qu'a suivie généralement la jurisprudence.

D'un arrêt du Tribunal de cassation du 28 novembre 1859,
nous tirons cette proposition : « Le tribunal de commerce
ayant une attribution spéciale, ne doit recourir aux prescriptions établies par le Code de procédure civile que dans
les cas non indiqués par le Code de commerce. (L. P., 2,
sous l'art. 648 C. comm. ; N° 8 du *Bulletin des arrêts du Tribunal de cassation*, arrêt n° 68.)

A cette règle que, « pour que les articles de la procédure
ordinaire (1) s'appliquent à une procédure spéciale, il suffit
qu'ils n'en soient pas formellement écartés », en d'autres
termes, que « du silence de la loi dans une procédure exceptionnelle on peut conclure que les dispositions non formellement exclues peuvent se transporter de la procédure ordinaire à la procédure exceptionnelle », il convient d'ajouter
cette autre règle, d'une application particulière au régime
haïtien :

Dans le concours de deux institutions spéciales, comme
lorsqu'une juridiction qui a une procédure spéciale est
appelée à connaître d'une matière qui a également sa procédure spéciale, en un mot, quand le tribunal de paix est
saisi d'une affaire commerciale, à part que la règle générale qui est la procédure des tribunaux civils supplée au

---

(1) Bien entendu, distingue BOITARD, n° 662, quand les articles qu'on veut
emprunter au droit commun ne sont pas des articles exorbitants, introduits
dans la procédure ordinaire par des motifs nouveaux et tout à fait spéciaux.

silence de la loi sur les justices de paix et du Code de commerce, mais ces deux derniers doivent, toujours en tant que procédure, se compléter l'un l'autre.

D'autant plus qu'un même principe les domine. La raison déterminante des formes particulières à la procédure devant les tribunaux de commerce, c'est l'urgence d'un prompt règlement des intérêts sur lesquels ces tribunaux ont à statuer; comme aussi pour les tribunaux de paix, c'est la modicité des intérêts qui demande des formes peu dispendieuses, c'est-à-dire simples et rapides, pour que les frais n'absorbent pas le capital, le plus souvent. — Célérité dans les deux cas.

Notre Code de commerce, comprenant **622** articles, se compose de quatre lois : Nº **1**, loi sur le commerce en général; — Nº 2, loi sur le commerce maritime; — Nº 3, loi sur les faillites et banqueroutes; — Nº 4, loi sur la juridiction commerciale.

Nº 1. — Loi sur le Commerce en général.

Des Commerçants.

Article premier. — Sont commerçants ceux qui exercent des actes de commerce et en font leur profession habituelle. (C. civ. 18-5º, 199, 204, 397, 902, 919, 1093, 1211, 1744, 1994 ; C. pr. 58-4º ; C. comm. 2 et suiv., 610, 620-2º, 621.)

I. — Le terme de *commerçants*, qui est la dénomination générique employée par l'article 1ᵉʳ, équivaut à ceux de négociants, marchands, fabricants, banquiers, etc.

II. — Par les mots de l'article 1ᵉʳ, *profession habituelle*, on doit entendre un exercice assez fréquent et assez suivi pour constituer en quelque sorte une existence sociale.

III. — Ainsi, quelques actes isolés de commerce ne suffiraient pas pour rendre commerçants ceux qui les ont faits, quoique ces actes puissent les soumettre momentanément à la juridiction commerciale, en vertu de l'art. 620 C. comm. (Sirey, sous l'art. 1ᵉʳ C. comm.)

Jurisprudence française.

IV. — Sont réputés commerçants... les artisans ou industriels qui achètent des matières premières et les revendent après les avoir façonnées. (*Ibid.*)

V.   — Les aubergistes . . . . (*Ibid.*)
VI.   — Les bouchers . . . . —
VII. — Les boulangers. . . . . —   } Massé, 958.
VIII. — Les cabaretiers. . . . . —
IX.   — Les cafetiers . . . . —
X.   — Les voituriers . . . . —
XI.   — Les pharmaciens. . . . . —
XII. — Les imprimeurs . . . . —
XIII. — Les agents d'affaires. . . . . . . , . . —
XIV. — Les spéculateurs sur les effets publics. —
XV. — Les spéculateurs en denrées.
XVI. — Les entrepreneurs de travaux publics. —

XVII.— La femme qui tient en son nom un hôtel garni. (*Ibid.*, sous les art. 4 et 5.)
Mais le fait de louer en garni les appartements et les meubles d'une maison dont on est propriétaire n'imprime pas par lui-même au locateur la qualité de commerçant. (*Ibid.*, sous l'art. 1er.)

XVIII. — Ne sont pas commerçants : l'artisan ou l'ouvrier qui ne fait que façonner moyennant salaire les choses qui lui sont confiées. (Sirey, sous l'art. 1er.)

XIX. — Les charpentiers ou menuisiers. . . . . . . (*Ibid.*)
XX.   — Les charrons . . . . —
XXI. — Les cordonniers. . . . . —
XXII. — Les tailleurs de pierre . . . . —

XXIII. — Les jardiniers pépiniéristes qui se bornent au fait de la vente des arbres provenant de leurs pépinières. (*Ibid.*)

XXIV. — L'entrepreneur d'un cercle de lecture, de jeux de cartes, de billard, etc., même sous le rapport des fournitures qu'il a pu faire aux abonnés dans le local même du cercle. (*Ibid.*)

XXV. — Les maîtres de pension. (*Ibid.*)

XXXI. — La sage-femme qui reçoit chez elle des pensionnaires pour leur donner les soins de son état. (*Ibid.*)

Jurisprudence haïtienne.

XXVII. — Celui qui achète des arbres sur pied pour les exploiter et les revendre fait un acte de commerce. — Cass., 30 mai 1831. (L. P., 1, sous l'art. 1er C. comm.)

Art. 2. — Tout mineur émancipé, de l'un et l'autre sexe, âgé de dix-huit ans accomplis, qui voudra profiter de la faculté que lui accorde l'article 397 du Code civil de faire le commerce, ne pourra en commencer les opérations ni être réputé majeur, quant aux engagements par lui contractés pour faits de commerce :

1° S'il n'a été préalablement autorisé par son père, ou par sa mère, en cas de décès, interdiction ou absence du père, ou, à défaut du père et de la mère, par une délibération du conseil de famille, homologuée par le tribunal civil;

2° Si, en outre, l'acte d'autorisation n'a été enregistré et affiché au tribunal de commerce du lieu où le mineur veut établir son domicile. (C. civ. 91, 95, 130, 336 et suiv., 371, 386 et suiv., 1093; C. pr. 776 et suiv.; C. comm. 3, 6, 63, 112.)

Art. 3. — La disposition de l'article précédent est applicable aux mineurs même non commerçants à l'égard de tous les faits qui sont déclarés faits de commerce par les dispositions des articles 621 et 622 du présent Code. (C. comm. 112.)

I. — Le mineur est l'individu de l'un et l'autre sexe qui n'a pas encore atteint l'âge de 21 ans accomplis (art. 329 C. civ.); et ce n'est qu'à cet âge de 21 ans qu'on est capable de tous les actes de la vie civile art. 398), sauf les exceptions de la loi.

II. — Le mineur ne peut être autorisé à faire le commerce qu'autant qu'il a dix-huit ans accomplis, quand même il aurait été émancipé avant cet âge. (Pardessus, n° 57; — Sirey, sous les art. 2 et 3 C. comm.)

III. — L'article 2, complétant l'article 397 du Code civil impose deux conditions principales au mineur âgé de dix-huit ans accomplis qui veut faire le commerce : c'est d'être émancipé (art. 386 et suiv. C. comm.) et d'être autorisé par ses parents.

IV. — L'autorisation nécessaire au mineur pour faire le commerce doit être expresse : elle ne peut résulter, par voie de présomption, du silence du père, de la mère ou du conseil de famille, qui, voyant le mineur faire le commerce, ne l'en aurait pas empêché. (SIREY, sous les art. 2 et 3.)

Ce n'est pas comme pour l'autorisation du mari à l'égard de la femme. (Note *infrà*, sous l'art. 5 C. comm.)

V. — Elle doit aussi être préalable aux engagements du mineur. (SIREY, *loco citato*.)

VI. — Le second alinéa de l'article 387 du Code civil porte que l'émancipation s'opérera par la seule déclaration du père ou de la mère reçue par le juge de paix. La loi française est identique. Cependant les auteurs français admettent que l'autorisation du père ou de la mère peut être donnée devant le juge de paix, *ou devant notaire*, mais non par acte sous signature privée. (*Ibid.*)

VII. — Pour que les actes du mineur autorisé à faire le commerce soient valables, il faut qu'ils soient relatifs à son commerce; si donc le mineur se portait caution d'une dette, même commerciale, son engagement serait nul. (*Ibid.*)

VIII. — Il est bien entendu que les conditions ci-dessus sont nécessaires pour donner au mineur la qualité de commerçant et l'engager comme tel; mais l'absence de ces conditions ne l'empêche pas, pour les engagements qu'il aurait contractés, d'être civilement obligé, au moins dans les limites posées par le Code civil.

IX. — Par l'article 917 du Code civil on voit que les engagements contractés par les mineurs ne sont pas radicalement nuls, à moins que la loi ne l'ait exceptionnellement déclaré. Seulement, il est restituable en cas de lésion, c'est-à-dire lorsque l'opération lui est préjudiciable : *Minor restituitur non tanquam minor sed tanquam læsus.* Le mineur est restituable non en tant que mineur, mais en tant que lésé. (V. BOILEUX, *Commentaire sur le Code civil*, sous les art. 1124 et 1125.)

X. — Et même en cas de lésion, l'article 1093 du Code civil, porte que « le mineur commerçant ou artisan n'est pas restituable contre les engagements qu'il a pris à raison de son commerce ou de son art », et l'article 1095, dit que le mineur « n'est point restituable contre les obligations résultant de son délit ou quasi-délit ». La minorité n'est point une excuse, dit Boileux, sous l'article 1310. Toutefois, il faut supposer que le mineur est doué d'intelligence ; autrement, les personnes chargées de le diriger seraient seules responsables. (Art. 1170.)

XI. — Ainsi, il a été jugé que le mineur émancipé qui fait le commerce sans avoir reçu l'autorisation nécessaire n'est pas réputé majeur pour les faits relatifs à ce commerce, et il n'est justiciable que du tribunal civil, mais il en est justiciable à raison des obligations par lui contractées ayant le caractère commercial. (V. Sirey, sous les art. 2 et 3 C. comm.)

XII. — Jugé dans le même sens que le prêt fait à un mineur irrégulièrement habilité à faire le commerce n'est pas commercial. Dès lors, ce mineur n'est ni justiciable du tribunal de commerce, ni contraignable par corps pour le remboursement de ce prêt dans la mesure du profit qu'il en a retiré. (*Ibid.*)

XIII. — Et même le mineur est passible de la contrainte par corps si c'est à l'aide de manœuvres dolosives qu'il a obtenu un crédit pour ses opérations commerciales. (*Ibid.*) Cela rentrerait dans les caractères de l'escroquerie.

(V., pour l'acte d'émancipation, formule n° 237, Juridiction gracieuse.)

Art. 4. — La femme ne peut être marchande publique sans le consentement du mari. (C. civ. 197, 199, 204, 1211 ; C. comm. 5, 7, 67, 111, 539 et suiv.)

Art. 5. — La femme, si elle est marchande publique, peut, sans l'autorisation de son mari, s'obliger pour ce qui concerne son négoce ; et audit cas, elle oblige aussi son mari, s'il y a communauté entre eux. (C. civ. 204, 205, 1177, 1189, 1211 ; C. comm. 4, 7, 65, 67.)

I. — La femme peut être marchande publique sans l'autorisation ou le consentement exprès de son mari ; il suffit, pour la réputer telle, qu'elle fasse le commerce au vu et au su de son mari, et sans qu'il s'y oppose. (Sirey, sous les art. 4 et 5 C. comm.)

II. — Le consentement du mari à ce que sa femme soit marchande publique peut être révoqué par lui à volonté. (*Ibid.*)

III. — La contrainte par corps est applicable à celui qui fait nommément le commerce. Ainsi, bien que soumis au payement des dettes con-

tractées par la femme commune en biens et exerçant le commerce avec
son autorisation, le mari n'est pas cependant, comme la femme elle-
même, contraignable par corps, à raison de ce commerce de la femme.
— Cass., 22 sept. 1857. (L. P., sous l'art. 5 C. comm.) — V. aussi
SIREY, *loco citato*.

Des Livres de Commerce.

ART. 8. — Tout commerçant est tenu d'avoir un livre-journal qui *présente*, jour par jour, ses dettes actives et passives,
les opérations de son commerce, ses négociations, acceptations ou endossements d'effets, et généralement tout ce qu'il
reçoit et paye, à quelque titre que ce soit; et qui *énonce*,
mois par mois, les sommes employées à la dépense de sa
maison; le tout indépendamment des autres livres usités
dans le commerce, mais qui ne sont pas indispensables.
(C. civ. 1114, 1115; C. pr. 787; C. comm. 5, 9 et suiv., 83,
95, 101, 107, 115 et suiv., 133, 221, 448, 580, 581, 586, 587.)

Il est tenu de mettre en liasse les lettres missives qu'il
reçoit et de copier sur un registre celles qu'il envoie.

ART. 9. — Il est tenu de faire tous les ans, sous seing
privé, un inventaire de ses effets mobiliers et immobiliers,
et de ses dettes actives et passives, et de le copier, année
par année, sur un registre spécial à ce destiné. (C. civ. 1107;
C. pr. 831; C. comm. 10, 14, 481 et suiv., 540, 580-3°.)

ART. 10. — Le livre-journal et le livre des inventaires
seront timbrés sur chaque feuillet du timbre de *cinq* centimes. Ils seront cotés, parafés et visés, soit par un des juges
du tribunal de commerce, soit par le juge de paix, dans les
villes où il n'y aura pas de tribunal de commerce. Ils seront
ensuite parafés et visés une fois par année.

Le livre des copies de lettres ne sera pas soumis à ces
formalités.

Tous seront tenus par ordre de dates, sans blancs, lacunes
ni transports en marge.

ART. 11. — Les commerçants sont tenus de conserver ces
livres pendant dix ans. (C. comm. 10, 83.)

I. — La loi n'exige pas que celui qui tient un menu détail inscrive sur son livre-journal, article par article, tout ce qu'il reçoit ; il suffit qu'il l'énonce en bloc, à la fin de chaque jour. (SIREY, sous les art. 8 à 11 C. comm., citant P.ARDESSUS, n° 86.)

II. — Jugé, même par notre Tribunal de cassation, que la pacotilleuse au petit détail, ne vendant qu'au comptant, ne peut être astreinte à passer écriture .de ses affaires, par conséquent n'est point soumise aux formalités voulues par l'art. 8 du Code de commerce, qui ne sont relatives qu'aux commerçants exposés à faire faillite. — Cass., 22 nov. 1830. (L. P., sous l'art. 8 C. comm.)

ART. 12. — Les livres de commerce, régulièrement tenus, peuvent être admis par le juge pour faire preuve entre commerçants pour faits de commerce. (C. civ. 1114, 1115 ; C. comm. 1, 13 et suiv., 624.)

ART. 13. — Les livres que les individus faisant le commerce sont obligés de tenir, et pour lesquels ils n'auront pas observé les formalités ci-dessus prescrites, ne pourront être représentés ni faire foi en justice, au profit de ceux qui les auront tenus, sans préjudice de ce qui sera réglé par la loi n° 3 *sur les faillites et banqueroutes.* (C. comm. 17, 580, 581, 586-7° et suiv.)

ART. 14. — La communication des livres et inventaires ne peut être ordonnée en justice que dans les affaires de succession, communauté, partage de société, et en cas de faillite. (C. civ. 674, 842, 1261, 1459, 1641 ; C. comm. 18 et suiv., 60, 437, 460.)

ART. 15. — Dans le cours d'une contestation, la représentation des livres peut être ordonnée par le juge, même d'office, à l'effet d'en extraire ce qui concerne le différend. (C. civ. 1139 ; C. pr. 255 ; C. comm. 12, 16, 17, 107.)

ART. 16. — En cas que les livres dont la représentation est offerte, requise ou ordonnée, soient dans des lieux éloignés du tribunal saisi de l'affaire, les juges peuvent adresser une commission rogatoire au tribunal de commerce du lieu, ou déléguer un juge de paix pour en prendre connaissance, dresser un procès-verbal du contenu, et l'envoyer au tribunal saisi de l'affaire. (C. pr. 956; C. comm. 618; C. instr. crim. 76.)

Art. 17. — Si la partie aux livres de laquelle on offre d'ajouter foi refuse de les représenter, le juge peut déférer le serment à l'autre partie. (C. civ. 1114, 1152; C. pr. 126, 127; C. comm. 12; C. pén. 312.)

I. — La seule circonstance que les livres d'un commerçant ne sont pas régulièrement tenus dans la forme voulue par le Code de commerce ne suffit pas pour faire présumer la fraude... — Bruxelles, 17 mars 1842. (Sirey, sous les art. 12-17.)

II. — *Peuvent être admis.* Il résulte de la forme facultative de cette disposition de l'article 12 que les juges, en matière de commerce, peuvent chercher des preuves ailleurs que dans les livres de commerce. — Argument de l'arrêt cass., 8 juin 1857. (L. P., 1, sous l'art. 12.) — Argument de l'art. 107 C. comm.

III. — L'article 15 du Code de commerce n'établissant aucune distinction dans les livres dont le juge peut ordonner la représentation, on n'en saurait tirer aucune induction, devant les termes généraux de la loi, pour décider que les brouillards en sont exclus, lorsque surtout ils sont régulièrement tenus, et que les négociants qui les présentent ont été victimes d'un sinistre dont les ravages ne sont pas encore réparés. — Cass., 19 nov. 1860. (L. P., sous l'art. 15.) V. cet arrêt au n⁰ 202, *Bulletin des Arrêts*, etc., n° 23.

IV. — Les juges ont d'ailleurs un pouvoir discrétionnaire pour ordonner ou ne pas ordonner l'apport ou la représentation des livres des commerçants : leur décision à cet égard est à l'abri de la cassation. (Sirey, sous les art. 12-17.)

V. — Alors même que l'une des parties ne veut ou ne peut produire ses registres, ce n'est pas une raison pour accorder nécessairement foi à ceux de l'autre partie; les juges sont investis, à cet égard, d'un pouvoir souverain d'appréciation. (Sirey.)

VI. — Comme aussi les juges ne sont pas obligés, sur le refus d'une partie de produire ses livres de commerce, de déférer le serment à la partie adverse qui déclare y ajouter foi : c'est là une pure faculté dont les juges sont maîtres d'user ou de ne pas user. (*Ibid.*)

Le titre III de la loi n° 1 a trait aux *Sociétés commerciales.* (Art. 18-64.)

Le titre IV, aux *Séparations de biens.* (Art. 65-70.)

Le titre V, aux *Bourses de commerce, Agents de change et Courtiers.* (Art. 71-89.)

Le titre VI, aux *Commissionnaires en voitures.* (Art. 90-106.)

Le titre VII, ayant un seul article, est relatif aux *Achats et Ventes.*

Art. 107. — Les achats et ventes se constatent :

Par actes publics;

Par actes sous signature privée;

Par le bordereau ou arrêté d'un agent de change ou courtier, dûment signé par les parties;

Par une facture acceptée;

Par la correspondance;

Par les livres des parties;

Par la preuve testimoniale, dans le cas où le tribunal croira devoir l'admettre. (C. civ. 1102, 1103, 1107, 1126, 1168 et suiv.; C. comm. 8 et suiv., 49, 72, 76, 78, 575, 578, 621 ; C. pén. 344 à 346.

I. — Comme nous l'avons vu *suprà* (page 142), le Code de commerce, comme loi générale du commerce du pays, est loin d'être complet, c'est-à-dire qu'il ne contient pas nommément toutes les règles des rapports et contrats qui peuvent naître du commerce; d'où il suit que, dans un grand nombre de cas, il faut chercher soit dans les lois particulières, soit dans d'autres Codes, les dispositions qui ne se trouvent pas dans le Code de commerce et qui en sont pourtant le complément nécessaire. (V. Massé, I, 82.)

Ainsi, pour ce qui a trait à ses caractères, conditions, effets, etc., la vente commerciale est soumise, en général, aux règles du Code civil. (Art. 1369 et suiv.)

II. — *Par actes publics.* C'est-à-dire reçus par des officiers publics, tels que les notaires, avec les solennités requises. (Art. 1102 C. civ.)

III. — *Par actes sous signature privée.* Il n'est pas nécessaire que ces actes soient faits doubles comme en matière civile (art 1110 C. civ.);

lorsque le Code de commerce exige cette formalité, il le dit positivement. (Art. 39; — ROGRON, sous l'art. 109 C. comm.)

IV. — *Par une facture.* C'est un état détaillé des marchandises vendues ou envoyées, et qui indique leur nature, leur quantité, leur qualité et leur prix. Mais pour qu'une facture fasse preuve contre une personne, il faut qu'elle soit acceptée par elle. (*Ibid.*)

V. — *Par la preuve testimoniale.* Le droit commun n'admet la preuve testimoniale sans commencement de preuve par écrit que jusqu'à 16 gourdes. (Art. 1126 C. civ.) Au delà, le législateur a craint que les parties ne trouvassent dans le gain du procès le moyen d'acheter des témoignages. Le commerce exigeait une dérogation au droit commun; la bonne foi en est l'âme, et la plupart des transactions qui s'opèrent ne peuvent être prouvées que par témoins; mais la loi laisse toutefois aux juges le droit d'admettre ou de refuser cette preuve dangereuse. (*Ibid.*)

VI. — On professe, du reste, qu'en matière commerciale, la preuve par témoins ou par présomption est admissible pour établir toutes les conventions, aussi bien à l'égard des tiers qu'à l'égard des parties elles-mêmes. (*Ibid.*, divers arrêts cités.)

Le titre VIII est le dernier de la loi n° 1. Il traite *de la lettre de change, du billet à ordre et de la prescription* de ces effets. (Art. 108 à 186.)

ART. 159. — Le refus de payement doit être constaté le lendemain du jour de l'échéance, par un acte que l'on nomme *protêt faute de payement.* (C. pr. 78; C. comm. 117, 150, 160 et suiv., 170 et suiv.)

Si ce jour est un jour de férie légale, le protêt sera fait le jour suivant. (C. comm. 131.)

FORMULE N° 172. — Protêt faute de payement.

L'an..., etc., à la requête de..., etc., je..., huissier, etc., me suis transporté au domicile du citoyen B..., etc.; et, après avoir exhibé une lettre de change *ou* billet ainsi conçu : « ... » (*transcrire l'effet et les endossements*), j'ai sommé ledit B... en parlant à sa personne (*ou à tel,* ledit B... étant absent), de, présentement, payer au requérant ou à moi, huissier, pour lui, la somme de..., montant de l'effet ci-dessus transcrit, protestant, à faute de ce faire, du renvoi et de tout ce qui peut se protester en pareil cas;

Lequel a répondu que..., etc.

Sommé de signer, il a signé *ou* refusé; laquelle réponse j'ai prise pour refus de payement ; en conséquence, j'ai pour le requérant protesté ledit billet, sous toutes réserves de droit ; le tout fait en présence et assistance des citoyens R... et S... (*professions et demeures*), tous deux témoins qui ont signé avec moi ; et j'ai au susnommé, au domicile ci-dessus indiqué et parlant comme dessus, laissé copie tant dudit effet à ordre et endos que du présent. Dont acte. Le coût est de...

ART. 169. — Indépendamment des formalités prescrites pour l'exercice de l'action en garantie, le porteur d'une lettre de change protestée faute de payement, peut, en obtenant la permission du doyen, saisir conservatoirement les effets mobiliers des tireurs, accepteurs et endosseurs. (C. pr. 478 et suiv. ; C. comm. 108, 116 et suiv., 133 et suiv., 137, 161, 164, 170 et suiv.)

FORMULE N° 173. — **Requête pour être autorisé à saisir conservatoirement les meubles et effets d'un débiteur de lettre de change ou billet à ordre.**

A Monsieur le Juge...

Le sieur..., etc., a l'honneur de vous exposer qu'il est créancier d'une somme de..., montant d'un billet à ordre souscrit par le sieur B..., demeurant à..., et protesté le... Pourquoi, vu ledit billet et le protêt, et les dispositions des articles 169 et 184 du Code de commerce, il requiert qu'il vous plaise lui permettre de faire saisir conservatoirement les meubles et effets dudit sieur B..., etc.

ART. 170. — Les protêts faute d'acceptation ou de payement sont faits par deux notaires, ou par un notaire et deux témoins, ou par un huissier et deux témoins. (C. comm. 108, 117, 127 et suiv., 153, 158 à 160, 171 et suiv., 178 et suiv.)

Le protêt doit être fait :

Au domicile de celui sur qui la lettre de change était payable, ou à son dernier domicile connu (C. civ. 91 et suiv. ; C. pr. 79-5°) ;

Au domicile des personnes indiquées par la lettre de change pour la payer au besoin ;

Au domicile du tiers qui a accepté par intervention (C. comm. 124 et suiv.) ;

Le tout par un seul et même acte.

En cas de fausse indication de domicile, le protêt est précédé d'un acte de perquisition.

ART. 171. — L'acte de protêt contient (C. comm. 124) :

La transcription littérale de la lettre de change, de l'acceptation, des endossements et des recommandations qui y sont indiquées;

La sommation de payer le montant de la lettre de change.

Il énonce :

La présence ou l'absence de celui qui doit payer;

Les motifs du refus de payer, et l'impuissance ou le refus de signer.

ART. 172. — Nul acte, de la part du porteur de la lettre de change, ne peut suppléer l'acte de protêt, hors le cas prévu par les articles 147 et suivants, touchant la perte de la lettre de change. (C. comm. 170, 171.)

ART. 173. — Les notaires et les huissiers sont tenus, à peine de destitution, dépens, dommages-intérêts envers les parties, de laisser copie exacte des protêts et de les inscrire en entier, jour par jour et par ordre de dates, dans un registre particulier, coté, parafé et tenu dans les formes prescrites pour les répertoires. (C. civ. 939, 1168; C. pr. 84, 135, 137, 139, 952; C. comm. 170, 171.)

N° 2. — Loi sur le Commerce maritime.
(Art. 187 à 433.)

Nous n'en relèverons que les cinq articles suivants :

ART. 228. — Le capitaine et les gens de l'équipage qui sont à bord, ou qui, sur les chaloupes, se rendent à bord pour faire voile, ne peuvent être arrêtés pour dettes civiles, si ce n'est à raison de celles qu'ils auront contractées pour le voyage; et même, dans ce dernier cas, ils ne peuvent être arrêtés, s'ils donnent caution. (C. civ. 1806, 1807, 1829; C. pr. 132, 442; C. comm. 212.)

Des Prescriptions.

ART. 430. — Sont prescrites (C. comm. 431) :

Toutes actions en payement pour fret de navire, gages et

loyers des officiers, matelots et autres gens de l'équipage, un an après le voyage fini ;

Pour nourriture fournie aux matelots par l'ordre du capitaine, un an après la livraison ;

Pour fournitures de bois et autres choses nécessaires aux constructions, équipement et avitaillement du navire, un an après ces fournitures faites ;

Pour salaires d'ouvrier et pour ouvrages faits un an après la réception des ouvrages ;

Toute demande en délivrance de marchandises, un an après l'arrivée du navire.

Art. 431. — La prescription ne peut avoir lieu, s'il y a eu cédule, obligation, arrêté de compte ou interpellation judiciaire. (C. civ. 1111, 2012; C. pr. 69, 71, 79.)

Fins de non-recevoir.

Art. 432. — Sont non recevables (C. comm. 433) :

Toutes actions contre le capitaine et les assureurs, pour dommages arrivés à la marchandise, si elle a été reçue sans protestation (C. comm. 218, 327);

Toutes actions contre l'affréteur, pour avaries, si le capitaine a livré les marchandises et reçu son fret sans avoir protesté (C. comm. 283, 394);

Toutes actions en indemnités pour dommages causés par l'abordage dans un lieu où le capitaine a pu agir, s'il n'a point fait de réclamation. (C. comm. 302, 404).

Art. 433. — Ces protestations et réclamations sont nulles si elles ne sont faites et signifiées dans les vingt-quatre heures et si, dans le mois de leur date, elles ne sont suivies d'une demande en justice. (C. pr. 69, 71, 78, 97, 954.)

La loi n° 3 qui dispose sur les *Faillites et Banqueroutes* (art. 434-606) n'a pas d'application dans la juridiction contentieuse des juges de paix.

Nᵒ 4. — Loi sur la Juridiction commerciale.

Le titre Ier s'occupe *de l'Organisation des tribunaux de commerce.* (Art. 608-619.)

Le titre II, *de la Compétence des tribunaux de commerce.* (Art. 620-625.)

Le titre III, *de la Forme de procéder devant ces tribunaux.*

Compétence des Tribunaux de commerce.

Ce titre complète l'article premier du présent Code. Il fait l'énumération des actes que la loi répute actes de commerce, détermine les actions qui tombent sous la juridiction commerciale.

Il mérite ici une attention spéciale parce que ces mêmes actions, lorsqu'elles seront d'une valeur ne dépassant pas cent cinquante piastres, resteront de la compétence du tribunal de paix jugeant en matière commerciale.

Art. 620. — Les tribunaux de commerce connaîtront :

1° De toutes contestations relatives aux engagements et transactions entre négociants, marchands et banquiers (C. comm. 1);

2° Entre toutes personnes, des contestations relatives aux actes de commerce. (C. comm. 621.)

Art. 621. — La loi répute actes de commerce (C. comm. 620) :

Tout achat de denrées et marchandises pour les revendre, soit en nature, soit après les avoir travaillées et mises en œuvre, ou même pour en louer simplement l'usage ;

Toute entreprise de manufacture, de commission, de transport par terre ou par eau ;

Toute entreprise de fournitures, d'agences, bureaux d'affaires, établissements de ventes à l'encan, spectacles publics ;

Toute opération de change, banque et courtage ;

Toutes les opérations des banques publiques ;

Toutes obligations entre négociants, marchands et banquiers ;

Entre toutes personnes, les lettres de change, ou remises

d'argent faites de place en place (C. comm. 101, 208, 623 et suiv.);

Toute entreprise de construction, et tous achats, ventes et reventes de bâtiments pour le cabotage ou la navigation de longs cours (C. comm. 195, 223);

Toutes expéditions maritimes;

Tout achat ou vente d'agrès, apparaux et avitaillements;

Tout affrètement, emprunt ou prêt à la grosse (C. comm. 278 et suiv., 283 et suiv., 311 et suiv.);

Toutes assurances et autres contrats concernant le commerce de mer (C. comm. 329 et suiv.);

Tous accords et conventions pour salaires et loyers d'équipages (C. comm. 329 et suiv.);

Tous engagements de gens de mer, pour le service des bâtiments de commerce. (C. comm. 218 et suiv., 247 et suiv.)

Art. 622. — Les tribunaux de commerce connaîtront également :

1° Des actions contre les facteurs, commis des marchands ou leurs serviteurs, pour le fait seulement du trafic du marchand auquel ils sont attachés ;

2° Des actions, formalités et actes concernant les faillites. (C. comm. 434 à 579.)

Art. 623. — Lorsque les lettres de change ne seront réputées que simples promesses, ou lorsque les billets à ordre ne porteront que des signatures d'individus non négociants, et n'auront pas pour occasion des opérations de commerce, le tribunal de commerce sera tenu de renvoyer au tribunal civil, s'il en est requis par le défendeur. (C. pr. 169; C. comm. 110, 184, 624.)

Art. 624. — Lorsque ces lettres de change et ces billets à ordre porteront en même temps des signatures d'individus négociants et d'individus non négociants, le tribunal de commerce en connaîtra; mais il ne pourra prononcer la contrainte par corps contre les individus non négociants, à moins qu'ils ne soient engagés à l'occasion d'opérations de

commerce, trafic, change, banque ou courtage. (C. civ. 1829;
C. pr. 133; C. comm. 623.)

ART. 625. — Ne seront point de la compétence des tribunaux de commerce : les actions intentées contre un propriétaire ou cultivateur, pour vente de denrées provenant de
son crû ; les actions intentées contre un commerçant pour
payement de denrées et marchandises achetées pour son
usage particulier.

Néanmoins, les billets souscrits par un commerçant seront
censés faits pour son commerce, lorsqu'une autre cause n'y
sera point énoncée. (C. civ. 1135, 1137, 1138; C. comm. 1621
et suiv.)

I. — La compétence commerciale est basée bien plutôt sur la nature
des actes donnant lieu à la contestation que sur la qualité des personnes;
« en d'autres termes, continue Sirey, sous les articles 631-632 du Code
de commerce, elle est plutôt matérielle (*ratione materiæ*) que personnelle (*ratione personæ*), en ce sens que, si certaines personnes (les commerçants ou négociants) sont, en général, soumises à la juridiction commerciale, c'est parce que les actes à raison desquels elles y sont appelées sont présumés être des actes de commerce ou de négoce. De là il
suit que, si l'acte porte en lui-même la preuve qu'il n'est pas commercial,
il ne peut, malgré la qualité de commerçant de celui dont il émane,
rendre ce dernier justiciable du tribunal de commerce ».

II. — De là il suit encore qu'on peut faire des actes de commerce
sans être commerçant, puisque celui-là seul est commerçant qui fait
habituellement des actes de commerce. Mais il y a entre le non-commerçant et le commerçant cette différence capitale, quant aux actes par eux
faits, que c'est au tiers qui prétend qu'un non-commerçant a fait acte de
commerce, à prouver que l'acte a un but et un caractère commercial (1),
tandis que c'est en général au commerçant qui prétend qu'un acte par
lui fait n'est pas commercial, à le prouver. — En d'autres termes, les
actes faits par un non-commerçant ne sont pas présumés commerciaux,
tandis que toute obligation entre commerçants, négociants, marchands
ou banquiers, si un tout autre but n'y est pas exprimé, est jusqu'à
preuve contraire réputée commerciale. (C. comm. art. 621 ; — GMASSÉ,
II, 965.)

---

(1) Sauf, bien entendu, le cas où cet acte est nécessairement commercial,
par exemple lorsqu'il s'agit de lettres de change.

III. — Le même raisonnement que ci-dessus s'applique à la contrainte par corps : c'est aussi la nature de l'acte qui la détermine. Pour décider si la contrainte doit être prononcée, il ne s'agit que de savoir si la dette est commerciale. Et le caractère commercial n'existe pas moins quand l'acte est isolé et qu'il intervient entre individus n'exerçant pas habituellement le commerce, que lorsqu'il émane de commerçants et a rapport à leur négoce. (V. *Répertoire du Journal du Palais, Contrainte par corps*, 366 et 367.)

IV. — Rappelons ici qu'il a été jugé qu'aucune loi n'autorise à prononcer la contrainte par corps pour les dépens en matière commerciale, bien qu'elle doive l'être pour le principal. — Cass., 2 mai 1859. (L. P., 1, sous l'art. 1829 C. civ.; *Bulletin*, n° 2, arrêt n° 7.)

Forme de procéder devant les Tribunaux de Commerce.

ART. 629. — Dans les cas qui requerront célérité, le doyen du tribunal pourra permettre d'assigner, même de jour à jour et d'heure à heure, et de saisir les effets mobiliers; il pourra, suivant l'exigence des cas, assujettir le demandeur à donner caution ou à justifier de solvabilité suffisante. Ses ordonnances seront exécutoires nonobstant opposition. (C. civ. 1806, 1807 ; C. pr. 58-2°, 82, 401, 506 et suiv., 704 et suiv.)

I. — Cet article est-il applicable en justice de paix, quant à ce qui est de la saisie conservatoire qui y est autorisée?

ART. 630. — Dans les affaires maritimes, où il existe des parties non domiciliées, et dans celles où il s'agit d'agrès, victuailles, équipages et radoubs de vaisseaux prêts à mettre à la voile, et autres matières urgentes et provisoires, l'assignation de jour à jour ou d'heure à heure pourra être donnée sans ordonnance, et le défaut pourra être jugé sur-le-champ. (C. pr. 152, 706 ; C. comm. 188, 277, 312, 331.)

ART. 631. — Toutes assignations données à bord à la personne assignée seront valables. (C. pr. 69, 71, 78, 79.)

I. — Ces deux articles sont-ils applicables aussi en justice de paix?
Quoi qu'il en soit, ces articles ne peuvent recevoir leur application que lorsque l'assignation a pour objet une affaire maritime.

II.— *Assignations données à bord*. C'est-à-dire que, dans le cas de l'ar-

ticle, le bord est réputé transitoirement le domicile de la personne assignée. (Boitard, 647.) En conséquence il n'est pas nécessaire que l'assignation soit laissée *à la personne même* de l'assigné : elle peut être
laissée en parlant à une personne de l'équipage trouvée à bord. (Sirey,
sous l'art. 419 C. pr.)

Art. 632. — Le demandeur pourra assigner, à son choix :

Devant le tribunal du domicile du défendeur (C. civ. 98) ;

Devant celui dans le ressort duquel la promesse a été faite
et la marchandise livrée ;

Devant celui dans le ressort duquel le payement devait
être effectué. (C. civ. 925, 1033.)

I. — Ici, c'est la compétence à raison de la personne qui est déterminée, tandis que les articles 620 et suivants déterminent la compétence
à raison de la matière. .

II. — Quand il s'agit d'affaires civiles, c'est devant le tribunal du
domicile du défendeur (art. 7 C. pr.) ou de la situation de l'objet litigieux dans les cas spécifiés par l'article 8 du Code de procédure, que la
citation est donnée. Ici, le demandeur a le choix entre trois tribunaux
différents, lorsque chacune des trois circonstances énumérées se trouve
attachée à un tribunal différent. Exemple : un commerçant domicilié
aux Gonaïves, se trouvant au Cap-Haïtien, y achète et se fait livrer des
marchandises qu'il s'engage à payer au Port-au-Prince.

(Voir les notes des articles 7 et 8 C. pr.)

Art. 635. — Les étrangers demandeurs ne peuvent être
obligés, en matière de commerce, à fournir une caution de
payer les frais et dommages-intérêts, auxquels ils pourront
être condamnés, même lorsque la demande est portée devant
un tribunal civil dans les lieux où il n'y a pas de tribunal de
commerce. (C. civ. 15 ; C. pr. 167, 168.)

I. — On a déjà vu au Code de procédure civile que l'article 167 prescrit la caution *judicatum solvi, en toutes matières autres que celles de
commerce.* Notre article ne fait donc que confirmer la disposition du
Code de procédure.

Art. 637. — Le même jugement pourra, en rejetant le
déclinatoire, statuer sur le fond, mais par deux dispositions
distinctes, l'une sur la compétence, l'autre sur le fond.
(C. pr. 141, 173, 289, 337.)

(Voir *suprà* les annotations II et III sous l'article 173 du Code de procédure civile. Les considérations qui ont fait défendre aux tribunaux civils de joindre les déclinatoires au fond disparaissent dans les matières de notre juridiction, devant des idées d'une autre nature : le désir d'arriver promptement à la solution de l'affaire.)

Art. 646. — Le tribunal pourra, dans tous les cas, ordonner, même d'office, que les parties seront entendues en personne, à l'audience ou dans la chambre, et, s'il y a empêchement légitime, commettre un des juges ou même un juge de paix pour les entendre, lequel dressera procès-verbal de leurs déclarations. (C. pr. 14, 15, 94, 125, 323 et suiv.)

(Voir les notes sous l'article 125 du Code de procédure civile.)
(Voir aussi les deux dernières notes sous l'article 14 du Code de procédure civile.)

Art. 647. — Aucun jugement par défaut ne pourra être signifié que par un huissier commis, à cet effet, par le tribunal. La signification contiendra, à peine de nullité, élection de domicile dans la commune, où elle se fait, si le demandeur n'y est domicilié. (C. civ. 91, 98 ; C. pr. 159.)

Le jugement sera exécutoire un jour après la signification et jusqu'à l'opposition. (C. pr. 143, 144, 158, 950, 954.)

I. — C'est seulement à cause du second alinéa que nous rapportons cet article. L'exécution est-elle obligatoirement suspendue pendant un jour aussi pour les jugements des tribunaux de paix en matière de commerce? (V. note II, *suprà*, sous l'art. 922 C. pr., et VI, sous l'art. 469 C. pr.)

II. — Nous avons vu, note XIX, sous l'art. 27 du Code de procédure, qu'en matière purement civile, la péremption des six mois (art. 159 C. pr.) n'a pas lieu en justice de paix. Mais l'article 4 de la loi du 21 juillet 1859 rend applicable aux jugements rendus par les tribunaux de commerce la disposition de l'article 159 du Code de procédure. Nous penchons à croire que le législateur de 1859 n'a pas entendu comprendre, dans la disposition, les jugements des tribunaux de paix.

Art. 648. — L'opposition à tous jugements par défaut rendus en matière de commerce est recevable jusqu'à l'exécution. (C. pr. 145, 950, 954.)

L'opposition contiendra les moyens de l'opposant, et assignation dans les délais de la loi.

Elle sera signifiée au domicile élu. (C. civ. 98; C. pr. 69, 71, 78, 79, 954.)

I. — On peut voir, note IX, sous l'article 28 du Code de procédure, qu'en matière civile, la règle qui permet de former opposition jusqu'à l'exécution est inapplicable en justice de paix.

II. — En est-il de même lorsque le tribunal de paix a donné défaut en matière commerciale? Les termes du présent article nous paraissent assez généraux pour en autoriser ici l'application : *tous jugements par défaut rendus en matière de commerce,* et non pas seulement devant les tribunaux de commerce.

III. — Quoi qu'il en soit, l'article 29, qui permet au juge de paix, dans certains cas, de proroger le délai ou de relever le défaillant de la rigueur du délai, donne déjà une faculté assez large au défaillant pour l'opposition.

Art. 649. — L'opposition faite au moment de l'exécution, par déclaration sur le procès-verbal de l'huissier, arrêtera l'exécution; à la charge, par l'opposant, de la réitérer dans les trois jours par exploit contenant assignation; passé lequel délai elle sera censée non avenue. (C. pr. 161, 162, 950 et 954.)

I. — Il est de principe que la voie de l'opposition une fois prise doit être épuisée, étant la plus respectueuse; et il en résulte que l'on n'est pas recevable à former un pourvoi en cassation contre le même jugement auquel il y a une opposition non encore vidée. — Cass., 12 déc. 1859. (L. P., 2, sous l'art. 649 C. comm. — *Bulletin,* n° 10, arrêt n° 77.)

IIIᵉ PARTIE

Juridiction gracieuse.

CHAPITRE Iᵉʳ

Compétence extrajudiciaire. — Attributions.

Nous avons vu, en parlant des attributions du juge de paix (liv. II, 1ʳᵉ partie, chap. II), qu'en outre des fonctions judiciaires, qui forment la *compétence judiciaire* ou *juridiction contentieuse*, les attributions de ce magistrat comprennent des fonctions extrajudiciaires qui forment sa *compétence extrajudiciaire* ou *juridiction gracieuse* ou *officieuse*.

La compétence extrajudiciaire embrasse de nombreux objets, en tête desquels se place la conciliation ou essai de conciliation des parties dans les affaires du ressort des tribunaux civils.

Le juge de paix est un magistrat de paix et de famille, essentiellement conciliateur. On en a même dit que c'est un père au milieu de ses enfants, et dont les soins constants doivent tendre à assurer le bonheur de tous. Son but principal doit être d'imposer, par la seule puissance de ses sages conseils, le respect des droits et l'exécution des obligations (1).

Comme juge conciliateur, dit l'article 38 de la Loi organique, il doit s'efforcer d'amener à accommodement les

---

(1) Les justices de paix, disait le grand-juge A.-D. Sabourin, sont une espèce de juridiction de famille de la plus grande importance; la sagesse et l'esprit de modération des magistrats chargés de ces fonctions doivent produire le plus plus grand bien, et éviter les plus grands maux, en détruisant, dès son origine, le germe des procès, toujours trop nombreux. (Circulaire à l'occasion de sa nomination comme Grand-Juge, le 30 octobre 1816. *Lois et Actes*, n° 451.)

parties qui se présentent devant lui. Et dans un arrêt en date du 29 juillet 1873, le Tribunal de cassation s'exprime comme suit : « Les juges de paix, par les lois de leur insti-
« tution, sont essentiellement conciliateurs. Ce principe
« n'est pas établi dans le Code de procédure civile, mais il
« se trouve consacré dans l'article 38 de la Loi organique,
« devoir auquel le juge de paix ne peut se soustraire. D'où
« il suit que si, dans l'origine, le différend porté devant le
« juge de paix, par citation, paraissait contenir une question
« de propriété, et s'il est constant que, lors de la comparu-
« tion des parties devant ce magistrat, le défendeur s'était
« reconnu auteur du fait qui avait donné lieu à la citation,
« et demandé de maintenir le demandeur dans la posses-
« sion de la terre qu'il lui avait vendue, en reconnaissant
« qu'il avait eu tort de reprendre cette terre ; dès lors tout
« litige avait disparu et le juge s'était trouvé dans le
« domaine du pouvoir que lui confère la loi. Il suit de là,
« qu'en disant que le juge de paix n'avait pas statué sur une
« question pétitoire, le jugement attaqué n'a pas violé les
« articles 8, 22 et 170 du Code de procédure civile, et a, au
« contraire, rendu hommage à la volonté du législateur
« qui, dans l'article 38 de la Loi organique, dit que, comme
« juges conciliateurs, les juges de paix doivent s'efforcer
« d'amener à accommodement les parties qui se présentent
« devant eux. » (Nᵛ 2, sous l'art. 38, Loi org. 1835, *Lois et Actes*; L. P.) Voir aussi au même endroit la note qui vient après. (Cass., 3 sept. 1874.)

D'autre part, le juge de paix saisi par une citation en conciliation ne peut juger la contestation qui lui est soumise, quand bien même elle serait de sa compétence. Alors sa juridiction gracieuse est complètement distincte de sa juridiction contentieuse. (J. du P., *Justice de paix*, 780.)

Dans ses fonctions extrajudiciaires, le juge de paix est chargé :

1º Par le Code de procédure civile :

De concilier les différends dont le jugement est réservé aux tribunaux civils (art. 57 et suiv.);

De donner le visa exigé par les articles 78 et 79 de ce Code, en cas d'absence des parties ou même du refus selon le dernier article ;

D'exécuter les délégations judiciaires à l'effet de recevoir une caution, de procéder à une enquête, à un interrogatoire sur faits et articles, à une prestation de serment, soit d'experts, soit de parties, et généralement de faire une opération quelconque en vertu d'un jugement, etc. (art. 256, 305, 325, 956);

De recevoir la déclaration affirmative du tiers saisi domicilié dans son ressort et hors de la ville où siège le tribunal qui doit connaître de la saisie-arrêt (art. 492);

D'assister à l'ouverture des portes en matière de saisie-exécution; d'apposer, s'il en est requis, le scellé sur les papiers trouvés dans les pièces ou meubles ainsi ouverts ; de nommer un gérant à l'exploitation, en cas de saisie d'animaux ou d'ustensiles destinés à la culture (art. 508, 512, 515);

De légaliser la signature de l'imprimeur apposée sur le numéro du journal qui contient l'extrait dont fait mention l'article 594, pour la saisie immobilière;

D'ordonner l'arrestation d'un débiteur condamné et contraignable par corps, lorsqu'il est trouvé dans une maison quelconque, et d'assister à l'arrestation (art. 681) ;

D'apposer et de lever les scellés après décès, ou dans les autres cas où il y a lieu à apposition de scellés (art. 796 et suiv., 816 et suiv.) ;

De dresser les procès-verbaux de carence, s'il n'y a aucun effet mobilier, lors de l'apposition des scellés, ou de description sommaire des effets qui, nécessaires à l'usage des personnes de la maison, ne peuvent être mis sous scellés (art. 813);

De requérir d'office un notaire, ou, à son défaut, un membre du Conseil communal, pour représenter, à la levée des scellés, les intéressés demeurant hors de la commune (art. 819), ou aux inventaires, les parties appelées et défaillantes (art. 830);

De rendre l'ordonnance d'exécution d'un jugement arbitral, lorsque les parties ne se sont point réservé le droit d'appel, ou lorsque les arbitres ont dû décider comme amiables compositeurs (art. 908).

2° Par le Code civil :

De recevoir les déclarations de naturalisation et le serment prescrit par l'article 14 de ce Code ;

De délivrer des actes de notoriété en cas de mariage, pour suppléer au défaut d'acte de naissance (art. 70, 71), ou d'actes respectueux en cas d'absence de l'ascendant (art. 143) ;

De recevoir la déclaration de celui qui veut changer de domicile (art. 92) ;

D'assister à l'inventaire du mobilier et des titres des absents (art. 113) ;

De délivrer, sur la demande du père mécontent de la conduite de son enfant âgé moins de quinze ans commencés, l'ordre d'arrestation à l'effet de détenir cet enfant pendant un temps qui ne pourra excéder 50 jours (art. 316) ;

De recevoir les actes d'émancipation (art. 387, 388) ;

De convoquer et présider le Conseil de famille des mineurs, des absents, des interdits, des sourds-muets, dans les cas prévus par les articles 131, 146, 161, 332, 336, 345, 353, 357, 365, 368, 372, 373, 374, 377, 378, 388, 390, 393, 394, 395, 404, 414, 420, 756, 1908, ainsi que pour la nomination des tuteurs aux substitutions (permises), et pour la réduction de l'hypothèque générale des femmes mariées dans le cas des articles 862 et 1911 ;

De dresser procès-verbal du refus ou retardement des conservateurs, soit de faire les transcriptions des actes de mutation ou les inscriptions des droits hypothécaires, soit de délivrer les certificats requis au bureau des hypothèques (art. 1966).

3° Par le Code de commerce :

De coter, de parafer et viser le livre-journal et le livre des inventaires des commerçants ou le registre de bord des capitaines, dans les lieux où il n'y a pas de tribunal de commerce (art. 10 et 221) ;

D'exécuter les délégations des tribunaux de commerce à l'effet de vérifier les livres d'un commerçant et de dresser procès-verbal de leur contenu (art. 16), ou d'entendre les parties en personne et dresser procès-verbal de leurs déclarations en cas d'empêchement légitime prévu à l'article 640 ;

De nommer, à défaut du doyen du tribunal de commerce, des experts à l'effet de vérifier et constater l'état des objets transportés, en cas de refus ou de contestation pour la réception des colis (art. 105) ;

D'autoriser, à défaut de tribunal de commerce dans son ressort, le capitaine de navire à emprunter la somme nécessaire pour le radoub ou l'achat de victuailles dans le cas de l'article 231 (1) ;

De recevoir, en cas d'abandon d'un navire ou de relâche forcée, le rapport des capitaines dans les lieux où il n'y a pas de tribunal de commerce (art. 239, 240, 242) ;

De recevoir également dans les lieux où il n'y a pas de tribunal de commerce et en cas de naufrage, le rapport des capitaines et l'interrogatoire des gens de l'équipage (art. 243, 244) ;

De nommer, en vertu de l'article 411, les experts chargés d'estimer l'état des pertes et dommages éprouvés par un navire par suite du jet à la mer ;

De procéder à l'apposition et à la levée des scellés en cas de faillite ; d'extraire des scellés les livres de commerce, etc., et d'assister à l'inventaire qu'il signe à chaque vacation (art. 446 et suiv., 459, 460, 481).

4° Par le Code rural :

---

(1) A cette question : *Cette autorisation peut-elle s'étendre à tout chiffre qui serait demandé par le capitaine ?* question qui nous a été posée par un de nos hommes de loi les plus remarquables, nous répondons par l'affirmative.

L'article 231 ne distingue pas. Et l'on peut consulter (S.47.1.766) un arrêt de la Cour de cassation (France), en date du 24 août 1847, d'où il résulte que cette autorisation n'a pas le caractère d'un jugement et ne constitue pas un acte de juridiction ; qu'en effet elle n'est exigée que comme mesure de protection et de contrôle dans l'intérêt des tiers absents ; et que, lors même qu'elle est donnée en France par un tribunal de commerce ou un juge de paix, et à l'étranger par le juge des lieux, elle n'exclut pas l'examen et la discussion ultérieure devant l'autorité judiciaire, entre le capitaine et les propriétaires du navire, des causes et de la nécessité de l'emprunt.

De délivrer gratis au propriétaire riverain de la mer une licence d'avoir des canots ou embarcations pour le transport de ses denrées à la ville, ou au bourg voisin (art. 4);

De choisir, conjointement avec le commandant de la commune et le Conseil communal, les citoyens qui doivent composer les Conseils d'agriculture, et de recevoir leur serment (art. 103).

5° Par la loi sur l'enregistrement :

De recevoir le serment des experts et d'en nommer au besoin, lorsque le receveur de l'enregistrement demande une expertise pour l'évaluation des immeubles transmis entre vifs à titre gratuit (art. 25 et suiv.);

De certifier la copie des actes que les receveurs ont la faculté de tirer dans les cas prévus par l'article 89 ;

De permettre aux receveurs de délivrer des extraits de leurs registres à d'autres que les parties contractantes, leurs héritiers ou ayants cause (art. 95) ;

De coter et parafer, à défaut du contrôleur, les registres de l'enregistrement (art. 114) ;

De délivrer exécutoire contre les redevables pour le remboursement des droits acquittés par les officiers publics (art. 131);

De constater le motif du retard de l'enregistrement des actes déposés (art. 141);

De viser et rendre exécutoires les contraintes décernées par le receveur contre les redevables (art. 169);

De coter et parafer sans frais les répertoires et registres du greffier, les répertoires des huissiers de son ressort (art. 157; voir aussi la Loi du 23 août 1887 portant tarif des frais judiciaires, art. 170, et la Loi organique, art. 114).

6° Par la loi sur l'arpentage :

De recevoir le serment des arpenteurs avant leur entrée en fonctions (art. 4);

De recevoir le dépôt préalable des émoluments que les arpenteurs pourront exiger (art. 10), et des frais de revision et de contre-revision (art. 31);

De choisir, au besoin, le troisième arpenteur en cas de revision (art. 26).

7° Par la loi du 26 septembre 1860 :

De recevoir le serment des écrivains publics avant leur entrée en fonctions (art. 4).

8° Par la loi du 24 octobre 1876 sur les impositions directes :

D'afficher devant la porte de son tribunal le tableau des patentes, le rôle des propriétés soumises à l'impôt locatif que lui adresse le receveur communal (art. 5 et 45);

D'enregistrer, viser et émarger les patentes obtenues du Conseil communal (art. 21);

D'exiger la prestation de serment des armateurs de bâtiment sous pavillon haïtien, prévue à l'article 23;

De délivrer, en cas de perte de la patente, une nouvelle expédition (art. 25);

De nommer d'office un tiers arbitre à l'effet de déterminer au besoin, la valeur locative des propriétés assujetties à l'impôt (art. 44).

9° Par le Code d'instruction criminelle :

De recevoir, au cas où elle n'est pas faite à la personne, la notification qu'adresse le Conseil communal au citoyen appelé à faire partie du jury, et d'en donner connaissance à celui-ci (art. 223);

De délivrer le certificat d'indigence aux personnes qui, pour ce motif d'indigence, sont dispensées de consigner l'amende prescrite pour les pourvois en cassation en matière criminelle (art. 327).

10° Par la loi sur le notariat :

D'apposer immédiatement les scellés sur les minutes et répertoires d'un notaire destitué, démis, changé ou décédé (art. 30).

11° Par le traité haïtiano-dominicain (1874) :

De recevoir la déclaration du propriétaire, coupé par la

frontière, du choix qu'il est tenu de faire entre les deux territoires pour l'élection de son domicile civil (art. 18).

En outre, il fait partie de la commission d'enquête chargée de donner son avis sur la nature, l'état et la valeur des biens du domaine national soumissionnés soit pour acquisition, soit pour échange, soit pour ferme (art. 10, 11, 12, 31. 45, 68, 69 de la loi du 16 août 1877 sur la vente, les échanges, la ferme et les concessions temporaires des biens appartenant à l'État).

Il fait partie de la commission spéciale chargée de rechercher, déterminer et indiquer toutes les propriétés, soit rurales, soit urbaines, qui, dans l'étendue de la commune, peuvent être déclarés biens de l'État (art. 3 et 4 de la loi du 27 août 1877 sur le cadastre général, etc.).

Il fait partie de la commission chargée de prendre connaissance des soumissions pour concession de travaux publics par voie d'adjudication (art. 13 et 14 de la loi du 23 août 1877 sur la direction et le mode de concession et d'exécution des travaux publics).

Il fait partie des commissions locales de surveillance des écoles (art. 11 de la loi sur la surveillance et l'inspection des écoles, 29 octobre 1878).

Enfin, l'article 40 de la Loi organique, énumérant plusieurs des attributions déjà mentionnées, dit encore qu'il dresse tous procès-verbaux ou actes de notoriété ayant pour but de constater des droits de propriété ou l'adirement des titres y relatifs, la perte ou l'avarie des marchandises, ou tous autres faits résultant de force majeure, et dont la connaissance serait du ressort de la justice de paix.

Mais l'article 41 vient tout de suite lui défendre expressément, sous peine de destitution, de dresser aucune enquête ni de recevoir aucune déclaration ayant pour objet d'établir la preuve de la paternité en faveur des enfants naturels.

CHAPITRE II
Prestation de Serment, cote et parafe.

§ 1er.

Prestation de Serment de Fonctionnaires.

(Suppléants, greffiers et huissiers de justice de paix, arpenteurs, écrivains publics.)

Nous avons dit que le serment est l'acte réel de prise de possession; l'appropriation et l'acceptation, par le fonctionnaire, de la partie de la puissance publique à lui donnée par la commission qui le nomme.

Faisons donc passer ce chapitre tout d'abord et avant le préliminaire de conciliation.

FORMULE N° 174. — Prestation de serment par un fonctionnaire.

L'an..., etc.,

Par-devant nous, juge de paix de..., siégeant en audience publique, au lieu ordinaire de nos séances, assisté de..., greffier de cette justice de paix,

A comparu le citoyen...

Lequel a représenté la commission qui lui a été délivrée par..., en date du..., dûment visée et enregistrée à..., pour exercer la fonction de..., et a demandé d'être admis à prêter le serment voulu par la loi.

Lecture faite par le greffier de la commission susdite présentée, le comparant a prêté entre nos mains le serment prescrit en ces termes :

« Je jure d'être fidèle à la Nation et au Gouvernement, de suivre dans
« l'exercice de mes fonctions les lois de ma patrie; de respecter les droits de
« mes concitoyens, et de prêter un concours loyal en faveur de tout ce qui
« peut contribuer à la gloire et à la prospérité de la République. »

Dont acte, que ledit citoyen... a signé avec nous et le greffier après lecture.

A..., les jour, mois et an que dessus.

(Signatures.)

§ 2.

Installation.

Après la *réception*, qui consiste dans la prestation de serment, vient *l'installation* du fonctionnaire. C'est l'acte par lequel un magistrat, un officier est mis en possession publique de la place qu'il doit occuper, c'est un simple acte de cérémonial. (BIOCHE.)

Pour les suppléants, greffiers et huissiers, l'installation résulte de la prestation de serment même, qui a lieu devant leur propre tribunal.

Mais le juge de paix, qui a prêté serment à l'audience du tribunal civil, a besoin, lui, d'être installé par un autre acte.

Au siège des tribunaux civils, le commissaire du Gouvernement y procédera; dans les autres communes, le premier ou, à son défaut, le second suppléant pourra le faire. Et c'est pour ce dernier cas, que nous donnons le modèle suivant :

FORMULE N° 175. — Procès-verbal d'installation du juge de paix.

L'an..., le..., en l'auditoire ordinaire de la justice de paix de...

Par-devant M... (*noms du suppléant*), premier suppléant de ladite justice de paix (*ou* second suppléant, *indiquer la cause d'empêchement du premier, ou* suppléant de service), assisté de..., greffier,

A comparu M... (*noms et domicile*), lequel a dit que, par commission du Président d'Haïti, en date du..., il a été nommé pour remplir la place de juge de paix de ladite commune; que, le..., il a prêté serment en ladite qualité, à l'audience du tribunal civil de..., dans le ressort duquel se trouve cette justice de paix; qu'il remet présentement sur le bureau sa commission et expédition de son acte de prestation de serment, et qu'en conséquence, il nous requiert ici de l'installer en qualité de juge de paix de cette commune.

Sur quoi, pour satisfaire à ladite réquisition, avons ordonné qu'il fût donné lecture desdites pièces par notre greffier. Après laquelle lecture, en avons donné acte audit comparant et avons déclaré qu'il était installé dans les fonctions de juge de paix de ladite commune de..., pour en exercer toutes les fonctions dès à présent, et qu'en conséquence, obéissance lui était due à ce titre.

En foi de quoi nous avons dressé le présent procès-verbal et signé avec ledit sieur..., juge de paix, et le greffier.

(Signatures.)

§ 3.

Cote et parafe. (Répertoires et registres.)

(Loi organique, art. 114. — Code de commerce, art. 10 et 221. — Loi sur l'enregistrement, art. 114 et 157. — Tarif, art. 170.)

FORMULE N° 176.

Le présent..., contenant... feuillets, a été coté et parafé par nous, juge de paix de..., à chacun desdits feuillets, pour servir à... (*indiquer à quel emploi le répertoire ou registre, etc., est destiné*).

A..., le vingt-cinq novembre mil huit cent quatre-vingt-seize.

CHAPITRE III
Préliminaire de Conciliation.

______

COMMENTAIRE ET FORMULES

Le préliminaire de conciliation fait la matière du dernier titre de la loi des justices de paix, et l'objet des articles 57-67 du Code de procédure, que nous examinerons ici comme nous avons fait pour les premiers articles de cette loi, dans la partie contentieuse.

Art. 57. — Aucune demande principale introductive d'instance entre parties capables de transiger, et sur des objets qui peuvent être la matière d'une transaction, ne sera reçue dans les tribunaux civils, que le défendeur n'ait été préalablement appelé en conciliation devant le juge de paix, ou que les parties n'y aient volontairement comparu. (C. civ. 201, 203, 329, 399, 409, 422, 916, 1811, 2013; C. pr. 58 et suiv., 892.)

I. — *Principale et introductive d'instance.* Ces deux expressions n'ont pas la même signification : une demande peut être principale sans être introductive d'instance. La demande en garantie formée pendant le le cours d'un procès est principale, relativement au garant, puisque c'est le premier acte de l'action formée contre lui; mais elle n'est pas introductive d'instance, puisqu'il est appelé dans une instance déjà existante. Il en est de même dans le cas d'intervention ou de la mise en cause d'un tiers.

II. — *Sur des objets qui peuvent être la matière d'une transaction.* Il y a des demandes qui, indépendamment des intérêts privés qui s'y rattachent, ne sont pas étrangères aux bonnes mœurs, à l'ordre public et à l'intérêt général. Les parties ne peuvent transiger sur ces sortes de demandes : on a dû dès lors les dispenser du préliminaire de conciliation.

III. — Il y a eu controverse sur la question de savoir si le préliminaire de conciliation est une formalité d'ordre public dont l'inobservation autorise les juges à rejeter d'office la demande, alors même que les parties ont conclu au fond. (V. Sirey, sous les art. 48-49.)
Malgré le caractère impératif des termes, nous avons toujours incliné

pour la négative. A plus forte raison aujourd'hui que, par une récente loi, l'essai de conciliation est devenu simplement facultatif.

IV. — Il y avait déjà longtemps que l'utilité de ce préliminaire était contestée. — « Mais, écrit BIOCHE (*D*^re *des Juges de paix*, art. *Conciliation*, 2), s'il est vrai que dans les grandes villes la conciliation soit rare, il est certain qu'elle est fréquente dans les villes peu importantes, et surtout dans les campagnes, où le juge de paix, par ses relations de chaque jour avec ses justiciables, a sur eux une grande influence. » — « Le nombre des conciliations, disait le Garde des sceaux en 1835, pourrait devenir plus considérable si tous les juges de paix étaient également pénétrés de l'importance de leur mandat *principal*, de celui auquel ils doivent leur heureuse dénomination. L'essai de conciliation n'est pas une vaine formalité de procédure; il faut que le magistrat le tente sérieusement, patiemment; qu'il l'encourage, qu'il le facilite, qu'il le protège de toute son influence. »

ART. 58. — Sont dispensées du préliminaire de la conciliation (C. civ. 1228; C. pr. 628, 762) :

1° Les demandes qui intéressent l'État et le domaine, les communes, les établissements publics, les mineurs, les interdits, les héritiers bénéficiaires, les curateurs aux successions vacantes (C. civ. 329, 399, 633, 641, 652 et suiv., 671 et suiv.; C. pr. 79-1°, 417, 888);

2° Les demandes qui requièrent célérité (C. pr. 82, 404);

3° Les demandes en intervention ou en garantie (C. civ. 1410; C. pr. 69, 176, 338 et suiv., 403) ;

4° Les demandes en matière de commerce (C. comm. 620 et suiv., 627);

5° Les demandes en mise en liberté, celles en mainlevée de saisie ou opposition, en payement de loyers, fermages ou arrérages de rentes ou pensions; celles des défenseurs publics et autres officiers ministériels, en payement de frais (C. pr. 70, 319, 404, 487, 488, 694, 695);

6° Les demandes formées contre plus de deux parties, encore qu'elles aient les mêmes intérêts (C. pr. 69);

7° Les demandes en vérification d'écriture, en désaveu, en règlement de juges, en renvoi, en prise à partie; les demandes contre un tiers saisi, et en général sur les saisies, sur les offres réelles, sur la remise des titres, sur leur communication, sur les séparations de biens, sur les tutelles et curatelles, et enfin toutes les causes exceptées par les lois. (C. civ. 19, 329 et suiv., 390, 414, 756, 1941 ; C. pr. 190 et suiv., 319, 344, 351 et suiv., 362 et suiv., 367 et suiv., 401, 438 et suiv., 487, 491 et suiv., 549 et suiv., 628, 695, 713 et suiv., 737, 754, 762 et suiv., 768; C. instr. crim. 128; C. pén. 26.)

I. — Le préliminaire de la conciliation ne devant avoir lieu que sur des objets susceptibles de transaction (art. 57), les demandes formées par les syndics définitifs d'une faillite sont dispensées de ce préliminaire. (SIREY, art. 49 C. pr.)

II. — *Idem* des demandes relatives à la dot des femmes mariées sous le régime dotal. (*Ibid.*)

III. — *Enfin toutes les causes exceptées par les lois.* Ces causes sont énumérées, entre autres, aux articles 319, 344, 487, 491, 628, 737, 754, etc., du Code de procédure. (Voyez d'ailleurs les chiffres cités après le texte pour la conférence des articles.)

IV. — On décida longtemps qu'en cas de doute sur l'interprétation de la loi, il fallait recourir au préliminaire de conciliation, les dispenses n'ayant été créées que comme exception à la règle. (BIOCHE, *Conciliation*, 15.)

V. — Lorsque les parties se présentent en conciliation sur citation devant le juge de paix, celui-ci ne peut d'office se déclarer incompétent par le motif que la cause serait dispensée du préliminaire de conciliation. Il y a lieu seulement à laisser les frais de citation à la charge du demandeur, comme frustratoires. (*Ibid.*, 6.)

ART. 59. — Le défendeur sera cité en conciliation (C. pr. 6, 69, 71, 79) :

1° En matière personnelle et réelle, devant le juge de paix de son domicile ; s'il y a deux défendeurs, devant le juge de l'un d'eux, au choix du demandeur (C. civ. 91 ; C. pr. 7);

2° En matière de société, autre que celle de commerce tant qu'elle existe, devant le juge où elle est établie (C. civ. 1604 et suiv.; C. pr. 30, 69, 79; C. comm. 19 et suiv.);

3° En matière de succession, sur les demandes entre héritiers, jusqu'au partage inclusivement; sur les demandes qui seraient intentées par les créanciers du défunt avant le partage ; sur les demandes relatives à l'exécution des dispositions à cause de mort, jusqu'au jugement définitif ; devant le juge de paix du lieu où la succession est ouverte. (C. civ. 97, 674, 681, 778 ; C. pr. 69.)

I. — Les règles de cet article ne sont applicables qu'au cas où il y a citation ; elles sont sans application au cas où les parties comparaîtraient sans citation et volontairement (art. 57 *in fine*). En effet, les parties peuvent alors s'entendre très bien pour désigner d'un commun accord le juge de paix devant lequel elles se réuniront pour tenter la conciliation. (Boitard, C. pr., t. I, n° 103.)

II. — En conséquence, la partie qui a volontairement comparu en conciliation devant un juge de paix incompétent ne peut ensuite, devant le tribunal civil, demander, pour cause d'incompétence, l'annulation du procès-verbal dressé par ce juge. (Sirey, sous l'art. 50 C. pr.)

III. — Des arrêts de tribunaux d'appel en France et des auteurs soutenaient que le défendeur doit toujours être cité en conciliation devant le juge de paix de son domicile réel, lors même qu'il y aurait élection de domicile de sa part ; l'élection de domicile ne peut avoir d'effet que relativement à l'ajournement. (*Ibid.*) — Mais la Cour de cassation, par son arrêt du 9 décembre 1851, a décidé le contraire, c'est-à-dire que l'élection de domicile a effet non seulement pour l'ajournement, mais encore pour la citation en conciliation ; par suite, le défendeur qui a élu domicile en un lieu pour l'exécution d'un acte peut être cité en conciliation devant le juge de paix du domicile élu, plutôt que devant celui de son domicile réel. (*Ibid.*)

Art. 60. — Le délai de la citation sera de trois jours au moins, outre un jour pour cinq lieues, sous la même peine portée au troisième alinéa de l'article 10 ci-dessus. (C. pr. 10, 82, 954.)

I. — Le délai est plus long que celui de l'article 10. L'importance de l'affaire et l'objet de la conciliation exigent plus de réflexion de la part du défendeur.

II. — Le délai est franc : on ne doit, en conséquence, y comprendre ni le jour de la citation, ni celui indiqué pour la comparution. Si la citation est du 1ᵉʳ, la comparution sera, au moins, pour le 5.

Art. 61. — La citation sera donnée par un huissier de la

justice de paix du défendeur; elle énoncera sommairement
l'objet de la citation. (C. pr. 6, 9, 65, 71 et suiv.)

I. — La loi est muette sur le détail des formes de la citation en conciliation. Il n'en faut pas conclure, dit BOITARD, n° 110, que ces formes
soient arbitraires. Appliquer ici les formes générales tracées par l'article 6, pour les citations devant les juges de paix.

II. — De sorte que, si un exploit de citation en conciliation n'était
pas daté, s'il ne contenait point la désignation de la personne qui cite ou
de la personne qui est citée, il manquerait d'une forme essentielle, et
par conséquent, devrait être annulé.

III. — Mais l'indication des moyens de la demande n'est pas ici exigée;
il suffit d'en énoncer sommairement l'objet. Donc une citation en conciliation n'est pas nulle par cela seul qu'elle ne contient pas les moyens
de la demande. (SIRĖY, sous l'art. 52 C. pr.)

FORMULE N° 177. — Citation en conciliation.

L'an..., etc., à la requête de...,
J'ai..., etc., soussigné, cité le citoyen..., à son domicile, parlant à...
A comparaître le..., heure de..., par-devant M. le juge de paix de...,
tenant bureau de paix et de conciliation, au lieu ordinaire de ses séances.
Pour se concilier, si faire se peut, sur la demande que le requérant a
l'intention d'intenter contre lui, devant le tribunal civil de..., en condamnation d'une somme de... en principal, que ledit citoyen doit au requérant,
ainsi qu'il résulte d'un billet souscrit le..., enregistré le..., etc.
Lui déclarant que, faute par lui de comparaître, le requérant prendra les
avantages de la loi; et pour qu'il n'en ignore, etc.

ART. 62. — Les parties comparaîtront en personne, sinon
par un fondé de pouvoirs; le juge peut les entendre à huis
clos. (C. civ. 1748; C. pr. 14, 15.)

I. — Une grande latitude est laissée aux parties pour comparaître en
personne ou par un mandataire, et pour choisir ce mandataire. Elles
sont seuls juges des motifs qui peuvent les empêcher de se présenter personnellement; elles ne sont pas obligées d'alléguer ces motifs.

II. — La loi ne pouvait attribuer à un juge qui n'a aucune compétence sur le fond de la demande le droit de contraindre une des parties
à comparaître en personne. (BIOCHE, *Conciliation*, 123; CARRÉ, BON-
CENNE; CARON, *contrà*; CHAUVEAU sur CARRÉ; BOITARD). Ce qui ne nous

permet pas, à nous autres, d'hésiter, c'est que dans notre texte il ne se trouve pas, comme dans l'article français, ces mots : *en cas d'empêchement* par un fondé de pouvoirs. Notre faculté de nous faire représenter en conciliation est sans restriction.

III. — Le mari peut représenter sa femme au bureau de paix, sans être porteur d'une procuration : il est présumé son mandataire. Cette solution est admise surtout en cas de non-conciliation. Mais quand on arrive à transiger, quelques auteurs l'admettent bien pour le cas où il s'agit d'actions *mobilières* et la repoussent à l'égard des actions *immobilières*, parce que l'article 1213 du Code civil ne confère au mari le droit de représenter son épouse que pour l'exercice de ses actions mobilières et possessoires.

IV. — Les avocats peuvent aussi, comme fondés de pouvoirs, représenter les parties au bureau de conciliation : la prohibition contenue dans les articles 13 de la Loi organique et 26 du Code de procédure, n'est que pour plaider. Une incapacité étant de droit étroit ne doit pas être étendue au delà des termes de la loi.

V. — La procuration n'a pas besoin d'être authentique. Dans l'usage, on l'admet généralement sous seing privé, pourvu qu'elle soit sur papier timbré et enregistré. Et même, si elle est donnée dans une lettre, celle-ci peut être faite sur papier libre.

VI. — On voit ici qu'il n'est pas indispensable que l'audience soit publique ; la conciliation peut se tenter dans le cabinet, en présence seulement des parties et du greffier.

FORMULE N° 178. — Pouvoir pour comparaître en conciliation.

Le soussigné..., etc.,

Donne pouvoir à..., de, pour moi et en mon nom, se présenter au bureau de paix et de conciliation tenu par M. le juge de paix de...

Sur la demande que j'ai formée (*ou contre moi formée*) par exploit de..., etc.

Se concilier, si faire se peut, sur ladite demande, et généralement faire tout ce qu'il croira convenable à mes intérêts, promettant l'approuver.

Fait à..., le...

Bon pour pouvoir.

(Signature.)

ART. 63. — Lors de la comparution, le demandeur pourra expliquer, même augmenter sa demande, et le défendeur former celles qu'il jugera convenables ; le procès-verbal qui en sera dressé contiendra les conditions de l'arrangement, s'il y en a ; dans le cas contraire, il fera sommairement mention que les parties n'ont pu s'accorder. (C. pr. 15, 66, 75.)

Les conventions des parties insérées au procès-verbal ont force d'obligation privée. (C. civ. 925, 1103, 1107, 1142, 1890 ; C. pr. 66, 75.)

I. — Si le juge de paix n'a pas le droit d'interroger, à proprement dire, les parties, il a cependant (et cela va de soi) celui de provoquer toutes les explications et les éclaircissements qui peuvent amener une conciliation. (Sirey, sous l'art. 54.)

II. — Mais, en cas de non-conciliation, le procès-verbal ne fera que *sommairement* mention que les parties n'ont pu s'accorder. Le procès-verbal ne doit aucunement rapporter les dires, aveux ou dénégations des parties sur les points de fait litigieux entre elles.

III. — Le vœu de la loi a été que les parties, en paraissant devant le magistrat conciliateur, aient la certitude que leur inexpérience ou leur ignorance des affaires ne pourra, dans aucun cas, préjudicier à leurs intérêts : cette sécurité n'existerait pas si elles savaient que leurs déclarations pourraient être enregistrées et leur être opposées ultérieurement. D'ailleurs, un adversaire habile parviendrait, par des questions captieuses et détournées, à embarrasser l'autre partie, et amènerait ainsi des réponses et des déclarations compromettantes pour les intérêts de celle-ci. Ainsi l'aveu fait au bureau de conciliation est, en général, un aveu judiciaire ; mais l'aveu constaté par un procès-verbal de non-conciliation ne fait pas preuve lorsqu'il s'agit d'une somme supérieure à 150 piastres. (V. Bioche, *Conciliation,* n° 151.)

IV. — Le juge de paix, saisi comme conciliateur, ne peut rendre un jugement sur l'objet du litige, quand même cet objet serait de sa compétence. (Sirey, sous l'art 54.) V. *suprà,* p. 164.

V. — Mais le juge de paix, saisi comme juge, peut, de même que lorsqu'il est saisi comme conciliateur et si d'ailleurs les parties déclarent lui conférer cette qualité, dresser un compromis entre les parties. (*Ibid.*)

VI. — La juridiction du juge de paix est, du reste, prorogeable par le consentement des parties, pour la conciliation comme pour le jugement. (*Ibid.*)

VII. — Le juge de paix étant un officier public, les conventions insérées dans son procès-verbal auraient dû avoir force d'actes authentiques. (C. civ. 1102); mais l'article 63 du Code de procédure civile, dans la crainte que les parties, sous prétexte de se concilier, ne se présentassent devant le juge de paix pour obtenir sans le ministère des notaires un acte authentique, — ce qui eût fait manquer aux juges de paix le but de leur institution, — n'accorde à ces conventions que *la force d'obligation privée*. Ainsi la convention n'est pas exécutoire comme les actes notariés ; elle n'emporte pas hypothèque, etc.; mais l'acte n'en est pas moins authentique, en ce sens qu'il sera reçu par un officier public et qu'il doit faire foi jusqu'à inscription de faux.

VIII. — *Quid* lorsque ces conventions contiennent une de ces dispositions qui ne peuvent être valablement consenties que par acte notarié, comme une donation entre vifs ? — Non avenue, pensons-nous.

IX. — Si l'acte de conciliation contient, dit MULLERY, des dispositions que la loi ne permet pas de faire par acte privé, telles qu'une reconnaissance d'enfant naturel, ou des conventions matrimoniales, ces dispositions seront nulles.

FORMULE N° 179. — Procès-verbal de conciliation contenant les conditions d'un arrangement.

Aujourd'hui, le...., etc.

Par-devant nous..., juge de paix de..., assisté de notre greffier...

Ont comparu volontairement *ou* en vertu de la citation en date du..., du ministère de..., huissier, etc., les citoyens A... et B... (*professions et demeures*).

Le citoyen A... nous a demandé de le concilier sur le différend qui le divise avec le citoyen B... au sujet de..., etc.

Le citoyen B..., de son côté, a dit..., etc.

Sur quoi les parties se sont accordées de la manière suivante :

(Conventions des parties.)

En foi de quoi nous avons dressé le présent acte en la salle d'audience, *ou* au greffe du tribunal de paix, les jour, mois et an que dessus ; et après lecture, les parties ont signé avec nous et notre greffier, — *ou* déclaré..., etc.

(Signatures du juge, du greffier et des parties.)

FORMULE N° 180. — Procès-verbal de non-conciliation.

Aujourd'hui..., etc.
Par-devant nous..., etc.
Ont comparu..., etc.
Le citoyen A... nous a demandé..., etc.
Le citoyen B... nous a dit qu'il ne pouvait se concilier sur la demande dont il s'agit.

Pourquoi, après avoir entendu les parties et employé inutilement notre médiation pour les concilier, nous les avons renvoyés à se pourvoir par-devant qui de droit.

En foi de quoi..., etc.

Art. 64. — Si l'une des parties défère le serment à l'autre, le juge de paix le recevra, ou fera mention du refus de le prêter. (C. civ. 1144 et suiv.)

I. — Le serment est un moyen de soutenir une demande et d'y répondre. Le serment déféré en justice est de deux espèces : le *serment décisoire*, celui qu'une des parties défère à l'autre pour en faire dépendre la décision d'un procès, et le *serment supplétoire*, celui que le juge, dans le cours d'une contestation, défère d'office à l'une des parties pour suppléer à l'insuffisance des preuves. (V. les art. 1143 et suiv. C. civ.)

II. — La partie à qui le serment est déféré au bureau de paix peut le référer à l'autre.

III. — Mais le juge de paix ne peut le déférer d'office au bureau de paix; ce serait d'ailleurs prononcer une sorte d'interlocutoire; et le juge de paix, qui n'est compétent que pour la conciliation, ne peut rien ordonner qui se rattache au fond. (Bioche.)

IV. — Si le serment est déféré ou référé à une partie représentée par un fondé de pouvoirs, le juge de paix constate que le mandataire est convenu du renvoi de la comparution à un autre jour pour que le mandant vienne en personne, s'il le juge convenable, prêter le serment déféré.

V. — Si le serment a été prêté, il produit tous les effets du *serment décisoire*. (C. civ. 1135.) — Les effets en seront appliqués par le tribunal civil. Le juge de paix ne peut ordonner aucune exécution.

VI. — Mais le refus de prêter serment ne doit être considéré que comme un refus de conciliation, et ne saurait produire d'autres résultats : on ne peut appliquer aux parties qui comparaissent devant un juge de paix pour se concilier l'article 1147 qui n'a disposé que pour les cas où les plaideurs se trouvent devant le juge qui doit connaître de leur différend, et alors qu'en général, ils sont assistés de conseils qui les éclairent sur les conséquences d'un serment prêté ou refusé. Le juge de paix ne remplit aucune fonction judiciaire comme magistrat conciliateur ; sa mission unique consiste à rapprocher les parties et à constater soit la conciliation, soit la non-conciliation. Le refus de serment laisse entiers les droits des parties; celle qui l'a déféré peut ne plus le demander devant le tribunal civil, de même qu'il ne peut être élevé aucune *fin de non-recevoir* contre la partie qui a refusé de le prêter.

Art. 65. — La citation interrompra la prescription et fera courir les intérêts; le tout pourvu que la demande soit formée dans le mois, à dater du jour de la non-comparution ou de la non-conciliation. (C. civ. 943 et suiv., 1675, 2013; C. pr. 69, 71, 79.)

I. — La citation même devant un juge incompétent interrompt la prescription : « La citation en justice, donnée même devant un tribunal incompétent, interrompt la prescription. » (C. civ. 2014.) Pourquoi en serait-il autrement, disent les auteurs, dans le cas de conciliation? La citation, bien qu'irrégulière, témoigne suffisamment de l'intention du demandeur. (Biocher, *Conciliation*, n° 174.)

II. — L'article 1675 du Code civil, faisant la distinction de l'intérêt légal et de l'intérêt conventionnel, dispose que *l'intérêt légal est fixé par la loi; que l'intérêt conventionnel peut excéder celui de la loi, toutes les fois que la loi ne le prohibe pas.* C'est tout récemment (1885) qu'une loi vient d'être rendue sur l'intérêt légal, qu'elle fixe à six pour cent (6 %) l'an en matière civile comme en matière commerciale. L'intérêt conventionnel reste libre. Avant cette loi, l'usage suivi dans nos tribunaux réglait l'intérêt légal à 6 % par an en matière de commerce et 5 % en matière civile.

III. — Les intérêts ne courent pas de plein droit; il faut qu'ils soient expressément demandés.

IV. — La procédure en conciliation n'est pas soumise à la péremption; elle dure vingt ans, en sorte qu'elle conserve son effet, quoiqu'elle n'ait pas été suivie d'assignation dans le délai prescrit. (Sirey, sous l'art. 49 C. pr.)

V. — Et il en est ainsi alors même que la demande dont la procédure de conciliation a été suivie est tombée ultérieurement en péremption : cette péremption n'anéantit pas l'essai de conciliation, et ce préliminaire n'a pas besoin d'être rempli de nouveau. (*Ibid.*)

ART. 66. — En cas de non-comparution de l'une des parties, il en sera fait mention sur le registre du greffe de la justice de paix, et sur l'original ou la copie de la citation, sans qu'il soit besoin de dresser procès-verbal. (C. pr. 62 et suiv.)

I. — La mention dont il s'agit est dispensée de tout droit d'enregistrement. (Décision ministérielle en France, 7 juin 1808.) — En est-il de même ici? Cette mention est-elle exempte de la formalité même de l'enregistrement? L'article 73 de la loi sur l'enregistrement, qui fait l'énumération des actes exempts de la *formalité* de l'enregistrement, ne cite pas la mention de non-comparution en conciliation, tandis que l'article 5, parlant des actes qui doivent être enregistrés sur minute, dit : « 12° Tous procès-verbaux généralement quelconques des justices de paix, portant conciliation ou non-conciliation, défaut ou congé, remise ou ajournement ».

Il est vrai qu'ici il n'y a pas de procès-verbal. (V. d'ailleurs, *supra*, la note sous le modèle de répertoire du greffier, formule n° 1.)

FORMULE N° 181. — Mention de la non-comparution.

Le citoyen A..., demandeur, *ou* défendeur en conciliation, par citation en date du..., exploit de N..., huissier, etc., n'a point comparu.

Donné à la réquisition du citoyen B..., défendeur, *ou* demandeur à ladite citation, au tribunal de paix de..., le..., à... heure, etc.

ART. 67. — Celle des parties qui ne comparaîtra pas sera condamnée, par le tribunal civil, à une amende de dix gourdes, et toute audience relative à l'affaire lui sera refusée, jusqu'à ce qu'elle ait justifié de la quittance du greffier.

I. — C'est au tribunal civil seul et non au juge de paix qu'il appartient de prononcer l'amende.

II. — Le défaillant au bureau de paix est sujet à l'amende, soit qu'il se rende demandeur, soit qu'il ne soit que défendeur au tribunal civil. (SIREY, sous l'art 56 C. pr.)

III. — Le demandeur qui, sur sa propre citation, n'a pas comparu au bureau de paix peut, en payant l'amende, assigner le défendeur au tribunal civil; il n'est pas tenu de citer de nouveau en conciliation. (*Ibid.* — Quelques auteurs *contrà* cependant.)

IV. — L'amende est aujourd'hui de 5 piastres, conformément à l'article 2 de la loi du 10 août 1877, qui règle en monnaie forte les amendes, etc., prononcées dans les différents Codes.

CHAPITRE IV

§ 1er.

Visa et légalisation, en cas de saisie immobilière.

ART. 588. — Copie entière du procès-verbal de saisie sera, avant l'enregistrement, laissée au greffier du juge de paix de la commune de la situation de l'immeuble saisi, si c'est une maison; si ce sont des biens ruraux, aux officiers chargés de la police rurale des sections dans lesquelles se trouvent situés lesdits biens; le greffier et les officiers chargés de la police rurale viseront l'original du procès-verbal, lequel fera mention des copies qui auront été laissées. (C. civ. 1978; C. pr. 587, 625, 842, 950, 960.)

FORMULE N° 182. — Visa du greffier.

Visé par moi, greffier de la justice de paix de..., le présent procès-verbal de saisie immobilière, dont la copie m'a été laissée.

A..., ce vingt-trois novembre mil huit cent quatre-vingt-six.

(Signature du greffier.)

ART. 595. — L'extrait prescrit par l'article précédent (594) sera inséré sur la poursuite du saisissant, dans un des journaux imprimés dans le lieu où siège le tribunal devant lequel la saisie se poursuit, s'il y en a; il sera justifié de cette insertion par la feuille contenant ledit extrait, avec la signature de l'imprimeur, légalisée par le juge de paix. (C. civ. 1961; C. pr. 558, 613, 617, 765, 850; C. comm. 454, 506, 563, 585, 592.)

FORMULE N° 183. — Légalisation par le juge de paix de la signature de l'imprimeur, apposée sur la feuille qui contient l'extrait prescrit par l'article 594 du Code de procédure civile.

Vu par nous, juge de paix de la commune de..., pour légalisation de la signature ci-dessus, de M. Y..., imprimeur du journal *l'Unité Nationale*, qui se publie en cette ville.

A..., le...

(Signature du juge.)

§ 2.

Voies à prendre pour avoir expédition d'un Acte.

ART. 751. — Les greffiers et dépositaires des registres publics en délivreront, sans ordonnance de justice, expédition, copie ou extrait à tous requérants, à la charge de leurs droits, à peine de dépens, dommages et intérêts. (C. civ. 47, 939, 1168; C. pr. 135, 137.)

I. — Un greffe est un dépôt public ouvert à tout le monde, où chacun peut lever les expéditions qui lui sont nécessaires.

II. — Toute personne, en effet, peut se faire délivrer la copie d'un jugement, d'un acte de l'état civil ou l'extrait des inscriptions hypothécaires qui grèvent un immeuble. Les débats judiciaires sont publics en général, les jugements sont lus en audience publique, et il n'y aurait aucune raison pour que le greffier refusât la copie d'un jugement que chacun a pu entendre prononcer. Il est de l'intérêt général que l'état civil des personnes puisse être connu. Et pour les hypothèques, le principe de la publicité prévaut dans notre législation. (C. civ. 1963. — V. BOITARD.)

III. — Mais les greffiers des justices de paix, dépositaires de la minute des délibérations des conseils de famille, ne sont pas obligés d'en délivrer expédition à tous requérants qui ne justifient d'aucun intérêt particulier, de nature à rendre utiles les expéditions par eux requises. (SIREY, sous l'art. 853 C. pr.)

FORMULE Nº 184. — **Ordonnance d'injonction au greffier de la justice de paix de délivrer une expédition ou autre acte de son ministère. (C. pr. 751.)**

Nous, juge de paix de...,

Vu l'exposé à nous fait à l'instant par..., demeurant à..., que le citoyen M..., greffier de notre justice de paix, refuse de lui délivrer, malgré ses demandes réitérées, l'expédition de... (*énoncer l'acte*).

Enjoignons audit citoyen M..., greffier, de délivrer dans vingt-quatre heures, moyennant salaire suffisant, expédition en forme de... (*énoncer l'acte demandé*), sous les peines de droit.

Fait à..., le...

(Signature du juge.)

ART. 752. — Une seconde expédition exécutoire d'un jugement ne sera délivrée à la même partie, qu'en vertu

d'ordonnance du doyen du tribunal où il aura été rendu.
(C. pr. 742.)

I. — La jurisprudence française décide que le président du tribunal civil est seul compétent, à l'exclusion du juge de paix, pour autoriser la délivrance d'une seconde grosse d'un jugement de la justice de paix. On décide pareillement pour le tribunal de commerce. (*Contrà*, CHAUVEAU ADOLPHE.)

« Nous avouons, observe N. A. CARRÉ, ne pas saisir la raison, le but, la portée de ces décisions, et nous hésitons beaucoup à les accepter. » (*Code annoté des Juges de paix*, p. 564.)

II. — *Quid* pour ici?

Il est à propos de remarquer la différence des deux textes. — Dans le texte français (art. 854) se trouve ce second alinéa : *Seront observées les formalités prescrites pour la délivrance des secondes grosses des actes devant notaires*, qui, de cette façon, renvoie aux formalités de l'article 742 (844 français), où le doyen du tribunal civil est spécialement désigné.

C'est sans doute sur ce second alinéa que s'appuie la jurisprudence française. Or nous ne l'avons pas dans notre texte.

III. — D'où il suit que nous accorderons sans hésitation le droit au juge de paix de faire délivrer les secondes grosses de jugements de son tribunal.

FORMULE N° 185. — Requête pour obtenir une seconde grosse d'un jugement.

A Monsieur le Juge de paix de...

Le citoyen..., etc.,

A l'honneur de vous exposer que la grosse d'un jugement rendu par votre tribunal, le..., par lequel le sieur... a été condamné à lui payer la somme principale de..., a été par lui égarée; que voulant poursuivre l'exécution dudit jugement, il lui importe d'en obtenir une seconde grosse; en conséquence, il conclut à ce qu'il vous plaise, Magistrat, lui permettre de se faire délivrer par le greffier du tribunal une seconde grosse dudit jugement.

Présenté à..., le...

FORMULE N° 186. — Ordonnance.

Nous, juge de paix de... : vu la requête qui précède; vu aussi l'article 752 du Code de procédure civile; autorisons le citoyen... à se faire délivrer par le citoyen..., greffier de ce siège, une seconde grosse du jugement rendu par le tribunal de paix de cette commune, le... contre le sieur...

Fait à..., le...

CHAPITRE V

Du Conseil de famille.

COMMENTAIRE ET FORMULES.

Mullery écrit que « le conseil de famille est un tribunal domestique, institué dans l'intérêt des incapables, pour veiller à leur entretien, à leur conservation et à l'administration de leurs biens ».

Boileux, sous l'art. 419 du Code civil, dit que ce tribunal domestique ne rend pas de jugements; il a pour mission de donner des avis et de prendre des délibérations. Et Allain (*Manuel des Juges de paix*, t. Iᵉʳ, n⁰ 904) enseigne que le conseil de famille n'est point un tribunal; il n'exerce aucune espèce de juridiction. Sa mission est uniquement d'exprimer des avis ou de prendre des délibérations; tel est le double caractère des différents actes du conseil de famille que le Code de procédure désigne sous le nom générique d'avis de parents.

Enfin les auteurs définissent, en général, le conseil de famille une assemblée de parents ou, à défaut de parents, d'amis, réunis sous la présidence du juge de paix, pour délibérer sur la nomination des tuteurs et subrogés tuteurs, sur les dépenses de la tutelle, sur ce qui intéresse la personne ou les biens d'un mineur, d'un interdit, d'un absent ou de tout autre individu frappé d'incapacité légale.

Le juge de paix, présidant l'assemblée, se borne à délibérer avec elle, et ne procède pas par voie de jugement; sa coopération a quelque chose d'administratif plutôt que de judiciaire, elle rentre dans la juridiction gracieuse. (Bioche, *Dictionnaire des Juges de paix*, Conseil de famille, 2.)

Voici les articles de notre code de procédure civile concernant les conseils de famille sous le titre *des Avis de parents* (art. 773 à 779) :

Art. 773. — Lorsque la nomination d'un tuteur n'aura pas été faite en sa présence, elle lui sera notifiée, à la diligence du membre de l'assemblée qui aura été désigné par elle; ladite notification sera faite dans les trois jours de la délibération, outre un jour par cinq lieues de distance entre le lieu où s'est tenue l'assemblée et le domicile du tuteur.

Art. 774. — Toutes les fois que les délibérations du conseil de famille ne seront pas unanimes, l'avis de chacun des membres qui le composent sera mentionné dans le procès-verbal.

Le tuteur, subrogé tuteur ou curateur, même les membres de l'assemblée, pourront se pourvoir contre la délibération; ils formeront leur demande contre les membres qui auront été d'avis de la délibération, sans qu'il soit nécessaire d'appeler en conciliation.

I. — L'inobservation des règles prescrites sur l'organisation du conseil de famille n'emporte nullité qu'autant que les vices sont substantiels : tel serait, par exemple, le cas où la délibération aurait été prise hors de la présence du président; celui où le conseil n'aurait pas réuni le nombre de membres prescrits. (BOILEUX.)

ART. 776. — Dans tous les cas où il s'agit d'une délibération sujette à homologation, une expédition de la délibération sera présentée au doyen, lequel, par ordonnance au bas de ladite délibération, ordonnera la communication au ministère public, et commettra un juge pour en faire le rapport à jour indiqué.

I. — Parmi les délibérations du conseil de famille, les unes ont effet par elles-mêmes, et sans aucune autre condition, par exemple celles contenant : 1º nomination de tuteur, tuteur *ad hoc*, cotuteur ou curateur, etc.; 2º autorisation d'accepter ou de répudier une succession échue au mineur, d'accepter une donation faite à son profit, d'introduire en justice une action relative aux droits immobiliers, d'acquiescer à une demande relative aux mêmes droits (C. civ. 372 à 375); 3º et en général, celles qui n'excèdent pas les bornes d'une simple administration.

II. — Les autres sont soumises, au contraire, dans divers cas spécialement prévus par la loi, à la nécessité de l'*homologation*, c'est-à-dire à l'approbation du tribunal civil du ressort de l'ouverture de la tutelle; telles sont, par exemple, les délibérations : 1º qui prononcent l'exclusion ou la destitution du tuteur (C. civ. 359); 2º qui autorisent le tuteur à aliéner ou hypothéquer les biens immeubles de son pupille, à emprunter ou à transiger pour lui (C. civ. 368, 369, 377, 393, 394); 3º celles relatives à la constitution dotale et aux conventions matrimoniales de l'enfant d'un interdit (C. civ. 420); 4º et en général, toutes les délibérations qui excèdent les bornes d'une simple administration.

ART. 778. — Si le tuteur, ou autre, chargé de poursuivre

l'homologation, ne le fait pas dans le délai fixé par la délibération, ou, à défaut de fixation, dans le délai de quinzaine, un des membres de l'assemblée pourra poursuivre l'homologation contre le tuteur, et aux frais de celui-ci, sans répétition.

ART. 779. — Ceux des membres de l'assemblée qui croiront devoir s'opposer à l'homologation, le déclareront, par un acte extrajudiciaire, à celui qui est chargé de la poursuivre ; et s'ils n'ont pas été appelés, ils pourront former opposition au jugement.

Des Attributions du Conseil de famille.

Il y a lieu de convoquer le conseil de famille :

1° Pour nommer un tuteur au mineur à défaut de tutelle légitime ou testamentaire (C. civ. 336);

2° Pour nommer, sauf dans le cas de tutelle, de droit, du mari (C. civ. 415), un tuteur aux majeurs frappés d'interdiction (C. civ. 414);

3° Pour nommer aux pupilles (C. civ. 345, 414) un subrogé tuteur;

4° Pour délibérer sur le point de savoir si la tutelle doit être conservée à la mère qui veut convoler en secondes noces (C. civ. 332);

5° Pour délibérer sur la destitution ou l'exclusion des tuteurs ou subrogés tuteurs (C. civ. 357);

6° Pour nommer, en cas de décès de la mère, un tuteur provisoire aux enfants dont le père est absent depuis six mois (C. civ. 131); ou donner un tuteur *ad hoc*, soit à l'enfant désavoué (C. civ. 229), soit au pupille qui se trouve en opposition d'intérêts avec son tuteur (C. pr. 858), ou avec ses cohéritiers et copupilles (C. civ. 696);

7° Pour nommer un curateur à l'émancipation (C. civ. 390), un curateur *ad hoc* pour l'acceptation d'une donation faite à un sourd-muet qui ne sait pas écrire (C. civ. 756);

8° Pour désigner un tuteur à la substitution, à défaut de désignation par le donateur ou le testateur (C. civ. 861, 862);

9° Pour délibérer sur la demande en détention, par voie de correction, d'un mineur pour cause d'inconduite (C. civ. 378), sur la collation ou la révocation de l'émancipation (C. civ. 388, 395), sur les causes d'interdiction (C. civ. 404) ou sur celles de nomination d'un conseil judiciaire (C. civ. 423);

10° Pour voter sur le choix de l'époux ou du tiers auquel, en cas de divorce, les enfants seront confiés (C. civ. 289).

Indépendamment de ces attributions principales, le conseil de famille en a de nombreuses encore, comme :

1º D'autoriser, dans certains cas, le mariage des mineurs, ou de s'y opposer (C. civ. 146, 161);

2º De régler, sous certains rapports, l'administration de la tutelle (C. civ. 365);

3º D'autoriser certains actes à faire de la part du mineur ou de l'interdit, tels que négociations entre lui et le tuteur (C. civ. 361), emprunts, hypothèques, aliénations (C. civ. 368), acceptations de donations (C. civ. 373) ou de successions (C. civ. 372), actions immobilières ou acquiescements (C. civ. 374), action en partage (C. civ. 375, 676), transactions (C. civ. 377);

4º De régler les conventions matrimoniales des enfants des interdits (C. civ. 420);

5º De décider, lors de la dation de la tutelle, s'il y a lieu de restreindre l'hypothèque légale à certains biens du tuteur (C. civ. 1908).

Composition du Conseil de famille.

CODE CIVIL.

Aʀᴛ. 337. — Le conseil de famille sera composé du juge de paix et de six parents ou alliés, pris dans la commune où la tutelle sera ouverte, ou partout ailleurs, si le juge de paix le croit nécessaire, moitié du côté paternel, moitié du côté maternel, en suivant l'ordre de proximité dans chaque ligne. (C. civ. 337, 342, 343, 354, 595 et suiv.; C. pén. 28, 29, 283.)

Les frères germains, s'ils sont au nombre de six ou au delà, composeront le conseil de famille.

A défaut de parents, le conseil sera composé d'amis.

I. — En principe, le conseil de famille se compose de sept membres, c'est-à-dire le juge de paix et six parents, alliés ou amis, sauf le cas où le nombre des frères germains du mineur s'élèverait à plus de six. Ces frères germains entrent tous dans le conseil, que, du reste, ils composent seuls s'ils ne sont pas moins de six.

II. — Les frères *germains* sont les individus issus du même père et de la même mère. La loi les distingue des frères *consanguins*, qui sont seulement de même père, et des frères *utérins*, qui sont seulement de même mère. Les frères *germains* sont parents paternels et maternels tout à la fois; les frères *utérins* sont parents maternels; les frères *consanguins* sont parents paternels.

III. — Les frères germains ou leurs descendants (*neveux germains*), peuvent donc indifféremment être mis du côté paternel ou maternel : — *moitié du côté paternel, moitié du côté maternel*, excepté lorsque l'incapable est un enfant naturel qui n'a pas été reconnu de son père.

IV. — Le conseil de famille ne constitue pas un corps permanent dont le personnel ne puisse changer; si, dans l'intervalle d'une assemblée à l'autre, des parents ou alliés plus proches que ceux qui jusqu'alors avaient composé le conseil étaient arrivés sur les lieux, nul doute que le juge de paix devrait les appeler de préférence. (DEMOLOMBE.) Excepté le cas où une affaire serait commencée : il faudrait alors, pour la terminer, composer le conseil de la même manière. (V. BOILEUX, sur l'art. 407 C. civ.)

L'insuffisance du nombre de parents ou d'alliés dans une ligne ne doit pas être complétée par des parents de l'autre. L'équilibre d'influence serait rompu. — En cas d'insuffisance de parents paternels, il faut de préférence appeler des amis du père, et de même des amis de la mère pour compléter la ligne maternelle. (V. DEMOLOMBE, n° 267-268.)

Incapacités. — Exclusion.

ART. 354. — Ne pourront être tuteurs, ni membres des conseils de famille :

1° Les mineurs, excepté le père et la mère ;
2° Les interdits ;
3° Les femmes autres que la mère et les ascendantes ;
4° Tous ceux qui ont, ou dont les pères et mères ont avec le mineur, un procès dans lequel l'état de ce mineur, sa fortune, ou une partie notable de ses biens, sont compromis.

ART. 355. — L'infidélité, l'impéritie, l'inconduite notoire, la perte ou la suspension des droits civils, excluent et destituent de toute tutelle.

ART. 356. — Tout individu qui aura été exclu ou destitué d'une tutelle ne pourra être membre d'un conseil de famille.

Loi du 30 octobre 1860 sur le mariage entre Haïtiens et étrangers.

ART. 7. — Le père étranger ou la mère étrangère aura la tutelle légale de ses enfants légitimes.

Le père naturel ou la mère naturelle pourra être nommé tuteur de ses enfants naturels légalement reconnus.

I. — Il en résulte que le père étranger n'est pas exclu du conseil de famille.

II. — C'est en quelque sorte une dérogation au principe reconnu par la doctrine française que l'étranger, non résidant surtout, ne peut être ni tuteur, ni membre d'un conseil de famille : la tutelle est un attribut de l'état politique. (DEMOLOMBE, n° 267 ; — ZACHARIÆ, t. I, p. 160 ; — MASSÉ, t. I, n° 503 ; — BOILEUX, sous l'art. 13 C. civ.)

III. — Mais dans une espèce où il s'agissait de la tutelle de son propre fils, on a jugé (Paris, 21 mars 1862) que l'étranger *résidant en France* peut être tuteur de son enfant mineur. (S.62.2.411.)

IV. — En matière d'interdiction (C. civ. 405), ceux qui auront provoqué l'interdiction ne pourront faire partie du conseil de famille : cependant l'époux ou l'épouse, et les enfants de la personne dont l'interdiction sera provoquée, pourront y être admis sans y avoir voix délibérative.

Convocation.

CODE CIVIL.

ART. 336, 2ᵉ alinéa. — Le conseil sera convoqué, à la réquisition des parents du mineur, de ses créanciers, ou d'autres parties intéressées, et même d'office, par le juge de paix du domicile du mineur. Toute personne pourra dénoncer à ce juge de paix le fait qui donne lieu à la nomination du tuteur.

I. — Le juge de paix peut convoquer d'office le conseil dans tous les cas où il le juge nécessaire, c'est-à-dire toutes les fois que l'intérêt du mineur l'exige. (Arg. C. civ. 341.) — Les articles 336, 346 et 357, qui lui confèrent expressément ce droit lorsqu'il s'agit de la nomination et de la destitution d'un tuteur, ne sont pas limitatifs. (V. BIOCHE, *Conseil de famille*, 255.)

II. — Il faut remarquer, dit MULLERY, que c'est au juge de paix seul qu'il appartient de faire cette convocation ; que c'est lui qui doit désigner les membres pour composer le conseil. Cependant, comme ce magistrat peut ne pas connaître tous les parents et amis de l'incapable, la personne qui requiert la convocation doit fournir une liste générale des parents et amis habiles à composer le conseil, pour que ce magistrat puisse faire son choix.

III. — Pour convoquer le conseil, dit le même auteur, il suffit d'expliquer verbalement le motif de la convocation au juge de paix pour obtenir une cédule, en vertu de laquelle les membres seront cités à la requête de la partie, ou à la requête du juge de paix, si ce magistrat agit d'office.

IV. — En effet, explique BIOCHE, entre autres, il n'est pas nécessaire de dresser un procès-verbal constatant la réquisition présentée pour la convocation du conseil, la composition de ce conseil et le permis d'assigner. Dans la pratique, après avoir obtenu l'assentiment verbal du juge de paix, on prévient les membres du conseil par de simples lettres, ou même verbalement. On ne dresse qu'un seul procès-verbal, lors de la réunion du conseil. (*Dictionnaire des Juges de paix*, Conseil de famille, 269.)

V. — On ne procède par voie de citation que dans le cas où l'on soupçonne de la mauvaise volonté de la part des personnes qu'il s'agit de convoquer. (*Ibid.*, 270.)

VI. — L'Assemblée peut aussi avoir lieu sur la comparution volontaire des parties requérantes ou des parents appelés à délibérer, pourvu que l'ordre et la proximité de parenté soient observés. Souvent les parents et amis se rendent spontanément chez le juge de paix pour nommer un tuteur au mineur dépourvu de père et mère. Dans ce cas, le juge de paix agit prudemment en énonçant dans son procès-verbal qu'ayant agréé les membres qui se sont présentés devant lui, il les a autorisés à se réunir de suite en conseil de famille, sous sa présidence. (*Ibid.*, 272.) Mais ces différents modes de convoquer n'étant ni officiels, ni complètement réguliers, les non-comparants ne peuvent être condamnés à l'amende prévue par l'article 340. (*Ibid.*, 273. — MULLERY.)

VII. — Le mode régulier de convocation est une citation notifiée par huissier à chacun des membres. La citation est donnée à *jour fixe*; il faut que les parties sachent exactement le jour précis de la réunion.
Il n'est pas nécessaire d'indiquer l'objet de la convocation.

VIII. — Le domicile du mineur, au moment où la tutelle légale s'ouvre par la mort de l'un des époux, est au domicile de son père.

ART. 338. — Le jour de la comparution sera fixé par le juge de paix de manière qu'il y ait un intervalle de trois jours, au moins, entre celui de la citation et celui de la réunion pour les personnes domiciliées dans la commune, et un jour de plus par cinq lieues, pour les personnes d'une autre commune.

ART. 339. — Les parents, alliés ou amis ainsi convoqués se rendront en personne ou se feront représenter par un mandataire spécial qui ne pourra agir pour plus d'une personne.

I. — Le mandat doit être *spécial*, c'est-à-dire à l'effet de délibérer sur une certaine affaire spécifiée ou du moins sur les affaires qui seront traitées dans une certaine réunion spécialement déterminée. (Arg. C. civ. 1751.)

II. — Mais la procuration ne doit pas énoncer le vœu du mandant ; le mandataire doit avoir pour se décider la même liberté d'appréciation qu'aurait eue le mandant lui-même s'il eût comparu en personne. Pas de mandat *impératif*. Autrement, il n'y aurait pas de délibération, puisqu'on arriverait à l'Assemblée avec un vote tout fait.

III. — Le fondé de pouvoir ne pouvant agir pour plus d'une personne, le même individu ne peut assister à la fois comme membre et comme représentant d'un autre membre.

IV. — Toute personne justifiant des droits civils est capable d'être choisie pour mandataire. Ainsi rien ne s'oppose à ce que le mandat soit confié à un huissier. (BIOCHE, etc.) A plus forte raison à un avocat.

ART. 340. — Tout membre convoqué qui, sans cause légitime, ne comparaîtra point, encourra une amende qui ne pourra excéder douze gourdes et qui sera prononcée, sans appel, par le juge de paix.

I. — Aujourd'hui six piastres, amende que le juge de paix peut librement abaisser, puisque la loi ne fixe pas de *minimum*.

ART. 341. — S'il y a excuse suffisante, et qu'il convienne soit d'attendre le membre absent, soit de le remplacer, dans ce cas, comme en tout autre où l'intérêt du mineur semblera l'exiger, le juge de paix pourra ajourner ou proroger l'assemblée.

I. — En cas de non-comparution de l'un des membres légalement convoqué, le juge de paix peut ou *ajourner* l'assemblée, c'est-à-dire renvoyer la délibération sans en fixer le jour, ce qui rendra nécessaire une convocation nouvelle ; ou la *proroger*, c'est-à-dire remettre la délibération à un jour fixe, sans nouvelle convocation : les membres du conseil sont alors suffisamment avertis ; ou faire délibérer de suite, si les trois quarts des membres convoqués sont présents ; ou enfin, appeler un nouveau membre pour remplacer le non-comparant. (BOILEUX.)

II. — Observons que la faculté conférée au juge de paix de proroger ou d'ajourner l'assemblée n'est pas limitée au cas de non-comparution de l'un des membres du conseil ; il peut en user toutes les fois que l'intérêt du mineur l'exige, notamment lorsque l'assemblée manque d'éléments suffisants pour délibérer.

Formes de la délibération du Conseil.

CODE CIVIL.

ART. 342. — Cette assemblée se tiendra chez le juge de paix, à moins qu'il ne désigne lui-même un autre local.

La présence des trois quarts au moins de ses membres convoqués sera nécessaire pour qu'elle délibère.

I. — Il ne suffirait donc pas qu'une délibération eût été prise à l'unanimité des membres présents, s'ils ne formaient pas les trois quarts des membres convoqués.

II. — Ainsi, dans les cas ordinaires où l'assemblée est composée de six membres convoqués, comme on ne peut prendre exactement les trois quarts de six, la présence de cinq membres est de rigueur.

ART. 343. — Le conseil de famille sera présidé par le juge de paix, qui y aura voix délibérative, et prépondérante en cas de partage. (C. civ. 337 ; C. pr. 773 à 779.)

I. — Dans une assemblée, *voix délibérative* se dit par opposition à *voix consultative*. La *voix délibérative* confère le droit de suffrage. La *voix consultative* donne seulement le droit d'émettre un avis pour éclairer la discussion, mais sans que cet avis puisse compter dans la délibération. La *voix prépondérante* est celle qui, dans un partage d'opinions, fait pencher la balance.

II. — Ainsi, lorsque le conseil est au complet, c'est-à-dire lorsque les six membres convoqués sont présents avec le juge de paix, si quatre voix sont pour un avis, et trois voix, y compris celle du juge de paix, pour l'avis contraire, les quatre voix l'emporteront par la majorité qu'elles forment. Ici, il n'y a pas de partage.

III. — Mais lorsque les trois quarts seulement des membres convoqués sont présents (c'est-à-dire cinq membres, ce qui, avec le juge de paix, fait six voix dans le conseil), si trois sont d'un avis et les trois autres de l'avis contraire, il y a alors partage, et le côté où se trouve la voix du juge l'emportera par la prépondérance du magistrat.

IV. — Si les voix se sont réparties inégalement sur plus de deux opinions, c'est-à-dire s'il s'est formé deux avis qui aient chacun la majorité relative par rapport au troisième avis, les membres de la fraction la plus faible doivent se réunir à l'une des deux autres, par analogie au cas des articles 122 et 123 du Code de procédure. (V. BOILEUX, sous l'art. 416 C. civ.)

V. — « Toutes les fois, dit l'article 774 du Code de procédure civile, que les délibérations du conseil de famille ne seront pas unanimes, l'avis de chacun des membres qui le composent sera mentionné dans le procès-verbal. » Toutefois, l'énonciation des motifs n'est pas prescrite.

De la Tutelle.

La tutelle est le pouvoir, le mandat, confié par la loi ou avec la permission de la loi, à quelqu'un, de prendre soin de la personne d'un incapable et de le représenter dans les actes de la vie civile. Elle est d'ordre public, car, dans toute société bien organisée, il importe que ceux qui sont incapables de se gouverner eux-mêmes ne soient pas abandonnés sans défense. Aussi l'a-t-on toujours considérée comme un devoir public qu'il n'est point, sauf le cas d'excuse légitime, permis de refuser. (C. civ. 350; — ALLAIN, t. Ier, 745.)

CODE CIVIL.

ART. 344. — La tutelle est une charge personnelle qui ne passe point aux héritiers du tuteur; ceux-ci seront seulement responsables de la gestion de leur auteur; et s'ils sont majeurs, ils seront tenus de la continuer jusqu'à la nomination d'un nouveau tuteur.

I. — La loi distingue quatre espèces principales de tutelle :

1° La tutelle *légale* (appelée aussi tutelle *naturelle*), du père ou de la mère survivant (C. civ. 331);

2° La tutelle *testamentaire* déférée par le dernier mourant des père et mère (C. civ. 334);

3° La tutelle *légitime* des ascendants (C. civ. 335);

4° Enfin la tutelle *dative*, qui est déférée par le conseil de famille (C. civ. 336).

II. — Le tuteur donné au mineur pour le représenter dans un certain acte s'appelle tuteur *ad hoc*. Cette tutelle *pour un objet déterminé* est la tutelle *spéciale* ou *provisoire* par opposition à la tutelle *définitive*.

Du Subrogé Tuteur.

Art. 345. — Dans toute tutelle il y aura un subrogé tuteur, nommé par le conseil de famille.

Ses fonctions consisteront à agir pour les intérêts du mineur, lorsqu'ils seront en opposition avec ceux du tuteur.

Art. 346. — Tout tuteur, avant d'entrer en fonctions, devra convoquer un conseil de famille pour la nomination du subrogé tuteur.

S'il s'est ingéré dans la gestion de la tutelle avant d'avoir rempli cette formalité, le conseil de famille convoqué, soit sur la réquisition d'une partie intéressée, soit d'office par le juge de paix, pourra, s'il y a eu dol de la part du tuteur, lui retirer la tutelle, sans préjudice des indemnités dues au mineur.

Art. 347. — En aucun cas, le tuteur ne votera pour la nomination ou la destitution du subrogé tuteur.

Art. 348. — Lorsque la tutelle sera vacante par mort, absence ou abandon, le subrogé tuteur provoquera la nomination d'un nouveau tuteur, sous peine des dommages-intérêts qui pourraient en résulter pour le mineur.

Art. 349. — Les causes de dispenses, d'exclusions, et l'époque de la cessation des fonctions sont communes au tuteur et au subrogé tuteur.

[Ces causes sont réglées par les articles 350 et suivants.]

De l'Administration du Tuteur.

CODE CIVIL.

ART. 361. — Le tuteur prendra soin de la personne du mineur, et le représentera dans tous les actes civils.

Il administrera ses biens en bon père de famille et répondra des dommages-intérêts qui pourraient résulter d'une mauvaise gestion.

Il ne peut ni acheter les biens du mineur, ni les prendre à ferme, à moins que le conseil de famille n'ait autorisé le subrogé tuteur à lui en passer bail, ni accepter la cession d'aucun droit ou créance contre son pupille.

ART. 362. — Dans les dix jours qui suivront celui de sa nomination dûment connue de lui, le tuteur requerra la levée des scellés, s'ils ont été apposés, et fera procéder à l'inventaire des biens du mineur, en présence du subrogé tuteur.

S'il lui est dû quelque chose par le mineur, il devra le déclarer dans l'inventaire, à peine de déchéance, et ce, sur la réquisition que le notaire sera tenu de lui en faire, et dont mention sera faite au procès-verbal.

ART. 363. — Dans le mois qui suivra la clôture de l'inventaire, le tuteur fera vendre, en présence du subrogé tuteur, aux enchères reçues par un officier public, et après des publications dont le procès-verbal de vente fera mention, tous les meubles autres que ceux que le conseil de famille l'aurait autorisé à conserver en nature.

I. — Le tuteur n'a pas d'autres formalités à remplir que de dresser une annonce comme le modèle n° 148 pour la vente des objets saisis, avec cette variante :

Au lieu de : *Les susdits objets ont été saisis,* etc., mettre : *Cette vente aura lieu, en vertu de l'art. 363 du Code civil, à la requête du citoyen ..., tuteur dudit mineur,* etc.

ART. 364. — Les père et mère, tant qu'ils ont la jouissance propre et légale des biens du mineur, sont dispensés de vendre les meubles, s'ils préfèrent les garder pour les remettre en nature : dans ce cas, ils rendront la valeur estimative de ceux des meubles qu'ils ne pourraient représenter.

Art. 365. — Lors de l'entrée en exercice de toute tutelle, autre que celle des père et mère, le conseil de famille réglera par aperçu, et selon l'importance des biens régis, la somme à laquelle pourra s'élever la dépense annuelle du mineur, ainsi que celle d'administration de ses biens.

Le même acte spécifiera si le tuteur est autorisé à s'aider, dans sa gestion, d'un ou de plusieurs administrateurs particuliers salariés, et gérant sous sa responsabilité.

Art. 366. — Ce conseil déterminera positivement la somme à laquelle commencera, pour le tuteur, l'obligation d'employer l'excédent des revenus sur la dépense. Cet emploi sera fait dans le délai de six mois; passé lequel, le tuteur devra les intérêts, à défaut d'emploi.

Art. 367. — Si le tuteur n'a pas fait déterminer par le conseil de famille la somme à laquelle doit commencer l'emploi, il devra, après le délai exprimé en l'article précédent, les intérêts de toute somme non employée, quelque modique qu'elle soit.

Art. 368. — Le tuteur, même le père ou la mère, ne peut emprunter pour le mineur, ni aliéner ou hypothéquer ses biens immeubles, sans y être autorisé par le conseil de famille.

Cette autorisation ne devra être accordée que pour cause d'une nécessité absolue, ou d'un avantage évident.

Dans le premier cas, le conseil de famille n'accordera son autorisation qu'après qu'il aura été constaté, par un compte sommaire présenté par le tuteur, que les deniers, effets mobiliers et revenus du mineur sont insuffisants.

Le conseil de famille indiquera, dans tous les cas, les immeubles qui devront être vendus de préférence, et toutes les conditions qu'il jugera utiles.

Art. 378. — Le tuteur qui aura des sujets de mécontentement graves sur la conduite du mineur pourra porter ses plaintes à un conseil de famille, et, s'il y est autorisé par ce conseil, provoquer la détention du mineur, conformément à ce qui est statué à ce sujet par la *loi sur la puissance paternelle*.

I. — La détention ne peut avoir lieu ici que par voie de réquisition, c'est-à-dire en s'adressant au doyen du tribunal civil. (V. *infrà*, chapitre XI.)

FORMULE N° 187. — Cédule de convocation.

Nous..., juge de paix de..., agissant d'office, *ou* sur la réquisition du citoyen... (*désigner ses qualités*),

Convoquons, pour composer le conseil de famille du mineur..., les citoyens 1°...; 2°...; 3°..., parents, alliés *ou* amis de la ligne paternelle (*dire le degré de parenté ou d'alliance*); et les citoyens 1°...; 2°...; 3°..., etc., de la ligne maternelle,

Lesquels se réuniront le..., heure... (*tel lieu*), pour délibérer sur les intérêts dudit mineur..., fils légitime de... et de..., décédés.

Donné à..., le...

(Signature.)

La notification se fait comme suit :

Notifiée a été la cédule ci-dessus : 1° au citoyen..., demeurant à..., en son domicile, parlant à...; 2°...; 3°..., etc., par moi..., huissier exploitant près le tribunal de paix de..., domicilié à..., cejourd'hui le..., etc., avec citation à comparaître le..., heure..., à... (*tel lieu*), pour composer le conseil de famille qui doit délibérer sur les intérêts du mineur... Les prévenant que, faute de s'y présenter, ils encourront l'amende prévue par l'article 340 du Code civil; et afin que les susnommés n'en ignorent, je leur ai, à chacun séparément, laissé copie du présent exploit, en parlant comme dessus; ce requérant le citoyen..., demeurant à... Dont acte.

Le coût est de...

FORMULE N° 188. — Procès-verbal de délibération du conseil de famille.

Aujourd'hui..., à... heure de..., au greffe de la justice de paix de...

Par-devant nous..., juge de paix de la commune de..., assisté de..., greffier de cette justice de paix,

En vertu de la convocation faite par nous, agissant d'office, .

Ont comparu, savoir :

Du côté paternel :

1°...; 2°...; 3°...;

Du côté maternel :

1°...; 2°...; 3°...

Ou bien :

Par-devant nous..., etc.

A comparu le citoyen..., etc.

Lequel comparant a dit qu'en conséquence de notre indication verbale à ces jour, lieu et heure (*ou bien* en vertu de notre cédule en date du..., contenant indication de ces jour, lieu et heure), il a convoqué par-devant nous les parents et amis du mineur..., à l'effet de se réunir en conseil de famille avec nous et sous notre présidence, et donner leur avis sur...

Et, attendu la présence de toutes les personnes appelées à concourir à la formation dudit conseil de famille, ledit comparant nous a requis de le constituer et a signé après lecture.

(Signature.)

Ont aussi comparu, savoir :

Du côté paternel :

1°...; 2°...; 3°...;

Du côté maternel :

1°...; 2°...; 3°...

Lesquels parents et amis réunis en conseil de famille, sous notre présidence, après avoir délibéré avec nous sur l'objet de la convocation :

Considérant que tout mineur sans tuteur doit en être pourvu par le conseil de famille, aux termes de l'article 336 du Code civil,

Le conseil a été unanimement d'avis de nommer, comme de fait il nomme par ces présentes, le citoyen..., tuteur du mineur..., à l'effet de prendre soin de sa personne, le représenter et administrer ses biens, toujours au mieux de ses intérêts, et sous les charges et conditions édictées par la loi,

Lequel, étant présent, a déclaré accepter cette fonction, a prêté entre nos mains le serment de bien et fidèlement remplir les devoirs et obligations qu'elle lui impose ; et a signé après lecture.

(Signature.)

Le conseil, procédant ensuite à la nomination d'un subrogé tuteur :

Considérant que, dans toute tutelle, il doit y avoir un subrogé tuteur nommé par le conseil de famille ; que ce subrogé tuteur doit être pris, hors le cas de frère germain, dans celle des deux lignes à laquelle le tuteur n'appartient pas ;

Après en avoir délibéré avec nous, hors de la présence du tuteur, a été unanimement d'avis de nommer, comme de fait il nomme, par ces présentes, M..., quatrième membre du conseil, subrogé tuteur du mineur..., pour par ledit subrogé tuteur, en cette qualité agir et représenter ledit mineur dans tous les cas où il aurait des intérêts opposés à ceux de son tuteur, comme aussi pour faire tous actes conservatoires et de procédure prescrits par la loi; — lequel a déclaré accepter ladite qualité de subrogé tuteur, prêté devant nous le serment de bien et fidèlement s'acquitter des devoirs qu'elle lui impose, et a signé, après lecture.

(Signature.)

Le citoyen... (*lorsque le tuteur revient après la nomination du subrogé tuteur*), ayant repris siège, a exposé qu'il y a un avantage certain pour le mineur à demander le partage de la succession qui lui est échue, conjointement avec...; qu'en effet (*motifs de cet avantage*); en conséquence, il demande au conseil de délibérer et de donner son avis sur l'autorisation nécessaire, au vœu de l'article 375 du Code civil, pour l'introduction de la demande en partage.

Après qu'il en a été délibéré avec nous,

Considérant que nul ne peut être forcé de rester dans l'indivision; que tout partage de biens appartenant, en tout ou en partie, à des mineurs, doit être fait en justice;

Considérant qu'il y a avantage réel pour le mineur à demander ledit partage, qu'en effet (*les motifs de cet avantage*),

Le conseil a été unanimement d'avis d'autoriser, comme de fait, par ces présentes, il autorise M..., tuteur dudit mineur, à former en justice l'action en partage de la succession *ou* des biens dont il s'agit.

Dont acte. Fait et dressé le présent procès-verbal, les jour, mois et an que dessus, et ont les parties signé avec nous et le greffier, après lecture faite.

(Signature.)

FORMULE N° 189. — Autre procès-verbal.

Aujourd'hui..., à... heure, en vertu de la convocation faite par le citoyen A..., juge de paix de la commune de..., agissant d'office (*ou sur la réquisition du citoyen B..., etc.*);

Le conseil de famille du mineur C... (*désigner ses qualités*) a pris siège (*en tel lieu*), et le greffier ayant fait l'appel nominal sur la liste des membres convoqués, il résulte que les membres présents sont : 1° le juge de paix, président; 2° le citoyen B..., tuteur; 3° D...; 4° E...; 5° F...; 6° G...; 7° H...; 8° I...; 9° J...; tous les sept derniers, frères germains dudit mineur; et que les quatre membres suivants : K..., L..., M... et N..., aussi frères germains dudit mineur, n'ont point comparu, ni personne pour les représenter.

En conséquence, le juge de paix a rendu l'ordonnance suivante :

« Vu la citation donnée aux citoyens K..., L..., M... et N... (*professions et demeures*), par le ministère de l'huissier O..., le...;

« Attendu que les susnommés ont été convoqués pour deux heures de

« relevée ; qu'il est maintenant plus de trois heures, et qu'ils n'ont point
« comparu ;

« Mais attendu que, des explications qui nous sont parvenues, le citoyen
« L... est empêché de comparaître par une cause légitime;

« Nous, A..., juge de paix de..., condamnons, au nom de la République,
« lesdits citoyens K..., M... et N..., chacun à six gourdes d'amende envers
« la caisse publique, conformément à l'article 340 du Code civil, et aux dépens
« liquidés à... »

Et, attendu que des douze membres convoqués pour former le conseil,
quatre n'ont point comparu ; qu'aux termes de l'article 342, il faut au moins
la présence des trois quarts des membres convoqués, pour délibérer ; que les
huit membres présents ne forment pas les trois quarts de douze, partant le
conseil ne se trouve pas en nombre suffisant ;

Usant des pouvoirs que nous confère l'article 341 du Code civil, nous
ajournons l'assemblée. *Ou bien :* nous prorogeons l'assemblée à *tels* jour c
heure.

Et, après lecture faite aux membres présents, avons clos le présent procès-
verbal les jour, mois et an que dessus, et avons signé, etc.

*Si le juge de paix trouve convenable de remplacer les membres absents, le
procès-verbal varie comme suit :*

« Usant des pouvoirs que nous confère l'article 341 du Code civil, nous
« avons fait appeler les citoyens O..., P..., Q... et R... (*professions et
« demeures, et la désignation de leur degré de parenté ou relation avec le mineur*),
« pour remplacer lesdits citoyens K..., L..., M... et N... »

Lesquels, ayant comparu, ont pris siège avec les autres membres. Le
conseil étant composé des treize membres suivants : MM. 1° A..., juge de
paix, président ; 2° B..., tuteur ; 3° D..., etc.

Le citoyen B... a obtenu la parole et a exposé que la tutelle du mineur
C... lui ayant été déférée par le testament du citoyen S..., père dudit
mineur, décédé le..., il requiert que le juge reçoive son serment, et que le
conseil procède à la nomination d'un subrogé tuteur à son pupille.

La demande ayant été accueillie, le citoyen L... (*profession et demeure*),
frère germain du mineur, est élu subrogé tuteur, à l'unanimité de douze
votants, — le tuteur s'étant abstenu, — pour surveiller l'administration du
tuteur et agir pour la conservation des droits dudit mineur, lorsqu'il en aura
d'opposés à ceux du tuteur.

Le président, prenant la parole, a exposé au conseil que, le subrogé tuteur
n'étant pas présent à son élection, il importe de désigner un des membres
pour lui en faire la notification, conformément à l'article 773 du Code de
procédure.

La proposition du président ayant été adoptée, le conseil a décidé que
l'extrait du procès-verbal de la séance contenant l'élection du subrogé tuteur
sera notifié audit citoyen L..., dans les trois jours de cette date, à la diligence du citoyen B..., qu'il délègue à cet effet.

Et le citoyen B... a prêté entre les mains du juge de paix, conformément à l'article 40 de la Loi organique, le serment de bien et fidèlement remplir les devoirs que lui impose la charge de tuteur du mineur C...

En foi de quoi, le présent procès-verbal a été dressé les jour, mois et an que dessus ; et après lecture, les membres ont signé avec le greffier (*ou bien* excepté *tel*, qui a déclaré ne savoir signer).

Nota. — *L'ordonnance du juge condamnant à l'amende est expédiée en forme exécutoire.*

FORMULE N° 190. — Notification au subrogé tuteur du procès-verbal qui précède.

Notifié a été l'acte ci-dessus, par moi, T..., huissier, etc., cejourd'hui e..., etc., au citoyen L..., subrogé tuteur du mineur C..., demeurant à..., en son domicile, parlant à..., avec sommation de se présenter le..., à... heure, au greffe du tribunal de paix de..., pour prêter entre les mains de M. le Juge de paix le serment de bien et fidèlement exercer la charge de subrogé tuteur du mineur C..., et je lui ai, en outre, laissé copie du présent exploit avec celle dudit acte, en parlant comme dessus.

Dont acte, requis par le citoyen B..., tuteur dudit mineur, demeurant à..., délégué à cet effet. Le coût est de...

FORMULE N° 191. — Règlement par le conseil de famille de la dépense annuelle et de l'administration des biens du mineur, avec autorisation au tuteur de s'aider d'un ou de plusieurs administrateurs salariés, et obligation de sa part d'employer l'excédent des revenus sur les dépenses.

L'an..., etc. Par-devant nous..., a comparu N..., etc., au nom et comme tuteur de..., âgé de huit ans, fils légitime de... et de..., décédés, son neveu, nommé à cette fonction qu'il a acceptée, par délibération du conseil de famille dudit mineur, reçue et présidée par nous, suivant procès-verbal du..., enregistré ;

Lequel a dit que, suivant procès-verbal dressé par M... et son collègue, notaires à..., le..., il a été procédé, à sa requête, en présence du subrogé tuteur, à l'inventaire fidèle et description exacte des objets mobiliers, linge, hardes, bijoux, deniers comptants, titres, papiers et renseignements des successions et communauté de biens des père et mère de son pupille ; qu'il résulte dudit inventaire que le produit des revenus dudit mineur peut être évalué à une somme de..., et que désirant, pour se conformer aux articles 365 et 366 du Code civil, faire régler la somme à laquelle pourra s'élever la dépense annuelle du mineur, ainsi que l'administration de ses biens, et faire déterminer positivement la somme à laquelle commencera pour lui l'obligation d'employer l'excédent des revenus sur la dépense, il a, en exécution de notre cédule..., etc., convoqué..., etc., le conseil de famille, composé de..., pour délibérer sur les différents chefs de son exposé, et a ledit comparant requis acte de ses diligences, et a signé après lecture faite.

(Signature.)

Ont aussi comparu, savoir : du côté paternel : 1°...; 2°...; 3°...; du côté maternel, etc.

Lesquels parents (et amis), réunis en conseil de famille sous notre présidence, après avoir mûrement délibéré avec nous sur les différentes clauses de l'exposé du tuteur et hors de sa présence;

Vu l'inventaire susvisé et les différents actes y relatés;

Considérant que le revenu du mineur peut être évalué à une somme de P. 2,500; que son entretien ordinaire, les impositions de ses biens, les dépenses imprévues et les frais de gestion peuvent ensemble s'estimer à 1,500 piastres, ce qui réduit le revenu à mille piastres.

Considérant, en droit, que lors de l'entrée en exercice de toute tutelle autre que celle des père et mère, le conseil de famille doit régler par aperçu et selon l'importance des biens régis la somme à laquelle pourra s'élever la dépense annuelle des mineurs, ainsi que celle d'administration de leurs biens;

Le conseil, à l'unanimité, fixe et arrête la dépense annuelle du mineur... à la somme de mille piastres, tant pour sa nourriture et entretien que pour son éducation, et les frais de la gestion du tuteur à celle de deux cent cinquante piastres par année (*ou*) et les frais d'un administrateur salarié, que le tuteur est autorisé à s'adjoindre, sous sa responsabilité, à celle de deux cent cinquante piastres; et, attendu que le produit net des revenus présente, après la dépense annuelle acquittée, un excédent de mille piastres qu'il est convenable de placer au profit dudit mineur;

Le conseil, également à l'unanimité, arrête que le tuteur sera tenu de faire faire chaque année, et dans les six mois suivants au plus tard, le placement en *immeubles ou* à intérêt dans telle maison ou établissement... de ladite somme de..., et des intérêts annuels de cette somme, faute de quoi il sera passible de l'intérêt des sommes non employées.

Dont acte. Fait et dressé le présent procès-verbal que les délibérants et le tuteur, rappelé dans le conseil, ont signé avec nous et le greffier, après lecture faite.

**FORMULE N° 192. — Consentement à mariage d'un mineur
par le conseil de famille.**

(*Même préambule.*)

Lequel a exposé que M..., âgé de trente-deux ans, docteur en médecine, demeurant à..., recherche en mariage Mlle..., sa pupille, à laquelle ce mariage paraît convenir; que la fortune du futur se compose d'immeubles d'une valeur d'environ... et d'une somme de... en deniers comptants, que les conditions dudit mariage projeté, détaillées dans un projet signé de l'exposant, par lui représenté, lequel est demeuré ci-annexé, après que dessus il en a été fait mention, paraissent convenables et avantageuses; qu'en conséquence, il a, en exécution de notre cédule..., etc., convoqué et réuni..., etc.

Lesquels parents, réunis en conseil de famille sous notre présidence, après avoir mûrement délibéré avec nous, hors de la présence du tuteur;

Vu l'exposé du tuteur, et le projet y joint, ainsi conçu :

Art. 1er.

Les futurs époux adoptent le régime dotal; néanmoins, il y aura entre eux une société d'acquêts, composée des bénéfices et économies que les futurs époux pourront faire pendant le mariage, tant en meubles qu'en immeubles, conformément aux dispositions des articles 1366, 1283 et 1284 du Code civil (1).

Art. 2.

Les biens du futur époux se composent (*les détailler*).

Art. 3.

Les biens de la future épouse consistent :

1° En une propriété sise à..., affermée à..., etc.

2°..., etc.

Et en ses habits, linge, hardes, bijoux, dentelles, meubles meublants, argenterie et effets mobiliers, le tout d'une valeur de..., d'après l'estimation qui en a été faite dans l'inventaire fait après le décès de feu sa mère; le tout provenant à la future épouse de la succession de ses père et mère.

Art. 4.

Les biens actuels de la future épouse seront dotaux; mais tous ceux qui pourront lui advenir et échoir dans la suite par succession, donation, legs ou autrement, lui seront paraphernaux, et elle en aura, en conséquence, l'administration et la jouissance particulière, sans avoir besoin d'autorisation de son mari.

Art. 5.

Les biens immeubles pourront être aliénés, pendant le mariage, par la future épouse, dûment autorisée de son mari, mais sous la condition que le prix de cette vente sera immédiatement employé en l'acquisition d'autres immeubles, lesquels, étant acceptés par la future épouse, auront également nature de biens dotaux et ne pourront plus être aliénés.

---

(1) Texte de ces articles.

ART. 6.

Le survivant des futurs époux prélèvera, à titre de préciput, avant le partage de la société d'acquêts, tels meubles et effets mobiliers qu'il voudra choisir, jusqu'à concurrence d'une somme de..., suivant la prisée de l'inventaire, ou cette somme en deniers comptants, à son choix.

La future épouse y aura droit, même en renonçant à la société d'acquêts, et, en cas d'insuffisance des biens de cette société, elle pourra exercer la reprise de son préciput sur les biens provenant du futur.

ART. 7.

En cas de renonciation à la société d'acquêts par la future épouse ou ses héritiers, ils reprendront seulement les biens dotaux ou paraphernaux propres à la future, mais ils n'auront aucune reprise à faire pour la partie de ses revenus qui aura pu tomber dans la société d'acquêts.

Telles sont les conventions arrêtées entre le tuteur et le futur époux, soumises à la délibération du conseil de famille.

Considérant que les conditions du mariage sont avantageuses pour la mineure; que ledit mariage présente sous tous les rapports les convenances et l'avantage qu'on peut désirer,

Le conseil, à l'unanimité, déclare consentir au mariage de ladite mineure... avec M..., aux conditions ci-dessus établies, qu'il approuve sans réserves; et autoriser, en conséquence, M..., tuteur, à passer le contrat de mariage suivant le projet par lui remis et dont les dispositions sont ci-dessus transcrites, à assister à la célébration dudit mariage, et y consentir pour le conseil de famille, lui donnant, à cet effet, par ces présentes, tout pouvoir utile et nécessaire.

Dont acte. Fait et dressé le présent procès-verbal que les délibérants et le tuteur, rappelé dans le conseil, ont signé avec nous et le greffier, après lecture faite.

Si le conseil n'est pas unanime :

MM. C..., D... et F... ont été d'avis d'agréer lesdites propositions et de consentir au mariage ; mais MM. E..., F... et H... ont été d'avis contraire, les conditions du mariage, suivant eux, étant plus onéreuses que profitables à ladite mineure.

Sur quoi, nous, juge de paix, après avoir mûrement examiné les conditions du mariage, les fortunes et les familles des futurs époux, nous sommes réuni à l'avis de MM. C..., D... et F...

En conséquence, le conseil, à la majorité de quatre voix contre trois, déclare consentir au mariage de ladite mineure... avec M..., aux conditions ci-dessus établies, qu'il approuve sans réserves, etc. (*le reste comme ci-dessus*).

FORMULE N° 193. — Décision du conseil sur l'excuse
du subrogé tuteur.

Aujourd'hui..., etc.,

Le conseil de famille du mineur..., composé : 1° de M. le juge de paix..., président ; 2° des citoyens B..., C... et D..., représentant le citoyen E..., en vertu de sa procuration par lettre en date du..., qui demeure annexée au présent procès-verbal, tous... (parents à *tel* degré *ou* amis), du côté paternel ; 3° des citoyens F..., G... et K..., etc., du côté maternel,

Étant réuni (*en tel lieu*), le citoyen L..., etc., s'est présenté et a exposé que, par décision en date du..., il a été élu subrogé tuteur du mineur..., mais qu'ayant en sa faveur une cause de dispense prévue par la loi, en ce qu'il est atteint de *telle infirmité*, il requiert que le conseil admette son excuse et le décharge de la fonction.

Le conseil ayant délibéré, les citoyens B..., C..., D... et F... sont d'avis de rejeter la demande, attendu que la cause alléguée par le citoyen L... n'est qu'une incommodité et non une infirmité grave comme il est dit dans la loi.

Mais les citoyens A..., président, G... et K... sont d'avis d'admettre la demande et de procéder au remplacement du subrogé tuteur.

En conséquence, le conseil rejette, à la majorité, les moyens d'excuse proposés par le citoyen L..., et maintient sa nomination à la charge de subrogé tuteur du mineur.

Si l'excuse est admise :

Le conseil admet, à la majorité, l'excuse proposée par le citoyen L..., le décharge de la fonction de subrogé tuteur du mineur...

Le conseil procédant à son remplacement, le citoyen M... est élu à l'unanimité *ou* à la majorité de..., etc.

En foi de quoi, le procès-verbal a été fait et clos les jour, mois et an que dessus ; et, après lecture, les membres ont signé avec nous et le greffier.

Nota. — *Les membres contre l'avis desquels la décision est prise ne doivent pas refuser de signer, lors même qu'ils auraient l'intention de se pourvoir contre la décision ; leur avis est consigné dans le procès-verbal.*

FORMULE N° 194. — Pourvoi contre la décision du conseil.

L'an..., etc., à la requête de..., etc., j'ai..., huissier..., etc., donné assignation aux citoyens :

1° B..., etc., demeurant à..., en son domicile, parlant à... ;

2° C..., etc. ;

3° ..., etc. (1),

---

(1) On assigne tous les membres du conseil de famille qui ont été d'avis de la délibération, et dans les qualités à raison desquelles ils ont été appelés.

Pour comparaître au tribunal civil de..., dans le délai de la loi (outre celui de distance, *s'il y a lieu*), et à toutes les audiences suivantes, toujours à neuf heures du matin, jusqu'à jugement définitif, pour voir prononcer la nullité d'un acte portant délibération du conseil de famille du mineur H..., en date du... Attendu que... (*motifs*) ; en conséquence, voir ordonner que la délibération du conseil de famille dudit mineur... reçue par M. le juge de paix de..., le..., sera rejetée purement et simplement, et que, etc.

Et afin que les susnommés n'en ignorent, je leur ai à chacun séparément, domicile et parlant comme dessus, laissé copie d'un extrait dudit acte avec celle du présent exploit. Dont acte. Le coût est de...

FORMULE N° 195 — Requête à fin d'homologation d'une délibération du conseil de famille.

A Monsieur le Doyen du tribunal civil de...

Le citoyen..., demeurant à..., au nom et comme tuteur de..., fils mineur de...,

Requiert qu'il vous plaise, Monsieur le Doyen, donner votre ordonnance à l'effet d'homologuer, pour être exécutée selon sa forme et teneur, la délibération ci-jointe des parents et amis dudit mineur, reçue par M. le juge de paix de..., le..., dûment enregistrée ; et vous ferez justice.

(Signature.)

FORMULE N° 196. — Demande en homologation d'une délibération du conseil de famille, contre le tuteur.

L'an..., etc.,

A la requête de..., demeurant à..., ayant fait partie du conseil de famille du mineur ci-après nommé, etc.,

J'ai..., huissier, etc., soussigné, donné assignation au citoyen..., tuteur du mineur..., fils de... et de..., lequel tuteur nommé à cette qualité qu'il a acceptée, par délibération du conseil de famille dudit mineur, reçue par M. le juge de paix de..., le..., lequel demeurant à..., en son domicile étant et parlant à....

A comparaître au tribunal civil, etc., pour, attendu que, par délibération des parents et amis dudit mineur, en date du..., laquelle autorise à provoquer la licitation d'une maison dont le mineur est propriétaire pour moitié, il a été dit que le citoyen..., en sa qualité de tuteur dudit mineur, poursuivrait l'homologation de cette délibération dans la huitaine ;

Attendu que plus de quinze jours sont écoulés, et que le citoyen... ne se met pas en devoir de faire prononcer cette homologation.

Voir dire et ordonner que la délibération susénoncée sera homologuée pour être exécutée selon sa forme et teneur, et pour, en outre, répondre et procéder comme de raison, à fin de dépens, auxquels ledit citoyen... sera personnellement condamné, et que, sous aucun prétexte, il ne pourra employer dans le compte de tutelle; et je lui ai, en son domicile et parlant comme dessus, laissé copie du présent exploit. Dont acte. Le coût est de...

FORMULE N° 197. — Opposition à l'homologation d'une délibération du conseil de famille.

L'an...,

A la requête de...,

J'ai..., huissier..., etc., soussigné, signifié et déclaré au citoyen..., au nom et comme tuteur du mineur..., etc. :

Que le requérant entend contester la délibération du conseil de famille dudit mineur, reçue par M. le juge de paix de..., le..., par laquelle ledit citoyen..., en sadite qualité de tuteur, a été autorisé à..., etc.; et, en conséquence, que le requérant est opposant, comme par ces présentes, il s'oppose à ce qu'autrement qu'en sa présence ou lui dûment appelé, le citoyen... en poursuive l'homologation; déclarant au susnommé que ledit citoyen..., requérant, proteste de nullité de tout ce qui serait fait au préjudice de ladite opposition; et je lui ai, domicile et parlant comme dessus, laissé copie du présent exploit. Dont acte. Le coût est de...

FORMULE N° 198. — Assignation à l'opposant.

L'an..., à la requête de..., j'ai..., huissier, etc., donné assignation au citoyen..., etc., à comparaître le... (*jour et heure fixés par l'ordonnance du doyen pour entendre le rapport du juge*), à la Chambre du conseil du tribunal civil de..., devant MM. les doyens et juges dudit tribunal, pour déduire ses motifs d'opposition à l'homologation de la délibération du conseil de famille, etc.

[Dans les modifications que subit le Code civil en 1840, se trouvent celles qui attribuaient au conseil de famille les opérations du partage de successions échues à des mineurs.

Voilà comment cette matière occupe une si large place dans l'ouvrage de Mullery sur la Justice de paix.

Ces attributions exceptionnelles du conseil de famille disparurent en 1843, par le décret du Gouvernement provisoire qui remet en vigueur le Code civil tel qu'il est.

Les formes du partage restent donc à la procédure du tribunal civil.]

CHAPITRE VI

Des Scellés.

COMMENTAIRE ET FORMULES.

Scellé. — Apposition d'un sceau particulier faite par le juge de paix, sur les ouvertures d'un appartement ou d'un meuble pour empêcher d'y pénétrer et conserver ce qu'il renferme, dans l'intérêt des droits des tiers. (BIOCHE.)

C'est un acte conservatoire.

La loi n° 6 du Code de procédure s'occupe des scellés à l'occasion des successions ; mais ils peuvent être apposés dans plusieurs autres circonstances, par exemple en matière de faillite (446 et suiv. C. comm.); en matière de saisie-exécution, au cas prévu par l'art. 512 du Code de procédure ; au cas de présomption d'absence, par application de l'art. 101 du Code civil ; en matière de divorce (258 C. civ.); en matière d'interdiction, etc.

Aussi les dispositions de détail écrites pour l'apposition des scellés après décès sont-elles applicables pour la plupart aux scellés apposés pour une cause quelconque. (BOITARD, 1126.)

De l'Apposition des Scellés après décès.

CODE DE PROCÉDURE CIVILE.

ART. 796. — Lorsqu'il y aura lieu à l'apposition des scellés après décès, elle sera faite par les juges de paix et, à leur défaut, par leurs suppléants.

ART. 797. — Les juges de paix et leurs suppléants se serviront d'un sceau particulier, qui restera entre leurs mains, et dont l'empreinte sera déposée au greffe du tribunal civil.

ART. 798. — L'apposition des scellés pourra être requise :

1° Par tous ceux qui prétendront droit dans la succession ou dans la communauté ;

2° Par tous les créanciers fondés en titre exécutoire, ou autorisés par une permission, soit du doyen du tribunal civil, soit du juge de paix de la commune où le scellé doit être apposé ;

3° Et en cas d'absence, soit du conjoint, soit des héritiers ou de l'un d'eux, par les personnes qui demeuraient avec le défunt, et par ses serviteurs et domestiques.

Art. 799. — Les prétendant droit et les créanciers, mineurs émancipés, pourront requérir l'apposition des scellés, sans l'assistance de leur curateur.

S'ils sont mineurs non émancipés, et s'ils n'ont pas de tuteur, ou s'il est absent, elle pourra être requise par un de leurs parents.

Art. 800. — Le scellé sera apposé, soit à la diligence du ministère public, soit sur la déclaration d'un membre du conseil des notables, et même d'office par le juge de paix :

1° Si le mineur est sans tuteur, et que le scellé ne soit pas requis par un parent ;

2° Si le conjoint, ou si les héritiers ou l'un d'eux sont absents ;

3° Si le défunt était dépositaire public ; auquel cas, le scellé ne sera apposé que pour raison de ce dépôt et sur les objets qui le composent.

(Cet article spécifie les cas où le juge de paix peut agir d'office.)

Art. 801. — Le scellé ne pourra être apposé que par le juge de paix des lieux ou par ses suppléants.

Art. 802. — Si le scellé n'a pas été apposé avant l'inhumation, le juge de paix constatera, par son procès-verbal, le moment où il a été requis de l'apposer et les causes qui ont retardé soit la réquisition, soit l'apposition.

Art. 803. — Le procès-verbal contiendra :

1° La date des an, mois, jour et heure ;

2° Les motifs de l'apposition ;

3° Les noms, profession et demeure du requérant, s'il y en a, et son élection de domicile dans la commune où le scellé est apposé, s'il n'y demeure ;

4° S'il n'y a pas de partie requérante, le procès-verbal énoncera que le scellé a été apposé d'office ou sur le réquisitoire ou sur la déclaration de l'un des fonctionnaires dénommés dans l'art. 800 ;

5° L'ordonnance qui permet le scellé, s'il en a été rendu ;

6° Les comparutions et dires des parties ;

7° La désignation des lieux, bureaux, coffres, armoires, sur les ouvertures desquels le scellé a été apposé ;

8° Une description sommaire des effets qui ne sont pas mis sous les scellés ;

9° Le serment, lors de la clôture de l'apposition, par ceux qui demeurent dans le lieu, qu'ils n'ont rien détourné, vu ni su qu'il ait été rien détourné directement ni indirectement ;

10° L'établissement du gardien présenté, s'il a les qualités requises ; sauf s'il ne les a pas, ou s'il n'en est pas présenté, à en établir un d'office par le juge de paix.

Art. 804. — Les clefs des serrures sur lesquelles le scellé a été apposé resteront, jusqu'à sa levée, entre les mains du greffier de la justice de paix, lequel fera mention, sur le procès-verbal, de la remise qui lui en aura été faite ; et ne pourront, le juge ni le greffier, aller, jusqu'à la levée, dans la maison où est le scellé, à peine d'interdiction, à moins qu'ils n'en soient requis, ou que leur transport n'ait été précédé d'une ordonnance motivée.

I. — Donc, pour procéder à l'apposition des scellés, le juge de paix ou son suppléant se transporte sur les lieux avec le greffier, et commence son opération par l'apposition des scellés sur les objets dont il importe le plus d'assurer la conservation, tels que papiers (V. art. 805 et 806), l'argent comptant, l'argenterie, les bijoux, qu'on a soin de renfermer dans un meuble sûr fermant à clef ; — il ferme les meubles et les portes des chambres, et dépose les clefs entre les mains du greffier ; — il applique justement au travers de l'entrée des serrures, de façon à la bien couvrir, une bande de papier parafée par lui et le greffier, attachée aux deux extrémités avec de la cire d'Espagne (cire à cacheter) ; chaque bout est scellé du sceau spécialement destiné aux scellés. — Il faut que l'empreinte du sceau porte moitié sur le papier et moitié sur l'objet, afin qu'on ne puisse ouvrir celui-ci sans rompre le cachet ou déchirer le papier.

II. — Le juge de paix doit laisser libres les effets nécessaires à l'usage journalier des personnes qui habitent la maison. Il doit aussi laisser en évidence les objets dont le volume est trop considérable pour être mis sous scellés, en ayant le soin d'en faire la description au procès-verbal (C. pr. 813). — Enfin, il doit, pour ne point gêner les personnes de la maison, faire renfermer dans une chambre ou un cabinet, s'il est possible, tous les objets qui doivent être mis en sûreté et apposer les scellés à la porte. (MULLERY.)

III. — Quelquefois, pour empêcher que les scellés ne soient endommagés par inadvertance ou autrement, principalement les scellés extérieurs, on les couvre d'une plaque de tôle ou d'une planche attachée avec des clous.

IV. — C'est une question assez embarrassante que celle de fixer le rôle du juge de paix en présence du décès des étrangers. Où commencent, où s'arrêtent ses droits et ses prérogatives? se demande N. CARRÉ, *Code annoté des Juges de paix*, qui, à ce propos, donne l'extrait ci-dessous d'un rapport présenté par M. Dionis du Séjour à la Conférence des juges de paix de Paris, en 1858 :

« L'une des plus importantes attributions des juges de paix, c'est le droit qu'ils ont d'apposer les scellés quand une ouverture de succession leur est signalée.

« Les art. 907 et suivants du Code de procédure civile déterminent : 1° quelles personnes peuvent requérir l'apposition des scellés; 2° les formalités à remplir.

« Ces formalités sont les mêmes pour l'étranger *décédé en France*, que pour le Français regnicole...

« Mais une autorité étrangère a-t-elle le droit d'intervenir soit pour conserver les droits des nationaux, soit pour administrer la succession?

« Des doutes sérieux pouvaient naître sur la nature et l'étendue de ce droit. En principe rigoureux, le droit de juridiction et de constatation n'appartient qu'aux magistrats du territoire. Il semble donc qu'un ministre étranger devrait être exclu. Mais cette considération d'ordre public s'est effacée devant la nécessité reconnue par tous les peuples civilisés, que l'étranger mort sur une terre étrangère fût représenté par un magistrat de sa nation investi de la prérogative de faire les actes conservatoires nécessaires pour sauvegarder les droits des présomptifs héritiers et des créanciers.

« Ce magistrat est *le consul*, magistrat préposé par le gouvernement de

la nation qu'il représente, et qui n'a le droit d'exercer ses fonctions
qu'autant que le gouvernement reconnu dans le pays où il les exerce lui
a accordé ce qu'on appelle son *exequatur*.

« Toutefois, si le droit du consul est reconnu, c'est sous la condition
de l'accomplissement de certaines règles qui limitent ce droit en tant
qu'il pourrait blesser les droits de souveraineté du pays où l'étranger est
décédé.

« En principe, ce sont les conventions diplomatiques qui déterminent
le droit que peuvent avoir les agents consulaires de la nation à laquelle
appartenait l'étranger de concourir à l'apposition des scellés.

« On va même plus loin dans la pratique. Le ministère des affaires
étrangères admet que la faculté de concourir à l'apposition des scellés est
susceptible d'être accordée aux agents consulaires des États dans lesquels il y a présomption que la même faculté est accordée aux agents
français.

« Ce préliminaire établi, remarquons que les agents consulaires étrangers n'ont juridiction en France que sous la condition la plus expresse
de réciprocité, ce qui veut dire que ces agents ne peuvent exercer des
droits plus étendus que ceux que les agents consulaires français seraient
admis à exercer sur le terrain où ils sont accrédités.

« Remarquons encore que les agents *concourent*, avec l'autorité judiciaire du lieu, à l'apposition des scellés et à la confection de l'inventaire ;
d'où la conséquence que c'est, en France, le juge de paix du lieu où la
succession s'est ouverte qui pose les scellés soit d'office, soit sur la réquisition qui lui est adressée, et qui dresse procès-verbal de l'opération.
L'agent consulaire étranger intervient en croisant son propre sceau avec
celui du magistrat. »

V. — Et parmi les différentes nations avec lesquelles ont été conclues
pour la France les conventions dont il s'agit, on cite la République
dominicaine (8 mai 1852).

Quant à nous, c'est depuis 1825 que la matière a été, dans la convention signée à Paris le 31 octobre, entre la France et Haïti, traitée
comme suit :

« Art. 11. — Au décès d'un sujet de S. M. T. C. dans l'île d'Haïti, le
juge du lieu apposera immédiatement, soit d'office, soit à la réquisition
des parties intéressées, les scellés sur les effets mobiliers et papiers du
défunt, à la conservation des droits de qui il appartiendra : ces scellés
ne seront levés qu'à la charge d'en faire inventaire.

« Art. 12. — Le consul de S. M. T. C. pourra toutefois : 1° le juge du
lieu dûment appelé, croiser les scellés de celui-ci par les siens propres,

auquel cas les uns et les autres ne seront levés que de concert ; 2º assister à l'inventaire ; 3º administrer et liquider personnellement, ou nommer sous sa responsabilité un agent pour administrer et liquider la succession, lorsque aucun sujet d'Haïti n'aura formé de réclamations et qu'il n'y aura d'ailleurs ni exécuteur testamentaire, ni héritier à réserve du défunt présent.

« ART. 16. — Les dispositions des articles 11, 12, etc., seront exécutées à l'égard des Haïtiens qui décéderaient en France. »

VI. — Et l'article 30 de notre traité du 9 novembre 1874 avec la République dominicaine est ainsi conçu :

« ART. 30. — Les consuls respectifs, en cas de mort d'un de leurs nationaux sans testament ni exécuteur testamentaire, pourront : 1º soit d'office, soit sur requête des parties intéressées, apposer les scellés sur les effets, meubles et papiers du défunt, en informant préalablement de cette opération l'autorité compétente, qui pourra y assister, et même, si elle le juge convenable, mettre aussi son sceau sur les scellés, et, dès lors, on ne pourra lever les scellés, revêtus de ce double sceau, que d'un commun accord ; 2º faire l'inventaire des biens de la succession en présence de l'autorité du pays, si celle-ci croit devoir concourir à cet acte ; 3º faire procéder, conformément à l'usage des lieux, à la vente des biens appartenant à la succession ; 4º enfin, administrer et liquider personnellement ou nommer, sous leur responsabilité, un agent qui administre et liquide ladite succession, sans que l'autorité locale ait à intervenir dans ces nouvelles opérations, à moins qu'il n'y ait des réclamations contre la succession par tel ou tels citoyens de nation étrangère. Dans ce cas, s'il survient quelque contestation entre les intéressés, elle sera soumise à la décision des tribunaux du territoire, et le consul agira alors comme la partie qui représente la succession. Mais les consuls seront obligés de faire annoncer la mort de l'individu dans un des journaux qui se publient dans l'étendue de leur territoire, et ne pourront livrer les biens du défunt ni leur produit à ses héritiers légitimes ou à ses mandataires qu'après avoir payé toutes les dettes que le défunt aurait contractées dans le pays, ou après qu'il s'est écoulé un an depuis l'annonce de la mort sans qu'on ait fait aucune réclamation contre la succession. »

VII. — Aux termes d'une ordonnance de 1833, « en cas de décès d'un Français (dit ALLAIN, t. I, 1773) les agents consulaires doivent se borner à requérir, s'il y a lieu, l'apposition des scellés de la part des autorités locales, à assister à toutes les opérations qui en sont la conséquence, et à veiller à la conservation de la succession en tant que l'usage et les lois du pays l'y autorisent ».

VIII. — « Si, les scellés étant déjà apposés par le juge de paix, l'agent consulaire croit devoir (dans le cas où les traités diplomatiques lui en donneraient le droit) *croiser* les scellés, il ne peut le faire qu'après avoir préalablement prévenu et appelé le juge de paix, qui, dans ce cas, doit, de son côté, constater par un procès-verbal l'état de ses propres scellés, l'intervention et l'opération du consul étranger. » (*Ibid.*, 1774.)

IX. — Dans la pratique d'ici, Cap-Haïtien, par exemple, le consul dresse un procès-verbal distinct de celui du juge de paix.

X. — « Plusieurs gouvernements, écrivent MM. ALEX. DE CLERCQ et C. DE VALLAT, pour assurer le payement des créanciers éventuels, font immédiatement procéder à cette opération (apposition de scellés après décès des étrangers) par leurs officiers de justice; — d'autres, et c'est le plus grand nombre, reconnaissent aux consuls le droit de croiser de leurs sceaux ceux de l'autorité territoriale; quelques-uns, enfin, consentent à ce que le consul seul appose ses sceaux, à la condition toutefois que, dans le cas où il se présenterait des créanciers sujets du pays où le décès a eu lieu, leurs droits seront réservés.

« L'usage le plus général est, au surplus, que l'inventaire soit dressé en deux instruments, l'un rédigé en français, l'autre rédigé dans la langue du pays... inventaire... dressé de façon qu'il ait la même autorité légale devant la justice française que devant la justice territoriale.

« A l'expiration des délais légaux, on procède à la reconnaissance et à l'enlèvement des scellés, ainsi qu'à la formation de l'inventaire. Lorsque le soin de dresser seul l'inventaire est abandonné aux consuls, c'est le chancelier qui instrumente, assisté de deux témoins ayant la capacité requise et du consul représentant légal des ayants droit absents. Lorsque, au contraire, l'autorité territoriale compétente intervient conjointement avec le consul pour l'accomplissement de cette formalité, c'est à son greffier qu'il appartient de tenir la plume.

« Si, pendant la rédaction de l'inventaire, on trouve un testament, il doit être mis sous scellés pour être ultérieurement ouvert dans la forme légale. » *C'est-à-dire* « par le juge compétent du lieu où s'ouvre la succession ». (*Guide pratique des Consulats; — Juridiction consulaire en pays de chrétienté.*)

Détournement.

CODE CIVIL, ART. 651. — CODE DE COMMERCE, ART. 590.
CODE PÉNAL, ART. 325.

ART. 651. — Les héritiers qui auraient diverti ou recélé

des effets d'une succession sont déchus de la faculté d'y
renoncer : ils demeurent héritiers purs et simples, nonobstant leur renonciation, sans pouvoir prétendre à aucune
part dans les objets divertis ou recélés.

Art. 590. — Seront déclarés complices des banquerou-
tiers frauduleux et seront condamnés aux mêmes peines que
l'accusé :

Les individus qui seront convaincus de s'être entendus
avec le banqueroutier pour recéler ou soustraire tout ou
partie de ses biens meubles ou immeubles ;

D'avoir acquis sur lui des créances fausses, et qui, à la
vérification et affirmation de leurs créances, auront persisté
à les faire valoir comme sincères et véritables.

Art. 325. — Les soustractions commises par des maris au
préjudice de leurs femmes, *par un veuf ou une veuve, quant
aux choses qui avaient appartenu à l'époux décédé*, par des
enfants ou autres descendants au préjudice de leurs pères
ou mères ou autres ascendants, par des pères et mères ou
autres ascendants au préjudice de leurs enfants ou autres
descendants, ou par des alliés au même degré, ne pourront
donner lieu qu'à des réparations civiles.

A l'égard de tous autres individus qui auraient recélé ou
appliqué à leur profit tout ou partie des objets volés, ils
seront punis comme coupables de vol.

Papiers trouvés. — Perquisition et ouverture de Testament.

CODE DE PROCÉDURE CIVILE.

Art. 805. — Si, lors de l'apposition, il est trouvé un testament ou autres papiers cachetés, le juge de paix en constatera la forme extérieure, le sceau et la suscription, s'il y
en a ; parafera l'enveloppe avec les parties présentes, si
elles le savent ou le peuvent, et indiquera les jour et heure
où le paquet sera par lui présenté au doyen du tribunal
civil, si la commune est le siège d'un tribunal civil, ou par
lui ouvert si elle ne l'est pas ; il fera mention de tout sur son

procès-verbal, lequel sera signé des parties, sinon mention sera faite de leur refus.

ART. 806. — Sur la réquisition de toute partie intéressée, le juge de paix fera, avant l'apposition du scellé, la perquisition du testament dont l'existence sera annoncée ; et s'il le trouve, il sera procédé ainsi qu'il est dit ci-dessus.

ART. 807. — Aux jour et heure indiqués, sans qu'il soit besoin d'aucune assignation, les paquets trouvés cachetés seront, dans la commune où siège un tribunal civil, présentés par le juge de paix au doyen dudit tribunal, lequel en fera l'ouverture, en constatera l'état et en ordonnera le dépôt chez un notaire, si le contenu concerne la succession.

Dans les communes qui ne sont point le siège d'un tribunal civil, l'ouverture des paquets sera faite par le juge de paix, en présence des parties intéressées et du membre du conseil des notables, qui se trouvera de service ; le juge de paix en ordonnera le dépôt comme il est dit ci-dessus.

ART. 808. — Si les paquets cachétés paraissent, par leur suscription, ou par quelque autre preuve écrite, appartenir à des tiers, le juge ordonnera que ces tiers seront appelés dans un délai qu'il fixera, pour qu'ils puissent assister à l'ouverture ; il la fera au jour indiqué, en leur présence ou à leur défaut ; et si les papiers sont étrangers à la succession, il les leur remettra sans en faire connaître le contenu, ou les cachètera de nouveau pour leur être remis à leur première réquisition.

ART. 809. — Si un testament est trouvé ouvert, le juge de paix en constatera l'état et observera ce qui est prescrit en l'article 805.

Incident.

CODE DE PROCÉDURE CIVILE.

ART. 810. — Si les portes sont fermées, s'il se rencontre des obstacles à l'apposition des scellés, s'il s'élève, soit avant, soit pendant le scellé, des difficultés, il y sera statué en référé par le doyen du tribunal civil. A cet effet, il sera sursis et établi par le juge de paix garnison extérieure, même intérieure, si le cas y échet; et il en référera sur-le-champ au doyen du tribunal, à peine de dommages-intérêts.

Pourra néanmoins le juge de paix, s'il y a péril dans le retard, statuer par provision, sauf à en référer ensuite au doyen.

Art. 811. — Dans tous les cas où il sera référé par le juge de paix au doyen du tribunal, soit en matière de scellé, soit en autre matière, ce qui sera fait et ordonné sera constaté sur le procès-verbal dressé par le juge de paix; le doyen signera ses ordonnances sur ledit procès-verbal.

I. — *Des obstacles, des difficultés.* Par exemple, le juge de paix trouve sur les lieux une personne qui prétend que les meubles sur lesquels porterait le scellé lui appartiennent et non à la succession; ou les personnes qui sont sur les lieux affirment que déjà l'inventaire a été fait, auquel cas les scellés ne peuvent plus être apposés (C. pr. 812); ou ces personnes soutiennent que le requérant est sans droits pour provoquer les scellés; ou le mobilier de la succession a été saisi avec établissement de séquestre.

II. — *S'il y a péril dans le retard,* comme, par exemple, lorsque l'opération se fait hors du siège d'un tribunal civil et lorsqu'il sera impossible d'établir garnison, « le magistrat, dit N. Carré, fera bien d'user, avec certaine réserve, de ce pouvoir discrétionnaire que semble lui accorder l'article 810; et il ne devra passer outre aux oppositions matérielles ou juridiques que dans des cas très rares.

III. — Le juge de paix (Allain, t. I, n° 1761), peut, à toute heure de nuit comme de jour, s'introduire dans la maison mortuaire pour une apposition de scellés d'office. Ce magistrat tient, en effet, de la loi (C. pr. 810) le pouvoir le plus étendu en pareille matière, pouvoir dont il peut et doit user, sans que la loi fasse aucune distinction entre le jour et la nuit, toutes les fois qu'il y a péril en la demeure : autrement seraient illusoires les précautions prescrites pour l'apposition des scellés. On pourrait, en effet, profiter de la nuit pour faire disparaître des papiers d'une grande importance, par exemple, un testament, un titre de créance que le défunt avait contre l'un des héritiers présents à la mort et resté près du corps pendant la nuit. Le juge de paix, dans ce cas, étant chargé par la loi de représenter les incapables et les absents, est, à ce titre, membre de la famille et peut, dès lors, s'introduire à toute heure de jour et de nuit dans la maison mortuaire qui est devenue le domicile de la famille. C'est en vain qu'on invoquerait en pareil cas l'article de la Constitution qui proclame l'inviolabilité d'asile pour la maison des citoyens.

ART. 812. — Lorsque l'inventaire sera parachévé, les scellés ne pourront être apposés, à moins que l'inventaire ne soit attaqué, et qu'il ne soit ainsi ordonné par le doyen du tribunal.

Si l'apposition des scellés est requise pendant le cours de l'inventaire, les scellés ne seront apposés que sur les objets non inventoriés.

I. — Par exemple, si l'inventaire est attaqué comme irrégulier, ou fait en fraude des héritiers ou des intéressés dans la succession, le scellé peut être apposé, mais seulement, comme dit l'article, d'après ordonnance du doyen du tribunal civil.

II. — L'inventaire est un acte contenant l'énumération descriptive et estimative des effets mobiliers qui composent un patrimoine, ainsi que l'énonciation et l'analyse sommaire des papiers qui en dépendent... Il a pour but de constater les forces de là succession ou de la communauté. (BOITARD et COLMET-DAAGE, 1141.)

III. — Les notaires ont le droit exclusif de dresser l'inventaire.

ART. 813. — S'il n'y a aucun effet mobilier, le juge de paix dressera un procès-verbal de carence.

S'il y a des effets mobiliers qui soient nécessaires à l'usage des personnes qui restent dans la maison, ou sur lesquels le scellé ne puisse être mis, le juge de paix fera un procès-verbal contenant description sommaire desdits effets.

I. — On ne doit pas s'attacher rigoureusement à la lettre de l'article; sans quoi il n'y aurait jamais, ou fort rarement, lieu à procès-verbal de carence; car les personnes les plus pauvres laissent toujours quelques effets mobiliers, ne fût-ce que quelques vieilles hardes, un grabat, etc.; mais le juge de paix peut sans danger dresser un procès-verbal de carence, toutes les fois que les frais des scellés, d'inventaire avec prisée et de vente absorberaient la valeur des objets compris dans la succession. Si, néanmoins, il y avait des papiers présentant un véritable inté-

rêt, il devrait les mettre sous le scellé, attendu qu'il n'a pas qualité pour
en faire l'inventaire, ou en laisser le dépôt à son greffier ou à l'un des
héritiers. (ALLAIN, I, 1, nᵒ 1732.)

II. — Il n'est pas nécessaire de présenter requête au juge de paix pour
requérir l'apposition des scellés. Dans le cas même d'un transport précédé d'une ordonnance portant permission, sur la demande d'un créancier non fondé en titre exécutoire, le procès-verbal est ouvert par cette
ordonnance, sur la demande verbale du requérant; il n'y a que la permission du doyen du tribunal civil qui se délivre sur requête. (V. MUL-
LERY.)

III. — S'il n'y a pas eu d'ordonnance portant permission, s'il n'y a
eu qu'une simple réquisition d'un ayant droit ou du ministère public, ou
qu'une déclaration d'un membre du Conseil communal, ou enfin si le
juge de paix procède d'office, le transport se fait sans aucun acte préalable; il suffit que le procès-verbal d'apposition le constate. (*Ibid.*)

FORMULE Nᵒ 199 — Ordonnance du juge de paix portant permission de faire apposer les scellés.

Aujourd'hui..., heure, etc.

Par-devant nous..., juge de paix de..., assisté de notre greffier,

A comparu le citoyen (*profession, demeure et élection de domicile, s'il est
nécessaire, c'est-à-dire s'il ne demeure pas dans la commune*), lequel nous a
exposé que le citoyen B..., etc., son débiteur d'une somme de..., *pour telle
cause*, est décédé le... (*en tel lieu, telle rue*); que pour sûreté de sa créance
il a le plus grand intérêt à faire apposer les scellés sur les meubles et effets
de son débiteur; mais, comme il n'a pas de titre exécutoire, il nous requiert
de l'autoriser à faire procéder à l'apposition des scellés. Et pour appuyer sa
demande, il nous a exhibé *telles pièces*, etc.

Sur quoi, nous, juge de paix, attendu que le comparant, en sa qualité de
créancier, a intérêt à faire mettre sous les scellés les meubles et effets appartenant au citoyen B..., son débiteur, décédé, permettons audit citoyen...,
requérant, de faire mettre lesdits scellés et disons que nous nous transporterons pour procéder à cette opération, aujourd'hui, à... heures...

FORMULE Nᵒ 200. — Procès-verbal d'apposition de scellés sans incidents.

L'an..., le..., heure de...

A la requête du citoyen A... (*demeure et élection de domicile, s'il est nécessaire, c'est-à-dire si le requérant ne demeure pas dans la commune*), autorisé par
notre ordonnance *ou bien* par ordonnance de M. le Doyen du tribunal civil

de..., en date de ce jour, *ou encore* porteur de *tel titre* expédié en forme exécutoire, etc.,

Pour sûreté et conservation de la somme de..., qu'entend réclamer le requérant.

Si c'est à la requête d'un parent ou d'une personne qui demeurait avec le défunt :

Vu la réquisition du citoyen B..., etc., à cause de la minorité *ou* de l'absence de..., habile à se porter héritier.

Si c'est par suite d'un réquisitoire :

En vertu d'un réquisitoire de M. le Commissaire du Gouvernement près le tribunal civil de..., en date du..., à cause de la minorité de...

Ou bien :

Sur la déclaration du citoyen..., membre du Conseil communal de..., à cause de...

Si c'est d'office :

Étant informé que le citoyen C... est décédé en ce jour, et que *tel,* son présomptif héritier est absent, *ou* mineur sans tuteur, etc.

Nous..., juge de paix de..., nous sommes transporté avec le citoyen..., greffier, dans une maison sise à..., rue..., à l'effet d'apposer nos scellés sur les effets de la succession du citoyen..., de son vivant (*telle profession*), décédé le...

Si c'est avant l'inhumation :

Nous avons trouvé le corps du défunt gisant sur le lit, dans *telle pièce de la maison ;*

Si c'est après l'inhumation :

(*On a soin de constater au commencement l'heure de la réquisition.*)

Étant informé que le corps du défunt a été inhumé le..., nous avons demandé au citoyen... le motif pour lequel il n'a fait la réquisition d'apposition des scellés qu'aujourd'hui, à... heure. Sur quoi il a répondu...

Ou bien :

La réquisition d'apposition nous a été faite hier, à... heure, mais notre transport a été retardé par *tel motif.*

Conduit dans *telle pièce* éclairée sur la rue par deux ouvertures, nous y avons trouvé (*énoncer les personnes présentes*), auxquelles nous avons fait part du sujet de notre transport, et que nous avons invitées, en conséquence, à nous indiquer tous les lieux dépendant de l'habitation du défunt *ou* composant l'appartement occupé par le défunt, lesquelles ont déclaré ne point s'opposer à l'apposition de nos scellés, sous la réserve néanmoins de tous leurs droits.

En conséquence, avons de suite procédé à l'apposition des scellés et à la description des objets en évidence, ainsi qu'il suit :

Nous avons successivement apposé nos scellés sur des bandes de papier *(ou lorsque, par exemple, la bande serait d'une longueur telle que le papier, de lui-même, pourrait se déchirer facilement :* à l'aide de rubans de fil blanc), cachetées à chaque extrémité avec de la cire rouge, empreinte de notre sceau, savoir :

Étant au rez-de-chaussée, dans une chambre ayant ouverture dans le salon, éclairée par deux fenêtres donnant sur la rue, qui servait de chambre à coucher au défunt : — 1° sur les deux battants d'une armoire d'acajou, de la hauteur de six pieds et demi sur quatre environ de largeur, nous avons apposé en haut, bas et milieu, trois bandes de papier scellées aux extrémités ; laquelle armoire fermée avec la clef remise au greffier, pour rester entre ses mains jusqu'à la levée des scellés ;

2° ... (*Désigner distinctement les effets scellés*) ;

3° Une bande de papier scellée aux extrémités, couvrant la serrure de la porte de ladite chambre, fermée de deux tours avec la clef remise au greffier, pour, etc.

De cette chambre, nous avons passé dans la pièce voisine formant salon, où nous avons scellé 1°..., 2°..., etc.

De ce salon, nous avons passé dans un cabinet, situé après la chambre et donnant sur la cour ; nous y avons réuni tous les effets trouvés dans la maison, excepté ceux ci-après désignés. Et, après avoir fermé les deux fenêtres dudit cabinet et les avoir scellées par deux bandes de papier, nous avons fermé à clef la porte d'entrée, remis la clef au greffier, et attaché à l'ouverture de cette porte deux bandes de papier, aux extrémités desquelles nous avons apposé notre sceau, etc.

Sur la demande du citoyen..., nous avons laissé à sa disposition : 1°..., 2°..., etc., à la charge par lui de les représenter à toute réquisition, et il a signé avec nous.

Ensuite nous avons établi le citoyen... (*profession et demeure*), gardien desdits scellés et des effets laissés en évidence, lequel, ayant accepté la charge, a promis de tout représenter à la première réquisition, comme dépositaire judiciaire, et il a signé, etc.

(Signature.)

Tous les lieux et les effets ci-dessus mentionnés étant les seuls qui nous ont été indiqués comme concernant le défunt, nous avons interrogé les personnes ci-après nommées, et reçu leur déclaration sous serment, ainsi qu'il suit :

Le citoyen D..., etc., après avoir prêté serment sur le Christ *ou* sur la Bible, a déclaré n'avoir rien détourné, ni vu ni su qu'il ait été rien détourné directement et indirectement, des meubles ou autres effets de la succession, et il a signé, etc.

(Signature.)

Le citoyen E..., etc. (*consigner chaque déclaration*).

A tout ce que dessus, il a été vaqué depuis ladite heure de... jusqu'à celle de..., et nous avons dressé le présent procès-verbal que les parties ont signé après lecture, etc.

FORMULE N° 201. — Procès-verbal d'apposition de scellés avec incidents divers.

Même préambule, variant selon les circonstances, comme à la formule précédente.

Opposition. — Au moment de commencer l'opération, a comparu G..., lequel nous a dit qu'il est le seul et unique héritier du défunt, comme étant son *parent à tel degré;* et qu'étant majeur, il s'oppose à ce que les scellés soient apposés sur les effets de la succession. De laquelle opposition nous avons donné acte au comparant.

Le citoyen..., aussi présent, a objecté...

Sur quoi, attendu qu'il y a urgence, nous avons ordonné que, nonobstant ladite opposition, et pour la conservation des droits de qui il appartiendra, les scellés soient apposés par provision, sauf aux parties à se pourvoir.

En conséquence, nous avons procédé ainsi qu'il suit :

Ou bien : Référé. — Sur quoi, nous, juge de paix, ordonnons qu'il en soit référé sur-le-champ (*ou à telle heure*) à M. le Doyen du tribunal civil de ce ressort; enjoignons aux parties de s'y présenter. En attendant la décision de ce magistrat, nous avons, pour la conservation des droits de qui il appartiendra, établi à l'extérieur, *ou* dans l'intérieur de la maison, etc., le citoyen..., gardien judiciaire, pour empêcher que rien ne soit déplacé, jusqu'à ce qu'il en soit autrement ordonné; et, après lecture, les parties ont signé avec nous, etc.

(Signatures.)

Étant arrivé à l'hôtel du Doyen, sur le rapport par nous fait et les explications des parties entendues, ce magistrat a rendu l'ordonnance suivante : (*Texte de cette ordonnance*).

Si l'ordonnance du Doyen défend le scellé :

Obtempérant à l'ordonnance ci-dessus, nous nous sommes transporté de nouveau dans ladite maison. Après avoir levé le gardien, nous avons laissé les effets en la possession du citoyen..., et nous nous sommes retiré. A tout ce que dessus il a été vaqué, etc.

Si l'ordonnance est de passer outre :

En conséquence de l'ordonnance ci-dessus, reprenant nos opérations, nous avons procédé ainsi qu'il suit :

Étant revenu dans ladite maison..., etc.

Perquisition de testament. — Le citoyen... nous a dit qu'il est à sa connaissance que le défunt avait fait son testament, lequel doit se trouver dans ses papiers, et nous a requis d'en faire la recherche.

Sur quoi, et en présence des citoyens..., nous avons cherché dans les tiroirs d'un bureau..., etc. (*désigner les meubles et les lieux où les perquisitions sont faites*), nous avons trouvé un paquet couvert d'une enveloppe de papier blanc, cacheté en cire rouge, scellé de tel sceau, etc. La suscription de ce paquet porte ces mots : *Ceci est mon testament, etc.;* après avoir parafé l'enveloppe dudit paquet avec les citoyens..., nous avons déclaré que ledit testament restera provisoirement entre nos mains et que le..., à... heure de..., il sera par nous présenté au Doyen du tribunal civil du ressort, à son hôtel *ou* en la chambre du conseil dudit tribunal (*ou si la commune n'est pas le siège d'un tribunal civil :* il sera par nous ouvert au greffe de notre tribunal) ; enjoignons aux parties de s'y trouver, si bon leur semble.

Si ce sont d'autres papiers cachetés pour lesquels il y a lieu d'appeler des tiers :

Ordonnons que, dans le délai de..., le citoyen..., demeurant à..., soit sommé d'assister à l'ouverture de *tel* paquet, etc.

Et après lecture les parties ont signé, etc.

(Signatures.)

Continuant notre opération :

Au moment où nous allions procéder à l'apposition des scellés et à la description des objets en évidence, le citoyen... nous a déclaré qu'il s'opposait à la continuation de l'apposition des scellés et requérait qu'il y fût sursis jusqu'après l'ouverture, qui sera faite par M. le Doyen (*ou* par nous), dudit testament, et a signé.

(Signature.)

Le citoyen... a répondu que la découverte d'un testament lui était indifférente et étrangère à ses droits de créancier ; qu'en effet, quelles que fussent les dispositions du testament, les créanciers de la succession ne pouvaient voir diminuer leur gage ; qu'en conséquence, il n'y avait pas lieu d'accorder le sursis, et a signé.

(Signature.)

Nous, juge de paix, parties entendues,

Vu l'article 810 du Code de procédure ;

Attendu que le créancier de la succession peut requérir l'apposition des scellés, nonobstant tout testament ou donation, lors même que sa créance n'est ni liquide, ni exigible, pour la conservation de sa propre chose ;

Attendu que les obstacles qui se présentent lors des opérations de scellés peuvent être jugés par le juge de paix, s'il y a péril en la demeure, sauf à en référer à M. le Doyen du tribunal civil ;

Attendu qu'il y a lieu de craindre le détournement des valeurs mobilières dont se compose la succession, même avec des gardiens provisoires,

Disons qu'il en sera par nous référé à M. le Doyen du tribunal civil de ce ressort, demain, quinze du présent mois d'avril, dix heures du matin, en la Chambre du Conseil dudit tribunal ; et cependant, dès à présent et par provision, disons qu'il sera procédé et passé outre à la continuation de notre opération, et avons signé avec le greffier.

(Signatures.)

Continuant notre opération, nous avons successivement apposé nos scellés par des bandes de papier, etc., savoir :

Étant au rez-de-chaussée, etc. :

1°. Sur...; 2°..., etc.

L'argent comptant trouvé dans le cours de l'apposition des scellés monte à la somme de..., en pièces de...; laquelle somme (moins ce qui a été retiré pour les dépenses courantes, comme il est dit ci-après), du consentement des parties intéressées, a été remise au citoyen J..., qui s'en est chargé pour la représenter quand et à qui il appartiendra, et a signé.

(Signature.)

Et de laquelle somme, en effet, il a été préalablement retiré celle de... laissée à L..., qui s'en est chargé pour fournir aux dépenses courantes de la maison, et sans que cela puisse lui attribuer d'autre qualité que celle qu'il jugera à propos de prendre par la suite, et a signé.

(Signature.)

Lesquels lieux et effets ci-dessus désignés sont tous ceux à nous indiqués par les comparants, lesquels ont prêté serment individuellement, devant nous, qu'ils n'ont rien détourné, vu ni su qu'il ait été rien détourné directement ni indirectement des meubles, effets, titres, papiers et renseignements dépendant de la succession dudit défunt; et ledit citoyen... s'est, desdits scellés, et de tout ce que dessus, volontairement chargé, et a promis de représenter le tout quand et à qui il appartiendra, et a signé.

(Signature.)

Ce fait, le citoyen... a requis qu'il lui fût délivré expédition *ou* extrait du procès-verbal.

A tout ce que dessus il a été vaqué depuis... heures du matin jusqu'à... heures de l'après-midi.

Fait et dressé le présent procès-verbal à..., les jour, mois et an que dessus, et ont les parties signé avec nous et le greffier, après lecture.

(Signatures.)

FORMULE N° 202. — Sommation à un tiers d'assister à l'ouverture d'un paquet.

L'an..., etc., à la requête de R..., etc., héritier légitime *ou* créancier sérieux et légitime du citoyen..., etc., j'ai..., huissier..., etc., fait sommation au citoyen..., etc., de comparaître le..., à... heure de..., en la chambre du conseil, par-devant M. le Doyen du tribunal civil de ce ressort, *ou* au greffe du tribunal de paix, par-devant M. le Juge de paix de la commune de..., pour assister, si bon lui semble, à l'ouverture d'un paquet cacheté qui a été trouvé lors de l'apposition des scellés après le décès du citoyen..., etc., portant pour suscription : *Papiers du citoyen R...*, pour ledit paquet lui être remis, s'il y a lieu.

Et afin qu'il n'en ignore, je lui ai..., etc., en lui déclarant qu'il sera procédé, ainsi que de droit, tant en absence qu'en présence, etc.

FORMULE N° 203. — Procès-verbal d'ouverture par le juge de paix.

L'an..., le..., heure de...,
Nous..., juge de paix, etc.

En conséquence de l'intimation faite aux parties par notre procès-verbal d'apposition des scellés ci-dessus et des autres parts, et (*s'il y a lieu*) de la sommation faite au citoyen R..., etc.

Étant assisté de notre greffier, en présence du citoyen..., membre du conseil communal de cette ville, et des citoyens..., etc., nous avons procédé à l'ouverture des paquets trouvés cachetés lors de l'apposition desdits scellés sur les effets de la succession...

Lesdits paquets ayant été reconnus sains et entiers, après la vérification des parafes et des cachets par les parties (*ou bien :* lesdits paquets ont présenté les altérations suivantes... *constater les altérations*), ensuite nous en avons fait l'ouverture ainsi qu'il suit :

1° Dans le paquet portant *telle suscription*, il s'est trouvé deux pièces entièrement étrangères à la succession B..., et qui sont reconnues appartenir au citoyen R...; pourquoi nous en avons fait remise à l'instant audit citoyen R..., qui le reconnaît et en donne décharge ;

Ou bien : Ledit citoyen R... étant absent, nous avons remis les deux dites pièces sous cachet, pour lui être rendues à sa première réquisition ;

2° Dans *tel autre* paquet, etc., nous avons trouvé un acte sous seing privé *ou* notarié, écrit sur trois pages d'une feuille de papier libre *ou* timbré de *tel type ;* la première page commence par ces mots : *Testament olographe du citoyen B...*, et finit par ceux-ci : ..., etc.; la seconde page, verso du premier feuillet, commence..., etc.; la troisième page, recto du second feuillet, etc.; ensuite est la signature, etc. (*S'il y a des renvois, des ratures, des parafes, il faut les constater.*)

Ce fait, nous avons bâtonné tous les blancs dudit acte ; coté et signé les pages écrites, en tête d'icelles ; signé et parafé ledit acte au-dessous de la signature, ensemble l'enveloppe, et à l'instant nous l'avons remis à M°..., notaire en cette ville, pour être gardé en dépôt au rang de ses minutes.

En foi de quoi, nous avons clos le présent procès-verbal les jour, mois et an que dessus, et les comparants ont signé avec nous et le greffier.

FORMULE N° 204. — Procès-verbal de carence.

L'an..., etc., nous, juge de paix, etc.

Sur la réquisition de..., etc.

Nous sommes transporté à..., où étant, a comparu le citoyen..., etc., lequel nous a dit que ledit sieur B... vient de décéder, et qu'il nous a fait appeler pour qu'il nous plût constater que le défunt ne laisse ni argent, ni papiers, ni effets, ou que ceux qu'il laisse sont d'une valeur trop minime pour nécessiter l'apposition des scellés, et a signé.

(Signature.)

Nous, juge de paix, avons donné acte au comparant de sa déclaration et, après avoir visité le logement du défunt, composé d'une chambre unique, où reposait sur un lit le corps dudit sieur B...; ladite chambre située à... (*description très sommaire*), nous nous sommes convaincu qu'il n'avait d'autres meubles que : 1°...; 2°..., dont la valeur ne couvrirait pas les frais d'une apposition de scellés, de levée et d'inventaire; en conséquence, nous avons dressé le présent procès-verbal de carence, dont nous avons donné lecture au sieur..., qui l'a signé avec nous et notre greffier, après avoir prêté serment devant nous qu'il n'a rien détourné, directement ou indirectement, et promet de représenter les objets décrits, à qui il appartiendra.

(Signatures.)

Des Oppositions à la levée des Scellés.

Art. 814. — Les oppositions à la levée des scellés pourront être faites, soit par une déclaration sur le procès-verbal de scellé, soit par exploit signifié au greffier du juge de paix.

[Se rappeler que le greffier, en recevant la copie, doit viser l'original.]

Art. 815. — Toutes oppositions à la levée des scellés contiendront, à peine de nullité, outre les formalités à tout exploit :

1° Élection de domicile dans la commune où le scellé est apposé, si l'opposant n'y demeure pas;

2° L'énonciation précise de la cause de l'opposition.

1. — Les oppositions à la levée des scellés sont des actes conservatoires par lesquelles toute personne, prétendant droit dans la succession, demande que la levée des scellés soit différée, qu'on n'y procède qu'en

sa présence, et que l'on prenne, en la faisant, telles mesures ou précautions nécessaires à ses intérêts.

II. — Elles diffèrent de l'opposition à l'apposition des scellés, en ce que cette dernière tend à empêcher l'opération même et nécessite toujours une ordonnance avant de passer outre, tandis que les oppositions à la levée ont uniquement pour but de faire appeler les opposants à la reconnaissance et levée des scellés. Les opérations continueront, seulement à la condition que les opposants seront appelés.

III. — L'opposition à la levée peut être formée par toute partie intéressée, encore qu'elle n'ait ni titre authentique, ni permission du juge ; même par la partie qui, comme le créancier d'un successible (1), n'aurait pas eu qualité pour requérir l'opposition ; il suffit d'un droit apparent. Le juge de paix n'est point juge du mérite des oppositions, et par conséquent il ne peut, sous aucun prétexte, se refuser à les recevoir, lui parussent-elles non fondées.

Mais si, pendant la levée des scellés, il survient des oppositions, le juge de paix n'est pas tenu de surseoir ni d'en référer au doyen du tribunal civil; il doit seulement les constater sur son procès-verbal. — (ALLAIN, 1811, 1812.)

FORMULE N° 205. — Opposition à la levée de scellés, par déclaration sur le procès-verbal.

Et le..., devant nous, a comparu le sieur..., etc., faisant élection de domicile chez..., lequel a dit qu'il est créancier du défunt, d'une somme de..., pour...; et qu'il s'oppose à ce qu'il soit procédé hors de sa présence à la levée des scellés apposés après le décès dudit..., suivant le procès-verbal qui précède.

Et ledit sieur... a signé, après lecture, avec nous et le greffier.

FORMULE N° 206. — Opposition par exploit.

L'an..., le..., etc., à la requête de... (*noms, profession, demeure et élection de domicile, si le requérant ne demeure pas dans la commune*), j'ai..., huissier, etc., soussigné, signifié et déclaré au citoyen N..., greffier du tribunal de paix de la commune de..., que le requérant est opposant à la levée des scellés apposés sur les effets de la succession du citoyen..., si ce n'est en

____

(1) L'article 1860 du Code civil porte que les biens du débiteur sont le gage des créanciers, et l'article 956 donne au créancier le droit d'exercer les actions de son débiteur.

sa présence, ou lui dûment appelé; et ce, pour sûreté, conservation du payement de la somme de..., que lui doit ladite succession pour... (*causes*);

Et afin que ledit greffier n'en prétende cause d'ignorance, je lui ai laissé copie du présent exploit, en parlant à sa personne, lequel a visé l'original; dont acte. Le coût est de...

De la Levée des Scellés.

Les scellés restent placés sur les meubles et effets de la succession, jusqu'à ce que le juge de paix les enlève dans les formes prescrites par la loi.

Le juge de paix, après avoir reconnu que les scellés sont sains et entiers ou, dans le cas contraire, après avoir constaté leur état, les rompt successivement, afin de remettre les effets à la disposition des ayants droits.

Il y a trois espèces de levée de scellé : la levée définitive avec description (c'est-à-dire inventaire), la levée définitive sans description, et la levée provisoire et partielle.

La première a lieu lorsque des intéressés ne sont pas en état de veiller par eux-mêmes à la conservation de leurs droits ; qu'il n'existe pas de personnes revêtues de la confiance de la loi pour veiller pour eux ; et que dès lors il devient nécessaire que la justice prenne ce soin, jusqu'à ce que l'existence et l'état des effets de la succession soient constatés par un inventaire descriptif. (MULLERY.)

La seconde, au contraire, doit avoir lieu lorsqu'elle est requise sans opposition, que l'ordre public et l'intérêt des parties n'ont rien à redouter. Elle a lieu lorsque les causes de l'apposition ont cessé, comme si des intéressés absents lors de l'apposition viennent à se présenter ou envoient leur procuration spéciale pour se faire représenter, comme si des mineurs, alors sans tuteur, en sont pourvus ou émancipés, car, continue MUL-LERY, le tuteur qui est investi de la confiance de la loi pour surveiller les effets sans contrôle pendant le court espace de l'inventaire (Arg. de l'article 800 C. pr.) doit, autant que possible, épargner à son pupille des frais superflus (1). Cependant une seule partie peut en exiger la levée avec description, si elle croit que ses intérêts sont exposés à souffrir quelque préjudice.

La troisième a lieu lorsqu'il y a urgence, comme pour remettre des

---

(1) Ce point est controversé. Jugé dans le sens ci-dessus à Bruxelles, 13 mars 1821 ; Aix, 28 juillet 1830. (*Contrà*, entre autres, M. Carré, n° 3140; BOITARD, 1140.)

titres appartenant à des tiers, ou dans le cas prévu par l'article 460 du Code de commerce, pour extraire les livres du failli et les effets à courte échéance, sur la réquisition des agents de la faillite.

ART. 816. — Le scellé ne pourra être levé, et l'inventaire fait, que trois jours après l'inhumation, s'il a été apposé auparavant, et trois jours après l'apposition, si elle a été faite depuis l'inhumation, à peine de nullité des procès-verbaux de levée de scellés et inventaire, et des dommages-intérêts contre ceux qui les auront faits et requis ; le tout, à moins que, pour causes urgentes et dont il sera fait mention dans son ordonnance, il n'en soit autrement ordonné par le juge de paix. Dans ce cas, si les parties qui ont droit d'assister à la levée ne sont pas présentes, il sera appelé pour elles, tant à la levée qu'à l'inventaire, un notaire nommé d'office par le juge de paix.

ART. 817. — Si les héritiers ou quelques-uns d'eux sont mineurs non émancipés, il ne sera pas procédé à la levée des scellés qu'ils n'aient été ou préalablement pourvus de tuteurs, ou émancipés.

ART. 818. — Tous ceux qui ont droit de faire apposer les scellés pourront en requérir la levée, excepté ceux qui ne les ont fait apposer qu'en exécution de l'article 798 n° 3 ci-dessus.

ART. 819. — Les formalités pour parvenir à la levée des scellés seront :

1° Une réquisition à cet effet, consignée sur le procès-verbal du juge de paix ;

2° Une ordonnance du juge, indicative des jour et heure où la levée sera faite ;

3° Une sommation d'assister à cette levée faite au conjoint survivant, aux présomptifs héritiers, à l'exécuteur testamentaire, aux légataires universels, ou à titre universel, s'ils sont connus, et aux opposants.

Il ne sera pas besoin d'appeler les intéressés demeurant

hors de la commune; mais on appellera pour eux, à la levée
et à l'inventaire, un notaire requis d'office par le juge de
paix, et, à défaut de notaire, un membre du conseil des
notables.

Les opposants seront appelés aux domiciles par eux élus.

ART. 820. — Le conjoint, l'exécuteur testamentaire, les
héritiers, les légataires universels et ceux à titre universel
pourront assister à toutes les vacations de la levée du scellé
et de l'inventaire, en personne ou par un mandataire.
Chaque partie payera son mandataire.

Les opposants ne pourront assister, soit en personne, soit
par un mandataire, qu'à la première vacation; ils seront
tenus de se faire représenter, aux vacations suivantes, par
un seul mandataire pour tous, dont ils conviendront; sinon,
il sera nommé d'office par le juge.

Si parmi ces mandataires se trouvent des défenseurs
publics près le tribunal public du ressort, ils justifieront de
leurs pouvoirs par la présentation du titre de leur partie; et
le défenseur le plus ancien, suivant l'ordre du tableau, des
créanciers fondés en titre authentique, assistera de droit
pour tous les opposants; si aucun des créanciers n'est fondé
en titre authentique, le défenseur le plus ancien des opposants fondés en titre privé assistera. L'ancienneté sera définitivement réglée à la première vacation.

ART. 821. — Si l'un des opposants a des intérêts différents de ceux des autres, ou des intérêts contraires, il
pourra assister en personne, ou par un mandataire particulier, à ses frais.

ART. 822. — Les opposants, pour conservation des droits
de leur débiteur, ne pourront assister à la première vacation, ni concourir au choix d'un mandataire commun pour
les autres vacations.

ART. 823. — Le conjoint commun en biens, les héritiers,
l'exécuteur testamentaire et les légataires universels ou à

titre universel pourront convenir du choix d'un ou deux
notaires et d'un ou deux experts ; s'ils n'en conviennent pas,
il sera procédé, suivant la nature des objets, par un ou deux
notaires, un ou deux experts, nommés d'office par le juge de
paix. Les experts prêteront serment devant le juge de paix.

Art. 824. — Le procès-verbal de levée contiendra :

1º La date ;

2º Les noms, profession, demeure et élection de domicile
du requérant ;

3º L'énonciation de l'ordonnance délivrée pour la levée ;

4º L'énonciation de la sommation prescrite par l'art. 819
ci-dessus ;

5º Les comparutions et dires des parties ;

6º La nomination des notaires et experts qui doivent
opérer ;

7º La reconnaissance des scellés, s'ils sont sains et
entiers ; s'ils ne le sont pas, l'état des altérations, sauf à se
pourvoir ainsi qu'il appartiendra, pour raison desdites altérations ;

8º Les réquisitions à fin de perquisitions, le résultat desdites perquisitions et toutes autres demandes sur lesquelles
il y aura lieu de statuer.

Art. 825. — Les scellés seront levés successivement et au
fur et à mesure de la confection de l'inventaire ; ils seront
réapposés à la fin de chaque vacation.

Art. 826. — On pourra réunir les objets de même nature,
pour être inventoriés successivement suivant leur ordre ; ils
seront, dans ce cas, replacés sous les scellés.

Art. 827. — S'il est trouvé des objets et papiers étrangers
à la succession et réclamés par des tiers, ils seront remis à
qui il appartiendra ; s'ils ne peuvent être remis à l'instant et
qu'il soit nécessaire d'en faire la description, elle sera faite
sur le procès-verbal des scellés, et non sur l'inventaire.

ART. 828. — Si la cause de l'apposition des scellés cesse avant qu'ils soient levés, ou pendant le cours de leur levée, ils seront levés sans description.

I. — Le délai de trois jours de l'article 816 est franc.

II. — Pour parvenir donc à la levée des scellés, le requérant se présente devant le juge de paix qui, sur sa réquisition, rend une ordonnance mise à la suite du procès-verbal d'apposition et indiquant le jour et l'heure où la levée sera faite avec les formalités ci-dessus.

FORMULE N° 207. — Réquisition et ordonnance pour la levée des scellés.

Et le..., etc., par-devant nous, juge de paix de..., etc., a comparu le citoyen... (*qualités et élection de domicile*), lequel nous a requis de procéder à la levée des scellés apposés dans la maison sise à..., rue..., etc., sur les effets de la succession du citoyen B..., décédé le..., de nommer un notaire ou, à défaut de notaire, un membre du conseil communal pour représenter le citoyen S..., cohéritier présomptif de la succession, en ce moment absent de cette ville ; et enfin de lui donner acte de ce qu'il déclare que les parties ont fait choix de M°..., notaire, et du citoyen X..., expert, pour procéder à l'inventaire des effets de ladite succession.

En conséquence, nous, juge de paix, faisant droit à la réquisition ci-dessus, ordonnons que le..., à... heure de..., il soit procédé à la reconnaissance et levée desdits scellés, à la charge par le requérant d'appeler les parties intéressées, ainsi que les citoyens D..., C..., demeurant à..., avec élection de domicile chez..., parties opposantes ;

. Donnons acte au requérant, en sa déclaration, du choix de M°..., notaire, et du citoyen X..., expert, pour procéder à l'inventaire des effets de ladite succession. Et, après lecture, le requérant a signé avec nous et le greffier, etc.

FORMULE N° 208. — Sommation aux parties.

L'an..., etc., à la requête de..., etc., j'ai, huissier, etc., sommé :

1° ..., en son domicile, parlant à...

2° ..., 3°..., etc., de se présenter le..., à... heure, dans la maison sise..., pour assister, si bon lui semble, à la reconnaissance et levée des scellés qui ont été apposés sur les effets de la succession B..., et par suite à l'inventaire des effets, titres et papiers de cette succession,

Les prévenant qu'il y sera procédé tant en absence qu'en présence ; et je leur ai, à chacun séparément, laissé copie du présent, etc.

NOTA. — *La sommation indique la première vacation. On n'a pas besoin de la réitérer pour les vacations subséquentes.* (Arg. de l'art. 955 C. pr.)

FORMULE N° 209. — Procès-verbal de levée des scellés.

Et le... heure de...

Nous..., juge de paix, etc., assisté, etc. En conséquence de l'ordonnance délivrée par nous le..., et étant ensuite de la réquisition du citoyen... ci-après nommé et qualifié, nous sommes transporté en la demeure où est décédé ledit citoyen..., sise à..., où, étant arrivé, devant nous, ont comparu :

1° Le citoyen..., demeurant à..., élisant domicile en la demeure de..., créancier sérieux et légitime du défunt, en cette qualité ayant fait apposer les scellés après son décès, et requérant actuellement leur levée ; lequel, assisté de Me..., avocat, nous a présenté l'original d'une sommation faite aux citoyens..., par ministère de..., huissier, en date du....

Et, par suite de cette sommation :

2° Le citoyen..., habile à se dire et porter héritier du défunt, etc.

3° ... ; 4°...

Mais les citoyens..., dûment sommés, ayant fait défaut, nous avons requis d'office Me..., notaire en cette ville, pour les représenter à l'inventaire conformément à l'article 830 du Code de procédure.

Les parties étant présentes et dûment représentées, le citoyen..., expert, a prêté en nos mains le serment de bien et fidèlement procéder à l'estimation des effets de ladite succession, lesquels seront à l'instant inventoriés par Me..., notaire, aussi présent.

Et nous avons procédé ainsi qu'il suit :

(*Si les parties comparantes veulent faire des réquisitions ou des protestations, on consigne leurs dires.*)

Les scellés, apposés sur *tel meuble en tel lieu*, ayant été reconnus sains et entiers, nous les avons levés, et le greffier en a remis la clef audit Me..., notaire.

Les effets contenus dans *ce meuble* ayant été inventoriés et prisés, nous avons levé les scellés de *tel...*, etc.

Attendu qu'il est... heures, nous avons renfermé en *tel lieu* les objets qui n'ont pu être inventoriés, et nous avons réapposé nos scellés..., etc.

Tous les effets inventoriés et les scellés subsistant sont et demeurent à la charge du citoyen..., gardien, qui est tenu de les représenter à toute réquisition.

Les parties opposantes s'étant accordées pour se faire représenter dans les vacations subséquentes par le citoyen..., à qui elles donnent tout pouvoir à cet effet, nous leur en avons donné acte, et nous avons remis la continuation de notre opération à demain... à heure... ; les parties seront tenues de s'y présenter, sinon il sera procédé tant en absence que présence.

Nous avons clos le présent procès-verbal ; et les parties, après lecture, ont signé, etc.

Seconde vacation.

Et le... dudit mois de... mil huit cent..., à... heures..., en vertu de l'assignation prise à la séance d'hier, nous, juge de paix de la commune de... etc., nous sommes transporté, etc.

En présence des citoyens..., etc., nous avons continué notre opération ainsi qu'il suit..., etc.

Ce fait, après qu'il a été vaqué à tout ce que dessus et à l'inventaire, depuis ladite heure de..., jusqu'à celle de..., par double vacation, et ne s'étant plus rien trouvé à comprendre ni déclarer audit inventaire, dire et requérir au présent procès-verbal, et au moyen de ce qu'il ne se trouve plus aucun de nos scellés dans les lieux où nous sommes, ledit citoyen... est et demeure déchargé de la garde des meubles et effets compris et décrits en l'inventaire, et les papiers lui ont été remis, ainsi que les clefs qu'avait notre greffier, le tout ainsi qu'il le reconnaît, et le citoyen... a requis qu'il lui fût délivré expédition de notre procès-verbal de reconnaissance et levée des scellés, et ont, toutes les parties, signé avec nous et le greffier, les jour, mois et an susdits.

(Signatures.)

Ou bien : Nous avons continué notre opération ainsi qu'il suit..., etc.

En ce moment, a comparu le citoyen..., lequel nous a dit que son absence avait nécessité la levée des scellés avec description sur les effets de la succession, mais que sa présence faisant cesser les causes de cette formalité, il requiert que les scellés soient levés sans description.

Les autres parties intéressées, étant présentes, ont déclaré ne pas s'opposer à la demande dudit citoyen...

En conséquence, faisant droit à la demande, nous avons levé les scellés : 1° sur une armoire; 2° sur un cabinet; 3°...; etc., et avons remis les clefs au citoyen..., etc.

Le gardien ayant présenté tous les effets laissés en évidence, lesquels ont été reconnus sains, nous avons donné décharge audit gardien, et après lecture, avons clos le présent procès-verbal à... heures, et les parties ont signé avec nous, etc.

CHAPITRE VII

Arbitrage volontaire.

Il y a deux sortes d'arbitrages : l'arbitrage volontaire et l'arbitrage forcé. Le premier fait l'objet de ce chapitre et, comme son nom l'indique, il est le résultat de la volonté des parties.

L'arbitrage forcé résulte de la loi. Les contestations qui s'élèvent entre certaines personnes n'ont pas paru au législateur, à raison même des rapports intimes qui existent ou qui ont existé entre ces personnes, devoir être livrées à l'appréciation des tribunaux ordinaires. Ainsi, l'article 51 du Code de commerce dispose que toute contestation entre associés, et pour raison de la société, sera jugée par des arbitres. Les parties que concerne cet article ne peuvent pas se soustraire à la juridiction arbitrale.

D'autre part, l'arbitre ici est constitué juge par la loi ; il exerce une certaine magistrature ; il agit dans un caractère public. C'est pourquoi l'étranger ne peut être choisi pour arbitre dans l'arbitrage forcé.

Il en est autrement dans l'arbitrage volontaire : toute personne peut être nommée arbitre.

Le contrat par lequel les parties s'engagent à soumettre leurs contestations à des arbitres prend le nom de compromis.

Nous avons déjà rappelé que les « arbitres sont des juges d'exception investis par les parties du pouvoir de juger une certaine contestation ou chargés par la loi de terminer des différends d'une nature déterminée. Dans le doute, leur compétence doit être restreinte plutôt qu'étendue ; et il faut ne maintenir l'arbitrage soit volontaire, soit forcé, qu'autant que la volonté des parties ou de la loi est certaine et à l'abri de toute contestation. »

Art. 891. — Toutes personnes peuvent compromettre sur les droits dont elles ont la libre disposition.

Art. 893. — Le compromis pourra être fait par procès-verbal devant les arbitres, ou par acte devant notaire, ou sous signature privée.

[Voir dans le Code les articles qui viennent après celui-ci, pour les conditions générales du compromis, notamment l'article 907, qui porte

en son deuxième alinéa : — « L'amiable compositeur n'est pas nécessairement tenu de se conformer au texte de la loi ; il prononce plutôt
selon les règles de l'équité que suivant le droit strict. »]

FORMULE N° 210. — Compromis par acte sous seing privé.

Les soussignés,
Le sieur..., d'une part,
Et le sieur..., d'autre part,
Ont préliminairement observé :

Que, voulant éviter les frais et ennuis d'un procès qui pourrait s'élever
entre eux relativement à (*désigner et expliquer ce qui fait l'objet du litige*),

Les susnommés consentent à s'en rapporter au jugement et à la décision
de D... et de C..., lesquels, en cas d'acceptation des pouvoirs que les susnommés leur confèrent par ces présentes, décideront sur la difficulté qui
divise les parties.

En conséquence, lesdites parties ont arrêté ce qui suit :

ARTICLE PREMIER. — Les arbitres ci-dessus nommés jugeront comme
amiables compositeurs et sans être tenu de suivre la procédure tracée pour
les tribunaux.

ART. 2. — Les arbitres rendront leur jugement dans... jours, à compter
de la date de l'acceptation des pouvoirs à eux conférés. Ce jugement sera
rendu en dernier ressort.

ART. 3. — En cas de décès, refus, départ ou empêchement de l'un des deux
arbitres ci-dessus nommés, celui des arbitres restant pourra, à son choix,
nommer un nouvel arbitre.

ART. 4. — S'il y a partage entre les arbitres, ils pourront en tous cas faire
choix d'un tiers arbitre, pour les départager ; lequel tiers arbitre, après avoir
conféré avec les arbitres divisés, sera tenu d'adopter l'une de leurs opinions
et de prononcer son jugement dans les... jours qui suivront la date de
l'acceptation des pouvoirs à lui conférés.

ART. 5. — Les frais du présent compromis et de ce qui en sera la suite
seront, en tous cas, compensés entre les parties.

Fait double à..., le...

NOTA. — *Si le compromis a été fait par procès-verbal devant les arbitres, la
constitution du tribunal arbitral résulte du procès-verbal, dans lequel les arbitres
devront déclarer accepter les pouvoirs qui leur sont conférés.*

*Si le compromis a été fait de toute autre manière, les parties comparaissent
devant les arbitres qui, réunis sur leur invitation, dressent procès-verbal de
comparution, remise de compromis, dires, observations, et se constituent en
tribunal arbitral.*

FORMULE N° 211. — Constitution du tribunal arbitral.

L'an...,

Par-devant nous (*qualités des arbitres*),

Ont comparu..., lesquels ont exposé, etc.

En conséquence, nous avons donné acte aux parties de leur comparution et de la remise qu'elles ont faite dudit compromis, qui demeure annexé au présent procès-verbal.

Acceptant le mandat qui nous est confié, nous nous sommes constitués en tribunal arbitral pour statuer, dans la forme et les délais réglés par ledit compromis, sur les objets qui y sont indiqués; et pour entendre plus amplement les parties et examiner les pièces qu'elles produiront, nous nous sommes ajournés au mercredi, que l'on comptera..., du mois..., à... heure de..., chez M..., l'un de nous, jour, lieu et heure auxquels les parties se sont engagées à comparaître sans sommation.

De tout ce qui précède, nous avons dressé le présent procès-verbal que (*noms des parties*) ont signé avec nous.

Nota. — *La sentence arbitrale se met à la suite de ce procès-verbal.*

Art. 905. — En cas de partage, les arbitres autorisés à nommer un tiers seront tenus de le faire par la décision qui prononce le partage; s'ils ne peuvent en convenir, ils le déclareront sur le procès-verbal, et le tiers sera nommé par le doyen du tribunal civil, dans la commune où siège un tribunal civil, et par le juge de paix dans les autres communes.

Il sera, à cet effet, présenté requête par la partie la plus diligente.

Dans les deux cas, les arbitres divisés seront tenus de rédiger leurs avis distincts et motivés, soit dans le même procès-verbal, soit dans des procès-verbaux séparés.

FORMULE N° 212. — Requête à fin de nomination d'un tiers arbitre.

A Monsieur le Juge de paix de...

Le sieur... expose que lui et le sieur... ont consenti, par acte sous seing privé en date du..., fait double et dûment enregistré, s'en rapporter, sur les contestations qui les divisent et énoncées audit compromis, au jugement et à l'arbitrage de... et de..., qui tous deux ont accepté, par acte du..., les pouvoirs qui leur étaient conférés;

Que lesdits arbitres ont été divisés d'opinion et qu'ils n'ont pu s'accorder pour la nomination du tiers arbitre, qu'on leur a donné la faculté de choisir eux-mêmes, ainsi que cela résulte du procès-verbal ci-joint, en date au commencement du...

A ces causes, il vous plaira, magistrat, nommer d'office le tiers arbitre qui départagera lesdits D... et C..., premiers arbitres, en se conformant aux dispositions du compromis et du Code de procédure civile.

Et vous ferez justice.

(Signature.)

Art. 908. — Lorsque les parties ne se seront point réservé le droit d'appel, ou lorsqu'elles seront convenues que les arbitres devront décider comme amiables compositeurs, l'ordonnance d'exécution du jugement arbitral sera rendue par le juge de paix de la commune où le compromis aura été fait.

Dans les trois jours qui suivront le dépôt du jugement arbitral, le juge de paix sera tenu, à peine de tous dommages et intérêts, s'il y a lieu, d'envoyer au ministère public près le tribunal civil du ressort une copie dudit jugement, ainsi que du compromis.

I. — Les arbitres, ou l'un d'eux, ou enfin l'une des deux parties, déposent au greffe du tribunal la minute du jugement auquel l'ordonnance d'*exequatur* doit être apposée.

FORMULE N° 213. — Jugement arbitral.

Et le... (*jour et heure*), nous, arbitres, prénommés et qualifiés, réunis chez M..., l'un de nous, avons rendu la sentence suivante :

Entre le sieur..., d'une part, et..., d'autre part.

La cause présente à juger au point de droit les questions suivantes : 1°...; 2°... (*Énoncer les questions de fait et de droit résultant du procès*).

Vu (*indiquer toutes les pièces avec mention de l'enregistrement*);

Parties entendues en leurs observations respectives;

Considérant, sur la première question...; sur la seconde question...;

Par ces motifs, nous, arbitres susdits et soussignés, après en avoir délibéré, jugeant en dernier ressort,

Disons, ordonnons, *ou* condamnons, etc.;

Condamnons... aux dépens liquidés à... (*ou* dépens compensés);

Et sur les autres demandes, fins et conclusions des parties, les mettons respectivement hors de cause, et avons signé, après lecture.

(Signatures des arbitres.)

FORMULE N° 214. — Ordonnance d'exécution,
ou autrement dit d'« exequatur ».

Au nom de la République,

Nous..., juge de paix de...,

Ordonnons que le jugement arbitral ci-dessus rendu le..., entre les citoyens A... et B..., par les citoyens C..., D..., etc., arbitres, enregistré le..., soit exécuté selon sa forme et teneur.

Donné au greffe du tribunal de paix de..., le... En foi de quoi, nous avons signé la présente ordonnance avec le greffier.

REMARQUE. — *Du jour de cette ordonnance, le jugement confère hypothèque.* (Art. 1890 C. civ.)

ART. 916. — Il ne sera besoin de se pourvoir par requête civil ni appel, dans les cas suivants :

1° Si le jugement a été rendu sans compromis ou hors des termes du compromis ;

2° S'il l'a été sur compromis nul ou expiré ;

3° S'il n'a été rendu que par quelques arbitres non autorisés à juger en l'absence des autres ;

4° S'il l'a été par un tiers, sans en avoir conféré avec les arbitres partagés ;

5° Enfin, s'il a été prononcé sur choses non demandées.

Dans tous ces cas, les parties se pourvoiront par opposition à l'ordonnance d'exécution, devant le tribunal qui l'aura rendue, et demanderont la nullité de l'acte qualifié *Jugement arbitral.*

Il ne pourra y avoir recours en cassation que contre les jugements des tribunaux, rendus soit sur requête civile, soit sur appel d'un jugement arbitral.

I. — Le jugement du tribunal de paix sur l'opposition à une ordonnance d'exécution d'un jugement arbitral doit être rendu par le juge de paix assisté de son suppléant. — Cass., 16 octobre 1837. (L. P., 1, sous l'article.)

II. — Ce jugement n'est pas sujet à l'appel. — Cass., 16 octobre 1837 ; 21 avril 1836. (*Ibid.*, 2 et 3.)

Cet acte du juge de paix rentre dans la juridiction contentieuse.

FORMULE N° 215. — Opposition à l'ordonnance d'exécution.

L'an...,

A la requête de...,

J'ai..., huissier...,

Donné citation à B..., demeurant à..., en son domicile, parlant à...,

A comparaître à l'audience du tribunal de paix de..., le..., à... heure..., pour voir donner acte au requérant de ce qu'il est opposant à l'ordonnance d'exécution apposée par M. le juge de paix de ladite commune le..., ensuite d'un acte qualifié jugement arbitral rendu le... par les citoyens..., d'après compromis en date du...; en conséquence, voir prononcer la rétractation de ladite ordonnance et la nullité dudit acte, avec dépens, contre ledit citoyen B...

Attendu que les arbitres ont prononcé hors des termes dudit compromis, *ou* sur un compromis nul, *ou* sur un compromis expiré, etc.

Et, afin que ledit B... n'en ignore, je lui ai, à domicile et parlant comme dessus, laissé copie du présent exploit. Dont acte. Le coût est de...

CODE CIVIL.

Art. 1890. — L'hypothèque judiciaire résulte des jugements, soit contradictoires, soit par défaut, définitifs ou provisoires, en faveur de celui qui les a obtenus. Elle résulte aussi des reconnaissances ou vérifications, faites en jugement, des signatures apposées à un acte obligatoire sous seing privé.

Elle peut s'exercer sur les immeubles actuels du débiteur, et sur ceux qu'il pourra acquérir, sauf aussi les modifications qui seront ci-après exprimées.

Les décisions arbitrales n'emportent hypothèque qu'autant qu'elles sont revêtues de l'ordonnance judiciaire d'exécution.

L'hypothèque ne peut pareillement résulter des jugements rendus en pays étranger qu'autant qu'ils ont été rendus exécutoires par un tribunal haïtien; sans préjudice des dispositions contraires qui peuvent être dans les lois politiques ou dans les traités.

Art. 1915. — Pour opérer l'inscription, le créancier représente, soit par lui-même, soit par un tiers, au conservateur des hypothèques, l'original en brevet ou une expédition authentique du jugement ou de l'acte qui donne naissance au privilège ou à l'hypothèque.

Il y joint deux bordereaux écrits sur papier timbré, dont l'un peut être porté sur l'expédition du titre ; ils contiennent :

1° Les nom, prénom, domicile du créancier, sa profession, s'il en a une, et l'élection d'un domicile pour lui dans un lieu quelconque du ressort du bureau ;

2° Les nom, prénom, domicile du débiteur, sa profession, s'il en a une connue, ou une désignation individuelle et spéciale telle, que le conservateur puisse reconnaître et distinguer, dans tous les cas, l'individu grevé d'hypothèque ;

3° La date et la nature du titre ;

4° Le montant du capital des créances exprimées dans le titre, ou évaluées par l'inscrivant pour les rentes et prestations, ou pour les droits éventuels, conditionnels ou indéterminés, dans les cas où cette évaluation est ordonnée, comme aussi le montant des accessoires de ces capitaux, et l'époque de l'exigibilité ;

5° L'indication de l'espèce et de la situation des biens sur lesquels il entend conserver son privilège ou son hypothèque.

Cette dernière disposition n'est pas nécessaire dans le cas des hypothèques légales ou judiciaires : à défaut de convention, une seule inscription, pour ces hypothèques, frappe tous les immeubles compris dans le ressort du bureau.

FORMULE N° 246. — Bordereau d'inscription hypothécaire.

Hypothèque judiciaire à inscrire au bureau des hypothèques de...

En vertu d'un jugement arbitral en date du..., enregistré et revêtu de l'ordonnance d'exécution délivrée le..., par M. le Juge de paix de..., enregistrée ;

(*Si c'était par suite d'un jugement même du tribunal, on mettrait :* En vertu d'un jugement rendu contradictoirement *ou* par défaut par le tribunal de..., le..., enregistré.)

Le citoyen (*noms et profession*), demeurant à..., qui élit domicile chez...., demeurant en cette dite....

Requiert contre le citoyen (*noms et profession*), demeurant à...., inscription de l'hypothèque judiciaire résultant du jugement susénoncé, sur tous les biens immeubles présents et à venir dudit citoyen..., qui sont ou seront situés dans l'étendue du ressort de...

Pour sûreté ; 1° de la somme de..., montant en principal des condamnations prononcées contre ledit citoyen..., au profit du requérant par le jugement précité, actuellement exigible, et produisant intérêt à raison de... pour cent par an, à partir du..., jour de la demande, ci. , ...

2° De la somme de..., pour intérêts dudit capital courus depuis le..., jour de la demande, jusqu'à ce jour, ci. . . . .

3° De deux ans d'intérêts à échoir s'élevant à..., indépendamment de ceux de l'année courante, ci. . . . .

4° De..., pour le montant des frais liquidés par ledit jugement, ci.   .. .,

5° De..., pour les frais de mise à exécution, ainsi évalués sans nul préjudice, ci. . . . .   ,. ..

Total à inscrire :

, ... Ci. , , ...

Pour réquisition :

(Signature.)

CHAPITRE VIII
Commissions rogatoires.

CODE DE PROCÉDURE CIVILE.

ART. 956. — Quand il s'agira de recevoir un serment, une caution, de procéder à une enquête, à un interrogatoire sur faits et articles, de nommer des experts, et généralement de faire une opération quelconque en vertu d'un jugement, et que les parties ou les lieux contentieux seront trop éloignés, les juges pourront commettre un tribunal voisin, un juge ou même un juge de paix, suivant l'exigence des cas; ils pourront même autoriser un tribunal à nommer, soit un de ses membres, soit un juge de paix, pour procéder aux opérations ordonnées.

I. — C'est cette commission, donnée par un tribunal à un juge d'un autre siège, qui se nomme *commission rogatoire*.

CODE DE COMMERCE.

ART. 16. — Lorsque les livres dont la représentation est offerte, requise ou ordonnée, sont dans des lieux éloignés du tribunal saisi de l'affaire, les juges peuvent adresser une commission rogatoire au tribunal de commerce du lieu, ou déléguer un juge de paix pour en prendre connaissance, dresser un procès-verbal du contenu, et l'envoyer au tribunal saisi de l'affaire.

I. — Le juge de paix, en procédant à l'exécution des actes pour lesquels il a été délégué par un tribunal quelconque, doit se conformer aux règles qu'aurait à suivre le tribunal qui le délègue, s'il procédait lui-même à cette opération, ou le juge-commissaire pris dans son sein.

I

FORMULE N° 247. — Serment déféré à une partie et reçu par le juge de paix sur une commission rogatoire.

L'an...,
Par-devant nous...,
A comparu le citoyen A...,

Lequel a dit que, par exploit de..., huissier..., il a fait citer à comparaître devant nous, à ces jour, lieu et heure, le sieur B..., etc., pour assister à la prestation du serment déféré au comparant sur (*fait de l'affirmation*), par jugement du tribunal civil de... *ou* par jugement du tribunal de paix de..., en date du..., enregistré, lequel nous commet pour recevoir ledit serment, suivant qu'il appert de l'expédition en forme que le comparant nous a représentée ;

Qu'en conséquence, il requiert qu'il nous plaise de recevoir son serment sur le fait dont il s'agit, tant en absence qu'en présence dudit sieur B..., contre lequel il sera donné défaut en cas de non-comparution, et a signé.

(Signature.)

A aussi comparu le sieur B...,

Lequel a dit qu'il s'oppose à la prestation de serment, attendu (*motifs de son opposition*), et a signé.

(Signature.)

Sur quoi, nous, juge de paix,

Vu l'expédition, en forme, du jugement ci-dessus daté, à nous représentée par le citoyen A..., dont le greffier a donné lecture,

Acceptant la commission rogatoire qu'il contient, sans nous arrêter ni avoir égard à l'opposition du sieur B...; attendu (*motif*), avons reçu dudit citoyen A... le serment qu'il a, à l'instant, fait devant nous, la main levée, que... (*rapporter textuellement les faits, objet du serment*);

De laquelle prestation de serment avons donné acte.

Fait et dressé le présent procès-verbal à..., les jour, mois et an que dessus, et avons signé avec le greffier, parties présentes, après lecture.

Si le cité ne s'oppose pas à la prestation de serment, au lieu de ces mots « sans nous arrêter, etc. », *on dit :*

Du consentement du sieur B...

Et si le cité ne comparaît pas, on varie ainsi :

Vu..., etc.,

Attendu que le sieur B... n'a comparu ni en personne, ni par fondé de pouvoir, avons donné défaut contre lui, et pour le profit, avons pris et reçu dudit citoyen A... le serment, etc.

II

FORMULE N° 248. — Réception de caution par commission rogatoire.

L'an...

A comparu..., lequel nous a dit que par jugement rendu par le tribunal civil de..., le..., enregistré, il a obtenu condamnation de la somme de.... contre le sieur B... pour les causes énoncées audit jugement, portant exécution provisoire, à la charge de donner caution, dont la réception nous a été déléguée ;

Qu'il requiert, en conséquence, qu'il nous plaise lui donner acte de ce qu'il nous présente pour sa caution C..., propriétaire, demeurant à..., et le recevoir en cette qualité, tant en présence qu'en l'absence dudit sieur B..., qu'il a fait appeler à cette fin, à..., ces jour, lieu et heure, devant nous, par exploit de..., huissier, dont il nous représente l'original avec l'expédition dudit jugement, et a signé.

(Signature.)

A aussi comparu le sieur B..., etc.

Lequel a dit que (*consentement ou opposition qu'il apporte à la réception de la caution*), et a signé.

(Signature.)

Sur quoi, nous, juge de paix, acceptant la commission qui nous est déléguée :

Vu l'expédition en forme du jugement et l'original de la signification susdatées ;

Vu l'article 956 du Code de procédure civile,

Donnons acte aux parties de leurs comparutions et dires ;

Et statuant sur la réception de caution..., attendu que la solvabilité du citoyen C... n'est pas méconnue par ledit sieur B..., disons qu'il est présentement reçu caution dudit citoyen A... pour l'exécution des condamnations dont il s'agit, et qu'il fera sa soumission au greffe dans les délais de la loi.

Si la caution est présente, au lieu d'un acte séparé fait au greffe, on ajoute, avant la clôture du procès-verbal :

A l'instant, le citoyen C... s'est présenté et a déclaré qu'il se rend caution pure et simple de A... pour répondre de l'exécution des condamnations portées au jugement rendu contre le sieur C..., dont le greffier lui a donné lecture, et a signé.

(Signature.)

Dont acte ; et de tout ce que dessus nous avons fait et dressé le présent procès-verbal, à..., les jour, mois et an que dessus, et avons signé avec le greffier, en présence des parties et de la caution, après lecture.

(Signatures.)

<h2 style="text-align:center">III</h2>

<h3 style="text-align:center">Enquête sur Commission rogatoire.</h3>

(Voir suprà, note II, sous les articles 264 à 267.)

———

FORMULE N° 249. — Procès-verbal d'ouverture de l'enquête.

L'an...,

Par-devant nous..., etc., commis pour procéder à l'enquête dont sera ci-après parlé,

A comparu au greffe de ce tribunal le citoyen A..., etc., assisté de Mᵉ..., avocat militant près le tribunal civil de...

Lequel nous a dit que, par jugement contradictoirement rendu entre le citoyen A... et le sieur B..., le..., par le tribunal civil de..., enregistré et signifié tant à partie qu'au défendeur, il a été ordonné, avant faire droit, que le citoyen A... ferait preuve, par témoins, par-devant nous, juge commis et délégué à cet effet, des faits par lui articulés, et qui sont énoncés audit jugement, savoir que (*indiquer l'objet de l'enquête*);

Qu'en conséquence, requiert ledit citoyen A... qu'il nous plaise déclarer présentement ouverte l'enquête ordonnée, et à cet effet lui délivrer au bas de la requête qu'il nous présente, et séparément des présentes, une ordonnance pour faire assigner les témoins qu'il se propose de faire entendre, ainsi que le sieur B..., pour être présent à l'audition desdits témoins, et ledit Mᵉ..., *ou* ledit citoyen A... a signé, sous toutes réserves.

(Signature.)

Nous, juge de paix, acceptant la délégation qui nous est faite,

Vu le jugement ci-dessus et les significations y jointes, régulières en la forme,

Donnons acte audit... de ses comparution, dire et réquisition; en conséquence, déclarons ouvert le procès-verbal de l'enquête et disons qu'il sera délivré séparément, à l'instant même, une ordonnance pour faire appeler les témoins devant nous, le..., à... heure..., et avons signé avec le greffier.

FORMULE N° 220. — Requête et ordonnance pour assigner les témoins.

A Monsieur le Juge de paix de...

Le citoyen A..., etc. (*s'il est assisté d'un défenseur :* ayant pour défenseur Mᵉ..., avocat du barreau de...),

A l'honneur de vous exposer que, par jugement contradictoirement rendu le..., par le tribunal civil de..., entre ledit citoyen A... et le sieur B..., demeurant à..., vous avez été commis pour procéder à l'enquête ordonnée par ledit jugement; qu'en conséquence, l'exposant requiert qu'il vous plaise l'autoriser à faire assigner devant vous les témoins qu'il se propose de faire entendre dans ladite enquête, pour les jour, lieu et heure qu'il vous plaira ndiquer; et ce sera justice.

(Signature.)

Nous..., juge de paix de...,

Vu la requête ci-dessus, le jugement y énoncé, et notre ordonnance d'ouverture de l'enquête dont il s'agit, en date de ce jour,

Autorisons l'exposant à faire citer à comparaître devant nous, au greffe de ce tribunal, le... de ce mois, dix heures du matin, les témoins qu'il se propose de faire entendre dans ladite enquête, à laquelle sera appelé le sieur B..., demeurant à..., par exploit contenant notification des noms, profession et demeure des témoins, et ce, plus de trois jours avant leur audition.

Fait à..., le...

(Signature du juge.)

FORMULE N° 221. — Assignation aux témoins.

L'an... et le...

A la requête de..., etc., pour lequel domicile est élu au cabinet de Me..., avocat du barreau de..., lequel continuera d'occuper pour lui,

J'ai (*immatricule de l'huissier*), soussigné, signifié et avec celle des présentes donné copie :

1° Au citoyen C..., demeurant à..., en son domicile où étant et parlant à...;

2° ...;

3° ...;

Premièrement, du dispositif d'un jugement contradictoirement rendu entre ledit citoyen... et le sieur..., par le tribunal civil de..., enregistré ;

Secondement, d'une requête présentée à M. le Juge de paix de..., commis pour procéder à l'enquête dont sera ci-après parlé, ensemble de l'ordonnance étant au bas de ladite requête, en date du..., enregistrée,

A ce que les susnommés n'en ignorent, et à mêmes requête, demeure, élection de domicile et constitution d'avocat, j'ai, huissier susdit et soussigné, en vertu de l'ordonnance susdatée, donné assignation auxdits susnommés, en leur domicile et parlant comme dessus, à comparaître et se trouver le..., heure de..., par-devant M. le Juge de paix de..., au greffe de cette justice de paix, pour dire et déposer vérité sur les faits dont ils ont connaissance, et dont ledit jugement a autorisé la preuve aux offres que fait le requérant de leur tenir compte de la taxe, si elle est requise par eux, leur déclarant que, faute par eux de comparaître aux lieu, jour et heure ci-dessus indiqués, ils encourront les amendes et dommages-intérêts prononcés par la loi et seront réassignés à leurs frais.

A ce que pareillement les susnommés n'en ignorent, je leur ai, en leur domicile et parlant comme dessus, laissé à chacun séparément copie tant des dispositif, requête et ordonnance susénoncés que du présent exploit. Dont acte. Le coût est de...

FORMULE N° 222. — Assignation à la partie.

L'an..., à la requête de..., j'ai..., soussigné, signifié et laissé copie au sieur..., demeurant à..., en son domicile où étant et parlant à...

(*Ou bien, si la partie a un défenseur constitué :* laissé copie au sieur...,
demeurant à..., au cabinet de Mᵉ..., son avocat, où étant et parlant à...),

D'une requête présentée à M. le Juge de paix de... (*comme au numéro
précédent*),

Et à mêmes requête, demeure... (*comme au numéro précédent*),

Pour être présent, si bon lui semble, à la prestation de serment et à la
déposition des témoins qu'il se propose de faire entendre dans l'enquête
ordonnée par ledit jugement, lui déclarant que lesdits témoins seront :

1° Le sieur... (*noms, profession et demeure*) ;

2°... ;

3°... ;

A ce que le susnommé n'en ignore, lui déclarant que, faute par lui de
comparaître, il sera procédé à l'enquête dont s'agit tant en son·absence
qu'en sa présence.

Et je lui ai, etc.

FORMULE N° 223. — Procès-verbal d'enquête.

Et le... (*jour fixé par l'ordonnance*),

Par-devant nous..., juge de paix de..., commis et délégué comme il est
dit en notre ordonnance d'ouverture d'enquête qui précède, et assisté de...,
greffier de cette justice de paix,

A comparu au greffe de cette justice de paix, Mᵉ..., avocat de ce barreau
et du citoyen..., demeurant à...

Lequel nous a dit qu'en vertu de notre ordonnance en date du..., enregistrée, le citoyen..., sa partie, a, par exploit du..., fait assigner les témoins
qu'il se propose de faire entendre dans ladite enquête à comparaître cejour-
d'hui, dix heures du matin, au greffe où nous sommes présentement, et que,
par autre exploit du même huissier, en date du..., il a fait assigner le
sieur... (au cabinet de Mᵉ..., son avocat), pour être présent, si bon lui
semble, à l'audition des témoins, ladite assignation contenant notification des
noms, professions et demeures desdits témoins, desquels exploits il nous
représente les originaux, et a signé sous toutes réserves.

(Signature de l'avocat.)

A aussi comparu, Mᵉ..., avocat de ce barreau et du sieur...

Lequel nous a déclaré qu'il ne s'oppose pas, pour sa partie, à ce qu'il soit
procédé à l'audition desdits témoins, et a signé sous toutes réserves.

(Signature de l'avocat.)

Desquelles comparutions et déclarations, nous, juge de paix, commissaire,
avons donné acte aux parties, et, attendu que les témoins appelés sont présents, nous avons, en présence des avocats desdites parties susnommées,
procédé à ladite enquête et à l'audition des témoins dans l'ordre et ainsi qu'il
suit :

PREMIER TÉMOIN.

Le sieur... (*nom, prénoms, âge, profession, demeure*), lequel, après nous avoir représenté la copie de l'assignation à lui donnée et avoir prêté serment de dire vérité, et nous avoir déclaré qu'il n'est parent, ni allié, ni serviteur, ni domestique d'aucune des parties, a déposé de vive voix et séparément des autres témoins, ainsi qu'il suit :

(*Transcrire la déposition.*)

Lecture faite au témoin de sa déposition, après lui avoir demandé s'il y persistait, il a répondu y persister, comme contenant vérité, et requis taxe que nous avons allouée à la somme de...; et a, ledit témoin, signé avec nous et le greffier.

(Signatures du témoin, du juge et du greffier.)

DEUXIÈME TÉMOIN.

Le sieur... etc. (*comme pour le 1ᵉʳ témoin*).

TROISIÈME TÉMOIN.

Le sieur... etc.

Constatation de reproches.

Avant qu'il fût passé outre à la déposition du témoin, Mᵉ..., avocat du sieur..., a dit : (*énoncer les motifs de reproches*).

Le témoin a répondu : (*sa réponse*).

Sur quoi, nous, juge de paix, commissaire, avons donné acte audit Mᵉ..., du reproche qu'il a proposé contre le témoin, et à ce dernier, de ses réponses, pour être statué par le tribunal ce qu'il appartiendra.

(Signatures du juge et du greffier.)

Et a ledit témoin fait la déposition suivante :

(*Énoncer la déposition.*)

Défaut contre un témoin.

Attendu que M..., témoin régulièrement cité, n'a point comparu ni fait parvenir d'excuse; vu l'article 264 du Code de procédure civile ainsi conçu : (*copier l'article*). Et après avoir entendu les réquisitions de la partie..., condamnons ledit sieur M... à... gourdes de dommages-intérêts envers le citoyen..., et à une amende de...; ordonnons qu'il sera réassigné à ses frais pour le..., heure..., auxquels jour et heure nous renvoyons l'enquête et les parties. Ce qui sera exécuté nonobstant opposition.

Fait à..., les jour, mois et an que dessus, et avons signé avec le greffier.

(Signatures du juge et du greffier.)

Motifs d'excuse proposés par un témoin.

Attendu que M..., cité, n'a point comparu, mais qu'il nous fait remettre un certificat..., duquel il résulte que...;

Attendu que l'excuse proposée est valable, mais que l'audition du témoin est nécessaire, nous ordonnons qu'il sera réassigné pour le..., heure de..., jour et heure auxquels nous renvoyons l'enquête et les parties.

Si le témoin, infirme ou malade, ne peut se déplacer :

Attendu que du certificat..., il résulte que M..., témoin, ne peut comparaître devant nous, mais qu'il est requis qu'il soit entendu, nous ordonnons que sa déposition sera reçue par nous, à son domicile, auquel nous nous transporterons le..., à heure...; enjoignons aux parties d'y comparaître, etc.

Continuation de l'enquête.

Et le..., à heure de...

Par suite de l'ajournement de nos opérations, indiqué dans notre procès-verbal qui précède,

Par-devant nous..., assisté comme il est dit,

A comparu M^e..., avocat du sieur..., lequel nous a dit qu'en vertu de notre ordonnance énoncée au procès-verbal qui précède, il a fait réassigner le..., etc., et a signé sous toutes réserves.

(Signature.)

A aussi comparu M^e..., avocat, etc.

(Signature.)

A également comparu le sieur..., lequel nous a représenté un certificat du docteur..., constatant l'état de maladie qui l'avait empêché de comparaître..., et nous a prié de le décharger des condamnations prononcées contre lui.

Sur quoi, nous, juge de paix, commissaire, ayant égard à l'excuse légitime et justifiée dudit témoin, le déchargeons de l'amende et des dommages-intérêts prononcés contre lui, ainsi que des frais de la réassignation à lui donnée, et ordonnons qu'il soit passé outre à son audition.

(Signatures du juge et du greffier.)

Et à l'instant, ledit témoin a déposé ainsi qu'il suit :..., etc.

Clôture du procès-verbal.

Et attendu qu'il ne reste plus de témoins cités à entendre, nous, juge de paix, commissaire, avons clos et arrêté le procès-verbal d'enquête, dressé suivant les formalités prescrites par les articles 263, 264, 270, 271, 272, 273, 274 et 275 du Code de procédure civile, les jour, mois et an que dessus, et ont lesdites parties et leurs avocats signé avec nous et le greffier.

(Signatures.)

FORMULE N° 224. — Procès-verbal d'audition d'un témoin à domicile.

L'an..., nous..., etc.;

Vu le jugement contradictoirement rendu par le tribunal civil de... entre..., enregistré et dûment signifié, lequel nous commet pour entendre à domicile le sieur..., sur les faits énoncés audit jugement;

Vu notre ordonnance en date du..., notifiée par exploit de..., huissier, etc., portant qu'il serait par nous procédé aujourd'hui, onze heures du matin, à l'audition à domicile du sieur..., demeurant à..., témoin appelé et excusé dans la cause existante entre les parties ci-dessus nommées, sur les faits articulés audit jugement,

Nous sommes transporté, à cet effet, à la requête dudit citoyen A..., au domicile du témoin, situé à..., où, étant entré dans une chambre au rez-de-chaussée, éclairée par deux portes ouvrant sur la rue, nous avons trouvé ledit témoin, assis dans un fauteuil, auquel nous avons fait part du sujet de notre transport, lequel a répondu qu'il est prêt à obéir à la justice.

(On constate ensuite la comparution des parties et leurs dires, on entend le témoin et on clôt le procès-verbal comme au numéro précédent.)

IV

Interrogatoire sur faits et articles par un Juge de paix commis.

L'interrogatoire sur faits et articles est une voie d'instruction par laquelle une partie cherche à obtenir de son adversaire des aveux sur des faits qui doivent influer sur la décision du procès.

ART. 325. — En cas d'éloignement, le doyen ou le juge qui en remplira les fonctions pourra commettre le doyen du tribunal dans le ressort duquel la partie réside, ou le juge de paix de la commune de cette résidence.

ART. 326. — Le juge commis indiquera, au bas de l'ordonnance qui l'aura nommé, les jour et heure de l'interrogatoire; le tout sans qu'il soit besoin de procès-verbal contenant réquisition ou délivrance de son ordonnance.

ART. 327. — En cas d'empêchement légitime de la partie, le juge se transportera au lieu où elle est retenue.

FORMULE N° 225. — Ordonnance à mettre au bas de l'acte qui commet le juge.

Nous..., juge de paix de..., commis par l'ordonnnance *ou* le jugement qui précède à l'effet de - procéder à l'interrogatoire sur faits et articles du sieur A...., demeurant à...

Indiquons le..., heure de..., pour être procédé audit interrogatoire, au greffe de cette justice de paix; et commettons X..., huissier, pour donner assignation audit sieur A..., à comparaître devant nous.

Fait à..., le...

(Signature du juge.)

FORMULE N° 226. — Notification de l'ordonnance ci-dessus avec citation.

L'an..., à la requête de...

J'ai..., huissier..., commis à cet effet, soussigné, notifié et avec celle des présentes donné copie à..., etc. :

1° De la requête contenant les faits et articles sur lesquels le sieur B... a demandé à être autorisé à faire interroger le sieur A..., ladite requête en date du... ;

2° Du jugement rendu sur ladite requête par le tribunal civil de..., le..., enregistré, portant permission de faire procéder audit interrogatoire (*si le jugement même a commis le juge, on ajoute :* et commettant à cet effet M. le Juge de paix de...)

Sinon : 3° D'une ordonnance de M. le Doyen dudit tribunal en date du..., enregistrée, étant à la suite d'une requête, à lui présentée le... ensemble de ladite requête, par laquelle ordonnance il a commis M. le Juge de paix de..., pour faire l'interrogatoire sur faits et articles dont il s'agit.

4° Et de l'ordonnance de mondit sieur le juge de paix de..., en date du..., contenant indication, par ce magistrat, des jour, lieu et heure auxquels il procédera à l'interrogatoire.

A ce que du tout le susnommé n'ignore, et à pareilles requête, demeure et élection de domicile que dessus, j'ai, huissier susdit et soussigné, donné assignation au sieur A..., en son domicile et parlant comme dessus, à comparaître en personne le..., heure de..., au greffe de la justice de paix de..., par devant M. le Juge de paix, commissaire, pour subir l'interrogatoire sur les faits et articles qui sont détaillés en la requête ci-dessus énoncée, lui déclarant que, faute par lui de comparaître et subir ledit interrogatoire, lesdits faits et articles seront tenus pour confessés et avérés, se réservant, le sieur..., de prendre par la suite telles autres conclusions qu'il appartiendra; à ce que du tout il n'ignore, et je lui ai, domicile et parlant comme dessus, laissé copie certifiée sincère et véritable et signée de M°..., avocat, des requêtes, jugement et ordonnance susénoncés et du présent exploit. Dont acte. Le coût est de...

FORMULE N° 227. — Procès-verbal d'interrogatoire.

L'an..., heure...

Nous..., juge de paix de..., étant au greffe de cette justice de paix, assisté de..., greffier de ce siège;

Vu le jugement du... *ou* l'ordonnance en date du..., qui nous commet à l'effet de procéder à l'interrogatoire sur faits et articles du sieur..., demeurant à..., ainsi qu'il est expliqué au jugement de...;

Vu notre ordonnance indicative des lieu, jour et heure pour ledit interrogatoire, laquelle mise au pied de (*jugement ou ordonnance*) ci-dessus énoncé,

Le tout dûment enregistré et signifié,

Cas de transport : Et vu l'empêchement légitime (*énoncer lequel*) dudit sieur A... de se présenter devant nous, nous sommes transporté à son domicile sis à..., et, toujours assisté de notre greffier, nous avons procédé ainsi qu'il suit à l'interrogatoire :

Demande. — (*Voir plus loin.*)

Défaut : Et attendu que le sieur A..., comparant, refuse de répondre aux questions que nous lui adressons,

Ou bien : Et attendu que le sieur A... a été assigné par exploit de..., en date du..., à comparaître ce jour, à... heure de..., devant nous, pour être interrogé au désir de l'ordonnance *ou* du jugement susrelaté; qu'il est midi, et que le sieur A... ne comparaît pas, ni ne justifie d'aucun empêchement légitime,

Donnons défaut contre ledit sieur A..., pour le profit être ordonné par qui de droit.

En cas de comparution :

Et vu la comparution en personne dudit sieur A..., qui se déclare prêt à subir l'interrogatoire sur les faits et articles insérés dans ledit jugement, nous avons procédé audit interrogatoire, ainsi qu'il suit :

Demande. — Quels sont vos noms, âge, profession et demeure?

Réponse. — A..., âgé de..., propriétaire, demeurant à...

D. — ...?

R. — ...

D. — Demandé d'office si...?

R. — ...

(*Chaque fait contenu en la requête est l'objet d'une semblable interpellation; après quoi, on clôt l'interrogatoire de la manière suivante :*)

Lecture faite audit sieur A... de son interrogatoire ci-dessus et de ses réponses faites sans lire aucun projet de réponse par écrit, sans assistance du conseil et hors la présence du requérant, il a dit lesdites réponses contenir vérité, y a persisté, déclarant n'avoir rien à ajouter, ni à diminuer ni à retrancher, et a signé avec nous et le greffier.

(Signatures.)

V

FORMULE N° 228. — **Procès-verbal de prestation de serment des experts devant le juge commis.**

(Comparution volontaire.)

L'an..., le...,
Par-devant nous...,
Ont comparu A..., B..., C...,

Lesquels nous ont exposé que, par jugement en date du..., rendu..., et dont ils nous ont représenté l'expédition, ils ont été nommés experts à l'effet de...; que par le même jugement nous avons été commis pour recevoir leur serment; qu'ils nous prient, en conséquence, de procéder à cette formalité. Desdites comparution et réquisition nous avons donné acte; et nous avons reçu de chacun desdits A..., B..., C..., le serment qu'ils ont prêté de bien et fidèlement remplir la mission qui leur a été confiée; et ils nous ont déclaré qu'ils se transporteront sur les lieux pour commencer leur opération, le..., à... heure de...

De tout ce que dessus, nous avons dressé le présent procès-verbal que les comparants ont, après lecture, signé avec nous et le greffier.

(Signatures.)

Rapport du juge de paix délégué pour prendre connaissance des livres d'un commerçant et dresser procès-verbal de leur contenu. — Voir infrà au chapitre XII, formule n° 240.

CHAPITRE IX

Naturalisation.

La naturalisation est l'acte par lequel un étranger devient citoyen d'un État autre que celui auquel il appartient.

Les dispositions légales qui, chez nous, régissent la matière, sont les suivantes :

CONSTITUTION.

Art. 4. — Tout étranger est habile à devenir Haïtien, suivant les règles établies par la loi.

Art. 7. — Tout Haïtien qui se fait naturaliser étranger en due forme ne pourra revenir dans le pays qu'après cinq années, et s'il veut redevenir Haïtien, il sera tenu de remplir toutes les conditions et formalités imposées à l'étranger par la loi.

Art. 9. — Tout citoyen âgé de 21 ans accomplis exerce les droits politiques, s'il réunit d'ailleurs les autres conditions déterminées par la Constitution. — Les Haïtiens naturalisés ne sont admis à cet exercice qu'après cinq années de résidence dans la République.

CODE CIVIL.

Art. 14. — Tous ceux qui, en vertu de la Constitution, sont habiles à acquérir la qualité de citoyens haïtiens devront, dans le mois de leur arrivée dans le pays (1), faire devant le juge de paix le serment qu'ils renoncent à toute autre patrie qu'Haïti.

Munis de l'expédition du procès-verbal du juge de paix, constatant leur déclaration qu'ils viennent se fixer dans la République et leur prestation de serment, ils se présente-

---

(1) Ce qu'il ne faut pas prendre trop à la lettre, car à toute époque, évidemment, l'étranger qui est dans le pays peut demander la naturalisation.

ront dans les bureaux du Président d'Haïti pour recevoir un acte du Chef de l'État qui les reconnaisse comme citoyens de la République (1).

Depuis 1888 et 1889, la loi constitutionnelle ne fait plus de différence entre la naturalisation *ordinaire*, permise de tous temps aux étrangers de sang africain ou indien, et la naturalisation *exceptionnelle* ou *extra-ordinaire* (c'est-à-dire dans laquelle intervient le Corps législatif) qui, depuis 1874, pouvait être accordée à ceux qui ne sont pas de sang africain ou indien. Aujourd'hui, tous les étrangers, indistinctement, sont mis sur le même pied pour la faculté de se naturaliser, telle que l'accordent très libéralement les articles ci-dessus énoncés de la Constitution et du Code civil.

Ce ne sont pas, comme on serait porté à le croire, nos premières Constitutions qui refusèrent absolument au blanc la faculté de se faire naturaliser. L'exclusion ne fut écrite qu'en 1816. Il n'en a pas été de la naturalisation comme du droit de propriété immobilière.

L'article 12 de notre première Constitution (1805) ne permet à « aucun blanc, quelle que soit sa nation, d'être propriétaire en Haïti », mais immédiatement l'article 13 vient déclarer que la prohibition ne concerne pas « les femmes blanches qui sont naturalisées Haïtiennes par le Gouvernement, leurs enfants nés ou à naître, les Allemands et Polonais naturalisés par le Gouvernement ». Ce qui, implicitement, admettait la faculté de naturalisation pour des personnes de race blanche.

Aussi l'article 28 de la Constitution de 1806 reconnaît-il « Haïtiens les

---

(1) C'est le texte actuel selon la modification faite de cet article 14 du Code civil par la loi du 6 septembre 1860. Il est tel dans l'ouvrage de M. E. Dubois, alors ministre de la justice, intitulé : *Deux ans et demi au ministère;* dans l'édition du Code civil, p. 351, faite à Paris en 1864 par les soins de M. T. Bouchereau, dont le nom y est ainsi mentionné : *Se vend chez T. Bouchereau;* et surtout dans le *Moniteur*, journal officiel de la République.

Cependant, le Code de Linstant Pradine contient cette variante : ART. 14. — ... dans le mois de leur arrivée dans le pays, faire devant le juge de paix *de leur résidence, en présence de deux citoyens notables, la déclaration qu'ils viennent avec l'intention de se fixer dans la République. Ils prêteront en même temps entre les mains du juge de paix* le serment qu'ils renoncent à toute autre patrie qu'Haïti.

C'est avec ce texte de Linstant Pradine sous les yeux que nous avons rédigé la formule n° 229, où nous faisons figurer deux citoyens notables, comme le voulait, du reste, l'ancien article, mais dont la présence, on le voit, n'est plus requise aujourd'hui.

blancs qui font partie de l'armée, ceux qui exercent des fonctions et ceux qui sont admis dans la République à la publication de la présente Constitution. »

En effet, notre histoire nous montre bon nombre de blancs au service du pays, comme militaires, médecins, prêtres, architectes, imprimeurs, etc.

Et dans le Code Henry, 1812, on remarque cette disposition : « L'épouse d'un Haïtien, fût-elle *étrangère*, est de droit Haïtienne. »

Mais lorsque intervint la revision de 1816, l'article 39, après avoir répété la disposition de l'article 28 ci-dessus cité, fit cette rigoureuse addition : « et nul autre à l'avenir, après la publication de la présente revision, ne pourra prétendre au même droit, ni être employé, ni jouir du droit de citoyen, ni acquérir de propriété dans la République. »

C'était alors que la France, débarrassée de l'Empire et de ses guerres, reportait ses regards sur l'ancienne colonie, dont elle regrettait tant la perte et que le Gouvernement de la Restauration se flattait de reconquérir par la force ou l'adresse.

Missions ostensibles aussi bien que missions secrètes envoyées par le Gouvernement français, menaces d'invasion tant dans les instructions officielles du ministre Malouet que dans les papiers publics de l'époque ; à cela joint l'isolement où nous laissait l'indifférence ou la prévention des autres Puissances, qui nous interdisaient jusqu'à la fréquentation des colonies environnantes, tout concourait à entretenir les défiances sous l'aiguillon desquelles fut décrétée l'exclusion absolue du blanc.

En cela donc, on ne saurait trop le répéter, ce n'est pas tant une haine de race qui inspira l'Haïtien qu'une jalousie inquiète, réveillée alors, pour la conservation des droits précieux qu'il avait conquis au prix de tant d'efforts et de sacrifices, et qu'on menaçait de nouveau de lui enlever par tous les moyens imaginables. D'ailleurs, repoussé de tous, n'était-ce pas un mouvement de fierté naturelle que celui sous l'empire duquel il s'écria que, puisqu'il en était ainsi, il saurait désormais se suffire à lui-même ?

Les articles 8 de la Constitution de 1843, 7 de la Constitution de 1846 et 7 aussi de celle de 1849 continuèrent à déclarer formellement que « aucun blanc ne pourra acquérir la qualité d'Haïtien ».

Cependant, l'irritation se calmait et les idées se modifiaient. Les sentiments de méfiance tombèrent peu à peu devant l'extension de nos relations commerciales, notre réconciliation avec la France, la suppression de la traite par le monde civilisé, la reconnaissance de notre indépendance par les différentes Puissances étrangères, l'abolition de l'esclavage.

Cet état des esprits rassurés et apaisés, d'où était sortie déjà (1860) la loi sur le mariage entre Haïtiens et étrangers dans un sens favorable à ces derniers, permit de réaliser un adoucissement pour la naturalisation, dans la Constitution de 1867 qui, du moins, procéda par réticence : elle supprima l'exclusion formelle consacrée dans les Constitutions précédentes et trouvée, depuis déjà longtemps, d'une trop grande crudité.

En 1874 et 1879, on admit la possibilité de la naturalisation pour tous, sauf, pour ceux qui ne sont pas de sang africain ou indien, à faire délivrer les titres de naturalité par le Corps législatif. — Distinction qui n'existe plus, comme nous l'avons dit, depuis 1888 et 1889.

Voir, au surplus, ce qui est dit *suprà*, à propos du droit de propriété immobilière, t. Iᵉʳ, p. 58 et suiv.

A notre législation sur la naturalisation, on peut comparer les dispositions qui suivent de quelques législations étrangères :

En France, peuvent être admis à jouir de tous les droits de citoyens français :

1° Les étrangers qui ont obtenu l'autorisation de fixer leur domicile en France, et après trois ans de domicile à dater de l'enregistrement de leur demande au Ministère de la justice ;

2° Les étrangers qui peuvent justifier d'une résidence non interrompue pendant dix années. (Est assimilé à la résidence en France le séjour en pays étranger pour l'exercice d'une fonction conférée par le Gouvernement français) ;

3° Les étrangers admis à fixer leur domicile en France, après un an, s'ils ont rendu des services importants à la France, s'ils y ont apporté des talents distingués ou s'ils y ont introduit soit une industrie, soit des inventions utiles, ou s'ils ont créé soit des établissements industriels ou autres, soit des exploitations agricoles, ou s'ils ont été attachés, à un titre quelconque, au service militaire dans les colonies et les protectorats français. (Un décret du 26 octobre 1870 déclare, en outre, que le délai d'un an ne sera pas imposé aux étrangers qui ont pris part à la guerre de 1870) ;

4° L'étranger qui a épousé une Française, aussitôt après une année de domicile.

Il est statué sur la demande en naturalisation, après enquête sur la moralité de l'étranger, par un décret du chef de l'État, rendu sur le rapport du Ministre de la justice, le Conseil d'État entendu.

En Angleterre, la naturalisation ne peut être accordée que par un acte du Parlement (en présence duquel celui qui l'obtient doit prêter le serment appelé *of allegiance and suprematy. — Rép. du J. du P.*, art. *Denization*). Mais la simple naissance dans le pays naturalise les

enfants d'un étranger. (VATTEL, liv. I, § 214.) Ce qu'on appelle « denization » est la concession de l'exercice de certains droits, et est accordé par
des lettres patentes du souverain. Les avantages résultant de la « denization » sont : 1° d'être réputé « tenu et gouverné comme les fidèles sujets
du roi nés en Angleterre; 2° d'acquérir et de posséder dans ses états
des propriétés immobilières et d'exercer tous les droits qui s'y rattachent; 3° enfin, de jouir des libertés, franchises et privilèges du royaume,
à condition toutefois de payer les droits pour les propriétés mobilières
que payent les étrangers et de ne jamais devenir maîtres de navires...
(*J. du P.*, *eod. verbo*, 2.) La « denization » n'attribue à celui qui l'obtient
aucun des droits qui appartiennent aux citoyens. (BLACKSTONE, *Commentaire des lois anglaises.*)

Aux États-Unis d'Amérique, le pouvoir de faire des lois sur la naturalisation appartient au Congrès général. L'étranger qui veut devenir
citoyen des États-Unis doit déclarer cette intention sous serment devant
une autorité judiciaire et affirmer qu'il renonce à la nationalité précédente. Deux ans après cette déclaration, il peut obtenir sa naturalisation. (KENT.)

En Autriche, un étranger acquiert le droit de citoyen par sa nomination à des fonctions publiques. Ce droit peut aussi être directement conféré par les autorités administratives supérieures, après qu'on aura
obtenu l'autorisation d'exercer une profession et sur la justification
d'une résidence de dix ans dans un lieu quelconque de l'empire. Quant
à l'admission au service militaire, elle n'entraîne pas avec elle la naturalisation. (DE PUTTLINGEN.)

Il en est à peu près de même en Prusse. Toutefois, les autorités administratives (régences) ont le pouvoir d'accorder la naturalisation à
l'étranger par cela seul qu'il justifie d'une bonne conduite et de moyens
d'existence, sans condition de résidence antérieure. Seulement, il existe
des dispositions particulières à l'égard des juifs, des sujets d'un État
faisant partie de la Confédération germanique (aujourd'hui de l'empire),
des mineurs et autres personnes incapables de disposer. (SIMON.)

Aux termes de l'article 1er de l'édit du 26 mai 1818, qui forme une
annexe de la Charte constitutionnelle de Bavière, le droit d'indigène
s'acquiert par naturalisation, en vertu d'un décret royal, le Conseil
d'État préalablement entendu, ou encore lorsqu'un étranger fixe son
domicile dans le royaume et justifie en même temps de sa libération du
lien du sujétion personnelle qui l'attachait à un État étranger. (MOY,
Droit public de Bavière.)

Dans le royaume de Wurtemberg, le titre de citoyen est également
acquis à l'étranger par sa nomination à une fonction publique ou par

son admission dans une commune. (WEISHAAR, *Droit privé de Wurtemberg.*)

Dans le royaume des Pays-Bas, c'est au roi qu'appartient le pouvoir d'accorder la naturalisation. (Art. 9 et 10 de la loi fondamentale de 1815.)

En Russie, le serment prêté à l'empereur suffit pour conférer la naturalisation, et les étrangers naturalisés peuvent en tout temps renoncer à leur naturalisation et rentrer dans leur patrie. (FOELIX, *Revue étrangère.*)

FORMULE N° 229. — Déclaration et prestation de serment de l'étranger qui veut se naturaliser Haïtien.

L'an..., etc.,

Par-devant nous..., juge de paix de..., etc.,

A comparu le sieur J..., né à..., *ou* originaire de (*tel pays*), résidant actuellement à...

Lequel nous a dit qu'étant habile, comme descendant d'Africain *ou* d'Indien, à acquérir la qualité d'Haïtien et désirant le faire, il venait (en présence des deux citoyens notables ci-après nommés) (1), faire devant nous la déclaration qu'il est arrivé le... en Haïti, où depuis il a continué de résider, et qu'il est dans l'intention de se fixer dans la République, sans esprit de retour; qu'en conséquence, il nous requiert de recevoir de lui le serment prescrit en pareil cas.

Nous, juge de paix,

Vu les dispositions de l'article 14 du Code civil;

Vu la déclaration ci-dessus faite (en présence du citoyen D..., propriétaire, demeurant à..., et du citoyen E..., commerçant, demeurant à..., tous deux Haïtiens, habitants notables de ladite *ou* desdites communes) (2),

Attendu que le sieur J... justifie qu'il est descendant d'Africain *ou* d'Indien,

Avons reçu le serment fait par lui, la main levée, qu'*il renonce à toute autre patrie qu'Haïti.*

Desquelles comparution, déclaration et prestation de serment ledit sieur J... nous a requis acte que nous lui avons octroyé pour servir et valoir ce que de droit; avons dressé le présent procès-verbal les jour, mois et an que dessus; et a ledit sieur J... (ainsi que les citoyens D... et E...) signé avec nous et le greffier, après lecture.

---

(1) (2) Voir *suprà* la note au bas de la page 260.

CHAPITRE X

Actes de notoriété.

I

Cas de mariage.

Art. 70. — L'officier de l'état civil se fera remettre l'acte de naissance de chacun des futurs époux ; celui des époux qui serait dans l'impossibilité de se le procurer pourra y suppléer, en rapportant un acte de notoriété délivré par le juge de paix du lieu de sa naissance, ou par celui de son domicile.

Art. 71. — L'acte de notoriété contiendra la déclaration, faite par sept témoins, de l'un ou l'autre sexe, parents ou non parents, des prénoms, nom, profession et domicile du futur époux, et de ceux de ses père et mère, s'ils sont connus ; le lieu, et, autant qu'il est possible, l'époque de sa naissance, et les causes qui empêchent d'en rapporter l'acte. Les témoins signeront l'acte de notoriété avec le juge de paix, et s'il en est qui ne puissent ou ne sachent signer, il en sera fait mention.

I. — Il a été jugé que l'acte de notoriété pour suppléer à l'acte de naissance, ne devant, en principe, être admis que pour le cas où la loi l'a spécialement autorisé, ne peut, par conséquent, servir à prouver la filiation de celui qui l'a obtenu, ni lui procurer les droits de famille, tels que celui de succéder ; il n'est bon que pour le mariage. (Arg., Colmar, 11 janv. 1831. — Voyez aussi Cass., 20 nov. 1845, — L. P. sous l'art. 71 C. civ.)

FORMULE N° 230. — Acte de notoriété pour suppléer à l'acte de naissance qu'un futur époux est dans l'impossibilité de se procurer.

L'an..., le..., heure do...,

Par-devant nous..., juge de paix de..., assisté de..., greffier de cette justice de paix,

A comparu le sieur J. D..., rentier, né à..., demeurant à..., fils majeur de D... et de Louise M..., tous deux décédés;

Lequel nous a exposé qu'étant sur le point de contracter mariage, et se trouvant dans l'impossibilité de se procurer son acte de naissance, il a, en conséquence de l'indication par nous verbalement faite de ces jour, lieu et heure, amené devant nous les sept témoins ci-après nommés, pour recevoir leurs déclarations et attestations à l'effet de suppléer à son acte de naissance, le tout conformément à la loi, et a signé, lecture faite.

(Signature.)

Et à l'instant ont aussi comparu les sept témoins, savoir :

(On désigne ici les sept témoins, de l'un ou de l'autre sexe, par leurs noms, âges, professions et demeures, et l'on indique leurs qualités de parents ou d'amis.)

Lesquels, après lecture à eux faite par le greffier de l'exposé qui précède du sieur J. D..., et des articles 70 et 71 du Code civil, nous ont déclaré, certifié et attesté connaître parfaitement ledit sieur J. D..., requérant, et savoir qu'il est né à..., le 22 *ou* le 23 septembre 1864, du légitime mariage de D... et de Louise M..., demeurant tous deux alors à..., et qu'il a été constamment l'objet des soins les plus empressés desdits sieur et dame D..., dont il a été constamment considéré et publiquement reconnu comme l'enfant légitime;

Qu'il est impossible audit J. D... de produire l'acte de sa naissance pour le mariage qu'il est sur le point de contracter, parce que les registres de l'état civil de l'époque où il est né ont été brûlés (égarés *ou* détruits) lors de (*tel événement*) *ou bien* parce que, malgré les différentes demandes qu'il en a faites, il n'a reçu aucune réponse.

Desquelles comparution, déclaration et attestation nous avons donné acte aux comparants pour servir et valoir ce que de raison à qui de droit.

Dont acte. Fait à..., les jour, mois et an que dessus, et ont les comparants signé avec nous et le greffier, après lecture.

Art. 143. — En cas d'absence de l'ascendant auquel aurait dû être fait l'acte respectueux, il sera passé outre à la célébration du mariage, en représentant le jugement qui aurait été rendu pour déclarer l'absence, ou, à défaut de ce jugement, celui qui aurait ordonné l'enquête, ou, s'il n'y a point encore eu de jugement, un acte de notoriété.

L'acte de notoriété sera dressé par le juge de paix du lieu où l'ascendant a eu son dernier domicile connu. Cet acte contiendra la déclaration de quatre témoins appelés d'office par ce juge de paix.

FORMULE N° 231. — Acte de notoriété pour constater l'absence d'un ascendant auquel il doit être fait un acte respectueux.

L'an..., etc.,

Ont comparu :

1° Le sieur A..., âgé de trente-cinq ans, planteur, demeurant à...:

2° La dame B... (*âge, profession et demeure*) ;

3°...;

4°...,

Tous quatre Haïtiens, habitants notables desdites communes, lesquels pour rendre hommage à la vérité, nous ont déclaré, certifié et attesté que L. F.... propriétaire, demeurant ci-devant à..., aïeul paternel de J. F..., charpentier, demeurant à..., fils légitime de P. F... et de Marie E..., décédés, est absent de son domicile depuis six années, sans que le lieu de sa résidence actuelle soit connu, et que la famille dudit E... n'a fait, jusqu'à ce jour, aucune démarche pour faire constater légalement son absence,

Desquels faits, que les comparants nous ont affirmés véritables, nous avons délivré le présent acte de notoriété pour servir audit J. F..., aux fins du mariage qu'il se propose de contracter avec H. G..., rentière, demeurant à..., en exécution de l'article 143 du Code civil.

Dont acte. Fait à..., les jour, mois et an que dessus, et ont les déclarants signé avec nous juge de paix et le greffier, après lecture.

II

Cas de décès.

Notre jurisprudence, ainsi qu'il appert de l'arrêt du Tribunal de cassation en date du 20 novembre 1845 (L. P., sous l'art. 71 C. civ.), a admis qu'il résulte des dispositions rapprochées et combinées des articles 70 et 71 du Code civil et 40 de la Loi organique, que le législateur a donné attribution spéciale aux juges de paix de dresser tous actes de notoriété ayant pour but de suppléer les actes de naissance, mariage (?) (*et décès*), de constater les droits de propriété et l'adirement des titres y relatifs.

FORMULE N° 232. — Acte de notoriété pour suppléer à un acte de décès.

L'an..., etc.,

Par-devant nous..., etc.,

A comparu le sieur P. D..., rentier, demeurant à..., lequel, après avoir prêté serment en la forme ordinaire, nous a déclaré ignorer le lieu du décès ou dernier domicile de L. D..., son père;

Ou bien que les registres de l'état civil de l'année où est décédé L. D..., son père, ayant demeuré à..., ont été brûlés (égarés *ou* détruits) dans l'incendie *ou* lors des événements de...;

Qu'en conséquence, il nous requiert d'entendre et de recueillir le témoignage des quatre témoins ci-après nommés, à l'effet de suppléer à l'acte de décès dudit L. D..., son père, et a signé, lecture faite.

(Signature.)

Ont à l'instant comparu lesdits témoins, savoir :

1° ...;
2° ...;
3° ...;
4° ...,

Tous quatre habitants notables de ladite *ou* desdites communes, lesquels, après lecture à eux faite de l'exposé qui précède, nous ont certifié et attesté par serment prêté en la forme ordinaire l'exactitude du fait déclaré par ledit sieur P. D...

Dont acte. Fait à..., les jour, mois et an que dessus, et ont les comparants signé avec nous juge de paix et le greffier, après lecture.

(Signatures.)

III

Acte de notoriété pour constater des droits de propriété ou l'adirement des titres y relatifs.

Quelle est la valeur juridique de ces actes de notoriété qu'on est encore dans l'usage de faire devant le juge de paix pour suppléer aux titres de propriétés déclarés perdus?

Quelle est la loi qui les autorise?

Il n'est peut-être pas inutile de chercher à répondre à ces questions.

La loi du 22 février 1825 était spéciale aux propriétés séquestrées ou réunies au domaine de l'État comme ayant appartenu aux anciens colons, mais qui pourraient être légitimement revendiquées par des héritiers dont les titres étaient perdus. Elle ne peut être donc la source du droit d'enquête supplétive pour toutes les propriétés en général dont les titres sont perdus.

L'article 40 de la Loi organique actuelle, répétant l'article 29 de celle de 1826, dit bien que « les juges de paix dressent tous procès-verbaux ou actes de notoriété ayant pour but de constater des droits de propriété ou l'adirement des titres y relatifs », mais c'est très probablement pour se référer seulement à cette loi spéciale de 1825.

On peut croire que Linstant Pradine pense ainsi par le renvoi qu'il fait à la loi de 1825, dans ses deux notes à la suite de l'article 29 de 1826 et de l'article 40 de 1835.

C'est donc ailleurs que dans la Loi organique qu'il faudrait peut-être chercher la source de ce droit.

On peut, en effet, nous semble-t-il, poser en principe que ce n'est pas dans la Loi organique que se trouvent ou doivent se trouver des prescriptions de droit civil pur. Elle est seulement indicative d'attributions et de règles de police dans les tribunaux.

Par une classification générale, on pourrait dire que la Loi organique est la loi de la compétence : elle détermine et sépare les attributions des juridictions ; — que le Code de procédure est la loi de la forme : il détermine la manière d'agir en justice ; — et que le Code civil est la loi du fond : il contient les règles qui déterminent le droit même, les règles qui sont le fondement du droit civil. Dans cet ordre d'idées, c'est-à-dire en matière de droit civil, quand des lois spéciales disparaissent ou n'existent pas, c'est le Code civil qui reste dans toute sa force et ses conditions.

En outre, l'enquête supplétive est un moyen de prouver qu'on est propriétaire d'un immeuble dont on a perdu les titres, et les moyens de preuve rentrent positivement dans le cadre du Code civil. Alors dans quelle partie de ce Code chercher la source de ce droit d'enquête pour suppléer aux titres perdus? Est-ce à l'article 1133-4°?

On serait encore recevable à objecter que la question des droits de propriété immobilière à discuter, vérifier, constater ou établir, même par la preuve testimoniale dans certains cas exceptionnels, que cette question, touchant au pétitoire, ne peut être résolue par une simple attestation de témoins devant le juge de paix, et sans les formes voulues de l'enquête ordinaire.

Car il ne s'agit pas seulement de prouver la possession, ce qui, à la rigueur et en quelque sorte, pourrait faire rentrer ces actes de notoriété sous une catégorie analogue à celle des actions possessoires. Il s'agit de suppléer aux titres, de constater le droit de propriété même, tout ou à peu près comme les titres perdus l'établissaient.

Quoi qu'il en soit, l'usage est de faire ces enquêtes pour les titres perdus. Et l'on est obligé de reconnaître qu'il est, en effet, raisonnable, indispensable même, qu'un moyen soit laissé aux propriétaires de suppléer aux titres qui se perdent si fréquemment chez nous, — expéditions et minutes, — dans les incendies et autres événements naturels ou politiques.

Mais ce serait toujours, bien entendu, en réservant les droits des tiers, et en dehors de tout procès engagé devant le tribunal civil sur la propriété de l'immeuble réclamée par l'une et l'autre parties litigantes.

FORMULE N° 233. — Requête à fin d'enquête supplétive.

A Monsieur le Juge de paix de...

Le citoyen A..., etc., a l'honneur de vous exposer qu'il est propriétaire de *telle* maison sise en cette ville, rue..., n°..., pour l'avoir eue en héritage de son père; mais que, par suite (*ou* dans le cours) des événements de..., ses papiers de famille et notamment ses titres de propriété sur ladite maison ont été détruits (*ou* adirés); qu'en outre les archives de M° N..., notaire à..., chez qui avaient été déposées celles de M° X..., notaire à..., qui avait passé lesdits actes, ont été brûlées aussi, lors de l'incendie du...

Qu'il y a donc lieu pour l'exposant de, par une enquête supplétive, faire constater ses droits de propriété sur ledit immeuble, aux jour et heure qu'il vous plaira indiquer par votre ordonnance, lui permettant de faire comparaître par-devant vous les témoins qu'il se propose de faire entendre à l'effet que dessus.

Et, vu l'urgence, qu'il vous plaise permettre aussi que votre ordonnance sera enregistrée en même temps que le procès-verbal d'enquête.

Salut et respect.

(Signature.)

A..., le...

Ordonnance.

Vu la requête qui précède, et en vertu de l'article 40 de la Loi organique,

Fixons le mercredi vingt-quatre novembre courant, à trois heures de l'après-midi, pour qu'il soit fait ainsi qu'il est requis, et autorisons l'enregistrement de notre présente ordonnance ensemble avec le procès-verbal qui sera dressé en conséquence.

Donné à..., le...

(Signature du juge.)

FORMULE N° 234. — Procès-verbal d'enquête supplétive.

Aujourd'hui mercredi, vingt-quatrième jour du mois de..., etc., à... heures de...,

Par-devant nous, B..., juge de paix de..., assisté de notre greffier,

A comparu le citoyen A..., etc.,

Lequel nous a dit qu'en conséquence de l'indication de ces jour, lieu et heure faite par notre ordonnance du..., mise au bas de la requête à nous présentée le même jour, il a amené devant nous les témoins ci-après nommés et dont il nous requiert de recevoir les déclarations et attestations, à l'effet de constater ses droits de propriété sur *telle* maison, etc., dont les titres sont adirés.

Et à l'instant ont aussi comparu :

1° Le sieur F... (*âge, profession, demeure*) ;

2° ... ;

3° ... ,

Tous trois Haïtiens, habitants notables de la commune ;

Lesquels, après lecture à eux faite de l'exposé qui précède ainsi que de la requête mentionnée, et après avoir prêté serment en la forme ordinaire, ont chacun séparément, et en l'absence les uns des autres, déclaré, certifié et attesté ce qui suit :

1° Le sieur F... déclare et atteste qu'il est à sa connaissance que depuis..., le citoyen A... a la possession et jouissance de la maison..., à titre de propriétaire ;

Et a signé, lecture faite.

(Signature du témoin.)

2° Le sieur... déclare savoir que la maison en question appartient au citoyen A... qui l'a eue en héritage de son père, le citoyen B..., que le présent témoin a toujours connu comme propriétaire de l'immeuble ;

Et a signé, lecture faite.

(Signature du témoin.)

3° ..., etc.

Desquels comparutions, dires, déclarations et attestations nous avons donné acte au citoyen A... qui le requiert, pour servir et valoir ce que de raison, les droits des tiers réservés.

Dont acte. Fait à..., les jour, mois et an que dessus ; et a le requérant signé avec nous et le greffier, après lecture.

(Signatures.)

Le dernier alinéa dudit art. 40 de la Loi organique mentionne d'autres actes de notoriété pouvant être dressés par les juges de paix :

« Ils dresseront, porte-t-il, tous procès-verbaux ou actes de notoriété, ayant pour but de constater des droits de propriété ou l'adirement des titres y relatifs, la perte ou l'avarie des marchandises, ou tous autres faits résultant de force majeure, et dont la connaissance serait du ressort de la justice de paix ».

CHAPITRE XI

Puissance paternelle et émancipation.

§ 1er.

Droit de correction des père et mère sur les enfants.

CODE CIVIL.

ART. 314. — L'enfant, à tout âge, doit honneur et respect à ses père et mère.

Il reste sous leur autorité jusqu'à sa majorité ou son émancipation.

Le père seul exerce cette autorité durant le mariage.

ART. 345. — L'enfant ne peut quitter la maison paternelle sans la permission de son père. Le père qui aura des sujets de mécontentement très graves sur la conduite d'un enfant aura les moyens de correction suivants :

ART. 316. — Si l'enfant est âgé de moins de quinze ans commencés, le père pourra le faire détenir pendant un temps qui ne pourra excéder cinquante jours ; et, à cet effet, le juge de paix devra, sur sa demande, délivrer l'ordre d'arrestation.

ART. 317. — Depuis l'âge de quinze ans commencés jusqu'à la majorité ou l'émancipation, le père pourra seulement requérir la détention de son enfant pendant six mois au plus ; il s'adressera, à cet effet, au doyen du tribunal civil qui, après en avoir conféré avec le ministère public, délivrera l'ordre d'arrestation ou le refusera, et pourra, dans le premier cas, abréger le temps de la détention requis par le père.

ART. 318. — Il n'y aura, dans les cas des deux articles précédents, aucune écriture ni formalité judiciaire, si ce n'est l'ordre même d'arrestation, dans lequel les motifs n'en seront pas énoncés.

ART. 319. — Le père sera seulement tenu de souscrire une soumission de payer tous les frais et de fournir les aliments convenables.

ART. 320. — Le père est toujours maître d'abréger la détention par lui ordonnée ou requise. Si, après sa sortie, l'enfant tombe dans de nouveaux écarts, la détention pourra être de nouveau ordonnée, de la manière prescrite aux articles précédents.

I. — D'après l'article 321, si le père est remarié, au lieu de procéder par voie d'autorité comme à l'article 316, il sera tenu d'agir par voie de réquisition, c'est-à-dire qu'il s'adressera au doyen du tribunal civil, qui, après en avoir conféré avec le ministère public, délivre ou refuse l'ordre d'arrestation, comme au cas où l'enfant serait âgé de plus de quinze ans. (C. civ. 317.)

II. — Il en est de même (C. civ. 322) de la mère survivante et non remariée, qui, en outre, ne peut agir qu'avec le concours des deux plus proches parents paternels, ou, à leur défaut, de deux amis.

III. — C'est aussi la voie de réquisition, qui est suivie à l'égard de l'enfant, même au-dessous de quinze ans, qui a des biens personnels, ou qui exerce un état. (C. civ. 323.)

IV. — Quant à la mère remariée, elle peut seulement, si elle a été maintenue dans la tutelle (C. civ. 333), se faire, comme tutrice, autoriser par le conseil de famille à provoquer la détention du mineur (C. civ. 378); et ce sera, *à fortiori*, par voie de réquisition.

FORMULE N° 235. — **Requête du père pour faire détenir son fils.**

A Monsieur le Juge de paix de...

Le citoyen L. R..., cordonnier, demeurant à...,

Expose qu'il a des sujets de mécontentement très graves sur la conduite de S.-L. R..., son fils, âgé de quatorze ans;

A ces causes, vu son acte de naissance ci-joint, ledit citoyen, exposant, vous requiert, Monsieur le Juge, de délivrer l'ordre nécessaire pour faire arrêter ledit S.-L. R..., son fils, et le faire détenir pendant cinquante jours dans la maison que vous indiquerez, aux offres que fait le requérant de payer tous les frais et de fournir les aliments convenables, et vous ferez justice.

Présenté à..., le...

(Signature.)

REMARQUE. — Le père peut faire cette réquisition par une simple lettre, et même verbalement, ce qui est tout à fait dans l'esprit de la loi.

FORMULE N° 236. — Ordonnance du juge de paix, ordre d'arrestation.

Nous, juge de paix..., etc.,

Vu l'article 316 du Code civil, et la demande ci-dessus du citoyen L. R..., cordonnier, demeurant à... (*si le père est veuf, il faut ajouter* : veuf et non remarié), afin de faire détenir, par mesure de correction paternelle, S.-L. R..., âgé de quatorze ans, ainsi qu'il appert de l'acte de naissance représenté, son enfant, qui n'a aucuns biens personnels et n'exerce aucun état;

Ordonnons que S.-L. R... sera arrêté et conduit à... (*nous pensons qu'à la capitale on pourra toujours indiquer la maison centrale*), pour y être détenu pendant cinquante jours, à moins que le père n'abrège la durée de cette détention, à la charge par ce dernier de payer les frais et de fournir les aliments convenables.

Délivré à..., le...

§ 2.

Émancipation.

On considère que l'homme n'est, en général, capable d'administrer sa personne et ses biens qu'à l'âge de vingt et un ans; mais cette règle n'est pas sans exception : un mineur, parvenu à un certain âge, peut avoir acquis assez de maturité pour qu'il soit possible de l'affranchir de l'autorité paternelle et de la tutelle; de l'initier au secret de ses affaires et de le préparer progressivement à user des droits dont il aura le plein exercice, lors de sa majorité : tel est l'objet de l'émancipation. (V. BOILEUX.)

L'émancipation est donc l'acte en vertu duquel un mineur est dégagé soit de la puissance paternelle, soit de la tutelle, et acquiert avant la majorité le droit de se gouverner lui-même et d'administrer librement ses biens dans les limites déterminées par la loi. (V. TOULLIER, t. II, n° 1284.)

CODE CIVIL.

ART. 387. — Le mineur, même non marié, pourra être émancipé par son père ou, à défaut du père, par sa mère, lorsqu'il aura atteint l'âge de quinze ans révolus.

Cette émancipation s'opérera par la seule déclaration du père ou de la mère, reçue par le juge de paix assisté de son greffier.

ART. 388. — Le mineur resté sans père ni mère pourra aussi, mais à l'âge de dix-huit ans accomplis, être émancipé, si le conseil de famille l'en juge capable.

En ce cas, l'émancipation résultera de la délibération qui l'aura autorisée, et de la déclaration que le juge de paix, comme président du conseil de famille, aura faite, dans le même acte, *que le mineur est émancipé.*

FORMULE N° 237. — Émancipation par le père ou la mère.

Aujourd'hui...,

A comparu au greffe du tribunal de paix de..., et par-devant nous..., juge de paix assisté de notre greffier,

Le citoyen A... (*profession et demeure*) *ou* la dame A..., (*exposer la cause de l'absence du père : décès, disparition, impossibilité de manifester sa volonté*), lequel nous a exposé que P. A..., son enfant mineur, âgé de quinze ans révolus, ainsi qu'il résulte de son acte de naissance à nous présenté, est en état de gérer ses affaires et administrer ses revenus; qu'en conséquence, ledit exposant déclare émanciper son fils P. A...

De laquelle déclaration le citoyen A... a requis acte que nous lui avons donné, et il a signé avec nous et le greffier, lecture faite.

REMARQUE. — *L'autorisation pour faire le commerce peut être donnée dans le même acte, si l'enfant a dix-huit ans.* (C. comm. 2.)

Alors, après ces mots : ledit exposant déclare émanciper son fils P. A...; *on ajoute :* et l'autorise à faire le commerce.

FORMULE N° 238. — Émancipation par le conseil de famille.

Aujourd'hui...,

Par-devant nous..., etc.,

A comparu le citoyen A..., agissant comme tuteur du mineur X... (*ou bien* le citoyen B... parent *ou* allié du mineur X...), lequel nous a exposé que ledit X... est âgé de dix-huit ans accomplis; qu'il est en état de gérer ses affaires; qu'il y a lieu, en conséquence, de l'émanciper; que pour satisfaire à l'article 388 du Code civil, il a, sur notre autorisation et notre indication, convoqué verbalement *ou* par exploit de..., huissier, en date du..., pour ces lieu, jour et heure, par-devant nous, le conseil de famille dudit mineur, composé des mêmes membres qu'aux précédentes délibérations, à l'exception de..., décédé, qui sera remplacé au conseil par son fils L. B..., comme plus proche parent connu dans la ligne paternelle (*ou bien, s'il n'y a pas eu encore de conseil de famille :* par-devant nous, les plus proches parents paternels et maternels dudit mineur X..., domiciliés à..., pour composer, sous notre présidence, le conseil de famille) à l'effet de délibérer s'il y a lieu d'émanciper ledit mineur. Et a ledit citoyen A... signé après lecture.

(Signature du requérant.)

Et à l'instant ont comparu,

Du côté paternel :

1º..., 2º..., 3º..., etc., parents *ou* amis appelés à défaut de parents;

Du côté maternel :

1º..., 2º..., 3º..., etc.,

Lesquels constitués en conseil de famille sous notre présidence, et après lecture de l'exposé qui précède, ont délibéré avec nous et à l'unanimité (*ou* à la majorité de... voix, données par 1º..., 2º..., 3º..., 4º...) sont d'avis qu'il y a lieu d'autoriser l'émancipation dudit mineur;

En conséquence et en vertu de l'article 388 du Code civil,

Nous, juge de paix, président du conseil, disons que le mineur X..., né du légitime mariage de... et de dame..., décédés, est maintenant émancipé, pour jouir des droits attachés à l'émancipation, à la charge par lui de se conformer aux lois, notamment aux articles 391, 392, 393 et 394 du Code civil, sous peine de rentrer en tutelle.

Le conseil, procédant ensuite à la nomination d'un curateur audit mineur émancipé :

Vu les articles 390 et 392 du Code civil;

Considérant que tout mineur émancipé doit être pourvu d'un curateur pour l'assister dans les cas déterminés par la loi, est d'avis, à l'unanimité, de nommer, comme de fait il nomme, par ces présentes, pour curateur audit mineur X... émancipé, P. M..., son oncle maternel, quatrième membre du conseil de famille, lequel a déclaré accepter cette fonction, et a prêté serment de bien et fidèlement la remplir.

Dont acte. Fait et dressé le présent procès-verbal, que les parties ont signé avec nous et le greffier, après lecture.

NOTA. — *Cette délibération est homologuée par le tribunal civil, enregistrée et affichée au tribunal de commerce, conformément aux nᵒˢ 1º et 2º de l'article 2 du Code de commerce, quand elle contient l'autorisation de faire le commerce.*

CHAPITRE XII

Refus et retardement de Transcription.

CODE CIVIL.

ART. 1966. — Dans aucun cas, les conservateurs ne peuvent refuser ni retarder la transcription des actes de mutation, l'inscription des droits hypothécaires, ni la délivrance des certificats requis, sous peine de dommages-intérêts des parties ; à l'effet de quoi, les procès-verbaux des refus ou retardement seront, à la diligence des requérants, dressés sur-le-champ, soit par un juge de paix, soit par un huissier audiencier du tribunal, soit par tout autre huissier ou un notaire assisté de deux témoins.

I. — Le juge de paix requis se transporte au bureau de la Conservation. A cause de l'urgence, il n'est pas nécessaire qu'il soit assisté du greffier, dit BIOCHE. (*D*^{re} *des Juges de paix*, au mot *Conservateur des hypothèques*, 2.)

FORMULE N° 239. — Procès-verbal de refus ou de retardement de transcription, etc.

L'an..., etc., le mardi..., dix heures du matin,

Par-devant nous..., etc.,

S'est présenté le sieur...,

Lequel nous a exposé que le conservateur des hypothèques de l'arrondissement refuse *ou* retarde, malgré les diligences et les instances du requérant et les offres de celui-ci de lui tenir compte de ses droits, la transcription *ou* l'inscription *ou* la délivrance de *tel* acte (*spécifier l'acte ou l'objet du refus ou retardement*) ; qu'une telle conduite de la part de ce fonctionnaire public compromet gravement ses intérêts ; qu'en conséquence, il s'empresse de nous en faire sa déclaration et requiert notre transport, aux fins de droit, et a signé.

(Signature de l'exposant.)

Nous, juge de paix, etc.,

Vu la déclaration ci-dessus, et l'article 1966 du Code civil,

Obtempérant à la demande, nous sommes immédiatement transporté au bureau de la Conservation des hypothèques, où étant, nous avons fait part à M. le conservateur de la réclamation dudit sieur...

A quoi il a été répondu (*énoncer les motifs du refus ou du retard*):

De tout quoi, nous avons fait et rédigé le présent procès-verbal et a ledit sieur..., conservateur, signé avec nous et le greffier; *ou bien* et avons signé avec le greffier, à l'exception du conservateur, qui s'y est refusé, les jour, mois et an que dessus, après lecture.

CHAPITRE XIII

Actes divers en Matière commerciale.

CODE DE COMMERCE.

Art. 16. — Dans le cas où les livres dont la représentation est offerte, requise ou ordonnée, sont dans des lieux éloignés du tribunal saisi de l'affaire, les juges peuvent adresser une commission rogatoire au tribunal de commerce du lieu, ou déléguer un juge de paix pour en prendre connaissance, dresser un procès-verbal du contenu, et l'envoyer au tribunal saisi de l'affaire.

FORMULE N° 240. — **Rapport du juge de paix délégué pour prendre connaissance des livres d'un commerçant et dresser procès-verbal de leur contenu.**

L'an...,

Nous..., juge de paix de...,

A la réquisition du sieur..., négociant, demeurant à...,

Vu l'expédition en forme authentique du jugement rendu par le tribunal de commerce de..., en date du..., enregistré, par lequel nous sommes commis pour vérifier le livre-journal du sieur B..., et en constater l'état, etc.,

Nous sommes transporté au domicile dudit sieur B..., où étant, il nous a représenté le livre dont il s'agit, à l'examen duquel nous avons procédé comme il suit :

Ce livre contient cent feuillets, dont quatre-vingts sont écrits et les autres en blanc. Pour en garantir l'identité et assurer son état actuel, nous l'avons visé, coté et parafé, *ne varietur*, sur le revers du quatre-vingtième feuillet écrit, immédiatement après le dernier article finissant par ces mots : « ... »

Après avoir parcouru tous les feuillets écrits, nous avons remarqué qu'il y existe vingt ratures, quinze surcharges, cinq interlignes, et trente renvois en marge des feuillets. Nous avons reconnu à la page cinquante-sixième, où se trouve l'article qui donne lieu à contestation, que ledit article contient six lignes, les mots *tel et tel* surchargés, trois mots rayés, deux lignes en blanc entre ledit article et le suivant, et est ainsi conçu : (*copier l'article*).

De tout ce que dessus, nous avons fait et dressé le présent procès-verbal, qui sera immédiatement transmis à M. le Doyen du tribunal de commerce de..., aux fins de droit.

A..., les jour, mois et an que dessus, et a ledit sieur B... signé avec nous et le greffier, après lecture.

ART. 105. — En cas de refus ou de contestation pour la réception des objets transportés, leur état est vérifié et constaté par des experts nommés par le doyen du tribunal de commerce, ou, à son défaut, par le juge de paix et par ordonnance au pied d'une requête.

Le dépôt ou séquestre, et ensuite le transport dans un lieu désigné peut en être ordonné par le doyen du tribunal de commerce ou, à son défaut, par le juge de paix.

La vente peut en être ordonnée en faveur du voiturier, jusqu'à concurrence du prix de la voiture.

FORMULE N° 241. — Requête et ordonnance pour constater l'état des marchandises transportées.

A Monsieur le Juge de paix de...

Les sieurs F. B... et Cie, négociants consignataires, domiciliés à New-York (1) et établis en cette ville, où ils sont patentés pour la présente année au n°..., ont l'honneur de vous exposer que, sur leur demande, il leur a été expédié le..., sur la goëlette « ... », capitaine C..., dix caisses de..., moyennant un fret de... gourdes par caisse; que ces marchandises viennent à l'instant d'être déposées devant leur magasin ; mais que, s'étant aperçus, au déchargement, qu'une partie était avariée (*ou* qu'il en manque une caisse, etc.), ils ont refusé de les recevoir ;

Pourquoi les exposants, désirant en faire constater l'état, requièrent qu'il vous plaise, Magistrat, nommer trois experts pour visiter et vérifier lesdites marchandises, en constater l'état, la qualité et le poids, par comparaison avec le connaissement ci-joint. Et vous ferez justice.

Miragoâne, le...

(Signature.)

Vu la requête ci-dessus, le connaissement y joint et l'article 105 du Code de commerce,

Nous..., juge de paix, etc.,

Nommons d'office, pour experts à l'effet de visiter, vérifier et constater l'état, la qualité et le poids des marchandises dont il s'agit, Messieurs (*noms, prénoms, professions et demeures des experts*); lesquels procéderont à cette opération le..., en présence du capitaine C..., ou lui dûment appelé,

---

(1) Pour l'établissement des qualités du requérant étranger, on dit encore, par exemple : « J. L., domicilié à Paris, résidant à Port-au-Prince, etc. ».

serment préalablement prêté devant nous par lesdits experts, dont le rapport
devra être déposé au greffe de cette justice de paix, s'il n'a été rédigé par le
greffier.

Donné à..., le...

(Signatures du juge et du greffier.)

ART. 231. — Si, pendant le cours du voyage, il y a nécessité de radoub, ou d'achat de victuailles, le capitaine, après
l'avoir constaté par un procès-verbal signé des principaux
de l'équipage, pourra, en se faisant autoriser en Haïti par
le tribunal de commerce, ou, à défaut, par le juge de paix,
chez l'étranger par le consul haïtien, ou, à défaut, par le
magistrat des lieux, emprunter sur le corps et quille du
vaisseau, mettre en gage ou vendre des marchandises ou
denrées jusqu'à concurrence de la somme que les besoins
constatés exigent.

Les propriétaires ou le capitaine qui les représente tien-
dront compte des marchandises ou denrées vendues, d'après
le cours des marchandises ou denrées de même nature et
qualité dans le lieu de la décharge du navire, à l'époque de
son arrivée.

FORMULE N° 242. — Requête et ordonnance pour emprunter
sur le corps et quille d'un navire.

A Monsieur le Juge de paix de...

Le sieur..., capitaine du navire « ... », du port de... tonneaux, armateur L. R..., demeurant à...; ledit navire amarré dans le port de... (*ou*
entré en rade de...*), a l'honneur de vous exposer que, son navire étant
parti de..., le..., à destination de..., a éprouvé en mer par... degrés
de longitude, une avarie assez considérable (*ou* voie d'eau), qui l'a forcé
de relâcher en ce port pour y être radoubé, afin de pouvoir continuer son
voyage.

S'il s'agit de vivres dont le navire est dépourvu, on varie ainsi :

A l'honneur de vous exposer que, son navire étant parti de..., à destination
de..., depuis... jours, pendant lesquels il a battu les mers par des vents
contraires (*ou* pendant lesquels il a fait plusieurs relâches), ce qui a occasionné la consommation des vivres dont ledit navire était approvisionné pour
sa route.

Ensuite, pour les deux cas, on continue ainsi :

Que ce fait est constaté par un procès-verbal régulier, signé des principaux de l'équipage (*ou* fait en leur présence, *pour le cas où ils ne savent pas signer*), le..., dont l'original est joint à la présente ;

Qu'en conséquence, il requiert qu'il vous plaise, Magistrat, l'autoriser à emprunter sur le corps et quille de son navire, ou mettre en gage, ou vendre des marchandises dont le navire est chargé, jusqu'à concurrence de la somme de..., estimée nécessaire par ledit procès-verbal pour le radoub du navire (*ou* pour l'achat de victuailles dont il a besoin pour continuer sa route). Et vous ferez justice.

(Signature du capitaine.)

Vu la requête ci-dessus, le procès-verbal y joint et l'article 231 du Code de commerce,

Nous..., juge de paix de..., assisté de notre greffier soussigné,

Autorisons le capitaine... à emprunter sur le corps et quille du navire « .... », qu'il commande, la somme de..., ou à vendre et mettre en gage des marchandises jusqu'à concurrence de cette somme, pour subvenir aux besoins dont il s'agit, à la charge toutefois de rendre compte à l'armateur ou aux fréteurs du navire et à tous autres qu'il appartiendra.

Fait et donné à la justice de paix de..., le...

ART. 239. — Le capitaine est tenu, dans les vingt-quatre heures de son arrivée, de faire viser son registre et de faire son rapport.

Le rapport doit énoncer :

Le lieu et le temps de son départ,

La route qu'il a tenue,

Les hasards qu'il a courus,

Les désordres arrivés dans le navire en toutes les circonstances remarquables de son voyage.

ART. 240. — Le rapport est fait au greffe devant le doyen du tribunal de commerce.

Dans les lieux où il n'y a pas de tribunal de commerce, ce rapport est fait au juge de paix de la commune.

Le juge de paix qui a reçu le rapport est tenu de l'envoyer, sans délai, au doyen du tribunal de commerce le plus voisin.

Dans l'un et l'autre cas, le dépôt en est fait au greffe du tribunal de commerce.

ART. 242. — Si, pendant le cours du voyage, le capitaine est obligé de relâcher dans un port haïtien, il est tenu de déclarer au doyen du tribunal de commerce du lieu les causes de sa relâche.

Dans les lieux où il n'y a pas de tribunal de commerce, déclaration est faite au juge de paix ou à toute autre autorité.

Si la relâche forcée a lieu dans un port étranger, la déclaration est faite au consul d'Haïti, ou, à son défaut, au magistrat du lieu.

Art. 243. — Le capitaine qui a fait naufrage et qui s'est sauvé seul ou avec partie de son équipage est tenu de se présenter devant le doyen du tribunal de commerce, ou, s'il n'y en a point, devant le juge de paix ou devant toute autre autorité, d'y faire son rapport, de le faire vérifier par ceux de son équipage qui se seraient sauvés et se trouveraient avec lui, et d'en tirer expédition.

FORMULE N° 243. — Rapport d'un capitaine de navire à son arrivée, ou après relâche forcée ou volontaire.

L'an..., heure de...,

Par-devant nous..., juge de paix, etc.,

A comparu, au greffe de ce tribunal, le sieur..., patron du navire « ... », du port de... tonneaux, armé par L. R..., de..., lequel a déclaré qu'il est parti le..., du port de..., à destination de..., et a tenu (*expliquer quelle route il a tenue avec ses variations circonstanciées*) ; qu'il a couru les plus grands dangers ; qu'il est arrivé dans son navire (*rapporter les choses remarquables qui ont eu lieu pendant la traversée*) ; qu'il a eu notamment connaissance du navire « ... » à la hauteur de..., lequel faisant route pour... *ou* vers..., etc.

En cas de naufrage :

Qu'il a été atteint par une tempête le..., qui a désemparé son navire du... (*désigner quel gréement, mât ou manœuvre*), *ou* qui lui a occasionné une avarie (*indiquer quelle avarie*), et l'a jeté à la côte de..., le..., à... heure d..., dans lequel lieu est maintenant son navire, duquel il s'est sauvé (*désigner les individus*), faisant partie de l'équipage *ou* étant passagers à bord.

Dans les deux cas, le procès-verbal se termine comme suit :

Duquel rapport, qui sera transmis dans le plus bref délai au doyen du tribunal de commerce de..., nous avons rédigé le présent acte à..., les jour, mois et an que dessus, et a le capitaine... signé avec nous et le greffier, après lecture.

(Signatures.)

Art. 244. — Pour vérifier le rapport du capitaine, le juge reçoit l'interrogatoire des gens de l'équipage, et, s'il est possible, des passagers, sans préjudice des autres preuves.

Les rapports non vérifiés ne sont pas admis à la décharge du capitaine et ne font point foi en justice, excepté dans le cas où le capitaine naufragé s'est sauvé seul dans le lieu où il a fait son rapport.

La preuve des faits contraires est réservée aux parties.

FORMULE N⁰ 244. — Interrogatoire.

L'an...,

Nous..., juge de paix...,

Étant à..., et procédant par suite du rapport fait devant nous par le sieur..., capitaine du navire « ... », naufragé à..., dont nous avons dressé procès-verbal à la date de ce jour, nous avons mandé devant nous, en vertu de l'article 244 du Code de commerce, les ci-après nommés, auxquels nous avons fait subir un interrogatoire sur le naufrage dont il s'agit, ainsi qu'il suit :

D. — Quels sont vos nom, prénoms, âge, profession, domicile et lieu de naissance?

R. — ...

D. — Quel jour est parti le navire « ... », et quelle route a-t-il faite jusqu'au jour où il a fait naufrage?

R. — ...

D. — Ce même jour, le navire a-t-il été atteint par un coup de vent, *ou* a-t-il été abordé par..., *ou* a-t-il éprouvé une voie d'eau, *ou* touché sur un récif, — et que s'en est-il suivi?

R. — ...

D. — Pouvez-vous nous dire ce qui a eu lieu au moment du naufrage ou quelques instants avant et quelle a été la conduite du capitaine dans cette circonstance?

R. — ...

D. — Que s'est-il passé avant le naufrage? — N'a-t-on rien soustrait du navire, etc.?

R. — ...

Lecture faite, a persisté et a signé ledit...., avec nous et le greffier.

(Signatures.)

On continue de la même manière pour tous les gens à interroger, et l'on clôt le procès-verbal.

Desquels interrogatoires nous avons fait et dressé le présent procès-verbal, qui sera transmis dans le plus bref délai à M. le doyen du tribunal de commerce de..., à telles fins que de droit, et avons signé avec le greffier.

A..., le...

(Signatures.)

CHAPITRE XIV

§ 1er.

Licence pour avoir des canots au service d'une habitation rurale.

CODE RURAL.

ART. 4. — Aucun propriétaire riverain de la mer ne pourra avoir de canots ou embarcations pour le transport de ses denrées à la ville ou au bourg voisin, sans être muni d'une licence qui lui sera délivrée gratis par le juge de paix ; sous aucun prétexte ces canots ne pourront être employés à faire le cabotage des autres ports ou îlots voisins, ni à faire la pêche si ce n'est pour l'usage de l'habitation.

I. — Ces défenses, dit M. Saint-Amand dans son commentaire du Code rural (note sous l'article 4), étaient commandées dans l'intérêt du cabotage qui est régi par des lois particulières, et elles sont nécessaires pour empêcher les fraudes et la contrebande, comme aussi pour faciliter la surveillance des côtes.

FORMULE N° 245. — Licence pour avoir des canots, etc.

Il est permis à M..., propriétaire de l'habitation « ... », située section de..., commune de..., arrondissement de..., et riverain de la mer, d'avoir un *ou* plusieurs canots et embarcations pour le transport de ses denrées (*ou* pour la pêche à l'usage de l'habitation), mais à la charge par lui de se conformer aux prescriptions de l'article 4 du Code rural.

Délivré gratis, à..., le...

Le juge de paix,

(Signature.)

NOTA. — *Ces permis doivent être inscrits dans un registre spécial tenu par le greffier.* (J. SAINT-AMAND, à qui aussi nous avons emprunté la formule de licence.)

§ 2.

Injonction et exécutoire en matière d'enregistrement.

LOI SUR L'ENREGISTREMENT.

ART. 95. — Du reste, les receveurs sont tenus de garder le secret sur les actes qu'ils enregistrent, et ce n'est que sur une ordonnance du juge de paix qu'ils peuvent délivrer des extraits de leurs registres à d'autres personnes que les parties contractantes, leurs héritiers ou ayants cause.

FORMULE N° 246. — Ordonnance d'injonction à un receveur de l'enregistrement de délivrer un extrait de ses registres à un tiers qui n'est pas partie dans l'acte enregistré.

L'an..., etc., par-devant nous..., etc., a comparu le citoyen..., etc.,

Lequel nous a dit que, obligé de former une action contre..., demeurant à..., il lui est utile de connaître auparavant si un acte portant..., passé devant M^e..., notaire à..., entre..., et..., demeurant à..., contient (*telle chose*); mais que n'étant ni héritier, ni acquéreur des parties contractantes audit acte, il a besoin de notre autorité pour avoir expédition de ladite pièce; qu'en conséquence, il requiert qu'il nous plaise autoriser le préposé aux droits d'enregistrement au bureau de..., à lui délivrer, dans vingt-quatre heures, moyennant salaire suffisant, copie en forme de l'extrait inséré sur les registres, de l'acte dont il s'agit, et a signé.

(Signature.)

Nous, juge de paix,

Vu la réquisition ci-dessus, et l'article 95 de la loi sur l'enregistrement,

Autorisons M. le receveur de l'enregistrement de cette commune à délivrer copie de l'extrait ci-dessus requis, de lui certifiée et signée, moyennant salaire suffisant.

Fait à..., le...

(Signature du juge.)

ART. 131. — Les officiers publics qui auraient fait, pour les parties, l'avance des droits d'enregistrement, pourront prendre exécutoire du juge de paix de la commune de la résidence desdites parties, pour leur remboursement.

FORMULE N⁰ 247. — Exécutoire délivré à un officier public, pour le remboursement du droit d'enregistrement.

L'an..., etc.,

Par-devant nous..., etc., assisté de..., greffier de cette justice de paix,

A comparu le citoyen...,

Lequel nous a présenté une quittance de..., pour droit d'enregistrement de *tel* acte, qu'il affirme avoir avancé pour le citoyen B..., demeurant à...; et nous a requis exécutoire pour contraindre ledit citoyen... au remboursement dudit droit, et a signé.

(Signature.)

Nous, juge de paix, assisté comme il est dit, — vu la réquisition ci-dessus, l'acte présenté et l'article 131 de la loi sur l'enregistrement;

Considérant que le citoyen... (*notaire, greffier ou huissier*) a avancé pour B... et pour droit d'enregistrement dudit acte une somme de..., suivant l'affirmation du requérant,

Disons que, par le premier huissier de ce requis, le citoyen B... sera contraint par toutes voies de droit à payer au citoyen..., (*notaire, greffier, ou huissier*), la somme de..., pour remboursement de l'avance par lui faite des droits de l'acte susénoncé.

Fait et délivré le présent exécutoire, à..., le...

(Signatures du juge et du greffier.)

Art. 70. — Seront enregistrés en débet, savoir :

1⁰ Les actes et procès-verbaux des juges de paix, pour frais de police;

2⁰ Ceux faits à la requête des commissaires du gouvernement, soit que l'enregistrement doive avoir lieu sur les minutes ou les expéditions;

3⁰ Ceux des officiers de police rurale, pour délits ruraux;

4⁰ Les actes et jugements qui interviennent sur ces actes et procès-verbaux.

Art. 71. — Il y aura lieu de suivre la rentrée des droits d'enregistrement de tous ces actes, procès-verbaux et jugements contre les parties condamnées, d'après les extraits des jugements qui seront fournis aux receveurs par les greffiers. Cette poursuite se fera dans la forme prescrite par les articles 168 et 169 ci-après.

Art. 168. — Si le redevable se refuse au versement de

tout ou partie soit du droit, soit de l'amende, le receveur décernera contre lui une contrainte.

Art. 169. — Cette contrainte sera visée et déclarée exécutoire par le juge de paix de la résidence actuelle du redevable, auquel elle sera signifiée.

Art. 170. — Le redevable aura trois jours, à dater de la signification, pour former opposition à l'exécution de la contrainte.

I. — Cette opposition est portée devant le tribunal civil. (Loi sur l'enregistrement, art. 171.)

FORMULE N° 248. — Visa pour rendre exécutoire une contrainte décernée par un receveur de l'enregistrement.

Nous..., juge de paix de...,
Vu la contrainte ci-dessus, délivrée contre le sieur..., demeurant à...,
pour payement de la somme de..., pour droit d'enregistrement de *tel acte*,
Ordonnons qu'elle soit exécutée suivant sa forme et teneur.
Fait à..., le...   (Signature du juge.)

Remarque. — Ce visa et cette ordonnance exécutoire se placent au pied de la contrainte, qui, en général, est ainsi libellée :

« Il est dû à l'administration de l'enregistrement la somme de..., au
« payement de laquelle somme le sieur X... sera contraint par les voies
« autorisées par la loi.
« Fait à..., par le receveur de l'enregistrement soussigné, le... »

                                                        (Signature.)

Nota. — *La loi n'ayant assujetti la contrainte à aucune formalité spéciale, elle est valable du moment qu'elle est libellée de manière à faire connaître au redevable l'objet des réclamations exercées contre lui.* — (Bioche, *Dictionnaire de Procédure*, Enregistrement, 214.)

§ 3.

Certificat d'indigence.

CODE D'INSTRUCTION CRIMINELLE.

Art. 327. — Sont dispensés de l'amende (1) : 1° les con-

---

(1) Amende à consigner en cas de recours en cassation ; aujourd'hui 15 gourdes ou la moitié, si le jugement est par défaut. (Art. 326 C. instr. crim.)

damnés en matière criminelle; 2° les agents publics, pour affaires qui concernent directement l'administration.

A l'égard de toutes autres personnes, l'amende sera encourue par celles qui succomberont dans leur recours; seront néanmoins dispensées de la consigner, celles qui joindront à leur demande en cassation un certificat d'indigence à elles délivré par le juge de paix de leur commune et visé par l'officier d'administration.

I. — Les condamnés au grand criminel sont seuls affranchis de la consignation d'amende. Il s'ensuit que doit être déclaré déchu de son pourvoi le condamné au correctionnel qui n'a pas fait la consignation exigée par l'article 326 du Code d'instruction criminelle, ou qui n'a pas présenté un certificat d'indigence. — Cass., 2 sept. 1874. (L. P., note 4, sous l'art. 327 C. instr. crim.)

II. — Il en est de même du condamné en matière de simple police.

LOI SUR L'ENREGISTREMENT.

Art. 72. — Seront enregistrés gratuitement, savoir :

4° Les expéditions des jugements de condamnation, lorsqu'elles sont visées par le juge de paix du domicile des condamnés ou par celui du lieu où siège le tribunal, attestant l'indigence des condamnés auxquels elles sont délivrées.

Lesdits visas seront exempts d'enregistrement.

FORMULE N° 249. — Certificat d'indigence.

Nous..., juge de paix de...,
Certifions que le sieur... (*noms et profession*), habitant dans cette commune, est en état d'indigence.
A..., le...

(Signature du juge.)

Visé par nous, préposé d'administration de..., le...

(Signature de l'officier d'administration.)

APPENDICE

EXTRAITS DE LOIS DIVERSES

CODE CIVIL.

Art. 542. — Il n'est permis de planter des arbres qu'à la distance de six pieds de la ligne séparative des deux propriétés.

Le voisin peut exiger que les arbres plantés à une moindre distance soient arrachés.

Celui sur la propriété duquel avancent les branches des arbres du voisin peut contraindre celui-ci à couper ces branches. Si ce sont les racines qui avancent sur son fonds, il a droit de les y couper lui-même.

Les arbres qui se trouvent dans la haie mitoyenne sont mitoyens comme la haie ; et chacun des deux propriétaires a droit d'en jouir ou de requérir qu'ils soient abattus.

Art. 543. — Celui qui a fait creuser un puits ou une fosse d'aisances près d'un mur mitoyen ou non ; celui qui veut y construire cheminée, four ou forge est obligé de laisser la distance de trois pieds, pour ne pas nuire au voisin.

Les fours et les forges établis dans les villes ou bourgs auront toujours une cheminée.

(V. les articles qui viennent après ceux ci-dessus touchant les *vues*, l'*égout des toits* et le *droit de passage* pour un fond enclavé.)

LOI SUR L'ENREGISTREMENT.

(29 juillet 1828.)

Tarif des Actes judiciaires et extrajudiciaires.

Art. 60. — Les actes judiciaires et extrajudiciaires sont ceux qui émanent des juges, commissaires du gouvernement, greffiers, huissiers, et généralement de tous officiers publics attachés aux tribunaux.

Les actes judiciaires et extrajudiciaires seront enregistrés moyennant le payement des droits ci-après :

Art. 61. — Sont soumis au droit fixe de *cinq gourdes* (aujourd'hui P. 2 1/2. V. plus loin la loi modificative), savoir :

1º Chaque expédition ou extrait de jugement du Tribunal de cassation délivré à partie ;

2º Les prestations de serment des juges, commissaires du gouvernement, défenseurs publics, notaires, greffiers, encanteurs, interprètes et autres officiers publics non compris au nombre 3º de l'article 63 ci-après.

Art. 62. — Sont soumis au droit fixe de *quatre gourdes* (c'est-à-dire P. 2), savoir :

1º Les jugements des tribunaux civils portant divorce ou interdiction ;

2º Le premier acte de recours au Tribunal de cassation, soit par requête, mémoire ou déclaration en matière civile, criminelle, correctionnelle et de police.

Cependant, si l'acte de recours est accompagné d'un certificat d'indigence signé du juge de paix, soit du lieu où siège le tribunal, soit du domicile du condamné qui se pourvoit, cet acte sera enregistré gratuitement ainsi que ledit certificat.

Art. 63. — Sont soumis au droit fixe de *trois gourdes* (c'est-à-dire P. 1 1/2), savoir :

1º Les déclarations et significations d'appel aux tribunaux civils ou du commerce ;

2º Les actes d'émancipation :

Le droit est dû pour chaque émancipé ;

3º Les prestations de serment des huissiers et autres officiers ministériels et de police préposés à l'exécution des actes judiciaires.

Art. 64. — Sont soumis au droit fixe de *deux gourdes* (c'est-à-dire P. 1), savoir :

1º Les expéditions et extraits des jugements des tribunaux civils et de commerce qui ne doivent pas être enregistrés sur minutes ;

2º Tous jugements des tribunaux civils et de commerce contenant des dispositions définitives et qui doivent être enregistrés sur minutes.

Art. 65. — Sont soumis au droit fixe de *une gourde* (c'est-à-dire 50 centimes), savoir :

1º Les procès-verbaux d'opposition ou de reconnaissance et de levée de scellés :

Il est dû un droit par chaque vacation ;

2º Tous jugements des juges de paix contenant des dispositions définitives ;

3º Tous jugements et autres actes préparatoires ou d'instruction des tribunaux civils et de commerce ;

4º Les actes faits ou passés aux greffes des mêmes tribunaux ;

5º Les ordonnances des juges des mêmes tribunaux sur requêtes ou mémoires ; celles de référé, de compulsoire et d'injonction ; celles portant permission de saisir, revendiquer ou vendre, et celles des commissaires du gouvernement, dans les cas où la loi les autorise à en rendre.

Art. 66. — Sont soumis au droit fixe de *soixante-quinze centimes* (c'est-à-dire 37 centièmes et demi), savoir :

1º Les avis de parents ou délibérations du conseil de famille ;

2º Les jugements et autres actes préparatoires, interlocutoires ou d'instruction des juges de paix, certificats d'individualité, visa de pièces et d'actes ; les oppositions à la levée des scellés par comparution personnelle dans le procès-verbal ; les ordonnances et mandements d'assigner les opposants à scellés.

Art. 67. — Sont assujettis au droit fixe de *cinquante centimes* (c'est-à-dire 25 centimes), savoir :

1º Les exploits, significations, commandements, demandes, notifications, citations, offres ne faisant point titre au créancier et non acceptées, oppositions, sommations, procès-verbaux, assignations, protêts, interventions à protêts, protestations, publications et affiches, saisies-arrêts, séquestres, mainlevées et généralement tous actes extrajudiciaires des huissiers ou de leur ministère qui ne peuvent donner lieu au droit proportionnel.

Il sera dû un droit par chaque demandeur ou défendeur, en quelque nombre qu'ils soient dans le même acte, excepté les copropriétaires et cohéritiers, les parents réunis, les cointéressés, les débiteurs ou créanciers associés ou solidaires, les séquestres, les experts et les témoins, qui ne seront comptés que pour une seule et même personne, soit en demandant, soit en défendant, dans le même original d'acte, lorsque leurs qualités y sont exprimées ;

2º Tous autres actes judiciaires et extrajudiciaires non prévus aux sept articles précédents.

Art. 68. — Sont assujettis au droit fixe de *vingt-cinq centimes* (c'est-à-dire 12 centimes et demi), savoir :

Toutes dispositions d'actes judiciaires et extrajudiciaires non prévues aux sept articles précédents.

Art. 69. — Cependant, les actes et les dispositions d'actes dont il est parlé aux articles 67 et 68 ci-dessus seront assujettis aux mêmes droits que les actes civils et que les dispositions de ces actes, tels qu'ils se trouvent tarifés aux articles 56 et 57 ci-dessus, s'ils sont de la même nature que ces actes civils et que leurs dispositions.

(Et dans l'énumération, à l'article 57, des actes civils soumis au droit fixe de *une gourde* [c'est-à-dire 50 centimes], se trouvent :)

1º Les actes et jugements des arbitres qui ne donnent point ouverture au droit proportionnel ;

2º Les inventaires de meubles, objets mobiliers, titres et papiers :

Il est dû un droit par chaque vacation ;

3º Les intitulés et les clôtures d'inventaires.

Le droit n'est perçu qu'autant que l'intitulé ou la clôture ne fait pas corps avec la première ou la dernière vacation, c'est-à-dire lorsque l'intitulé ou la clôture porte des signatures indépendamment de celles qui sont apposées à la première ou à la dernière vacation ;

4º ...Les procès-verbaux des arpenteurs et des experts.

(V. encore les articles 26 et suiv., 131, 132, 136 à 139, 141, 143 et suiv., 147 et suiv., 169, 178.)

LOI

RELATIVE AU TARIF DES DROITS DE L'ENREGISTREMENT
ET DE LA CONSERVATION DES HYPOTHÈQUES.

(14 novembre 1876.)

Article premier. — A partir du 1er décembre prochain, les droits fixes de l'enregistrement et le traitement des conservateurs des hypothèques seront perçus, en monnaie forte, à 50 p. 100 du tarif de la loi du 20 juillet 1828, sur l'enregistrement, et de celui de l'article 6 de la loi du 7 avril 1826, relative à l'organisation de la conservation des hypothèques.

LOI SUR L'ORGANISATION JUDICIAIRE.

(9 juin 1835.)

Du Corps judiciaire.

ARTICLE PREMIER. — Les juges, leurs suppléants, les commissaires du gouvernement et leurs substituts forment le corps judiciaire.

Les officiers ministériels exerçant près le corps judiciaire sont les défenseurs publics, les greffiers et les huissiers.

ART. 2. — Nul ne peut être membre du corps judiciaire, ni officier ministériel, s'il n'est âgé de vingt-cinq ans accomplis et s'il ne jouit de ses droits civils et politiques.

Néanmoins, on pourra être défenseur public à l'âge de vingt et un ans accomplis.

ART. 3. — Les membres du corps judiciaire et les officiers ministériels prêtent, avant leur entrée en fonctions, le serment suivant :

« Je jure d'être fidèle à la nation et au gouvernement, de suivre dans l'exercice de mes fonctions les lois de ma patrie, de respecter les droits de mes concitoyens et de prêter un concours loyal en faveur de tout ce qui peut contribuer à la gloire et à la prospérité de la République. »

ART. 4. — Les fonctions de membres du corps judiciaire et d'officiers ministériels sont incompatibles entre elles, et ne pourront être cumulées.

ART. 5. — Les membres du corps judiciaire et les officiers ministériels ne peuvent être requis pour aucun service public, hors le cas de danger imminent.

ART. 6. — Dans les cérémonies publiques, le corps judiciaire prend rang, en observant les divers degrés de sa hiérarchie.

Des Tribunaux.

ART. 7. — La justice est rendue, au nom de la République, par les tribunaux de paix, par les tribunaux civils et par le Tribunal de cassation.

ART. 8. — Les tribunaux sont indépendants les uns des autres.

ART. 9. — Les tribunaux de paix se composent d'un seul juge, de plusieurs suppléants et d'un greffier.

Art. 10. — Les tribunaux civils et le Tribunal de cassation se composent de juges, de suppléants, de greffiers et d'huissiers audienciers.

Il y a, en outre, près ces tribunaux, des officiers exerçant le ministère public sous le titre de commissaire du gouvernement et de substituts.

Art. 11. — Les parents ou alliés jusqu'au degré de cousins germains, inclusivement, ne peuvent entrer simultanément dans la composition du même tribunal.

Art. 12. — Chaque tribunal a un certain nombre d'huissiers exploitants qui sont commissionnés par le juge qui préside, et révocables par le tribunal en cas d'inconduite ou d'insubordination.

Art. 13. — Les défenseurs publics peuvent militer devant tous les tribunaux, à l'exception des tribunaux de paix.

Art. 14. — Le serment prescrit en l'article 3 ci-dessus est prêté devant le tribunal, *en audience publique*, savoir :

Par le doyen du Tribunal de cassation et le commissaire du gouvernement près ledit tribunal, entre les mains du Secrétaire d'État de la justice (1) ;

Par les doyens des tribunaux civils, entre les mains du juge qui préside provisoirement le tribunal ;

Par les juges et les suppléants des tribunaux civils et de cassation, ainsi que par les commissaires du Gouvernement, par les substituts des commissaires du Gouvernement et par les officiers ministériels, entre les mains du doyen du tribunal auquel ils appartiennent ;

Par les juges de paix, entre les mains du doyen du tribunal civil dans le ressort duquel ils doivent exercer leurs fonctions ;

Par les suppléants des tribunaux de paix et les huissiers y attachés, entre les mains du juge de paix qui préside le tribunal auquel ils appartiennent.

Des Audiences.

Art. 15. — Les audiences des tribunaux sont publiques, sauf le cas où la loi, dans l'intérêt des mœurs, autorise les juges à procéder aux débats à huis clos.

---

(1) A rapprocher de la loi du 23 décembre 1867 qui régit l'organisation du Tribunal de cassation. C'est en audience solennelle du tribunal que ce serment est prêté par le président et le commissaire du Gouvernement.

Des Tribunaux de paix.

Art. 29. — Il y a un tribunal de paix dans chaque commune de la République.

Le Président d'Haïti pourra aussi établir des tribunaux dans les quartiers et paroisses où le bien public l'exigera.

Art. 30. — Les divers quartiers où paroisses où il n'aura pas été établi des tribunaux de paix dépendront, pour la distribution de la justice, des tribunaux de paix les plus voisins.

Art. 31. — Chaque tribunal de paix se compose d'un juge, d'un greffier et de deux huissiers exploitants.

Il y aura, en outre, trois suppléants dans les tribunaux de paix dont le siège est au chef-lieu des tribunaux civils, et deux suppléants seulement dans les autres tribunaux de paix.

Art. 32. — Dans les affaires que les tribunaux de paix sont autorisés à juger en dernier ressort, le juge doit toujours être assisté d'un suppléant et du greffier, sauf à appeler un autre suppléant en cas de partage.

Dans tous les autres cas, l'assistance du greffier suffira.

Art. 33. — Les juges de paix et leurs greffiers, outre le traitement fixe qu'ils reçoivent de la caisse publique, ont encore droit aux frais établis par le tarif.

Art. 34. — Les suppléants ne sont point salariés par l'État; mais lorsqu'ils remplacent le juge, ils perçoivent, pour leur propre compte, le produit de la taxe des frais.

Ils ont également droit au tiers de ladite taxe, quand ils assistent le juge.

Art. 35. — En cas de vacance de la place du juge de paix, le suppléant qui en remplira provisoirement les fonctions jouira du traitement fixe alloué audit juge.

Art. 36. — Dans le cas où les juges de paix et leurs greffiers seraient convaincus d'avoir exigé des frais plus élevés ou autres que ceux fixés par le tarif, ils seront, sur la plainte des parties, ou même d'office, à la diligence du ministère public, condamnés à la restitution de la totalité des frais perçus, sans préjudice des peines portées par la loi contre les concussionnaires.

Art. 37. — Les tribunaux de paix sont à la fois tribunaux de conciliation et de police.

Art. 38. — Comme juges conciliateurs, les juges de paix doivent s'efforcer d'amener à accommodement les parties qui se présentent devant eux.

Art. 39. — En matière de police, les attributions des juges de paix sont déterminées par le Code d'instruction criminelle.

Art. 40. — Les juges de paix reçoivent aussi les délibérations des conseils de famille.

Ils reçoivent le serment des tuteurs, subrogés tuteurs, curateurs, experts et arbitres, ainsi que celui des gérants ou administrateurs de biens ruraux (?).

Ils procèdent à l'apposition et à la levée des scellés dans le cas prévu par la loi.

Ils dressent tous procès-verbaux ou actes de notoriété ayant pour but de constater des droits de propriété ou l'adirement des titres y relatifs, la perte ou l'avarie des marchandises, ou tous autres faits résultant de force majeure, et dont la connaissance serait du ressort de la justice de paix.

Art. 41. — Il est expressément défendu aux juges de paix, sous peine de destitution, de dresser aucune enquête ni de recevoir aucune déclaration ayant pour objet d'établir la preuve de la paternité en faveur des enfants naturels.

Des Juges.

Art. 73. — Les juges sont tenus de résider dans la ville où est établi le tribunal dont ils sont membres.

Art. 76. — Les juges de paix sont amovibles.

Art. 77. — Toute ordonnance de prise de corps contre un juge pour faits civils ou autres emporte nécessairement la suspension de ses fonctions.

Art. 78. — La suspension des fonctions entraîne toujours, pendant sa durée, la suppression du traitement qui y est attaché.

Des Greffiers.

Art. 103. — Il n'est alloué aucuns frais de bureau aux greffiers; mais ils perçoivent, pour leur propre compte, la moitié du coût de toutes les expéditions, extraits et copies des actes et pièces déposées, et la totalité des droits de recherches des actes et pièces déposés dans les archives de leurs greffes respectifs.

DÉCRET DU GOUVERNEMENT PROVISOIRE.

(22 mai 1843.)

ART. 7. — La contrainte par corps aura lieu contre toute personne, pour dettes résultant des actes de commerce, définis par l'article 621 du Code de commerce; mais elle ne pourra être prononcée contre les septuagénaires, et le jugement de condamnation devra en fixer la durée, qui sera d'un an au moins et de trois ans au plus.

ART. 8. — Tout jugement qui interviendra au profit d'un Haïtien contre un étranger emportera de plein droit la contrainte par corps pour trois ans.

Avant le jugement de condamnation, mais après l'échéance ou l'exigibilité de la dette, le doyen du tribunal civil dans le ressort duquel se trouvera l'étranger pourra, s'il y a de suffisants motifs, ordonner son arrestation provisoire sur la requête du créancier haïtien.

Dans ce cas, le créancier sera tenu de se pourvoir en condamnation dans la huitaine de l'arrestation du débiteur, faute de quoi celui-ci pourra demander son élargissement.

L'arrestation provisoire n'aura pas lieu, ou cessera, si l'étranger justifie qu'il possède sur le territoire haïtien un établissement de commerce d'une valeur suffisante pour assurer le payement de la dette, ou s'il fournit pour caution un Haïtien reconnu solvable.

LOI SUR L'ARPENTAGE.

ART. 4. — Les arpenteurs, avant d'entrer en fonctions, prêtent serment devant le juge de paix de la commune dans l'étendue de laquelle ils doivent exercer.

ART. 7. — Les arpenteurs sont tenus d'opérer par eux-mêmes et non par l'entremise de leurs aides.

ART. 8. — Il est défendu aux arpenteurs d'opérer pour leurs parents et alliés en ligne directe à l'infini, et en ligne collatérale jusqu'au degré de cousin germain, inclusivement.

ART. 10. — Les arpenteurs pourront exiger de leurs requérants le dépôt préalable, chez le juge de paix, des émoluments qui leur sont alloués par le tarif fixé au chapitre 7 de la présente loi; mais dans aucun cas ils ne seront en droit d'en exiger le payement qu'après avoir terminé l'opération requise, et en remettant aux parties le plan et le procès-verbal y relatifs.

Art. 11. — Nul arpenteur ne peut se permettre de détruire ou de modifier, en opérant, les opérations d'un autre arpenteur, sauf le cas de revision.

Art. 13. — Tout arpenteur doit, lorsqu'il en est requis, communiquer à l'autorité civile et militaire les minutes de ses plans et procès-verbaux, même en donner toutes copies conformes.

Art. 16. — A la diligence du juge de paix de la commune, chaque arpenteur fera annuellement étalonner sa toise. Sa boussole sera également et à la même diligence touchée au moins deux fois par an avec une pierre d'aimant vérifiée par deux autres arpenteurs. Il sera dressé procès-verbal de cette vérification par les trois arpenteurs qui le signeront, ainsi que le juge de paix qui en aura requis l'opération.

Art. 20. — Lorsque les titres seront jugés valides et suffisants, l'arpenteur fixera le jour où l'opération devra avoir lieu. Alors, le requérant, par voie d'huissier du tribunal de paix, fera citer tous les propriétaires limitrophes connus, de se présenter ou de se faire représenter, avec leurs titres, plans et procès-verbaux d'arpentage, aux lieux, jour et heure, par l'arpenteur indiqué, en observant toutefois les délais prescrits par le Code de procédure civile pour les citations.

L'arpenteur sera tenu, dans le même délai, de prévenir l'officier chargé de la police rurale du lieu, de l'opération qu'il devra faire. Cet officier pourra y assister ou s'y faire représenter. Dans le cas où il ferait défaut, l'arpenteur passera outre à l'opération, et mention sera faite au procès-verbal de l'absence de l'officier de police.

Art. 24. — Les arpenteurs ne pourront, sous quelque prétexte que ce soit, enlever ou déplacer des bornes, ni remplacer celles qui auraient été enlevées ou qui seraient tombées de vétusté, qu'en présence et de l'accord de toutes les parties intéressées, sinon par autorité de justice.

Art. 25. — Néanmoins, en cas de contestation survenue sur les lieux entre les parties présentes, lors d'une opération d'arpentage, celle qui se croirait exposée à être lésée pourra faire opposition en présence de l'officier de police ou de son représentant, lequel sera tenu de faire discontinuer l'opération, et l'arpenteur ne pourra passer outre. La partie opposante sera obligée de faire vider le litige dans le délai des ajournements, par le juge de paix de la commune, à peine de tous dommages-intérêts.

Dans tous les cas, la partie qui succombera dans le jugement de l'opposition sera condamnée aux frais de transports et autres qui auront été occasionnés par l'opposition.

Lorsque l'arpenteur sera obligé de discontinuer son opération, il placera non des bornes, mais des piquets de remarque, et en dressera procès-verbal.

FORMULE N° 250. — Citation pour faire vider l'opposition à une opération d'arpentage.

L'an..., à la requête de..., j'ai..., huissier..., etc., cité le citoyen B..., etc., à comparaître le..., etc.

Pour, attendu que le requérant est opposant à l'opération d'arpentage commencée le... du mois courant, à..., sur un terrain limitrophe à la propriété du requérant, par l'arpenteur N..., et sur la réquisition dudit citoyen B...;

Attendu que cette opération lèse les intérêts du requérant, en ce que (*spécifier les motifs de l'opposition*);

Voir recevoir l'opposition du requérant; en conséquence, déclarer nulle l'opération commencée, faire défense au citoyen B... de...; condamner ledit... à... de dommages-intérêts, vu le tort occasionné au requérant par le fait dudit citoyen B...;

Pour, en outre, répondre et procéder comme de raison à fin de dépens.

A ce que le susnommé n'en ignore, etc.

Art. 26. — Toute revision sera faite par trois arpenteurs choisis, l'un par le réclamant, l'autre par l'arpenteur dont l'opération est contestée, et le troisième par les deux autres ou, à défaut, par le juge de paix de la commune dans laquelle est située la propriété qui fait l'objet de la contestation.

Art. 31. — Dans le cas de revision ou de contre-revision, le réclamant sera tenu, avant tout préalable, de déposer à la justice de paix le montant des frais qu'elles pourront occasionner.

Art. 32. — Le procès-verbal de revision ou de contre-revision sera transcrit à la suite de la minute primitive, et les nouveaux plans seront figurés sur l'ancien.

Les expéditions et plans ne pourront être délivrés qu'avec toutes ces additions, à peine de cinquante gourdes d'amende prononcée par le juge de paix contre l'arpenteur contrevenant (1).

---

(1) Cette amende doit être calculée à la moitié en piastres fortes, en vertu de l'article 2 de la loi du 10 août 1877.

Art. 36. — Les copies des plans et les expéditions des procès-verbaux seront certifiées conformes et signées par l'arpenteur : elles ne pourront être délivrées, à moins d'ordonnance du juge de paix, qu'au propriétaire du terrain arpenté, ou à ses héritiers et ayants cause, à peine contre l'arpenteur d'une amende de cinquante gourdes (*c'est-à-dire vingt-cinq piastres*), sans préjudice des dommages et intérêts des parties : le tout, sauf le cas prévu en l'article 13 ci-dessus.

Art. 38. — Chaque arpenteur tiendra un répertoire où il enregistrera sommairement, par ordre de dates et de numéros, tous les procès-verbaux de ses opérations.

Ce répertoire, avant d'être employé, devra être coté et parafé, en la première et en la dernière page, par le juge de paix de la commune, et visé par lui, tous les six mois, ainsi que par le receveur de l'enregistrement.

Des Contraventions.

Art. 40. — Toutes les opérations qui seront faites en contravention aux articles 7, 8, 11, 20 et 24 ci-dessus seront annulés par le juge de paix : dans ces différents cas, l'arpenteur en défaut supportera les frais, sans préjudice des dommages-intérêts des parties, s'il y a lieu.

L'arpenteur contrevenant pourra, en outre, être coudamné à la suspension de ses fonctions, par le juge de paix, pendant trois mois au moins et six mois au plus, même à la destitution, par qui de droit, s'il y a récidive de sa part.

LOI ADDITIONNELLE A LA LOI ORGANIQUE.

(19 juillet 1847.)

Art. 6. — Les commissaires du Gouvernement et leurs substituts près les tribunaux civils seront tenus de faire, à tour de rôle, des tournées dans toute l'étendue de leurs ressorts respectifs, afin d'inspecter les justices de paix et de s'assurer de la manière dont la justice est répartie aux citoyens.

Ils vérifieront également la comptabilité des greffiers et toutes les perceptions qui aboutissent aux greffes, et ils dresseront, s'il y a lieu, contre les délinquants, tous procès-verbaux à fin de poursuites criminelles.

Ils recevront, à cet effet, des instructions du secrétaire d'État de la justice, qui ordonnera lui-même les tournées, lorsqu'il le jugera convenable.

LOI DU 11 JUILLET 1859.

Art. 2. — Les huissiers des tribunaux de paix, hors du lieu où siègent un tribunal civil et un tribunal de commerce, feront, concurremment avec les huissiers de ces tribunaux, tous les actes de leur ministère.

LOI SUR LE NOTARIAT.

(26 août 1862.)

Art. 30. — En cas de destitution, démission, mutation ou décès d'un notaire, le juge de paix du lieu est tenu d'apposer immédiatement les scellés sur ses minutes et répertoires.

Le notaire qui sera appelé à le remplacer requerra la levée des scellés et prendra possession sous inventaire, dont un double sera remis au greffe du tribunal civil du ressort, des minutes et répertoires trouvés dans l'étude vacante, et délivrera, lorsqu'il en sera requis, toutes expéditions desdites minutes. Le notaire successeur tiendra compte à son prédécesseur, ou aux héritiers de celui-ci, de la moitié du bénéfice sur les expéditions des actes qui n'auraient pas encore été délivrées lors du remplacement.

Durant la suspension d'un notaire, le secrétaire d'État de la Justice désignera celui qui pourra délivrer aux requérants les expéditions des minutes du notaire suspendu, aux mêmes conditions que dessus.

CODE RURUL.

(27 octobre 1864.)

Art. 28. — Lorsqu'il surviendra des difficultés ou des différends entre les propriétaires et les fermiers, gérants ou contractants, la partie la plus diligente portera ses plaintes et réclamations à l'officier de la police rurale de la section, lequel, après avoir fait appeler et entendu les deux parties contradictoirement, tâchera de les concilier dans les vingt-quatre heures.

Art. 29. — Celle des deux parties qui ne voudra pas se rendre aux avis de l'officier de la police rurale pourra porter le différend devant le juge de paix de la commune, lequel statuera définitivement dans le même délai de vingt-quatre heures, les parties appelées, sauf recours si la décision du juge de paix est susceptible d'appel.

LOI

PORTANT MODIFICATION A CELLE DU 21 AOUT 1862 SUR LA RÉGIE DES IMPOSITIONS DIRECTES.

(24 octobre 1876.)

Des Patentes.

Art. 5. — Le conseil communal, après s'être assuré de la sincérité des déclarations, classera les patentes à délivrer d'après le tarif établi.

Le tableau des patentes sera dressé en conformité du modèle de la comptabilité communale et sera expédié au juge de paix de la commune, qui devra l'afficher devant la porte de son tribunal.

Art. 12. — Aucune rétribution, hors le coût du papier timbré, n'est due pour la délivrance du certificat de la déclaration faite au bureau du conseil communal, ni pour la délivrance de la patente, ni pour son enregistrement. Toute contravention à cette prohibition constitue une concussion punissable par la loi pénale.

Art. 18. — La patente doit être prise, chaque année, du 1er octobre au 1er novembre au plus tard.

Toute personne sujette à la patente qui ne l'aura pas prise cinq jours après le délai fixé, sera, sur la dénonciation du receveur communal, condamnée par le juge de paix à une amende de cinquante centimes par jour de retard, plus dix pour cent du montant de la patente qu'elle aurait dû prendre (1).

L'amende ainsi que le montant de la patente et des frais seront, quarante-huit heures après la condamnation, s'ils ne sont pas payés, saisis d'office par le juge de paix sur les marchandises, denrées, meubles ou effets quelconques appartenant aux retardataires.

Les objets saisis seront, à bref délai, vendus à la criée publique jusqu'à concurrence des sommes à recouvrer. Les dispositions contenues dans le présent paragraphe ne portent pas préjudice à l'article 36 du Code pénal touchant la contrainte par corps.

---

(1) Le juge de paix est sans doute ici le juge de police. (V. *infrà*, p. 306, les art. 34 et 35.)

Art. 21. — Les patentes obtenues du conseil communal seront immédiatement présentées au juge de paix, qui les enregistrera, les visera, et en fera mention en marge de la déclaration.

Les patentes, auxquelles aucune pièce ne pourra suppléer, ne valideront qu'autant qu'elles seront revêtues du visa du juge de paix.

Art. 23. — Tout bâtiment, pour naviguer sous le pavillon national, doit avoir été construit dans le pays ou être reconnu propriété haïtienne, tant par les pièces authentiques de l'acquisition que par la prestation de serment qui sera exigée de l'armateur, par le juge de paix, afin de s'assurer, avant de délivrer la patente, que le bâtiment est à lui, et qu'aucun étranger n'y a un droit de propriété.

Si le bâtiment se trouve dans un port autre que celui où est domicilié l'armateur, celui-ci pourra être représenté, pour le serment, par le capitaine ou par un fondé de pouvoir spécial.

Pour obtenir la patente, il faut, en outre, produire un certificat signé du chef des mouvements du port, constatant les désignations, dimensions et tonnage du bâtiment; ce certificat sera délivré sous la responsabilité personnelle dudit chef des mouvements du port et enregistré, sans frais, à la douane du lieu.

Art. 25. — Dans le cas de la perte d'une patente, la déclaration, pour en obtenir un duplicata, sera adressée au juge de paix, lequel, après vérification de l'enregistrement, délivrera la nouvelle expédition, en mettant une apostille en marge du registre et en faisant mention si ladite expédition est deuxième, troisième, etc.

Art. 31. — La liste des négociants consignataires et des marchands en gros sera affichée non seulement aux justices de paix et aux conseils communaux, mais encore à la porte du tribunal de commerce et au bureau du chef de la police de chaque port ouvert au commerce extérieur.

Art. 32. — Aucune demande ne pourra être faite, aucune action ne pourra être intentée par les personnes soumises au droit de patente, ni être admise par les autorités constituées ou par les tribunaux, si la pétition, la requête ou l'exploit d'ajournement ne porte le numéro de leur patente pour l'année dans le cours de laquelle la demande est présentée, ou l'action intentée.

Néanmoins, en cas d'omission de la formalité ci-dessus indiquée, la production de la patente devant les tribunaux ou toutes autres autorités équivaudra à l'accomplissement de la formalité.

Art. 34. — Le juge de paix et le ministère public sont tenus, à peine de destitution, de poursuivre sans délai toute infraction à la présente loi, qu'ils auront découverte ou qui leur aura été signalée.

Art. 35. — Toutes amendes prononcées, soit par le juge de paix, soit par le tribunal correctionnel, pour infraction à la présente loi, appartiendront, moitié à qui aura découvert ou signalé l'infraction, et moitié à la caisse communale.

De l'Impôt locatif.

Art. 44. — Pour parvenir à déterminer la valeur locative ou le produit annuel de chaque propriété assujettie à l'impôt, le conseil communal se fera présenter les baux à fermes et à loyers, et, s'il n'y en a pas, il consultera les locataires ou fermiers, pour connaître ce qu'ils paient par mois ou par année ; à défaut ou en cas d'insuffisance de ces renseignements, comme aussi lorsque le propriétaire occupera par lui-même sa propriété, le conseil communal fera apprécier la valeur locative ou le produit annuel de la propriété par deux arbitres, dont l'un sera à son choix, et l'autre désigné par la partie intéressée.

Après le délai de huitaine, si cette partie n'avait pas fait connaître son arbitre, elle ne sera point recevable à réclamer contre la décision de l'autre arbitre.

En cas de partage, les deux arbitres désigneront, dans les vingt-quatre heures, un tiers arbitre pour les départager; faute par eux de s'entendre sur le choix, le juge de paix le nommera d'office, sur la réquisition du conseil communal.

Art. 45. — Aussitôt que le conseil communal aura réuni les renseignements nécessaires, il inscrira sur le rôle les noms des contribuables, la nature du bien imposé, son produit annuel et la série de numéros.

Le rôle devra être confectionné le 15 septembre au plus tard.

Il sera expédié par le receveur communal au juge de paix de la commune, qui l'affichera devant la porte de son tribunal.

L'impôt locatif sera perçu, à partir du 1er octobre, par le receveur au bureau de la commune.

. . . .

Art. 46. — Il sera, dès le 15 novembre, procédé contre tout retardataire de la façon indiquée dans l'article 18 de la présente loi.

L'amende à prononcer dans ce cas sera de 25 centimes par chaque jour de retard, plus 5 p. 100 du montant de l'impôt locatif qui sera dû.

LOI DU 17 NOVEMBRE 1896

PROMULGUÉE LE 20.

Art. 2. — Les articles 1, 2, 22, 83, 401 et 930 du Code de procédure civile, actuellement en vigueur, sont modifiés de la manière suivante : . . . .

Art. 83. — Si celui qui est assigné demeure hors du territoire haïtien, le délai sera :

1° Pour ceux demeurant dans les Antilles et sur tout le continent américain, de cent jours francs;

2° Pour ceux demeurant au delà de l'un ou de l'autre océan, de deux cents jours francs.

Art. 401. — Seront réputés matières sommaires et instruits comme tels : les appels des juges de paix, etc.

LOI SUR LE TIMBRE

(31 octobre 1876)

PROMULGUÉE LE 4 NOVEMBRE.

Article premier. — Dès la promulgation de la présente loi, il y aura huit timbres, savoir :

Le premier de . . . . P.	»	05
Le deuxième de	»	10
Le troisième de	»	20
Le quatrième de	»	35
Le cinquième de	»	70
Le sixième de	1	35
Le septième de	2	»
Le huitième de	4	»

Art. 2. — Les timbres de cinq centimes seront faits sur une demi-feuille de papier et les autres sur une feuille entière.

Art. 3. — La présente loi, à laquelle est annexé le tarif suivant, etc.

TARIF

ACTES SOUS SEING PRIVÉ.

Toute quittance de n'importe quelle somme ou valeur, la
feuille. . . . . P. » 05
Tous actes ne stipulant aucune somme en espèce, la feuille. . » 10

Droits proportionnels.

Obligations, billets et autres notes stipulant une valeur en espèces ou
en nature n'excédant pas la somme de P. 500, la feuille. . P. » 10

—	1.000,	—	» 20
—	2.000,	—	» 35
—	3.000,	—	» 70
—	10.000,	—	1 35
Au delà de.	10.000,	—	2 »

ACTES NOTARIÉS — *Droits fixes.*

Toutes quittances, de n'importe quelle somme ou valeur, la
feuille. . . . . P. » 10
Tous actes ne stipulant aucune somme ou valeur, la feuille. . » 10
Actes de Sociétés, de séparations. . . . . » 35
Inventaires . . . . » 10
Contrats de mariage. . . . . » 35

Droits proportionnels.

Ventes d'animaux, ventes et donations de meubles, ventes, échanges,
donations d'immeubles, obligations, baux à ferme ou à loyers et autres
actes stipulant une valeur en espèces ou en nature n'excédant pas :

La somme de. . . . . P.	1.000, la feuille . . P.			» 20
—	2.000,	—	. . . .	» 35
—	4.000,	—	. . . .	» 70
—	10.000,	—	. . . .	1 35
Au delà de	10.000,	—	. . . .	2 »

Pour déterminer la valeur du papier timbré d'un bail, on addition-
nera les termes de la durée, et le total servira de base à la valeur du
timbre.

ACTES DE L'ÉTAT CIVIL.

Actes de mariage, la feuille . . . . P.   » 20
Divorce, la feuille 4   »
Tous actes ou extraits . . . . » 10

ACTES DE JUSTICES DE PAIX.

Cédules, la feuille . . . . P.   » 05
Requête à la Justice de paix, la feuille. . . . .   » 05
Jugements. 10   »
Tous autres actes ou extraits 10   »

ACTES DE TRIBUNAUX CIVILS.

Requêtes, exploits, actes préliminaires, la feuille. . . . . P.   » 10
Jugements. . . . . » 20

ACTES DU TRIBUNAL DE CASSATION.

Requêtes, mémoires et autres actes, la feuille . . . . . . P.   » 20
Arrêts, la feuille. . . . . » 35

ACTES DE COMMERCE. — *Droits fixes.*

Chaque feuille du Livre-Journal et de celui des inventaires, timbre
de . . . . P.   » 05
Patentes, y compris les quittances, la feuille de. . . . . P.   » 10
Connaissements à l'intérieur. . . . .   » 10
      —   à l'étranger . . . .   » 70
Permis d'embarquement et de débarquement aux douanes
pour le commerce extérieur, la feuille. . . . .   » 05
Bordereaux de droits, la feuille de . . . .   » 35
Rôles d'équipages des bâtiments allant à l'étranger, la feuille
de 1 35
Rôles des caboteurs, la feuille de . . . .   » 10
Acquits-à-caution pour caboteurs, la feuille de. . . . . . .   » 05
Permis d'embarquement, la feuille de . . . .   » 05
Police d'assurance. . . . .   » 35

Droits proportionnels.

Comptes courants, comptes de ventes, factures n'excédant pas :

La somme de. . . . . P.   1.000, la feuille. . . P.   » 20
          —   . . . .   2.000,   —   . . . .   » 35
          —   . . . .   4.000,   —   . . . .   » 70
          —   . . . .   10.000,   — 1 35
Au delà de . . . .   10.000,   —   . . . .   2 »

AUTRES ACTES. — *Droits fixés.*

Permis pour vaquer dans une commune, d'une commune à une autre,
d'un arrondissement à un autre, papier libre.

Pour aller à l'étranger, la feuille. . . . . .P.   4 »

Pétitions aux autorités et autres pièces et actes, papier libre.

Tous actes et pièces non prévus devant servir en justice ou
être présentés à une autorité, la feuille (1). . . . . P,   » 10

---

(1)   LOI SUR LE TIMBRE

10 avril 1827 (a).

ARTICLE PREMIER. — Le droit du timbre est établi sur tous les papiers
destinés aux actes civils et judiciaires, et aux écritures qui peuvent être produites en justice et y faire foi.

. . . .

ART. 3. — Quiconque sera porteur d'un acte fait sur papier libre, quand la
loi veut qu'il soit fait sur papier timbré, sera condamné à une amende égale
à vingt fois la valeur du timbre auquel l'acte est assujetti.

Si l'acte est fait sur papier d'un timbre inférieur à celui qui est prescrit,
l'amende sera égale à vingt fois la valeur du complément du timbre.

ART. 4. — Ces amendes seront prononcées par le juge de paix, soit d'office,
soit sur la dénonciation des fonctionnaires publics qui auront reconnu la
contravention. Lesdits juges enverront la sentence de condamnation à l'agent
administratif du lieu, pour qu'il en ordonne la recette. Ils en enverront aussi
une copie au Secrétaire d'État; cette copie devra être revêtue de la signature
de l'agent administratif.

ART. 5. — Tout acte frappé d'amende et portant la quittance de l'agent
administratif qui l'aura perçue ne deviendra légal qu'après avoir été soumis
aux formalités du timbre.

ART. 23. — Les écritures privées qui auraient été faites sur papier non

(a) Il y a aussi une loi du 3 juin 1857 et une du 10 octobre 1863 sur le Timbre.

LOI

QUI RÈGLE EN MONNAIE FORTE LES AMENDES, DÉPÔTS,
CONSIGNATIONS, DOMMAGES-INTÉRÊTS CONSACRÉS
DANS LES DIFFÉRENTS CODES *et autres lois* DE LA RÉPUBLIQUE.

(10 août 1877.)

ARTICLE PREMIER. — Sera réglé en monnaie forte à 25 % des chiffres
portés en monnaie nationale, le taux des amendes, dépôts, consignations
et dommages-intérêts prescrits :

1° A l'article 1970 du Code civil;

2° Aux articles 942 et 947 du Code de procédure civile;

---

timbré ne pourront être produites en justice, sans avoir été soumises au
timbre et aux contrôles.

ART. 24. — Il est fait défense aux notaires, huissiers, greffiers, arbitres et
experts d'agir, aux juges de prononcer aucun jugement, et aux administrations publiques de rendre aucun arrêté, sur un acte ou pièce non écrit sur
papier timbré du timbre prescrit.

Aucun juge ou officier public ne pourra non plus coter et parafer un
registre assujetti au timbre si les feuillets n'en sont timbrés.

ART. 25. — Il est également fait défense à tout receveur de l'enregistrement
d'enregistrer aucun acte ou pièce qui ne serait pas sur papier timbré du
timbre prescrit.

ART. 26. — Les contrevenants, dans les cas prévus aux deux articles précédents, encourront les amendes déterminées par l'article 3.

ART. 27. — Le papier timbré qui aura été employé à un acte quelconque ne
pourra plus servir pour un autre acte, quand même le premier n'aurait pas
été achevé.

ART. 28. — Il ne pourra être fait ni expédié deux actes à la suite l'un de
l'autre, sur la même feuille de papier timbré, nonobstant tout usage contraire.

Sont exceptés les ratifications des actes passés en l'absence des parties, les
annexes, les quittances de prix de ventes, et celles de remboursement de
contrat de constitution ou obligation, les inventaires, procès-verbaux de
reconnaissance et levée de scellés qu'on pourra faire à la suite du procès-
verbal d'apposition, et les significations des huissiers qui peuvent également
être écrites à la suite des jugements et autres pièces dont il est délivré
copie.

Il pourra aussi être donné plusieurs quittances sur une même feuille de
papier timbré, pour acompte d'une même créance.

ART. 29. — Tout acte fait ou expédié en contravention aux articles 27
et 28 ci-dessus n'aura pas plus d'effet que s'il était sur papier non timbré.

3° Aux articles 24, 64, 65, 115, 146, 152, 276, 287, 301, 302, 310, 326, 330, 339, 350, 351, 352, 364, 375, 429, 440 et 441 du Code d'instruction criminelle;

4° Aux articles 86, 96, 99, 137, 138, 145, 146, 148, 153, 154, 155, 157, 158, 160, 168, 179, 185, 194, 212, 237, 238, 264, 265, 278, 287, 320, 332, 341, 342, 343, 345, 349, 350, 352, 353, 355, 358, 359, 405 et 406 du Code pénal.

Art. 2. — Seront calculés à la moitié en piastres fortes les chiffres portés en monnaie nationale pour amendes, dépôts, consignations et dommages-intérêts non mentionnés à l'article ci-dessus et qui peuvent se trouver prescrits dans les Codes et autres lois de la République.

Art. 3. — Seront fixés à cinquante piastres (P. 50), les chiffres mentionnés aux articles 137, 172 et 304 du Code d'instruction criminelle et à cent piastres (100), ceux portés aux articles 130 et 132 du Code pénal.

***

LOI

PORTANT TARIF DES FRAIS A PERCEVOIR DANS LES TRIBUNAUX DE LA RÉPUBLIQUE.

(23 août 1877.)

(Les articles 1er à 24, 156, 157, 158 et 168 se trouvent déjà transcrits suprà, T. Ier, pages 122 et suiv., 162 et 163.)

Art. 25. — Les gardiens, séquestres, interprètes judiciaires, témoins et experts, en matières civiles et commerciales dont la connaissance appartient aux juges de paix, percevront la moitié de la taxe qui leur est allouée en matière de la compétence des tribunaux civils et de commerce.

Voici cette taxe :

Taxe des gardiens, séquestres, interprètes judiciaires, témoins, experts et recors en matière civile.

Art. 69. (C. pr. 319.) — Il est alloué aux experts, pour chaque vacation de trois heures, quand ils opèrent dans les lieux où ils sont domiciliés (à chacun, par vacation), P. 1,25.

Art. 70. — Il leur est alloué deux vacations, l'une pour leur prestation de serment, l'autre pour le dépôt de leur rapport, chacune de P. 1.

Si le rapport n'est déposé que par un seul expert, il n'est dû qu'un seul droit.

Art. 71. — Il est alloué aux interprètes judiciaires :

1° Pour vacation en toutes affaires civiles, commerciales, correctionnelles ou criminelles, toutes les fois qu'ils en seront requis, par vacation de trois heures, P. 2.

Chacune de ces vacations est due, encore que l'interprète n'y ait pas été employé trois heures.

2° Pour chaque traduction d'actes, par rôle de vingt lignes à la page et de douze syllabes à la ligne, P. 1.

Art. 72. (C. pr. 209, 233.) — Il sera taxé aux experts en vérification d'écritures et en cas d'inscription en faux incident par chaque vacation de trois heures, P. 1,25.

Il ne leur sera rien alloué pour prestation de serment ni pour dépôt de leur procès-verbal, attendu qu'ils opèrent devant le juge et le greffier.

Art. 73. (C. pr. 202, 205, 206, 222, 226.) — ...

Art. 74. — Il est alloué aux témoins appelés aux affaires civiles, par audition, P. 0,50.

Art. 75. — Si les témoins, experts ou dépositaires sont appelés à se transporter hors de la ville où ils demeurent, ils percevront par lieue, pour leur transport, P. 1.

Art. 76. — Il est alloué aux gardiens ou séquestres, pour garde des scellés, des objets saisis et autres, par jour, P. 0,25.

Art. 77. — Il est alloué par chaque recors assistant à l'exécution de la contrainte par corps, P. 1.

LOI SUR LA PENSION CIVILE ET MILITAIRE
(24 septembre 1884.)

Article premier. — La loi du 19 novembre 1864 sur les pensions civiles, et celle du 24 novembre même année, sur les pensions militaires, abrogées par la loi du 21 juillet 1871, sont remises en vigueur, sauf les dispositions des articles 18 et 36 de la loi du 19 novembre 1864, qui sont modifiées comme suit :

Art. 18. — Tout citoyen aura droit à une pension sur le Trésor public lorsqu'il aura atteint l'âge de 60 ans révolus et aura rempli pendant trente années un service actif dans l'une ou plusieurs des fonctions législatives, judiciaires ou administratives énumérées au tableau annexé à la présente loi.

Art. 36. — A partir de la promulgation de la loi, les retenues suivantes seront faites par l'Administration des finances sur tous les appointements et traitements des fonctionnaires civils et employés publics énumérés au tableau ci-annexé, lesquelles retenues donneront droit à la pension :

1° Retenue d'un pour cent par mois ;

2° Retenue d'un premier douzième d'augmentation sur les appointements et traitements :

3° Retenue du premier douzième de nomination d'entrée en fonction.

LOI SUR LE TAUX DE L'INTÉRÊT LÉGAL DE L'ARGENT
(Octobre 1885.)

Article premier. — L'intérêt légal sera, tant en matière civile qu'en matière de commerce, de six pour cent (6 %) par an.

TABLE DES MATIÈRES

LIVRE II

IIe PARTIE

CHAPITRE II. — De la procédure devant les tribunaux civils applicable en justice de paix (*suite*) :

Pages.

Tierce opposition	1
Requête civile	6
Prise à partie	12
Réception de caution	15
Liquidation de dépens et frais	18
Exécution forcée des jugements et actes	19
Saisies-arrêts	26
Saisies-exécutions	42
Distribution par contribution	69
Contrainte par corps. Emprisonnement	75
Offres réelles	98
Saisie-gagerie et saisie foraine	103
Saisie-revendication	107
Cassation. Ouvertures	109
Délai pour se pourvoir	114
Forme du pourvoi	116
Mode de procéder et arrêt	118
Résumé de la procédure en cassation	123
Prise à partie	125
Dispositions générales de procédure	129

CHAPITRE III. — Dispositions de Code civil :

Vices rédhibitoires	134
Congé de location	136

CHAPITRE IV. — Dispositions de Code de commerce et procédure commerciale à la justice de paix | 140 |

Des commerçants	143

	Pages.
Des livres de commerce	148
Des achats et ventes	151
Du protêt de lettres de change	152
Commerce maritime	154
Compétence des tribunaux de commerce	156
Forme de procéder	159

IIIᵉ PARTIE

Juridiction gracieuse.

CHAPITRE Iᵉʳ. — Compétence extraordinaire. Attributions	163
CHAPITRE II. — § Iᵉʳ. Serment de fonctionnaires	171
§ II. Installation	171
§ III. Cote et paraphe	172
CHAPITRE III. — Préliminaire de conciliation	173
CHAPITRE IV. — § Iᵉʳ. Visa et légalisation en cas de saisie immobilière	185
§ II. Voies à prendre pour avoir expédition d'un acte.	186
CHAPITRE V. — Conseil de famille	188
CHAPITRE VI. — Scellés	212
CHAPITRE VII. — Arbitrage volontaire	239
CHAPITRE VIII. — Commissions rogatoires	247
CHAPITRE IX. — Naturalisation	259
CHAPITRE X. — Actes de notoriété	265
CHAPITRE XI. — Droit de correction paternelle	272
CHAPITRE XII. — Refus et retardement de transcription	277
CHAPITRE XIII. — Actes divers en matière commerciale	279
CHAPITRE XIV. — § Iᵉʳ. Licence pour avoir des canots selon l'art. 4 du Code rural	286
§ II. Injonction et exécutoire en matière d'enregistrement	287
§ III. Certificat d'indigence	289

APPENDICE

Extraits de lois diverses applicables en justice de paix	291

TABLE ALPHABÉTIQUE DES FORMULES

Les chiffres romains indiquent le volume, et les chiffres arabes, la page.

A

	Nos	Tomes.	Pages.
Acte d'appel	34	I.	213
— de congé de location	169	II.	137
— de consignation à fin de requête civile	114	II.	11
— de notoriété pour constater des droits de propriété.	233 et 234	II.	270
— — pour constater l'absence d'un ascendant	231	II.	267
— — pour suppléer à l'acte de naissance	230	II.	265
— — — à un acte de décès	232	II.	267
— de récusation	82	I.	292
— de réquisition d'envoi	86, 87	I.	295
— d'opposition à un jugement par défaut	40	I.	230
— pour le rejet d'une pièce arguée de faux	31	I.	207
Affirmation du tiers saisi	134	II.	37
Annonce	148	II.	67
Arbitrage	210 et suiv.	II.	240
Assignation à la partie (enquête)	222	II.	251
— à l'opposant (homologation de délibération de conseil de famille)	198	II.	211
— aux témoins	221	II.	251
Attestation du greffier (exécution par un tiers)	123	II.	22

B

	Nos	Tomes.	Pages.
Bordereau d'inscription hypothécaire	216	II.	245

C

	Nos	Tomes.	Pages.
Carence	141	II.	63
Caution	248	II.	248
Cédule	4	I.	171
— au cas de refus de représenter une pièce arguée de faux.	27	I.	206
— de commise d'huissier	8	I.	184
— de convocation du conseil de famille	187	II.	201

	Nos	Tomes.	Pages.
Cédule ordonnant le transport sur les lieux après le commencement de l'enquête	68	I.	273
— pour abréger les délais	12	I.	189
— pour appeler des experts	58, 76	I.	255, 285
— pour citer les témoins	66	I.	268
Certificat — saisie-arrêt	133	II.	36
— de la partie poursuivante touchant un jugement à exécuter par un tiers	122	II.	21
— d'indigence	249	II.	290
Citation	5	I.	177
— à fin de résolution de la vente d'un animal atteint de vice rédhibitoire	168	II.	136
— à la partie qui refuse de présenter au paraphe une pièce arguée de faux	28	I.	206
— à l'effet de nommer un gérant à l'exploitation d'une ferme, etc.	142	II.	63
— aux experts	59, 77	I.	256, 286
— aux ouvriers à fin de discontinuation de travaux	50	I.	244
— aux témoins et sommation de comparaître	67	I.	268
— en cas d'urgence	48	I.	244
— en complainte	45	I.	241
— en conciliation	177	II.	177
— en dénonciation de nouvel œuvre	47	I.	243
— en garantie formelle	62	I.	261
— — simple	61	I.	261
— en réintégrande	51	I.	245
— en tierce opposition	109	II.	3
— en validité de saisie-gagerie	161	II.	107
— pour faire vider l'opposition à une opération d'arpentage	280	II.	301
Commandement qui précède une saisie-gagerie	137	II.	105
— tendant à saisie-exécution	139	II.	59
Commise d'huissier	8	I.	184
— — à l'effet de signifier le jugement qui prononce la contrainte par corps	151	II.	94
Commissions rogatoires ... 70, 217 suiv.		I.	278
		II.	247
Comparution en personne	17	I.	197
Compromis par acte sous seing privé	240	II.	240
Conciliation (préliminaire)	177 et suiv.	II.	177
Conclusions	5	I.	178
Condamnation à l'emprisonnement (mention sur la feuille d'audience)	18	I.	198
— pour insulte, etc.	19	I.	199
Congé défaut	38	I.	227
Congé de location	169	II.	137
Conseil de famille	187 et suiv.	II.	201

	Nᵒˢ	Tomes.	Pages.
Consentement à mariage d'un mineur par le conseil de famille	192	II.	206
Constitution du tribunal arbitral	211	II.	241
Contrainte par corps	125	II.	26
Cote et paraphe (régistres, répertoires, etc.)	176	II.	172

D

Décision du conseil de famille sur l'excuse du subrogé tuteur.	193	II.	209
Déclaration constatant que le demandeur au pétitoire a pleinement satisfait aux condamnations prononcées contre lui au possessoire	56	I.	253
— de pourvoi en cassation	163	II.	124
— des parties qui demandent jugement	14, 15	I.	192
— et prestation de serment de l'étranger qui désire se naturaliser Haïtien	229	II.	264
— du juge portant acquiescement à la récusation	84	I.	293
— du tiers saisi et acte de dépôt	134	II.	37
— portant refus avec réponse aux moyens de récusation	85	I.	294
Demande en déclaration de jugement commun ou intervention forcée	107	I.	332
— en homologation d'une délibération du conseil de famille contre le tuteur	196	II.	210
— en intervention par citation	105	I.	331
— en mainlevée de saisie-arrêt	131	II.	35
— en requête civile par citation	115	II.	11
— en validité de saisie-arrêt	129	II.	32
Dénonciation de la demande en validité	130	II.	33
— du tiers saisi au premier saisissant	136	II.	38
Déplacement de bornes	45	I.	242
Déport du juge	88	I.	298
Dépôt à la maison d'arrêt	18*bis*	I.	198
— des pièces ordonné par jugement	21	I.	200
Descente sur les lieux	73	I.	281

E

Émancipation par le père ou la mère	237	II.	275
— par le conseil de famille	238	II.	275
Emprisonnement	153 et suiv.	II.	95
Enquête	69, 249 et suiv.	I. II.	275 249
— supplétive	234	II.	270

	Nos	Tomes.	Pages.
Exécution provisoire ordonnée	35	I.	217
Exécutoire délivré à un officier public pour le remboursement du droit d'enregistrement	247	II.	288
Exploit	5 et suiv.	I.	177
— de saisie-arrêt	128	II.	30

F

| Feuille d'audience | 37 | I. | 221 |
| Formule exécutoire | 97 | I. | 318 |

G

Garantie	60 et suiv.	I.	260
Grosse	97	I.	318
— (seconde)	185, 186	II.	187

H

| Homologation de délibération de conseil de famille | 195 et suiv. | II. | 210 |

I

Incompétence prononcée d'office	101	I.	323
Injonction au greffier de la justice de paix de délivrer une expédition ou autre acte de son ministère	184	II.	186
— à un receveur de l'enregistrement de délivrer un extrait de ses registres à un tiers qui n'est pas partie dans l'acte enregistré	246	II.	287
Inscription de faux	24 et suiv.	I.	204
— hypothécaire	216	II.	245
Installation du juge de paix	175	II.	172
Interrogatoire de l'équipage d'un navire, en cas de naufrage	244	II.	284
— sur faits et articles	227	II.	257
Intervention	105, 106	I.	331
Intitulé	37	I.	221

J

Jugement avec mandement	97	I.	318
— arbitral	243	II.	242
— contradictoire ordonnant une opération	57	I.	255
— de défaut-congé	38	I.	227
— de disjonction, sauf à statuer sur la demande en garantie	64	I.	264

		Nᵒˢ	Tomes.	Pages.
Jugement définitif		23	I.	201
—	définitif et en dernier ressort sur l'enquête	72	I.	279
—	— qui fait droit à la demande possessoire...	55	I.	249
—	— qui rejette	54	I.	248
—	de mise en cause d'un garant	60	I.	261
—	de remise après une abréviation de délai	13	I.	189
—	d'incompétence prononcée d'office	101	I.	323
—	interlocutoire	32	I.	211
—	— au possessoire ordonnant une enquête	53	I.	247
—	nommant des experts	75	I.	284
—	ordonnant la caution *judicatum solvi*	98	I.	321
—	— la comparution en personne	17	I.	197
—	— l'exécution provisoire	35	I.	217
—	— réassignation	10	I.	187
—	— une enquête	65	I.	267
—	par défaut contre le défendeur	39	I.	228
—	préparatoire	32*bis*	I.	211
—	— qui ordonne le dépôt des pièces	21	I.	200
—	prononçant le renvoi	99	I.	321
—	qui accorde mainlevée de l'opposition	132	II.	35
—	qui admet la tierce opposition	113	II.	6
—	qui constate le partage	22	I.	200
—	qui donne acte de la non-reconnaissance d'écriture	25	I.	205
—	— d'une déclaration d'inscription de faux	24	I.	204
—	— d'une demande en intervention faite à l'audience	106	I.	331
—	— d'un serment	96	I.	306
—	qui ordonne le renvoi d'une cause pour connexité	102	I.	324
—	— une visite des lieux	73	I.	281
—	qui prononce un sursis jusqu'à ce qu'il ait été statué sur la tierce opposition	110	II.	5
—	qui proroge le délai d'opposition	42	I.	222
—	qui rejette la tierce opposition	112	II.	6
—	— l'incompétence	100	I.	322
—	qui statue tout à la fois sur la saisie-arrêt et sur la déclaration affirmative	137	II.	40
—	qui suspend l'exécution d'un jugement attaqué en tierce opposition	111	II.	5
—	sur contestation d'une caution	120	II.	17
—	sur exception de nullité admise	103	I.	325
—	sur exceptions couvertes par la défense au fond	104	I.	327
—	sur la demande en validité, quand la saisie-arrêt est faite sans titre en vertu d'un titre non exécutoire	138	II.	40
—	sur la demande principale et la demande en garantie	63	I.	263

| | | N°⁵ | Tomes. | Pages. |

Jugement sur la requête civile... 116 II. 12
— sur opposition... 44 I. 231
— — qui relève de la tardiveté de l'opposition... 43 I. 233
— sur prorogation de juridiction... 15 I. 193
— sur visite des lieux et expertise, et en dernier ressort... 81 I. 290

L

Légalisation... 183 II. 185
Licence pour avoir des canots pour la pêche, ou l'usage d'une habitation... 243 II. 286

M

Mandat ou procuration... 16 I. 197
Mandement... 97 I. 318
Mention de non-comparution... 181 II. 183
Modifications à la formule générale d'assignation, relativement à la qualité de défendeur... 91-93 I. 303
— relativement à la remise des exploits... 9 I. 185
— à la formule générale des citations relativement aux personnes signifiées... 6 I. 178
— relativement aux requérants... 7 I. 178
Moyens de cassation... 164 II. 124

N

Naturalisation... 229 II. 264
Non-conciliation... 180 II. 181
Notification au subrogé tuteur du procès-verbal qui le nomme... 190 II. 205
— de l'ordonnance pour interrogatoire sur faits et articles... 226 II. 256
Notoriété (actes de)... 230 et suiv. II. 265

O

Opposition à la vente d'objets saisis qui n'appartiennent pas à la partie saisie... 143 II. 64
— à levée de scellés par déclaration sur le procès-verbal d'apposition... 205 II. 231
— à levée de scellés par exploit... 206 II. 231
— à l'homologation d'une délibération de conseil de famille... 197 II. 211

	N°ˢ	Tomes.	Pages.
Opposition à l'ordonnance d'*exequatur*	215	II.	244
— à un jugement par défaut	40	I.	230
— au prix de la vente d'objets saisis	144	II.	65
Ordonnance à mettre au bas de l'acte qui commet le juge pour procéder à l'interrogatoire sur faits et articles	225	II.	256
— au pied d'une requête pour obtenir prorogation de délai	44	I.	233
— de réassignation	11	I.	188
— d'*exequatur*.	214	II.	243
— d'injonction au greffier de la justice de paix de de délivrer une expédition ou un acte de son ministère	184	II.	186
— d'injonction à un receveur de l'enregistrement de délivrer un extrait de ses registres à un tiers qui n'est pas partie dans l'acte enregistré	246	II.	287
— du juge de paix portant permission de faire apposer les scellés	199	II.	223
— du juge paix pour une saisie-arrêt	127	II.	30
— du juge de paix sur la demande du père qui veut faire détenir son fils	236	II.	274
— pour assigner les témoins	220	II.	250
— pour constater l'état des marchandises transportées	241	II.	280
— pour emprunter sur le corps et quille d'un navire	242	II.	281
— pour faire délivrer une seconde grosse	186	II.	187
Ordre de dépôt à la maison d'arrêt	18ᵇⁱˢ	I.	198
Outrage	20	I.	199

P

	N°ˢ	Tomes.	Pages.
Paraphe	176	II.	172
Parlant à (remarques sur le)	5	I.	178
Permission du juge (saisie-gagerie)	159	II.	106
Perquisition du testament	201	II.	226
Plumitif	36	I.	221
Points de fait et de droit	23	I.	201
Pourvoi contre la décision du conseil de famille	194	II.	209
Pouvoir pour paraître en conciliation	178	II.	178
— spécial donné à l'huissier pour exercer la contrainte par corps	125	II.	26
Présentation de caution par citation	118	II.	16
Prestation de serment de l'étranger qui désire se naturaliser Haïtien	229	II.	264

	Nᵒˢ	Tomes.	Pages.
Prestation de serment par un fonctionnaire	174	II.	171
Procès-verbal d'apposition de scellés avec incidents	201	II.	226
— — — sans incidents	200	II.	223
— d'audition d'un témoin à domicile	224	II.	255
— de carence	141, 204	II.	63, 220
— de conciliation contenant les conditions d'un arrangement	179	II.	180
— de consignation d'offres	156	II.	102
— de délibération du conseil de famille	188, 189	II.	201, 203
— de distribution par contribution	150	II.	13
— de levée des scellés	209	II.	239
— d'emprisonnement et d'écrou	153	II.	95
— de non-conciliation	180	II.	181
— d'enquête	69, 223	I. / II.	275 / 252
— de prestation de serment des experts	78	I.	285
— — — (com. rog.)	228	II.	258
— de rapport d'experts	80	I.	287
— de rébellion dressé par l'officier insulté dans l'exercice de ses fonctions	124	II.	24
— de recommandation	154	II.	97
— de récolement à la requête du second créancier saisissant	145	II.	66
— du refus ou retardement de transcription	239	II.	277
— de saisie-exécution	140	II.	60
— de vente	149	II.	68
— de visite des lieux avec assistance d'experts et jugement	79	I.	286
— d'expulsion du locataire	171	II.	139
— d'installation du juge de paix	175	II.	172
— d'insulte ou irrévérence grave envers le juge et condamnation à l'emprisonnement	19	I.	199
— d'interrogatoire sur faits et articles	227	II.	257
— d'offres réelles	155	II.	104
— d'ouverture de l'enquête	219	II.	249
— — de paquets	203	II.	229
— en cas d'outrage	20	I.	199
Procuration par acte privé	16	I.	197
Prorogation de la contre-enquête	71	I.	278
Protêt faute de payement	172	II.	152

Q

| Qualités | 6, 7, 9 | I. | 178, 185 |

R

	N^{os}	Tomes.	Pages.
Rapport du juge de paix délégué pour prendre connaissance des livres d'un commerçant et dresser procès-verbal de leur contenu	240	II.	279
— d'un capitaine de navire à son arrivée après naufrage ou après relâche forcée ou volontaire	243	II.	283
Réassignation	11	I.	188
Rébellion	124	II.	24
Réception de caution par commission rogatoire	218	II.	248
Recommandation	154	II.	97
Récusation	82 et suiv.	I.	292
Refus de présenter au paraphe une pièce arguée de faux	26	I.	205
Registre	2	I.	158
Règlement de juges	108	I.	334
— par le conseil de famille de la dépense annuelle, etc.	191	II.	205
Remise des exploits	9	I.	185
Renvoi (jugement)	99	I.	321
Répertoire de greffier	1	I.	150
— d'huissier	3	I.	160
Réponse à la sommation à fin d'inscription de faux	30	I.	207
— par acte séparé à une présentation de caution	119	II.	17
Réponses aux moyens de récusation	85	I.	294
Requête à fin d'avoir permission de saisir-revendiquer	162	II.	109
— à fin de nomination d'un tiers arbitre	212	II.	241
— à fin de saisir à l'instant et sans commandement préalable les meubles et effets garnissant les lieux occupés par le locataire	158	II.	106
— à fin de saisir les effets du débiteur forain	160	II.	106
— à fin d'homologation d'une délibération de conseil de famille	193	II.	210
— au tribunal civil pour contester les causes de déport	89	I.	298
— contenant demande en renvoi	90	I.	299
— contre une demande en prise à partie	167	II.	128
— du père pour faire détenir son fils	235	II.	273
— en prise à partie	165	II.	127
— et ordonnance pour assigner les témoins	220	II.	250
— et ordonnance pour constater l'état des marchandises transportées	241	II.	280
— et ordonnance pour emprunter sur le corps et quille d'un navire	242	II.	281
— pour être autorisé à saisir-arrêter	126	II.	30
— pour être autorisé à saisir conservatoirement les meubles et effets d'un débiteur de lettre de change ou billet à ordre	173	II.	153
— pour obtenir une seconde grosse d'un jugement	185	II.	187
— présentée à un tribunal civil pour être autorisé à assigner en règlement de juges	108	I.	334

	Nos	Tomes.	Pages.
Requête civile	115-116	II.	11
Réquisition et ordonnance pour la levée des scellés	207	II.	236
— préalable à la prise à partie	117	II.	15

S

Saisie-arrêt	126 et suiv.	II.	30
Saisie-exécution	140	II.	60
Sauf-conduit	69	I.	277
Scellé	199 et suiv.	II.	223
Seconde grosse	185 et 186	II.	187
Serment déféré à une partie et reçu par le juge de paix sur commission rogatoire	217	II.	247
Signification de jugement	33	I.	213
— de la déclaration du tiers saisi et acte de dépôt.	135	II.	37
— de la cédule et sommation de comparaître aux témoins	67	I.	268
— de l'arrêt d'admission (prise à partie)	166	II.	128
— d'un jugement qui prononce la contrainte par corps avec commandement	152	II.	92
Sommation à fin d'inscription de faux	29	I.	207
— à la partie saisie d'être présente à la vente lorsqu'elle n'a pas lieu au jour indiqué par le procès-verbal de saisie	144	II.	66
— au locataire de sortir et citation	170	II.	138
— à un tiers d'assister à l'ouverture d'un paquet	202	II.	228
— au saisi d'assister à l'estimation des bijoux saisis sur lui	147	II.	67
— aux ouvriers de cesser les travaux (action possessoire)	49	I.	244
— aux parties (levée des scellés)	208	II.	236
— et citation à la partie qui refuse de présenter au paraphe la pièce arguée de faux	28	I.	206
— préalable à la dénonciation de nouvel œuvre	46	I.	243
Soumission de la caution	121	II.	18
Sursis au cas où le tribunal correctionnel est déjà saisi	52	I.	246

T

Témoins défaillants	69	I.	276

V

Visa de l'acte de récusation	83	I.	293
— du greffier de la justice de paix en cas de saisie immobilière	182	II.	185
— pour rendre exécutoire une contrainte décernée par un receveur de l'enregistrement	248	II.	289
Visite des lieux par le juge	74	I.	281

TABLE ALPHABÉTIQUE ET ANALYTIQUE

DES MATIÈRES

Les chiffres romains indiquent le volume, et les chiffres arabes, la page.

A

Abandon de navire pendant le voyage, II, 283.

Abréviation de délai, I, 188. (Voy. *Bref délai.*)

Abrogation de lois, I, 42.

Abstention du juge en matière de récusation, I, 296.

Acceptation de désistement, I, 337.

Accession, I, 64.

Achats — que la loi répute actes de commerce, II, 156.

Achats et ventes — comment constatés, I, 266 ; II, 151.

Acquiescement à un jugement, I, 28, 237 ; II, 91, 113.

    — déclaré par le juge de paix récusé, I, 293.

Actes :

    Appel, I, 211.

    Authentiques, I, 67 ; II, 151.

    Copies, I, 162.

    Délivrance, II, 186.

    Divers de la juridiction gracieuse en matière commerciale, II, 279.

    Écrou, II, 87.

    Enregistrement, I, 167.

    — sur minute, I, 148.

    État civil, I, 48.

    Expédition, I, 124, 145, 309 ; II, 186.

Actes (*suite*) :

    Frustratoires à la charge des officiers publics qui les ont faits, I, 130.

    Grosse, I, 33, 317. (Voy. *Mandement.*)

    Huissier, I, 175.

    Notarié, I, 265 ; II, 151.

    Notoriété : décès, II, 267 ; en cas de mariage, II, 265 et suiv. ; naissance, II, 265 ; titres perdus, II, 268 et suiv.

    (Nullité des) de procédure, II, 129.

    Passés en Haïti, exécutoires dans toute la république, II, 20.

    Récusation, I, 292.

    Reçus par les officiers étrangers, II, 20, 27.

    (Rédaction des) d'huissier, I, 175.

    Réputés de commerce, II, 151 et suiv.

    Seconde grosse, II, 186.

    Sous seing privé, I, 67 ; II, 151.

    Synallagmatique, I, 65.

    Voies à prendre pour en obtenir copie ou expédition, II, 186.

Actio judicati, I, 33. (Voy. *Effets du jugement.*)

Actions :

    Définition, I, 13.

    En garantie, I, 257 et suiv.

    En réintégrande, I, 234.

    Immobilières, I, 15, 139.

    Mixtes, I, 15.

    Mobilières, I, 15, 138.

    Pénales, I, 13.

    Personnelles, I, 13, 138.

    Pétitoires, I, 15.

    Possessoires, I, 15, 180, 234.

    Pour dommages faits aux champs, fruits et récoltes, I, 180.

    Privée, I, 13.

    Publique, I, 13.

    Qualités nécessaires pour exercer une action, I, 16.

    Quel tribunal doit en connaitre, I, 17.

    Réelles, I, 14.

Actions possessoires (notions générales), I, 234.

    Choses qui peuvent ou non en faire l'objet, I, 235.

    Compétence, I, 238.

    Complainte, I, 234.

    Délai dans lequel l'action doit être intentée, I, 235.

    Dénonciation de nouvel œuvre, I, 234.

    Preuve, I, 238.

    Quand l'action a lieu, I, 235 et suiv.

    Rapports du possessoire et du pétitoire, I, 250.

    Recevabilité, I, 252, 253.

    Réintégrande, I, 234.

Ad hoc (greffier), I, 154.

Adjudicataire (ventes de meubles), II, 56.

Adjudication des canots, barges et autres bâtiments de mer, II, 57.

Administrateurs des caisses publiques (saisies-arrêts formées entre leurs mains), II, 29.

Administrateurs des finances, I, 300 — l'État assigné en leur personne, I, 179, 300, 303.

Administration des biens des mineurs. (Voy. *Conseil de famille, Tutelle.*)

Administrations publiques, — comment assignées, I, 179, 300, 303.

Ad quem (jour), I, 307 ; II, 130.

Affaires de la compétence des juges de paix, I. 137, 138; II, 163 et suiv.

Affichage des jugements, II, 131.

Affiche, à la principale porte du tribunal, de l'exploit signifié à celui qui n'a aucun domicile connu en Haïti, I, 301.

Affinité (alliance), I, 168.

Affirmation du tiers saisi, II, 35.

Age requis pour être membre du corps judiciaire ou officier ministériel, I, 127, 157.

    — requis pour être à l'abri de la contrainte par corps, II, 76, 85, 92.

Agents diplomatiques, I, 42, 302 ; II, 50.

Ajournement, I, 300.

Ajourner (conseil de famille), II, 195.

Aliments (saisie), II, 42.

Aller et retour (significations d'exploit), II, 130 et suiv.

Alliance, I, 168.

Amendes :

    Cassation, II, 121.

    Comminatoires, II, 129.

    Conciliation, II, 183.

    Conseil de famille, II, 195.

    Personnes publiques, II, 132.

    Prise à partie, II, 125, 126.

    Récusant, I, 295.

    Témoins, I, 328.

    Tierce opposition, II, 5.

Amiable compositeur (arbitrage), II, 240.

Amovibilité, I, 128.

An, I, 172.

Anciennes ordonnances, I, 82, 84, 93.

Animaux :

    Dommages aux champs, etc., I, 180.

    Saisie-exécution, II, 47, 49.

Annonce. Vente par suite de saisie, II, 67.

Anticipations. Usurpation de terres, I, 180, 273.

Antinomie, contradiction entre deux lois, I, 42, 43.

Appel, I, 139, 208, 211, 256.

Appelant, appellation, I, 211.

Appendice, II, 291.

Application des lois, I, 42.

Appointements dus par l'État; pour quel taux peuvent être saisis-arrêtés, II, 4.

Apposition des scellés, II, 212. (Voy. *Scellés.*)

Appréciation d'indemnités et dédommagements, I, 282.

A *quo* (jour), I, 307; II, 130.

Arbitrage, arbitres, I, 86 ; II, 239.

Arbres. Vente par suite de saisie, II, 57.

Argent comptant, I, 56 (saisie); II, 46.

— emprunté par le capitaine, II, 281.

Argenterie (saisie), II, 46, 57.

Arpentage, II, 282.

— (loi sur l'), II, 299.

Arrangement en conciliation, II, 179.

Arrestation, contrainte par corps, II, 78.

— Dettes pour lesquelles on peut arrêter capitaine et gens de mer à bord ou se rendant à bord pour faire voile, II, 154.

Arrêts, I, 31 ; II, 118.

Assemblée de famille. (Voy. *Conseil de famille.*)

Assesseurs, I, 101, 140.

Assignation, I, 300 et suiv. ; II, 159 et suiv.

— en opposition au jugement par défaut, I, 228.

Assistance du greffier, I, 136, 137, 143.

— du juge requis en certains cas d'exécution, II, 45, 81.

— du suppléant, I, 136, 279.

Attestation du greffier qu'il n'existe point d'opposition au jugement par défaut, II, 21, 22.

Attributions diverses des juges de paix, I, 131 et suiv. ; II, 163 et suiv.

— — des greffiers, I, 143 et suiv.

— — des huissiers, I, 155 et suiv.

Audience, I, 193, 304.

— chez le juge, I, 193 et suiv.

Audition de témoins, I, 264, 267 ; II, 252.

— reprochés, I, 272, II, 253.

— à domicile, II, 255.

Augmentation de délai, I, 186; II, 130.

Autorisation nécessaire à la femme mariée et au mineur pour faire le commerce, II, 143 et suiv.

Autorité de la chose jugée, I, 32.

Avant faire droit (jugement), I, 29, 208, 254.

Avertissement, I, 152, 197.

Aveu, I, 72.

Avis de parents. (Voy. *Conseil de famille.*)

Avis écrit, I, 291.

Avocat, I, 93, 168, 223 ; II, 178, 195.

Ayants cause, I, 212.

B

Bacs et bateaux sont meubles, I, 55.

— saisie et vente, II, 57.

Bagues et joyaux (saisie), II, 57.

Bail, II, 103.

Banque, I, 301.

Barges, bateaux, bâtiments de mer. (Voy. *Bacs* et *Bateaux.*)

Bénéfice de cession, II, 92.

Bienfaisance (contrat de), I, 65.

Biens. — Droit civil, I, 53 et suiv.

Bilatéral (contrat), I, 65.

Bordereaux constatant les achats et ventes, II, 151.

Bordereau d'inscription hypothécaire, II, 245.

Bornes. — Déplacement, I, 180.

— enquête, I, 267, 273.

Bref délai, I, 188 ; II. 91.

Bulletin des arrêts du Tribunal de cassation, I, 10 et suiv.

Bureau de paix. (Voy. *Conciliation*.)

Bureaux publics. — Jours fériés, I, 165.

C

Canots. — Licence, II, 286. (Voy. *Bacs* et *Bateaux*.)

Capables, I, 47 ; II, 143.

Capacité d'agir, I, 16.

Carence. — Procès-verbal, II, 52, 222, 230.

Cas urgents. (Voy. *Bref délai*.)

Cassation. — Tribunal, I, 98 et suiv. — Recours, II, 109.

Cause en état, I, 20, 330.

Causes de la saisie, II, 29, 38.

— dispensées du préliminaire de conciliation, II, 174 et suiv.

Caution :

Exécution provisoire de jugement, I, 214.

Exécution de jugement attaqué en cassation, II, 118.

Présentation et réception, I, 216, II, 15.

Caution *judicatum solvi*, I, 21, 319 ; II, 160.

Cédules, I, 170.

De commise d'huissier, I, 184.

Pour abréger les délais, I, 188.

Pour appeler les experts, I, 256.

Pour appeler les témoins, I, 268.

Pour convoquer le conseil de famille, II, 201.

Célérité. (Voy. *Bref délai*.)

Certificat :

D'indigence, II, 289.

Exécution de jugement par des tiers, I, 319 ; II, 21.

Saisie-arrêt, II, 36.

Chaloupes. (Voy. *Bacs* et *Bateaux*.)

Champs (dommages aux), I, 180.

Chef (jugement), I, 209 ; II, 147.

Choix de tribunaux pour l'assignation au commerce, II, 160.

Chose jugée, I, 35.

Choses incorporelles, II, 47, 48.

— insaisissables, II, 41, 47.

Citation. — Conciliation, II, 175 ; Délai, I, 186 ; Libellé, I, 174 ; Rédaction, I, 172, 175, 184.

Citoyen, I, 45, 46.

Clôtures. — Usurpation, I, 180.

Code civil. — Historique, I, 82 et suiv. — Matières, I, 41 et suiv.

— de commerce. — Commentaire, II, 140. — Historique, I, 96.

— de procédure. — Commentaire, I, 169. — Historique, I, 91.

— Henry, I, 82.

— Napoléon, I, 83.

Codes (promulgation), I, 98.

Colporteur, I, 180.

Comédien ambulant, I, 180.

Commandement, I, 38 ; II, 42, 78, 84.

Commencement de preuve par écrit, I, 265.

Commentaire de la loi sur la justice de paix, I, 169.

— des autres articles du Code applicables en justice de paix, I, 300.

— sur le Code de commerce, II, 140.

Commerçants, II, 143 et suiv.

Commerce, II, 140.

— maritime, II, 145.

Comminatoires. — Nullités et déchéances, II, 129.

Commise d'huissier, I, 182, 228.

Commis greffier, I, 153.

Commission rogatoire, I, 270, 284 ; II, 131, 247 et suiv.

Enquête, II, 249.

Interrogatoire sur faits et articles, II, 255.

Prestation de serment d'experts, II, 258.

Réception de caution, II, 248.

Serment judiciaire, II, 247.

Commissions diverses dont le juge de paix fait partie, II, 170.

Communauté (propriété), I, 57.

Communes (saisie), II, 27, 41.

Commutatif (contrat), I, 65.

Comparution des parties, I, 195, 304; II, 161, 177.

— ordonnée, I, 196.

— volontaire, I, 190.

Compensation de frais, I, 218.

Compétence :

Criminelle, I, 139.

D'attribution, I, 133.

De dernier ressort, I, 134.

D'exception, I, 134.

De premier ressort, I, 134.

Des juges de paix en général, I, 131.

Extrajudiciaire, II, 161.

Extraordinaire, I, 134; II, 163.

Matières, I, 137; II, 163 et suiv.

Ordinaire, I, 134.

Ratione materiæ, I, 133; II, 158.

Ratione personæ, I, 133; II, 158.

Taux de la demande, I, 134.

Territoriale, I, 133.

Compétence des tribunaux de commerce, II, 156.

Complainte, I, 233.

Composition du tribunal de paix, I, 136.

Compromis, II, 239.

Comptabilité (registre), I, 148.

Computation de délai, I, 259; II, 130.

Conciliation, II, 173.

Conclusions, I, 19, 32, 312.

— à toutes fins, I, 324.

— effets, I, 20.

— modifiées, I, 19, 135.

— rectificatives, I, 135.

— réduites, I, 135.

Concussion, I, 117, 130.

Condamnation au possessoire, I, 253.

Conflit et règlement de juges, I, 332.

Congé, juges de paix, I, 130.

—. location, II, 136.

— défaut, I, 171, 223 et suiv.

Connexité, I, 23, 323 et suiv.

Conseil de famille. II, 188 et suiv.

Administration du tuteur, II, 199.

Ajourné, II, 195.

Aliénation, II, 200.

Amende, II, 195.

Attributions, II, 190.

Autorisation pour le commerce, II, 135, 276.

Composition, II, 191.

Consentement à mariage, II, 206.

Convocation, II, 193.

Délibération, II, 196.

Dépenses annuelles, II, 200.

Émancipation, II, 135, 276.

Emprunt, II, 200.

Étranger, II, 193.

Exclusion, II, 192.

Homologation, II, 189.

Hypothèque, II, 200.

Incapacité, II, 192.

Interdiction, II, 193.

Majorité absolue, II, 196.

— relative, II, 197.

Mandataire, II, 195.

Matières de la délibération, II, 190, 191, 200.

Nomination de tuteur, II, 198.

— subrogé tuteur, II, 198.

Opposition, II, 190.

Partage d'opinion, II, 197.

Présidence. II, 190.

Prorogé, II, 195.

Puissance paternelle, II, 201.

Subrogé tuteur, II, 198.

Transaction, II, 189.

Tutelle, II, 197.

Vente du mobilier, II, 199.

Conservateur des hypothèques. (Voy. *Refus et retardement de transcription*.)

Consignation de deniers et offres, II, 98.

— de frais au greffe, I, 294.

Consignation faite par le débiteur incarcéré pour obtenir son élargissement, II, 92 et suiv.

Constatation de l'état de marchandises transportées, II, 280.

Consul, II, 216.

Consultation. Né peut être donnée aux parties par les juges et les suppléants, I, 223, 304.

Contraint et forcé, II, 114.

Contrainte. (Voy. *Exécutoire.*)

— par corps, I, 38, 76, 239, 328 ; II, 18, 23, 75 et suiv., 118, 158.

Contrariété de jugements, II, 7, 112, 123.

Contrat aléatoire, I, 65.

Contrats et obligations, I, 64.

Contredits. (Voy. *Distribution par contribution.*)

Contre-enquête. (Voy. *Enquête.*)

Contribution. (Voy. *Distribution.*)

Conventions des parties insérées au procès-verbal de conciliation, II, 179.

Copie d'actes, I, 162 ; II, 79.

— d'exploits en général, I, 175 ; II, 87, 120.

Correction paternelle, II, 272.

Costume, I, 129.

Cote et parafe, I, 150, 158, 160 ; II, 172.

Coucher qui ne peut être saisi, II, 47, 48.

— du soleil, II, 81. — Signification et exécution, II, 131.

Coût des actes, I, 174.

Coutumes (Voy. *Anciennes ordonnances.*)

Créances pour lesquelles on peut saisir-arrêter certains objets, II, 47.

Créanciers :

Ne doivent pas d'aliments au débiteur incarcéré, II, 89.

Peuvent employer simultanément plusieurs voies d'exécution, I, 39.

Qui refusent les offres des débiteurs, II, 98.

Créanciers (*suite*) :

De l'État et des communes, II, 27.

Chirographaires ou cédulaires, II, 73.

Hypothécaires, II, 73.

Privilégiés, II, 55.

Culte (arrestation dans les édifices consacrés au), II, 81.

Cumul possessoire et pétitoire, I, 250.

— des voies d'exécution, I, 39.

D

Date. — Citation et exploits I, 172, 324 ; II, 80. — Scellés, II, 212, 235.

Date certaine, I, 148.

Débats (Publicité et huis clos), I. 195, 304.

Débiteur :

Condamné, I, 38, 64.

Condamné à faire une chose, I, 38.

Contrainte par corps, II, 81.

Exhibition de la grosse, I, 39.

Forain, II, 104.

Débouté d'opposition. (Voy. *Jugement par défaut.*)

Décès. Acte de notoriété, II, 267.

— Apposition de scellés, II, 212.

— Étranger, II, 215.

Décharge demandée par le gardien des objets saisis, II, 52.

Déchéance, II, 114, 118, 121, 129.

Déclaration :

Affirmative, II, 36 et suiv.

De jugement commun, I, 332.

Des parties qui demandent jugement, I, 190.

De pourvoi en cassation, II, 114, 116.

De récusation, I, 292.

Déclinatoire, I, 324 ; II, 160.

Décret du Gouvernement provisoire, I, 90 ; II, 76 et suiv., 299.

Dédommagements, I, 280.

Défaillant au bureau de paix, II, 183.

Défaut, I, 59, 171, 223 et suiv., 319 ; II, 114.

Défaut, congé, I, 30, 224.
— profit joint, I, 227.
Défendeur, I, 17, 173, 179, 226.
Défenses, I, 21, 196.
— en cassation, II, 118.
— prise à partie, II, 126.
Défenseurs publics. (Voy. *Avocats.*)
Dégradations, I, 180.
Délai :

Accordé au débiteur pour le payement (modéré), I, 307.
Ajournement (huitaine, 100 et 200 jours), I, 303.
Appel (30 jours), I, 211.
Cassation (30 jours), II, 114; — (8 jours, — 2 mois), 118; — (45 jours), 120.
Citation en conciliation (3 j.), II, 176.
— ordinaire (1 jour), I, 186, 304.
— pour conseil de famille (3 jours), II, 194.
Contrainte par corps (1 jour après commandement), II, 78.
De distance (1 j. par 5 lieues), I, 186, 189; II, 31, 130.
Enquête (1 jour), I, 267.
Hors du territoire (100 et 200 jours), I, 187, 303.
Opposition (3 j.), I, 228 et suiv.
Pour faire inventaire et délibérer (2 mois et 40 jours), I, 326.
Prise à partie (2 mois après admission), II, 126.
Quand plusieurs parties citées (délai du domicile le plus éloigné), I, 227.
Réception de caution (fixé par le jugement), II, 15.
Règlement de juges (délai des ajournements), I, 334.
Requête civile (45 jours), II, 8.
Saisie-arrêt (3 jours), II, 31.
Saisie-exécution (6 heures au moins après commandement), II, 42.
Vente (8 jours), II, 56.

Délaissement d'un fonds, I, 239.
Délibération. (Voy. *Conseil de famille* et *Tribunal.*)
Demande :

Accessoire, I, 18.
Augmentation, II, 178.
Additionnelle, I, 19.
Alternative, I, 18.
Caractères, I, 17.
Définition, I, 17.
Dispensée du préliminaire de conciliation, II, 174.
En cassation, II, 108.
En élargissement, II, 92.
En garantie, I, 19, 257.
En nullité d'emprisonnement, II, 91.
En prise à partie, II, 12.
En référé, II, 84.
En renvoi, I, 22.
En validité de saisie-arrêt, II, 31.
— saisie foraine, II, 103.
— saisie-gagerie, II, 103.
— saisie-revendication, II, 107.
Incidente, I, 18.
Indéterminée, I, 19, 135; II, 101.
Introductive d'instance, II, 173.
Nouvelle, I, 20, 135.
Originaire, I, 18.
Préjudicielle, I, 19.
Principale, I, 18; II, 173.
Provisoire, I, 18, 309.
Quotité, I, 134, 135.
Reconventionnelle, I, 18.
Réunie, I, 23.
Subsidiaire, I, 18.
Taux, I, 134, 214.

Demandeur, I, 17, 172, 260.
Demeure, I, 173, 312; II, 119.
Démission, I, 131.
Dénégation d'écriture et de signature, I, 202.
Déni de justice, I, 42; II, 14.

Deniers comptant (saisie), II, 46.

Dénonciation de nouvel œuvre, I, 235.

Dépens, — Condamnation, I, 217.

    —   Compensation, I, 218.

    —   Liquidation, II, 18.

Déport, I, 296.

Dépositaires de registres publics, II, 186.

Dépositions orales, I, 270.

Dépôt (droit), I, 75.

Dépôt sur le bureau, I, 199.

Dernier ressort, I, 214, 220.

Dérogation aux lois, I, 42.

Désaveu (huissier), II, 25.

Descente sur les lieux, I, 280.

Description. (Voy. *Scellés* et *Inventaire.*)

Désistement, I, 28, 252, 336.

Détention arbitraire, II, 87.

Détournement. — Saisie, II, 50, 51.

    —   Scellés, II, 218.

Dette modique, II, 16.

Dette liquide et certaine, II, 22.

Dettes de jeu, I, 75.

Deuxième recours en cassation, II, 122.

Dies a quo, dies ad quem, II, 130.

Dilatoires. (Voy. *Exceptions.*)

Dimanches. — Audience, I, 196.

    —   Signification, II, 132.

Discipline, I, 129, 197, 304.

Discussion de caution. (Voy. *Caution*).

Disjonction, I, 267.

Dispositif. (Voy. *Jugement.*)

Dispositions générales et réglementaires, I, 42.

Dispositions générales du Code de procédure, II, 129.

Distance. (Voy. *Délai.*)

Distance à observer pour certaines constructions, II, 291.

Distribution par contribution, II, 68.

D'office. — Enquête, I, 264.

    —   Interprète, I, 270.

    —   Loi d'ordre public, I, 7.

    —   Renvoi, I, 323.

Dol. — Convention, I, 66.

    —   Prise à partie, II, 12.

Dol. — Requête civile, II, 7.

Domaine public, I, 300.

Domestiques, I, 269.

Domicile, I, 172, 178; II, 114, 119.

    —   de l'administrateur des finances, I, 300.

    —   élu, I, 179 ; II, 34, 43, 78, 83, 100.

    —   hors du territoire, I, 300 et suiv. ; II, 8, 307.

    —   réel, II, 117.

    —   (Signification faite à), I, 182 et suiv.

Dommages aux champs, I, 180.

Dommages-intérêts, I, 208, 293, 308, 335 ; II, 92.

Donation (droit), I, 64.

Doyen du tribunal civil, II, 86.

Droit : Administratif, I, 8.

    Canon, I, 7.

    Commercial, I, 8.

    Commun, I, 7 ; II, 141.

    Contesté, I, 182.

    Criminel, I, 8.

    Définition, I, 6 et suiv.

    De propriété immobilière, I, 57 et suiv.

    Des gens, I, 8.

    Divin, I, 6.

    Exorbitant, I, 7.

    Humain, I, 6.

    Maritime, I, 9.

    Militaire, I, 9.

    National, I, 8.

    Naturel, I, 6.

    (Point de). (Voy. *Jugement.*)

    Politique, I, 5.

    Positif, I, 6.

    Privé, I, 7.

    Public, I, 5.

Droits civils, I, 45 ; jouissance et exercice, I, 46.

    —   politiques, I, 45.

    —   et vacations. (Voy. *Vacations.*)

E

Eaux. (Voy. *Entreprises sur les cours d'eau.*)

Écritures ; requêtes signifiées non admises en justice de paix, I, 19.

Écrou, II, 87.

Effet des obligations, I, 66.
— rétroactif, I, 42.
— suspensif. Appel, oui, I, 216 ; cassation, non, II, 118.

Effets de la citation, I, 177.
— du jugement, I, 33.
— mobiliers, I, 56.
— saisie-gagerie, II, 103.

Égalité des citoyens devant la loi, I, 5 ; II, 18.

Élargissement, II, 92.

Élection de domicile, I, 179 ; II, 28, 34, 43, 78, 83, 161.

Émancipation, II, 272, 274 et suiv.

Émancipé, II, 145.

Émoluments et frais perçus par le greffier, I, 124.

Emprisonnement, II, 95.
—   pouvoir spécial, II, 24.
—   trouble à l'audience, I, 197, 198.

Emprunts. (Voy. Conseil de famille.)

Emprunt sur corps et quille d'un navire, I, 281.

Enchères, II, 58, 199.
—   (entrave à la liberté des), II, 59.

Enfants naturels, I, 52.

Enquête, II, 264, 327.
    Action possessoire, I, 246, 267.
    Audition des témoins, I, 264, 270 et suiv.
    Commissions rogatoires, I, 270 ; II, 247.
    Contre-enquête, I, 266.
    Forme, I, 269.
    Jugement, I, 255, 266.
    Nullité, I, 269.
    Preuve testimoniale, I, 265.
    Procès-verbal, I, 274.
    Prorogation, I, 278.
    Publicité, I, 269.
    Reproches, I, 270 et suiv., 329.
    Témoins. (Voy. ce mot.)

Enquête supplétive, II, 268 et suiv.

Enregistrement, I, 148 et suiv., 167 ; II, 287, 291.
—   sur minute, I, 148.

Entérinement, II, 10.

Entrepreneurs de travaux publics (saisie), II, 42.

Entreprises sur les cours d'eau, I, 180, 273.

Épices, I, 110 et suiv.

Équipements militaires, insaisissables, II, 47.

Équité (son empire), I, 2, 43.

Esprit de retour, I, 48.

Essai de conciliation. (Voy. Conciliation.)

Établissement en pays étranger, I, 48.

Établissements publics, assignation, I, 179, 300.
—   saisie, II, 29.

État, assignation, I, 176, 300 ; saisie, II, 27, 41.

État civil, I, 48.

État des personnes, I, 48.

Étranger :
    Arbitre, II, 239.
    Arrestation provisoire, II, 78, 91.
    Caution judicatum solvi, I, 22, 319 ; II, 160.
    Contrainte par corps, II, 75.
    Décès, II, 215.
    Domicile, I, 180.
    Naturalisation, II, 239.
    Propriété immobilière, I, 58.
    Qualité, I, 320 ; II, 105.
    Scellés, II, 215.
    Tribunal, I, 324 ; II, 20.
    Tuteur, II, 192.

Exceptions :
    Absolues, I, 22.
    Caution, I, 22, 319.
    Connexité, I, 23, 323.
    Déclinatoires, I, 22.
    Défenses, I, 21.
    Définitions, I, 21.
    Dilatoires, I, 22, 323.
    Fins de non-procéder, I, 21.
    Fins de non-recevoir, I, 21.
    Garantie, I, 239, 326.

Exceptions (*suite*) :
    Incompétence, I, 22.
    Litispendance, I, 23.
    Nullité d'exploit, I, 25, 325.
    Ordre dans lequel les exceptions doivent être proposées, I, 325.
    Péremptoires, I, 21, 24.
    Quand couvertes, I, 21, 175, 181, 322, 325.
    Quand proposées, I, 175.
    Relatives, I, 21.
    Renvoi, I, 321.
Excès de pouvoir, II, 109 et suiv.
Excuses proposées par un témoin, I, 270, 328.
Exécution des jugements, I, 37, 222; II, 23, 161.
    — (nullité couverte par l'), I, 314.
    — en Haïti des jugements rendus et actes passés en pays étranger, II, 19, 20.
    — forcée, II, 19 et suiv., 131.
    — parée, II, 19.
    — provisoire, I, 214, 216, 309.
Exécutoire, II, 287.
Exequatur, arbitres, II, 242.
    — consul, II, 216.
    — jugements et actes passés en pays étranger, II, 20.
Exercice des droits civils, I, 46; II, 41.
Existence du saisissant justifiée au moment de la saisie-arrêt, II, 29.
Expédition, I, 33, 254, 309 ; II, 186.
    — (seconde) exécutoire d'un jugement, II, 186.
Experts. Avis, I, 282.
    — Citation, I, 255.
    — Récusation, I, 330.
    — Serment, II, 258.
Expertise. (Voy. *Experts*.)
Exploit, nullité, II, 129 ; rédaction, I, 172, 174.
Exposition des points de fait et de droit. (Voy. *Jugement*.)
Expulsion des lieux, II, 139.
Exterritorialité, I, 302.
Extinction des obligations, I, 66.

F

Fabriques des églises, assignation, I, 301.
    — saisie, II, 42.
Factures acceptées constatant les achats et ventes, II, 151.
Fait et cause. (Voy. *Garantie*.)
Faits. (Voy. *Jugement*.)
Faits et articles (interrogatoire sur), II, 257.
Faits pertinents, I, 264.
Faux, expédition d'un jugement non signé, I, 309.
    — inscription, I, 202.
    — frais, I, 218.
Femme marchande, II, 147.
    — mariée, capacité, I, 46.
    — — commerce, II, 147.
    — — contrainte par corps, II, 75.
Fermes, réparations, I, 180.
Fermiers, congé, II, 137.
    — saisie-gagerie, II, 103.
    — tacite réconduction, II, 137.
Fêtes légales, I, 164 et suiv, 193 ; II, 81, 152.
Feuille d'audience, I, 197, 220.
Fidéjusseur, caution, I, 320.
Filles, contrainte par corps, II, 75.
Fins de non-procéder, fins de non-recevoir. (Voy. *Exceptions*.)
Foi jusqu'à inscription de faux, I, 35.
Folle enchère, II, 58.
Fonctionnaires publics, II, 29, 35, 41.
Fonctions des greffiers, I, 143 et suiv.
    — huissiers, I, 155 et suiv.
    — juges de paix, I, 127 et suiv. ; II, 161 et suiv.
Fond, cause en état, I, 262.
    — déclinatoire, II, 160.
Fondés de pouvoir, fondés de procuration, I, 170, 196; II, 177, 195.
Fongible (chose), I, 56.
Forain (débiteur), II, 104.
Force armée, rébellion du débiteur, II, 84.
Force de chose jugée. (Voy. *Chose jugée*.)

Forme de procéder en matière commerciale, II, 159.
Forme des jugements, I, 31.
— du pourvoi en cassation, II, 116.
Formule exécutoire, I, 83, 317; II, 19.
Fossés, usurpation, I, 180.
Frais de bureau, II, 298.
— et dépens, I, 217; II, 18.
— frustratoires, I, 214, 267.
Franc (délai). I, 186.
Fraude, prise à partie, II, 12.
Frères germains, consanguins, utérins, II, 190.
Fruits, dommages, I, 180; restitution, I, 308.

G

Gage, nantissement, I, 76.
Gagerie. (Voy. *Saisie-Gagerie*.)
Garantie, définition, I, 258 et suiv.
— des défauts de la chose vendue, II, 134.
— formelle, I, 258.
— simple, I, 258.
Garants, I, 257, 326.
Gardien, saisie-exécution, II, 50.
Garnison, rébellion du débiteur, II, 84.
Gens de l'art, descente sur les lieux, I, 280.
— vente de bagues et joyaux saisis, II, 57.
Geôlier, contrainte par corps, II, 87 et suiv.
Gérant à l'exploitation, II, 49.
Gestes ou menaces, I, 198.
Gouvernement provisoire de 1843 (décret de), I, 90; II, 78, 299.
Grand-Juge, II, 20, 122.
Grands fonctionnaires, II, 18.
Greffe, I, 146; II, 186.
Greffiers :
Assistance, I, 137, 143, 145, 256; II, 133.
Caractères, I, 144 et suiv.
En général, I, 144 et suiv.
Expédition de jugement, I, 309.
Fonctions exclusives, I, 145; II, 116, 117.

Greffiers (*suite*) :
Responsabilité, I, 300.
Taxe, I, 124.
Traitement, I, 122.
Visa, II, 185.
Greffier *ad hoc*, I, 154.
Grosse, jugement, I, 33, 317; II, 19.
— (seconde), II, 186.

H

Habitation, droit, I, 63.
Habitations rurales, réparations, I, 180.
Habits, saisie, II, 48.
Haies, usurpation, I, 180.
Haïtien, I, 48.
Heure, bureaux publics, I, 166 et suiv.
— comparution, I, 172.
— signification, II, 131.
Historique :
Code civil, I, 82.
Code de commerce, I, 96.
Code de procédure civile, I, 91.
Contrainte par corps, II, 75.
Épices, traitement des juges, I, 110.
Loi organique, I, 98.
Loi sur les enfants naturels, I, 51.
Naturalisation, II, 260.
Homologation. II, 189.
Hoquetons, traitement, I, 122.
Hospices, I, 301; II, 42.
Huis clos, I, 195, 304; II, 177.
Huissier, I, 39, 155, 172, 182, 223; II, 23, 58, 120, 130, 303.
— Ses fonctions, I, 157.
— Audiencier, I, 157.
— Commis, I, 228; II, 78, 80, 161.
— Responsabilité, I, 167; II, 58, 129, 130, 154.
Hypothèque, refus et retardement, II, 277.
— résultant de jugement, I, 33.
— résultant de jugement arbitral, II, 244.

ii.

I

Immatricule, huissier, I, 172.
Immeubles, I, 53.
Impression, cas où les tribunaux peuvent ordonner celle de leurs jugements, I, 131.
Inamovibilité, I, 103.
Incapables, I, 47, II, 143.
Incident, I, 205, 330; II. 226.
Incompatibilité, I, 128.
Incompétence, I, 22, 321 et suiv.; II, 109.
— absolue. *ratione materiæ*, I, 133, 323.
— relative, *ratione personæ*, I, 133.
— moyen de cassation, II, 109.
Indemnités, non-jouissance du fermier, I, 180.
— constatation, I, 280.
— saisie-arrêt, II, 41.
Indication du juge, I, 172.
Indigence (certificat d'), II, 289.
Inimitié capitale. (Voy. *Récusation*.)
Injonctions, II, 125, 131.
— au greffier, II, 186.
— enregistrement, II, 287.
In limine litis, I, 21, 175, 322.
Insaisissabilité, II, 27, 41.
Inscription de faux, I, 202.
— et dépôt au greffe du Tribunal de cassation, II, 121.
— hypothécaire, II, 245.
Installation, II, 171.
Instance, I, 18.
Institution des Tribunaux, I, 98 et suiv.
Instruction, procédure, I, 21.
Instruments insaisissables, II, 47.
Insulte envers le juge, I, 197.
— les officiers ministériels, II, 23.
Interdit, I, 46.
Intérêt. — Mesure de l'action, I, 13, 17.
— de la loi. — Cassation, II, 116.
— de l'argent, I, 135; II, 182, 314.
— personnel, I, 290.

Interlignes, 1, 147.
Interlocutoire. (Voy. *Jugement*.)
Interpellations. — Enquête, 1, 273.
Interprétation des jugements, I, 34.
— des lois, I, 42.
— par voie d'autorité et par voie de doctrine, I, 43.
Interprète. — Enquête, I, 270.
Interrogatoire. — Navire naufragé, II, 284.
— sur faits et articles, II. 257.
Intervention, I, 330.
Intimé. — Appel, I, 211.
Intitulé. — Grosse, I, 317.
Inventaire. — Exception dilatoire, I, 325.
— Scellés, II, 222.
Irrévérence envers le juge, I, 197.
Irrévocabilité des jugements, I, 35.
Itératif (Commandement), II, 45, 83.

J

Jeu (Dette de), I, 75.
Jonction, I, 23, 324; II, 75, 160.
Jouissance des droits civils, I, 46.
Jouissance des droits politiques, I, 47; II, 41.
Jour, I, 172, 174.
Jours fériés, I, 165, 194; II, 132.
Judicatum solvi. (Voy. *Caution*.)
Juge, I, 42, 98, 223; II, 18.
— (Indication du), I, 172.
Juge de paix :
Age, I, 127.
Amovibilité, I, 128.
Attributions et compétence, I, 131 et suiv.
Audience, I, 193.
Conditions générales, I, 127.
Congé, I, 130.
Costume, I, 129.
Démission, I, 131.
Discipline, I, 129.
Dommages-intérêts, I, 208, 209.
Empêchement, I, 136.

Juge de paix (*suite*) :

    Fonctions extrajudiciaires, II, 163.
    Greffier, I, 137, 143.
    Incompatibilités, I, 128.
    Installation, II, 171.
    Nomination, I, 127.
    Parenté, I, 127, 290.
    Pension, II, 313.
    Prise à partie, II, 12.
    Récusation, I, 290.
    Résidence, I, 129.
    Serment, I, 128.
    Suppléant, I, 136, 140.
    Suspension, I, 130.
    Taxe, I, 122.
    Traitement, I, 122.
    Visa, I, 184, 300.

Jugement, I, 29 et suiv., 303.

    Action possessoire, I, 234.
    Affichage, II, 131.
    Appel, I, 211, 256.
    Autorité de la chose jugée, I, 35.
    Avant faire droit, I, 29, 209, 254, 256.
    Cassation, II, 108.
    Chose jugée, I, 35.
    Commun, II, 332.
    Conclusions, I, 19, 312.
    Contradictoire, I, 29.
    Définitif, I, 29, 256.
    Dernier ressort, I, 214, 220; II, 243.
    D'expédient, I, 31.
    Dispositif, I, 32.
    Effets, I, 33.
    Exécution, I, 37 et suiv., 222; II, 15, 161.
    — provisoire, I, 214.
    Expédition, I, 33, 254, 309.
    Formalités, I, 31, 309.
    Forme, I, 31, 309.
    Formule exécutoire, I, 33, 317.
    Impression, II, 131.
    Interlocutoire, I, 29, 207, 257; II, 112.
    Interprétation, I, 34.
    Irrévocabilité, I, 35.

Jugement (*suite*) :

    Mention des pièces, I, 32, 317.
    Minutes, I, 33, 220, 256.
    Motifs, I, 32, 210, 315.
    Opposition, I, 228, 319.
    Par défaut, I, 30, 223, 319; II, 114.
    Points de fait et de droit, I, 32, 312.
    Premier ressort, I, 214.
    Préparatoire, I, 29, 200, 208, 256; II, 112.
    Profit-joint, I, 227.
    Prononciation, I, 195.
    Provisoire, I, 30.
    Publicité, I, 195.
    Qualités, I, 32, 311.
    Recours, I, 36.
    Rectification, I, 200.
    Rédaction, I, 32, 309.
    Signature, I, 33, 145.
    Signification, II, 78 et suiv.
    (Voy. la *Table des Formules*.)

Jugement arbitral, II, 242.
— de jonction. (Voy. *Jonction*.)
— d'instruction, I, 207 et suiv., 254, 257.

Juridiction commerciale, II, 155 et suiv.
— contentieuse, I, 169.
— en général, I, 132.
— gracieuse, I, 132; II, 163.
— (prorogation de), I, 190.

Jurisprudence, I, 10.

Jus ad rem, *Jus in re*, I, 14.

Justice, I, 1, 43, 98.

Justice *apparente*. Justice *réelle*, I, 195.

Justice de paix :

    Assesseurs (historique), I, 101, 140.
    Audience, I, 193.
    Classement, I, 120 et suiv.
    Commis greffier, I, 153.
    Compétence, I, 131 et suiv.
    Composition, I, 119.
    Discipline, I, 129, 197, 304.
    Fourniture de bureau, II, 298.
    Greffier, I, 137.

Justice de paix (*suite*) :
    Historique, I, 101 et suiv.
    Hoqueton, I, 122.
    Huissier, I, 155.
    Institution, I, 98, 119.
    Juge, I, 122.
    Nombre, I, 122 et suiv.
    Organisation, I, 119.
    Planton, I, 155.
    Police de l'audience, I, 197.
    Registre, I, 146, 148 et suiv.
    Suppléant, I, 140.
    Surveillance, I, 129.
    Tarif, I, 122 et suiv.
    Taux, I, 134, 215.
    Traitement, I, 122.

L

Lecture de procès-verbaux, I, 274, 329.
Légalisation, II, 185.
Législation étrangère sur la naturalisation, II, 262.
Legs déclarés insaisissables, II, 41 et suiv.
Lettres. — Procuration, I, 196.
Lettres de change, II, 152.
Levée de scellés, II, 232.
Lever du soleil, II, 81. 131.
Libellé vague et obscur, I, 174.
Liberté. — Élargissement, II, 92.
    — individuelle, II, 91.
Licence pour avoir des canots, II, 286.
Lieue. — Délai de distance, I, 186; II, 31, 130.
Lieux contentieux (délaissement des), I, 239.
    — (expulsion de), II, 137.
    — (transport sur les), I, 256, 273.
    — (visite des), I, 256, 273, 280.
Liquidation de dommages-intérêts, I, 308.
    — de frais et dépens, I, 308; II, 18.
    — en argent, II, 23.

Liquide (créance), II, 22.
Litispendance, I, 23.
Livres de commerce, II, 148.
    — insaisissables, II, 47.
Locataires. — Indemnités. I, 180.
    — — Saisie-gagerie, II, 103.
Loi :
    Abrogation, I, 4.
    Application, I, 5, 42.
    Civile, I, 7.
    Date, I, 42.
    Définition, I, 1 et suiv.
    De police, I, 42.
    De procédure, I, 7.
    Distinction, I, 2 et suiv.
    Effets, I, 42.
    Interprétation, I, 42 et suiv.
    Naturelle, I, 2.
    Organique, I, 98 et suiv.
    Positive, I, 3.
    Promulgation, I, 42.
    Publication, I, 42,
    Sanction, I, 5.
    Silence, I, 42, 43.
    Spéciale, I, 5, 44.
Loi organique du Tribunal de cassation, I, 98.
    — sur le mode de procéder à la justice de paix, I, 169.
    — sur l'enregistrement, II, 287.
Lois (Extraits de) :
    Additionnelle à la loi organ., II, 302.
    Amendes, etc., réglées en m. t., II, 311.
    Arpentage, II, 299.
    Code civil. — Distance à observer pour certaines constructions, II, 291.
    Code rural, II, 303.
    Décret du gouv. prov., II, 299.
    Domiciliés hors du territoire, II, 307.
    Enregistrement, II, 291.
    Huissiers, II, 303.
    Impôt locatif, II, 306.
    Notariat, II, 303.
    Organisation judiciaire, II, 295.
    Patentes, II, 304.

Lois (Extraits de) (*suite*) :
    Pension civile, II, 313.
    Tarif, II, 308, 312.
    Taux de l'intérêt légal, II, 314.
    Timbre, II, 307.
Louage (contrat de), II, 137.

M

Machines. — Saisie, II, 47.
Mainlevée de saisie-arrêt, II, 34.
    —   — -gagerie, II, 103.
Maison (arrestation dans une), II, 81.
Maison meublée, I, 56.
Majorité (âge), I, 53.
Maladie invoquée par le défaillant, I, 232.
Mandat d'amener. — Témoins défaillants, I, 327.
Mandat. — Droit civil, I, 75.
    — spécial. — Pourvoi en cassation, II, 115.
Mandataires. (Voy. *Fondés de pouvoirs* et *Conseil de famille*.)
Mandement, I, 33, 317.
Manuscrit (saisie), II, 48.
Marchands. (Voy. *Commerçants*.)
Mari de la femme commerçante, II, 147.
Mariage d'un mineur. (Voy. *Conseil de famille*.)
    — entre Haïtiens et étrangers, II, 192.
Matières :
    Commerciales, I, 266 ; II, 140.
    Compétence du juge de paix, I, 137 et suiv.
    Criminelles, I, 139.
    De la juridiction gracieuse, II, 174.
    Du Code civil, I, 41 et suiv.
    Personnelle et mobilière, I, 179.
Méconnaissance d'écriture, I, 202.
Menaces, I, 198.
Mention des pièces dans le jugement, I, 32, 310, 317.
    — Exploit, I, 172, 184.
Meubles. Droit civil, I, 55 et suiv.
    — Saisie, II, 43.

Meubles meublants, I, 55.
Mineurs :
    Age, I, 53 ; II, 143.
    Capacité, I, 46.
    Commerce, II, 143.
    Correction paternelle, II, 272. (Voy. *Conseil de famille*. — *Émancipation*. — *Mariage*. — *Tutelle*.)
Ministère public, I, 184, 223, 294, 300 ; II, 116, 132.
Minorité, I, 53 ; II, 143.
Minute. — Jugement, I, 34, 220, 255.
    — Signature, I, 145.
Mise en cause. — Garant, I, 257.
Mise en liberté, II, 92.
Mixte (action), I, 14.
Mobilier, I, 56.
Mode de procéder et arrêt en cassation, II, 118.
Mois, I, 172.
Mort. (Voy. *Décès*.)
Motifs. — Jugement, I, 210, 315.
    — Récusation, I, 292.
Moulins sont immeubles, I, 54.
Moyens :
    Cassation, II, 118.
    Citation, I, 172.
    Conciliation, II, 177.
    Opposition, I, 228.
Moyens de preuves, I, 26.

N

Naissance (acte de). (Voy. *Acte de notoriété*.)
Nantissement. — Droit civil, I, 76.
Naturalisation, II, 259.
Naufrage. — Rapport du capitaine, II, 283.
Navires sont meubles, I, 55.
Nécessité de l'étude de la procédure, I. Introduction, p. VII.
Négligence des juges de juger les affaires en état, II, 14.
Noms :
    Dans la citation, I, 172.
    Des juges dans le jugement, I, 309.

Noms (*suite*) :

    Des parties dans le jugement, I, 309.

Nombre des tribunaux civils et de paix, I, 122 et suiv.

Non-comparution en conciliation, II, 183.

Non-conciliation, II, 178.

Non domiciliés, I, 176, 300 et suiv.

Non-jouissance, I, 180.

Notaire. (Droit exclusif de dresser l'inventaire), II, 222.

    — (Minutes et répertoires), II, 303.

    — (Visa d'exploit), I, 182, 184.

Notification, I, 39, 182.

Notions générales de droit, I, 1.

Notoriété. (Voy. *Actes de notoriété.*)

Nouvel œuvre (dénonciation de). (Voy. *Action possessoire.*)

Nouvelles saisies-arrêts, II, 38.

Novation. Droit civil, I, 66.

Nullités :

    Absolues, I, 25.

    De forme et du fond, II, 91.

    De jugement couvertes par l'exécution sans réserve, I, 314.

    D'exploit, I, 172, 174 et suiv., 325.

    En général, I, 270, 310, 325 ; II, 83, 91, 129.

    Extrinsèques, I, 26.

    Intrinsèques, I, 25.

    Relatives, I, 25.

Numéro de la patente, II, 117, 119.

O

Objet de la demande, I, 172, 173.

Obligations. — Droit civil, I, 65.

Octroi, I, 112.

Officiers de police. — Copie et visa, I, 162.

    — ministériels, I, 143 ; II, 129.

    — publics, II, 58.

Offres réelles, II, 44, 98.

Omission. — Requête civile, II, 7.

Opposition :

    Arpentage, II, 306.

    Homologation, II, 190.

    Jugement par défaut, I, 36, 223, 228, 319 ; II, 161.

    Ordonnance d'exécution du jugement arbitral, II, 242, 243.

    Saisie-arrêt, II, 26.

    Scellés, II, 231.

    Opposition sur opposition ne vaut, I, 233.

Ordonnances. (Voy. *la Table des formules.*)

Ordonnance d'*exequatur*, II, 243.

Ordre public, I, 7, 25.

Organisation des justices de paix, I, 119.

    — des tribunaux, I, 98.

Original de l'exploit, I, 162.

    — (visa de l'), I, 182.

Outils qui ne peuvent être saisis, II, 47.

Outrages envers les magistrats dans l'exercice de leurs fonctions, I, 198.

Ouverture de cassation, II, 109.

    — portes, pièces ou meubles, II, 45.

    — requête civile, II, 7.

    — testament et papiers cachetés, II, 219, 228.

P

Payement :

    Offres, II, 98.

    Subrogation, II, 25.

Papiers. — Saisie, II, 46.

    — Scellés, II, 219.

Papier timbré, I, 162.

Paquets. (Voy. *Scellés.*)

Paraphe, II, 172.

Pareatis, II, 20.

Parenté. — Parents :

    Huissier, I, 184.

    Juges, I, 290, 304.

Parlant à, I, 175, 182 et suiv. ; II, 80. (Voy. *Formule n° 5.*)

Partage de voix. — Juge et suppléant, I, 136, 200.

Partage d'opinion :
    Arbitres, II, 241.
    Experts, I, 289.
    Conseil de famille, II, 196.

Parties (qualités des), I, 32, 311.

Patente (le n°), II, 117, 119.
    — loi, II, 304.

Paternité. — Recherche interdite, I, 131 ; II, 170.

Pension civile, II, 313.

Pensions. — Saisie, II, 41.

Péremption d'instance, I, 24, 208, 335 ; II, 182.
    — de jugement par défaut, I, 227.

Permission :
    Bref délai, II, 104.
    Cas urgents, I, 188.
    Fête légale, II, 132.
    Péril en la demeure, II, 104, 132.

Perquisition du testament, II, 219.

Personne (signification faite à), I, 183.

Personnes :
    Capacité d'agir. I, 16.
    Définitions, I, 45.
    État, I, 48.
    Non demeurant en Haïti, I, 176, 300 ; II, 29.
    Publiques, II, 132.

Perte de la qualité de citoyen, I, 48.

Pétitoire, I, 234, 250. (Voy. Action possessoire.)

Phases de la procédure, I, 17.

Pièces :
    A parapher, I, 202.
    Copie, I, 173.
    Dépôt au Tribunal de cassation, II, 121.
    Mention dans le jugement, I, 32, 317.

Pièces et poinçons. — Argenterie, II, 46.

Planton, I, 155.

Plaidoiries. (Voy. Huis clos et Publicité.)

Plénitude de juridiction, I, 134.

Plumitif, I, 221.

Pluralité de juges, I, 108, 140.
    — de voix. (Voy. Partage d'opinion.)

Plus offrant, II, 58.

Plus pétition, I, 20.

Poids de l'argenterie. (Voy. Inventaire.)

Poinçons. (Voy. Pièces et Poinçons.)

Points de fait et de droit, I, 32, 312. (Voy. Jugement.)

Police des audiences, I, 197, 304.
    — (lois de), I, 42.

Portes :
    Du tribunal ouvertes, I, 195.
    (Garnison aux), II, 84.
    (Refus de), II, 45, 108.
    Scellés, II, 220.

Porteur de pièces (huissier). Commandement, II, 59.

Possesseur à titre précaire, I, 78, 237.

Possession, I, 77, 235 et suiv.
    — annale, I, 235.
    — d'État, I, 49.

Possessoire. (Voy. Action possessoire.)

Pourvoi :
    Au pétitoire, I, 15.
    Contre la décision du conseil de famille, II, 190, 209.
    En cassation, II, 116.

Pouvoir. — Arbitres, amiables compositeurs. II, 240.
    — (excès de), II, 109.
    — (fondé de), I, 170, 196 ; II, 177.
    — spécial (huissier), II, 24, 90.

Préliminaire de conciliation, II, 173 et suiv.

Premier ressort, I, 214.

Prénoms, I, 172.

Préparatoire. — Jugement, I, 29 ; II, 112.

Préposés d'administration. — Assign., I, 300.

Prérogatives, I, 130.

Prescription, I, 33, 77, 259 ; II, 182.

Présentation volontaire. (Voy. Comparution volontaire.)

Présidence du Grand-Juge au Tribunal de cassation, II, 122.

Président d'Haïti. — Nomination des membres du corps judiciaire, I, 127.

Présomptions, I, 28.

Prestation de serment :
    Arpenteurs, II, 170.
    Écrivains publics, II, 170.
    Experts, I, 213, 282; II, 258.
    Greffiers, II, 170.
    — *ad hoc*, I, 154.
    Huissiers, II, 170.
    Interprètes, I, 270.
    Juges, I, 128.
    Naturalisation, II, 264.
    Parties en personne, II, 305.
    Suppléants, II, 170.
    Témoins, I, 269.

Preuve, I, 26.
    — littérale, I, 27, 265.
    — par écrit (commencement de), I, 265.
    — testimoniale, I, 27, 265; II, 151.

Principale introductive d'instance (demande), II, 173.

Principes généraux de procédure, I, 13.

Prise à partie, II, 12, 125.

Prison. (Voy. *Emprisonnement.*)

Privation des frais de garde, II, 52.
    — de traitement, I, 130.

Privilège (louage), II, 103.

Privilèges et hypothèques, I, 76.

Procédure :
    (Code de). — Historique, I, 91 et suiv.
    Phases, I, 17.
    Principes généraux, I, 13 et suiv.

Procès civil ou criminel. — Récusation, I, 291.

Procès-verbal :
    Audition de témoins, I, 274 et suiv.
    De carence, II, 54, 222, 230.
    Emprisonnement, II, 83, 87.
    Insulte ou irrévérence, I, 197. (Voy. *la Table des formules.*)

Proches du défaillant, I, 232.

Procuration, I, 196; II, 115, 125, 177.

Productions de la terre. — Meubles ou immeubles, I, 54.

Profession des parties, I, 172, 311.

Profit du défaut, I, 226.

Profit-joint, I, 227.

Prohibition, I, 131, 304.

Projet écrit interdit. — Interrogatoire sur faits et articles, II, 257.
    — écrit interdit, témoin, I, 270.

Prolongation de délai, I, 232.

Promulgation des lois, I, 42.

Prononciation du jugement, I, 195.

Propriétaire (qualité de), I, 172, 311.

Propriété. — Droit, I, 56 et suiv.
    — immobilière, I, 57.
    — littéraire et artistique, II, 48, 49.

Prorogation :
    Délai, I, 232.
    Enquête, I, 273.
    Juridiction, I, 190; II, 179.

Proroger. (Voy. *Conseil de famille.*)

Protestations, I, 257. (Voy. *Acquiescement.*)

Protêt faute de payement, II, 152.

Provisions insaisissables, II, 41, 47.
    — alimentaires, II, 41 et suiv.

Publication. — Lois, I, 42.
    — Vente des objets saisis, II, 56.

Publicité des audiences, I, 195, 304.

Puissance paternelle, II, 272.

Pupille. (Voy. *Tutelle.*)
    — des juges, I, 304.

Q

Qualité, I, 16, 32.
    — de citoyen, I, 47, 48.

Qualités des parties, I, 32, 311.

Quasi-contrat, I, 74, 266.

Quasi-délit, I, 74, 266.

Question :
    d'État, I, 48.
    Point de droit, I, 32, 312.
    Préjudicielle, I, 19.

Quittance du greffier, II, 183.

R

Rabattre le défaut, I, 226.
Raison sociale. — Citation, I, 300.
Rapport :
    Capitaine de navire, II, 283.
    Experts, I, 282, 284, 330.
    Experts qui ne savent pas lire,
      I, 144.
    Sur les livres d'un commer-
      çant, II, 279.
Ratione materiæ, I, 133, 322; II, 158.
Ratione personæ, I, 133 ; II, 158.
Réassignation, I, 187, 224, 327.
Rébellion, II, 24, 84.
Réception de caution, I, 216; II, 15,
    248.
Recevabilité des actions possessoires.
    I, 235.
Receveurs. — Saisie, II, 29.
Recherche de la paternité interdite,
    II, 170.
Récidive. — Manque de respect aux
    juges, I, 197.
Récolement. — Saisie, II, 53, 55.
Récoltes. — Dommages, I, 180.
    — saisie-gagerie, II, 103.
Recommandation. — Emprisonne-
    ment, II, 90.
Réconduction (tacite), II, 137.
Reconnaissance d'écriture, I, 204.
    — des scellés, II, 235.
Reconvention, I, 18, 19.
Recors, 44, 83.
Recours (voies de), I, 36.
Recours en cassation, II, 109.
    — (second), II, 122.
Recréance. — Jouissance provisoire.
    — Action possessoire, I, 238.
Récusation :
    Experts, I, 282, 330.
    Greffiers, I, 297.
    Juges, I, 290 et suiv.
Rédaction :
    Citation, I, 175.
    Jugements, I, 31, 309.
    Rapport d'experts, I, 147.

Référé :
    Débiteur arrêté, II, 84.
    Refus de portes, II, 45.
    Saisie, II, 53.
    Scellés, II, 221.
Réformation de jugement, I, 35.
Refus de marchandises transportées,
    II, 281.
    — de serment, II, 181.
    — transcription, II, 277.
    — visa, I, 300 ; II, 132.
Règlement de frais, I, 217.
    — de juges, I, 24, 332.
Réintégrande. (Voy. *Action posses-
    soire.*)
Remise de cause, I, 210.
    — de la copie des exploits, I,
      183. (Voy. *formule n° 9.*)
Renvoi (demande en), I, 297, 321 et
    suiv. ; II, 36.
    — d'une affaire par suite de cas-
      sation, II, 121.
    — récusation, I, 294, 297.
Réparations locatives, I, 180.
Répertoire :
    Greffier, I, 150.
    Huissier, I, 160.
Réponses aux moyens de récusation,
    I, 293.
    — mentionnées au procès-ver-
      bal d'offres, II, 98.
Représentations pour non-comparu-
    tion, I, 232.
Réprimande au greffier, I, 152.
Reproches. (Voy. *Enquêtes* et *Té-
    moins.*)
Requête. (Voy. à *la Table des for-
    mules.*)
Requête. — Refus d'y répondre. —
    Déni de justice, II, 14.
Requête civile, I, 36 ; II, 6 et suiv.
Réquisition :
    Déni de justice, II, 13, 14.
    Récusation, I, 294.
    Transport, I, 256, 273, 280.
Réquisitoire pour apposition de scel-
    lés, II, 224.
Rescindant, II, 10.
Rescisoire, II, 11.

Réserves, I, 257 ; II, 113.
Résidence des juges, I, 129.
   — du défendeur, I, 179.
Res inter alios, II, 1.
Res judicata, I, 35, 36.
Respect dù à la justice, I, 197.
   — (manque de), I, 197.
Ressorts des tribunaux civils et de paix, I, 120.
Résultat des avis d'experts, I, 289.
   — des dépositions de témoins, I, 279.
Résumé de la procédure en cassation, II, 123.
Retardement d'inscription, I, 277.
Retour, computation de délai, I, 259.
Rétractation de jugements, I, 36.
Revente sur folle enchère, II, 58.
Revendication de meubles gurnissant les lieux, II, 103.
   — d'objets saisis, II, 53.
Rit, prestation de serment, I, 306.
Rôle, audience, I, 196.
   — d'écriture, I, 124.

S

Saisi absent, II, 46, 57.
Saisie-arrêt ou opposition, II, 26.
   Conservatoire, II, 153.
   Exécution, II, 42.
   Foraine, II, 103.
   Gagerie, II, 103.
   Revendication, II, 107.
Saisies en général, I, 38 ; II, 22.
Saisie sur saisie ne vaut, I, 39 ; II, 55.
Saisissant :
   Élection de domicile, II, 28.
   Existence justifiée, II, 29.
   Ne peut être établi gardien, II, 50 ; cependant, 104.
   Peut faire travailler les arbres coupés ou abattus, II, 57.
Sauf-conduit, I, 165, 273 ; II, 82.
Sceau. (Voy. *Scellés.*)
Scellés :
   Apposition, II, 212.
   Carence, II, 222, 230.

Scellés (*suite*) :
   Consul, II, 216.
   Détournement, II, 218.
   D'office, II, 213, 224.
   Étranger, II, 215.
   Incidents, II, 220, 226.
   Inventaire, II, 222.
   Levée, II, 232.
   Obstacle, II, 221.
   Opposition, II, 230.
   Papiers trouvés, II, 219.
   Référé, II, 224.
   Sceau, II, 272.
   Testament, II, 219.
Scellés croisés, II, 216.
Séances, arrestation, II, 81.
Second recours en cassation, II, 122.
Seconde grosse, II, 186.
Secret des plaidoiries. (Voy. *Huis clos.*)
Seing privé. (Voy. *Acte.*)
Sentence, I, 31.
Séquestre, I, 238.
Serment :
   Décisoire, II, 181.
   Des experts, I, 255, 282.
   Des juges, I, 128.
   Des suppléants, etc., II, 170.
   Des témoins, I, 269.
   Judiciaire, I, 305 ; II, 181, 247.
   Supplétoire ou déféré d'office non permis, II, 181.
Services fonciers. (Voy. *Servitudes.*)
Serviteurs, I, 269.
Servitudes, I, 63.
Signature : exploit, I, 174, 225 ; II, 120.
   — minute, I, 220, 309, 317.
   — privée. (Voy. *Actes sous seing privé.*)
Significations de pièces ne sont pas admises, I, 173.
   — en général, I, 165 ; II, 78, 131.
Significations réparées par une seconde signification, II, 120.
Silence, audience, I, 304.
   — de la loi, I, 45 ; II, 141.

Simple acte, I, 336.

Situation de l'objet litigieux, I, 180.

Sociétés de commerce, I, 176, 300, 303.

Solvabilité de caution, II, 16.

Sommations. (Voy. *la Table des for-mules.*)

Soumission-caution, I, 216.

— de payer les frais en cas de désistement, I, 337.

Sourd-muet témoin, I, 270.

Sous-garant, I, 260.

Sous-locataire, II, 103.

Statut personnel, I, 42.

Subrogation aux poursuites, saisie, II, 55.

Subrogé tuteur, II, 198.

Successions, I, 65.

Suppléants-juges, I, 136, 141 et suiv., 279.

— taxe, I, 122, 141.

— traitement, I, 122, 141.

— voix délibérative, I, 136.

Suppression d'écrits ordonnée par les tribunaux, II, 131.

Surcharge, I, 133.

Sursis :

Prise à partie, II, 126.

Récusation, I, 293.

Refus des portes, II, 108.

Règlement de juges, I, 333.

Requête civile, II, 9.

Saisie mobilière, II, 22.

Tierce opposition, II, 4.

Surveillance des juges de paix et suppléants, I, 129.

Suscription des testaments et papiers cachetés. (Voy. *Scellés.*)

Suspension des magistrats, I, 130.

— des officiers ministériels, II, 125.

Suspicion légitime, I, 297, en note.

Synallagmatique (acte, contrat), I, 65.

Syndics de faillite, assignation, I, 179, 303.

T

Tableau des justices de paix, I, 120.

Tacite réconduction, II, 137.

Tambour, annonce de la vente, II, 56.

Tarif, II, 312. (Voy. *Taxe.*)

Taux de la compétence, taux de la demande, I, 134, 214.

Taxe et vacations.

— juge de paix, I, 122.

— greffier, I, 124.

— huissier, I, 162.

Témoins :

A domicile, II, 255.

Alliés, I, 269, 271.

Amendes, I, 327 ; II, 253.

Assignation, II, 251.

Audition, I, 264, 270 et suiv. ; II, 252 et suiv.

Avocat, I, 270.

Changements et additions, I, 329.

Chirurgiens, I, 271.

Citation, I, 255, 267.

Défaillants, I, 273, 327 ; II, 253.

Dispensés, I, 271.

Domestiques, I, 269.

Dommages-intérêts, II, 253.

Empêchés, I, 272.

Étrangers, I, 270.

Excuses, II, 254.

Femmes, I, 270.

Huissier, I, 271.

Interprète, I, 270.

Médecin, I, 271.

Notaire, I, 271.

Parents, I, 269, 271.

Pharmaciens, I, 271.

Prêtre catholique, I, 271.

Reprochés, I, 271, 329 ; II, 253.

Sage-femme, I, 271.

Sauf-conduit, I, 273.

Serment, I, 269.

Serviteurs, I, 269.

Signature, I, 274.

Sourd-muet, I, 270.

Taxés, I, 275.

(Voy. *Enquête.*)

Témoins instrumentaires.
— Actes de notoriété, II, 265 et suiv.
— Contrainte par corps, II, 83.
— Saisie-exécution, II, 44.
Terre, usurpation, I, 180, 273.
Testament, droit, I, 65. (Voy. *Perquisition de testament, Scellés, Suscription.*)
Tierce opposition, I, 1 et suiv.
— — incidente, II, 3.
— — principale, II, 2.
Tiers (exécution de jugement par un), I, 319; II, 21.
— arbitre, II, 241.
— saisi, II, 26 et suiv.
Timbre, I, 162; II, 117.
— (loi sur le), II, 307.
Titre de créance, II, 46.
— de l'argenterie; II, 46.
— exécutoire, II, 22, 43.
— perdu, I, 266. (Voy. *Actes de notoriété.*)
— onéreux (contrat à), I, 65.
Tour de rôle. demande en mise en liberté, II, 94.
Traduction. (Voy. *Interprète.*)
Traité qui peut être fait entre Haïti et une puissance étrangère pour l'exécution des jugements et actes, II, 20.
Traitement, fixation, I, 122.
— historique, I, 110.
— saisie, II, 41.
— suppression, I, 130.
Transcription sur le registre du geôlier, II, 89. (Voy. *Refus et retardement de.*)
Transport de l'huissier, I, 163.
— sur les lieux contentieux, I, 256, 273.
Trésor trouvé, I, 65.
Trésoriers, saisie-arrêt entre leurs mains, II, 29.
Tribunal arbitral, II, 241.
— de cassation, I, 99.
— d'exécution, II, 23.
Tribunaux civils, I, 101.
— d'appels, I, 98.
— de commerce, I, 100.

Tribunaux de paix, I, 101, 120.
— étrangers, I, 324, 333; II, 20.
— haïtiens, I, 93.
Trouble, action possessoire, I, 236.
— Audience, I, 197, 304.
Tutelle :
Administration, II, 199.
Dative, II, 198.
Destitution, II, 198.
Dispenses, II, 198.
Étranger, II, 192.
Exclusion, II, 192, 198.
Excuses, II, 209.
Incapacités, II, 192.
Interdiction, II, 193.
Légale, II, 197.
Scellés, II, 199.
(Voy. *Conseil de famille.*)
Tuteurs, nomination et notification de nomination, II, 188.
— homologation, II, 198.
— spécial. *provisoire ou ad hoc,* II, 198.
— subrogé tuteur, II, 198.
— (Voy. *Conseil de famille en tutelle.*)

U

Ultrà petita, I, 259; II, 7.
Unilatéral (contrat), I, 65.
Unité de juge, I, 108, 140.
Union et direction de créanciers, I, 300.
Urgence, II, 91.
Usage, droit, I, 63.
Usages des lieux. (Voy. *Congé de location.*)
— du commerce comme source du droit commercial, I, 8.
Ustensiles servant à l'exploitation des terres, II, 49.
Usufruit, droit, I, 63.
Usurpation de terre, arbre, etc., I, 180, 273.
Utilité publique, expropriation forcée, I, 57.

V

Vacances, I, 194.

Vacations. (Voy. *Taxe*.)

Vache et sa suite, qui ne peuvent être saisies-exécutées, II, 47.

Vaisselle d'argent, saisie et vente, II, 57.

Valeur des indemnités réclamées, I, 280.

Valeur estimative des effets saisies, II, 57.

Validité (demande en).
— congé de location, II, 137.
— offres réelles, II, 98.
— saisies, II, 31, 105.

Validité des conventions, droit, I, 66.

Vente, bien des mineurs, II, 199.
— droit, I, 75.
— garantie. (Voy. *Vices rédhibitoires*.)
— saisies, II, 56.

Vérification d'écritures, I, 202.

Vérification des lieux pour reconnaître la compétence, I, 324.

Veuve, délai pour délibérer et faire inventaire, I, 325.

Vice substantiel, signature de l'exploit, I, 174; II, 120.

Vices de forme.
— dans la copie de l'exploit annulant l'original, II, 120.
— emprisonnement, II, 91.
— rédhibitoires, II, 134.

Visa, I, 182, 292, 300; II, 20, 132, 185.

Visite des lieux, I, 256, 273, 280.

Voie parée, II, 19.

Voies de recours, I, 36.
— de réformation, I, 36.
— de rétractation, I, 36.
— d'exécution, I, 37.
— extraordinaires pour attaquer les jugements, II, 1.

Voisin du défaillant, I, 232.
— remise d'exploit, I, 185.

Voix délibérative, consultative, prépondérante, II, 196.

Vue d'un lieu utile, I, 280.

Paris — Imprimerie L. BAUDOIN, 2, rue Christine.

ERRATA

PREMIER VOLUME.

Page 57, dernière ligne, *après :* usufruitier à vie, *ajoutez :* ; comme, art. 587, pour être héritier; et art. 740, pour être légataire ou donataire de propriété immobilière.

Page 62, 14ᵉ ligne, *au lieu de :* accusé, *lisez :* causé.

Page 177, à l'en-tête, *ajoutez :* Art. 6.

DEUXIÈME VOLUME.

Page 91, en tête, *au lieu de :* Art. 659, *lisez :* Art. 695.

Page 215, pour la pagination, *au lieu de :* 115, *lisez :* 215.

Page 238, en tête, *au lieu de :* Arbitrage, *lisez :* Scellés.

Page 262, 37ᵉ ligne, *supprimez :* le Conseil d'État entendu.